中国社会科学院法学研究所经济法学科发展系列

法律与经济

——中国市场经济法治建设的反思与创新

席月民 娄丙录◎主编

2014 第2卷

LAW AND ECONOMICS

中国社会科学出版社

图书在版编目（CIP）数据

法律与经济：中国市场经济法治建设的反思与创新.2014. 第 2 卷／席月民，娄丙录主编.—北京：中国社会科学出版社，2015.12
ISBN 978 - 7 - 5161 - 7188 - 2

Ⅰ.①法…　Ⅱ.①席…②娄…　Ⅲ.①经济法－中国－文集　Ⅳ.①D922.290.4 - 53

中国版本图书馆 CIP 数据核字（2015）第 282035 号

出 版 人	赵剑英	
责任编辑	任　明	
特约编辑	乔继堂	
责任校对	闫　萃	
责任印制	何　艳	

出　　版	中国社会科学出版社	
社　　址	北京鼓楼西大街甲 158 号	
邮　　编	100720	
网　　址	http：//www.csspw.cn	
发 行 部	010 - 84083685	
门 市 部	010 - 84029450	
经　　销	新华书店及其他书店	

印刷装订	北京市兴怀印刷厂	
版　　次	2015 年 12 月第 1 版	
印　　次	2015 年 12 月第 1 次印刷	

开　　本	710×1000　1/16	
印　　张	22.75	
插　　页	2	
字　　数	384 千字	
定　　价	75.00 元	

序

党的十八大提出了全面建成小康社会的奋斗目标，十八届三中全会对全面深化改革作出了顶层设计，十八届四中全会又对全面推进依法治国作出了战略部署，作为当今中国的两大时代主题，改革与法治两股力量声势浩大，交相呼应，携手同步，兼容并蓄，不但在共同改变着中国的面貌，而且正深刻影响着中国的未来。身处这样一个伟大的时代，我们无时无刻不被身边的人、身边的故事、身边的新闻事件以及身边的经济社会变化所感染，各种围绕人身、财产、自由、权利、义务、责任、生产、交换、分配、消费、公平、正义、安全、效率、竞争、秩序、监管、服务、调控、程序等关键词的私下议论和公开讨论此起彼伏，人们对改革和法治的关注空前高涨，对各种不合理现象的反思和鞭挞日益深入，全社会法治观念明显增强，参与国家治理的主体更趋广泛，社会主义市场经济法治正在经历着时代的蜕变和岁月的洗礼。

经济全球化给中国社会主义市场经济发展带来了一场全方位、宽领域、多层次的制度变革与体制机制创新。这些变革和创新紧紧围绕着政府与市场、政府与企业的关系而展开，着力使市场在资源配置中起决定性作用，并更好地发挥政府作用。国际经验表明，对政府不当干预市场行为的矫正，需要靠规则构成的制度这只"笼子"。"笼子"的大小和规则编织的"疏密"体现着改革和法治的互动效果，反映着改革和法治的推进力度，标示着政府权力的行使边界。没有完善的市场经济法治环境，就不存在真正的市场经济，这应该是总结国内外不同历史时期各国市场经济发展实践的客观规律得出的重要经验和结论。全面推进依法治国，必须深入贯彻落实党的十八届三中、四中全会精神，坚定不移地走中国特色社会主义法治道路，形成完备的法律规范体系、高效的法治实施体系、严密的法治监督体系和有力的法治保障体系。从改革的长远目标看，就是要建立和健全完善的市场经济法治环境，建成中国特色社会主义法治体系，建成社会主义法治国家。在这一过程中，既需要把握好立法与改革决策的相互衔接，做到重大改革于法有据、立法主动适应改革和经济社会发展需要，同时也需要防止出现把全面改革简单化理解为

"堵漏洞"、"补窟窿",相反应该让市场的决定性作用在体制机制改革创新中全面发力,焕发生机。

社会主义市场经济本质上是法治经济。作为一个历久弥新的重要理论命题,其更加突出了社会主义条件下市场经济的法治根基。只有具备发达的市场经济法治体系,才能发挥市场经济有效配置资源的功能,既放开市场这只"看不见的手",又能用好政府这只"看得见的手",从而维护市场交易安全和效率,同时克服"市场失灵"和"政府失灵",实现我国和平发展、全面建成小康社会的战略目标,实现中华民族伟大复兴的中国梦。法治经济高度强调法律的价值以及对法律的信仰,要求科学立法、严格执法、公正司法、全民守法,自觉运用法治思维和法律手段解决经济转型中的深层次矛盾和突出问题。相较于人治而言,法治奠基于制度权威而非个人权威,崇尚法律至上,因而更具稳定性和持久性,是现代市场经济社会最为有效的国家治理方式。

目前,我国经济发展已经告别过去的高增长,而进入中高速发展的"新常态"。"新常态"意味着经济换挡运行,从过去10%左右的高速增长转为7%—8%的中高速增长,经济结构得到优化升级,经济增长动力从过去的要素驱动、投资驱动转向更具内生力量的创新驱动,政府不再单纯只从速度看经济看政绩,而改用一系列综合指标来衡量。"新常态"下的结构性减速是经济转型升级的必然结果,这一方面源自在产业转移和产业升级中资源配置效率的下降,以及人口老龄化加剧所引发的劳动力、资本和技术等生产要素供给效率的降低,另一方面也与面对全球竞争从依赖技术进口转向自主创新后创新能力的不足,以及过去长期粗放式发展所带来的资源环境约束的增强等因素有关。"新常态"使得我国一些深层次的结构性问题"水落石出",从而有利于理顺政府与市场、政府与企业的关系,让市场这只"看不见的手"与政府这只"看得见的手"各归其位,将国家干预以一种克制和谦逊的品格嵌入到市场失灵的边界当中去,并通过依法调控的理念更新和机制创新,实现经济可持续发展和社会公平正义。

改革和法治的互动给经济法学科提出了众多新课题,市场经济法治正呼唤着新一轮的理念和制度创新。经济法作为社会主义法律体系中的部门法之一,生动体现了国家对市场经济活动的管理、干预、协调、调节和参与品质,在处理政府与市场的关系方面需要恪守市场调节优先原则。经济法学研究只有立足于经济"新常态",才能在与时俱进中找准问题、"对症下药",实现市场经济的善法良治,促进市场机制与宏观调控机制的有机耦合。依法治国承载着中国政府完善社会治理结构、提升国家整体实力、实现中华民族伟大复兴的期望和梦想，经济法需要在维护市场自由公平竞争，维护社会公平分配和公共财政的均等化，依法加强和改善宏观调控、市场监管和公共服务，推动经济持续、稳定、协调发展中，把市场个体利益与社会整体利益协调统一起来，从法律自身的逻辑体系去认识、评判和修补法律，从法律自身的经济社会功能去取舍、配置和给养法律。

　　2014年12月6日，我们在河南大学成功主办了第二届"中国市场经济法治创新论坛"。来自中国社会科学院、中国人民大学、中国政法大学、北京师范大学、西北政法大学、上海交通大学、武汉大学、河南省社会科学院、河南大学、郑州大学、河南财经政法大学、河南师范大学以及商丘师范学院等科研机构和高校的专家学者，与来自河南省高级人民法院、开封市中级人民法院、开封市人民检察院、许昌市中级人民法院、渑池县人民法院、新安县人民法院、通许县人民检察院、龙亭区人民检察院等司法机关的法官、检察官一起，共同围绕当前中国市场经济法治建设中所涉及的相关重点和热点问题展开了深入研讨。本书收录这次论坛的研讨论文和会议综述，并将研讨论文分为反思与创新、地方法治、教学与研究三个板块，辑录了中国社会科学院法学研究所经济法学科2014年的部分前沿成果，选编了三篇2014年"社科法硕"学位论文，借以展示我们对市场经济改革与法治创新的思考，希望理论界和实务界的所有同仁能够更加关注我们的研究成果，共同致力于我国全面深化改革、全面推进依法治国的宏伟事业，充分发挥经济法的部门法功能和作用。在此，我们对中国社会科学院法学研究所和河南大学及其法学院的各位领导对本届论坛的鼎力支持以及本书所有创作者的辛勤付出表示由衷谢意！同时，对中国社会科学出版社的出版支持表示衷心感谢！

　　因时间仓促，编校中的错漏之处在所难免，我们欢迎读者朋友们多多批评和指正！

席月民

二〇一五年八月二十六日

目　　录

论坛聚焦

反思与创新

地方法治

教学与研究

学科前沿

社科法硕

会议综述

论坛聚焦

从国家主义到社会本位

——论经济法理论范式的转型

薛克鹏

摘要： 国家主义是 20 世纪 90 年代中期以来经济法理论的基本范式，它具有时代的进步和合理性，又具有时代的局限性，且已对经济法发展形成制约。新的理论范式既要超越国家主义，又不应是个人主义的简单复归，而是以个人主义为前提的社会本位。在这种范式中，国家在经济法中的身份和角色将彻底改变。本文通过对中国经济法理论范式的转型研究，分析了经济法国家论的特征及其局限性，论证了社会本位论替代国家论的必然性，阐述了社会本位经济法的基本特征。

关键词： 经济法；国家主义；个人主义；社会本位

一　起因

始于改革开放的中国经济法伴随着中国三十多年来的经济和社会的艰难转型和变迁一步步在走向成熟，并成为社会主义市场经济健康运行的保障器和国家经济治理的重要工具。经济法能够不断发展壮大，既得益于彼时和现在的经济和社会需要，也得益于学界及时的理论总结。如果没有学者在发展的每个关键时期的及时跟进，从理论上阐明经济法产生和存在的合理依据，很难想象经济法能有如此的地位和影响力，诸如《反垄断法》等具体制度极有可能以散兵游勇方式游走在几个部门法之间。回首过去不难发现，经济法的每次飞跃都伴随着理论上的自我否定和自我革命，如纵横统一论对计划经济法的否定，各种国家论对纵横统一论的再次否定，每经过一次否定，经济法理论和制度也随之升级。20 世纪 90 年代中后期，经济法理论进入了一个相对稳定期，国家论成为各方学者的共识，只是具体表述各异。迄今为止，国家论已培养了一代法律人，而且仍然是今后一个时期人们学习和研究经济法必须掌握的一个理论。可见，国家论在我国经济法发展史上有着里程碑的意义和相当程度的权威性。也正是其权威性导致学界至今鲜有学者对其反思和检视。毕竟时过境迁，国家论产生之时的经济和社会环境已发生巨变，市场与政府、国家与社会以及各市场主体之间关系呈现出一种新的态势。因为任何一门学科的理论不可能在其所依存环境发生变迁后仍无动于衷，何况是新兴的、与市场经济发展阶段紧密相连的经济法，其理论范式必然要随着经济和社会进步而不断升级。否则，滞后的理论既无益于推进经济法迈向更高阶段，以指导经济法实践，也无益于提升国家的经济治理能力，造福于社会。因此，总结和反思国家论是经济法学界当前一项刻不容缓的任务！

二 国家论的特征和局限性

国家论是指以国家为核心的经济法理论体系。这种理论表现在：（1）虽然认同市场缺陷或市场失灵是经济法的起因，但却将国家行使经济职能行为所产生的经济关系作为经济法产生的原因及调整对象；（2）遵从"国家—市场主体"的模式，将国家视为经济法的基本主体，而且国家或政府居于权力者的地位；（3）围绕国家在市场中的权力性质即市场监管（规制）和宏观调控身份进行体系构建；（4）在法律责任问题上，弱化国家和政府的法律责任，突出和强调被规制和被调控者的责任。

从历史的眼光看，国家论是根据我国社会主义市场经济初期的经济状况、立法水平和法学理论对经济法基本理论的概括。它与计划经济果断决裂，选择以社会主义市场经济作为自己的基础，因而是一个巨大进步。但是，由于市场经济体制尚不完善，国家对市场仍具有很强的控制力，在一些领域甚至起着决定性作用。因此，国家论具有难以超越其时代的局限性。

首先，影响我国长达三十多年的苏联法学尚未彻底清算，苏联法学理论在法学领域仍有较大的影响力，特别是关于国家的法学理论影响甚巨。所以，在理论上，国家论即带有旧体制下强势国家思想的痕迹。

其次，在旧体制和旧理论基础上形成的宪法尚未将保障人权和控制国家权力作为其价值追求，其中旧的行政法理论依旧强势，管理行政法思想仍很浓厚，行政法仍被视为管理公民之法，而非管理政府之法。在未对旧的行政法理论进行反思和批判的情况下，国家论仍然沿用了旧的行政法理论和体系，这就决定了其无法厘清经济法与行政法的关系。毕竟行政法是先于经济法存在的一个法律部门，其调整对象和调整方法在理论和制度上已基本固定化和模式化。在界定经济法之前，如果不准确定位行政法，也就很难正确定位经济法，更无法回答经济法即经济行政法的认识。正如行政法学者认为的，"在关于经济行政法的讨论中，经济法学界与行政法学界对经济行政法内容的认识是一致的，两者都将国家行政权作用于经济领域、调整经济管理关系的法律规范称为经济行政法"。①

再次，国家论未准确定义国家，严格区分国家和国家机关，从而使得经济法主体与其他法律的关系更加复杂和难以厘清。毕竟国家是一个内涵极为丰富的概念，正如凯尔森所言："'国家'的定义由于这一术语通常所指对象的多样化而弄得很难界定。这个词有时在很广的意义上用来指'社会'本身，或社会的某种特殊形式。但这个词也经常在狭得多的意义上用来指社会的特殊机关，例如，政府或政府主体、'民族'或其居住的领土。"② 但是，二十年前的学界，才刚刚试图走出国家统治的阴影，由于国家绝对权威的长期影响，决定了人们对国家和国家机关的迷信，不可能对国家产生怀疑。

总之，国家论具有明显的时代特征，它成功地将经济法与社会主义市场经济融为一体，从理论上赋予经济法新的生命力，但同时也受到时代的掣肘，具有历史的局限性。如今，发达国家许多先进的法律制度、法学理论和经济学理论已完全代替旧的制度和理论，成为当下学者运用娴熟的分析工具。特别是包括经济法在内的中国特色的社会主义法律体系已经形成，《反不正当竞争法》、《反垄断法》、《消费者权益保护法》、《食品安全法》、《中国人民银行法》和《预算法》等经济法律制度的制定，使经济法这一概念越来越具有现实的基础。在此背景下，国家论的问题也日益显现，其与现实制度之间的关系越来越疏远，解释越来越乏力。这说明，国家论已濒临历史的终点，需要由新的理论模式代替。

三 社会本位代替国家论是历史发展的必然

作为国家论的升级版，社会本位或社会中心论代替国家论即是历史的必然，它标志着经济法将迈向一个新的历史阶段。

个人、国家和社会三者关系是法学和政治学永恒的主题，任何一个学者

① 王克稳：《经济行政法基本论》，北京大学出版社2004年版，第14页。
② ［奥］凯尔森：《法与国家的一般理论》，中国大百科全书出版社1996年版，第203页。

以及立法者都必须根据自己的价值判断在三者之间做出何者优先的选择。近代社会以前，在神本位或官本位思想统治下，个人缺乏独立性和基本自由，直到后来个人本位思想的确立及其法律化，人们才获得全面的自由。"个人本位假定社会是由彼此独立自主、处境平等的个人所组成的共同体，因而强调，法应当以维护个人的利益为基点。"① 个人本位认为，只有个人才能成为权利主体，社会利益也是私人利益之和。社会在法律上既不具有任何地位，也不存在独立的权利或利益。个人主义的历史功绩不容否认，它极大释放了个人的潜能和创造力，激活了个人这个决定整个社会活力的细胞。但是，个人主义如同一把双刃剑，在为人类带来福音的同时也为公众带来许多灾难和一系列社会问题，使整个社会处于失序甚至崩溃状态。正是对个人主义的系统反思，认识到其自身无法克服的缺陷，人们才理性地选择了社会本位。"从理想上推测之，法律之重心，当不必以权利为唯一之本位。以权利之拥护，系源于义务之强行，即因义务之强行而拥护权利，尚非法律终局之目的。其终局之目的，在于促进社会生活之共同利益，以谋人类之安全，是法律之重心，将移于社会，而必以社会为本位，可断言也。故当个人不自觉时代，法律之观念，以义务为本位，及个人自觉时代，法律之观念，以权利为本位。今渐入社会自觉时代，而法律之观念，遂不能不注重社会之公益而以社会为本位云。"② 社会本位要求承认社会和社会公共利益的独立地位，将法律的重心向社会公共利益倾斜。它强调社会具有基础性、根本性、目的性和主导性的地位，否认社会的工具性价值。作为现代法律分配权利和义务的一项理念和原则，社会本位是个人主义发展到极致的产物，但是它并不完全否定个人主义，而是对极端个人主义和个人权利本位的否定。正是以社会为本位的法学理论对近代法律进行了彻底改造，第二次世界大战之后的社会才进入了一个经济既快速发展，社会又相对和谐的一个黄金时期。作为一个步发达国家后尘的我国，必须吸取个人主义的合理成分，但又不能完全重复极端个人主义的老路，亦步亦趋，而是应该学习和吸收其最新的法律成果，确立社会的优先地位，在个人和社会之间进行法律平衡。而以社会为中心的经济法正是在尊重个人主义合理性基础上又超越个人主义，它以社会为中心分配法律资源，无疑顺应了人类社会发展的方向。

但是，对个人主义的矫正极易导致国家本位，产生伪社会本位论。苏联

---

① 张文显：《法哲学基本范畴研究》（修订版），中国政法大学出版社 2001 年版，第 352 页。
② 欧阳谿：《法学通论》，上海会文堂编译社 1933 年版，第 242 页。

和我国计划经济时期的法学理论和法律制度正是国家本位的典型形式。因而社会本位极易与国家本位混淆，进而受到质疑。① 之所以如此，一方面是个体主义和整体主义两种方法论冲突的结果②，另一方面是国家和社会长期被混为一谈。个体主义和国家本位主义虽然主张不同，但二者都将国家和社会等同，将个人与社会的关系化约为个人和国家的关系。③ 其实，社会本位和国家本位有着本质的不同。首先，国家与社会虽然存在诸多联系，有时甚至重叠，但却是两个相互独立的实体。国家是一个管理组织，其职能是为了控制和缓和个人与个人、个人与社会之间的矛盾和冲突，维护社会秩序和安全，而社会则是人们赖以生存的共同体，而不是一个法人组织。对于个人和社会而言，国家只具有工具性价值，即维护社会秩序和个人权利；而社会却是每个人生存的必须和唯一选择。就利益而言，社会利益需要国家代表或维护，但国家利益并不等于社会公共利益。在国际社会中，以国家名义形成的利益实际是一种社会公共利益。尤为重要的是，我们必须认识到，国家作为一种工具和代理人团体，很可能侵犯社会利益，因此国家和社会之间必然存在着矛盾和冲突。由此可见，国家本位也意味着政府本位，它必然要求国家居于根本性、基础性和主导性的地位，其实质是权力本位、国家意志和国家利益本位；它既不承认个人的独立地位，也无视社会的独立存在，但却以社会代言人自居，并将社会湮没在国家之中。国家本位的实质是权力本位，在集团利益和个人利益的动机驱使下，极易演变为个人意志和个人利益为本位。它抹杀个人的独立性，将个人视为实现国家目的的手段，要求个人必须服从于国家（政府），同时也无视社会的独立存在，常以社会代言人自居。纵观国家本位的历史表现，它给人类造成的危害远远超过个人主义。国家论虽然极大地克服了建立在国家本位基础上的计划经济法，但极易被国家本位利用，所以，应当及时升级和更新，脱离国家思维，立足于市场经济寻找经济法重建的根基。而社会中心论正是市场决定论的必然逻辑，它既克服了个人本位的缺陷，又合理界定了个人和国家在经济法中的义务和责任。

---

① 参见马捷《撩开社会本位的面纱——法律社会本位观的悖论及其消解》，载《北大法律信息网》，网址：http://article.chinalawinfo.com/Article_Detail.asp?ArticleID=619，2014年9月10日访问。

② 关于个体主义方法论和整体主义方法论可参见刘水林《经济法基本范畴的整体主义解释》，法律出版社2006年版，第63—66页。

③ 参见恩格斯：《家庭、所有制和国家的起源》，中共中央马克思、恩格斯、列宁、斯大林著作编译局译，人民出版社1972年版，第167—168页。

四 社会本位经济法的基本特征

社会中心论是将社会作为构建经济法理论和具体制度的基点。建基于该范式之上的经济法，与国家论经济法具有全然不同的风格。

首先，它强调市场而非国家在经济法产生中的决定性作用，经济法产生的原因是市场而非国家行为。国家行为可以分解为制定和实施经济法以及利用经济资源干预市场行为，不论是制定还是实施经济法，国家都是立足于市场秩序而非自身需要，由此取得的地位是派生而非主导性的。至于政府利用财政和货币工具干预市场的宏观调控，同样是为克服市场缺陷和解决市场失灵问题。归根结底，是市场和市场主体的行为催生了经济法。

其次，经济法规范或调整的是市场主体与社会公共利益相关的经济行为，而不是国家在规制和调控中与市场主体之间的关系。经济行为与行为人自身利益、交易相对人的利益乃至所有人包括后代人的利益都有着极为密切的联系。它既是社会进步的动力，也是社会问题产生的原因。虽然各部门法都从各自角度对经济行为进行规范，但基于不同的利益考量，即便是同一种行为，如果利益取向不同，规范的方法和效果也不相同。私法的目的是保护和调整私人利益，规范的是与私人利益相关的行为。行政法作为限制行政权滥用的法律，宗旨是维护行政相对人的利益，行政行为如果侵犯私人利益，行政法则责无旁贷地予以保护。① 形成与近代的私法和公法，都是建基在个人权利本位之上，其共同之处就是以个人利益为中心来规范公民和政府的行为，同时又否认或变相否认公共利益的存在。经济法不仅承认社会公共利益，而且将维护社会公共利益作为自己的宗旨。② 同样，政府经济行为如果触及社会公共利益，也需要经济法进行规范，如行政垄断和预算行为。因此，在社会中心论中，国家既不是其中的主体，也不是决定经济法内容的依据。

再次，违反经济法的责任不是民事责任、行政责任和刑事责任的简单相

---

① 受管理行政法影响，目前学界许多学者认为行政法的宗旨是维护社会公共利益，这种观点无疑与控权行政法维护行政相对人权益的宗旨相悖。从我国已制定的《行政处罚法》《行政许可法》和《行政强制法》的核心内容都集中反映行政法维护私权而非社会公共利益。对此，日本学者丹宗昭信进行了较好的说明，即那些高举"公共福利"旗帜对行政法进行概括的理论，很也有可能堕落为纵容行政肆意、专横的理论依据。参见〔日〕丹宗昭信、伊从宽《经济法总论》，吉田庆子译，中国法制出版社 2010 年版，第 197 页。

② 参见王保树《论经济法的法益目标》，载《清华大学学报》（哲学社会科学版）2001 年第 5 期。

加，而是一种独特的法律责任形式——法律意义的社会责任。它是行为人在从事经济活动中，不履行经济法义务，侵犯或可能侵犯社会公共利益而形成的责任。这种责任是以维护社会公共利益为旨归，以强制性、惩罚性和预防性为特点，不是或主要不是救济个体权利，更不是维护国家权威。社会公共性是社会本位在法律责任环节的最终体现，是与社会公共利益和社会义务相一致的制度安排，因而经济法责任是企业社会责任的基本法律形式。与国家论不同，在社会论经济法中，代表国家的政府也是社会责任的担当者，而不再仅仅是规制者和调控者。在市场经济体制中，与社会公共利益相关的不只是市场主体，政府因为常常以调控之名从事经济活动，包括生产行为、采购行为、分配行为、消费行为、管理资源和国有资产行为、借贷行为以及定价行为等。这些行为如果缺少法律约束，同样损及公共利益。毋庸否认，受国家本位思想的影响，当前经济法对政府的责任问题还未引起充分关注。有的法律虽规定了政府应当履行的义务或职责，但却缺乏有效的法律责任与之匹配。有的规定极其轻微，很难对政府及其工作人员形成必要的压力和威慑，有的则完全缺少责任方面的规定。这是导致我国目前一些经济领域乱象的重要原因。此外，以社会公共利益为中心的经济法，不但要为政府规定法律义务和法律责任，而且必须建立相应的追责机制。这一机制也不再是以经营者为追责对象，也不是由行政机关内部主导的追责模式，而是以政府为追责对象，以维护社会公共利益为目的新型责任机制。

最后，构建经济法体系应当以市场行为而非国家经济职能行为为依据。在当前二元论体系中，不论是市场监管法（市场规制法），还是宏观调控法，都是以国家经济职能行为为依据。这俨然是将经济法纯粹视为政府治理市场的一种工具，而不是以社会公共利益为依据，将政府纳入被治理范围。特别是宏观调控法，几乎成为确认政府权力合法性而不是约束其行为的法。以社会为中心的经济法，国家在其中仅具有工具性价值，其体系应当以社会公共利益为依据，淡化国家或政府的权力角色。

作者简介：薛克鹏，中国政法大学民商经济法学院教授，博士生导师。

论中国特色社会主义法治体系中
区域经济法制构建
——基于发展权视角

强 力

摘要： 发展权被称为第三代人权的核心，为区域经济协调发展提供了理论支持，也是区域经济协调实质公平的依据。为实现区域经济协调发展，其发展权应得到倾斜性的保护。本文从区域经济中发展权的提出入手，分析了区域经济法制协调发展的沿革及其与法治化的关系，指出了现实异化可能和当前立法缺陷，分析了我国地方经济法制差异巨大的原因，并给出了区域经济法制协调的对策建议。

关键词： 区域经济；经济法治；发展权；协调发展

一 区域经济中发展权的提出

（一）发展权溯源

1. 发展权的提出

发展权与民族自决权、国际和平与安全权、继承人类共同遗产权、环境权、民族平等权、人道主义援助权等权利，被人们称为第三代人权，也叫"连带的权利"（rights of solidarity）。①

1969 年阿尔及利亚正义与和平委员会发表的《不发达国家发展权利》报告，首次提出了"发展权"概念。1970 年，塞内加尔法学家凯巴·姆巴耶在斯特拉斯堡国际人权研究院演讲时指出，发展是所有人的权利，每个人都具

---

① R. J. Dupuy, *The Right to Development at the International Level*, Hague Academy of International Law, 1980, pp. 16—17.

有生存的权利，并且每个人都有生活得更好的权利。① 经过国际法与国内法的融合、目标人权到法定人权的转化以及观念到制度的延伸，1986 年联合国《发展权利宣言》第一条就发展权内涵作出了全面阐述："发展权利是一项不可剥夺的人权，由于这种权利，个人和所有各国人民均有权参与、促进并享受经济、社会、文化和政治发展，在这种发展中，所有人权和基本自由都能获得充分实现。"联合国《经济、社会、文化权利国际公约》、《公民权利和政治权利国际公约》也再次肯定了所有人享有发展权。

1993 年第二届世界人权大会的《维也纳宣言和行动纲领》再次重申《发展权利宣言》的精神，使发展权的思想更为丰富，制度措施更为全面。联合国《二十一世纪议程》第八章要求各国将环境与发展问题纳入政策、规划和管理的各级进程，发展和执行综合的、可实施的、有效的法律法规。我国也高度重视人民生存权和发展权的保护和实现程度，根据《维也纳宣言和行动纲领》的要求，政府于 2009 年发表了《国际人权行动计划（2009—2010年）》，使发展权从抽象到具体，从模糊到明确，从道义人权到法定人权，并逐步充实为一个内涵丰富的人权规范。

2. 发展权的衍生

发展权被称之为第三代人权（主要包括民族自决权、发展权、国际和平与安全权、继承人类共同遗产权、环境权、民族平等权、人道主义援助权等）的核心。作为一项新型人权，它与第一第二代核心人权相比，更注重法律制度对社会资源的配置作用，并以此来调节公共事物治理与主体权利义务的衡平性，它是人们对单纯经济增长观所带来的生态危机、环境恶化、贫富悬殊、发展失衡等现象的反思，对工业文明所造成的社会异化的保护，其目的在于引领法学精神回归人本主义的人文本质。

关于发展权的法律意义众说纷纭。折中而看，发展权可以视为是一项个人权利，也可以视为一定社会群体的集体权利和一项国家独立自主发展的权利。② 由此衍生出了诸如金融发展权等一系列子权利。

在以货币流通、信用交易等为主的市场经济贸易中，金融贯穿了整个区域经济发展的脉络，并由此传导至整个宏观经济层面，推动区域经济发展。而非均衡发展策略作为区域经济发展的主要路径选择使得区域内整体经济实

---

① Keba Mbaye, *Le Droit du Developpem ent comme un Droit de l'Homme*, Revue des Droits de l'Homme, 1972, V（2—3）.

② 郑洪彪:《略论民族发展权》，载《丝绸之路》2011 年第 6 期。

力能够得到快速提高，但同时也造成了区域内发展失衡。发展权为保护欠发达地区、弱势群体利益以及争取话语权提供了强有力的理论支持——发展权是关系到区域经济中地区及其公民生存、发展的基础性权利。为实现区域经济协调发展，其发展权应得到倾斜性的保护。这对提高区域经济整体发展能力，最终形成经济良性循环，保障并促进弱势地区发展极为关键。

（二）区域经济发展权内涵

1. 发展权——区域经济协调发展的理论支持

我们不妨将区域经济视为一种集体利益，集体利益可以分为相容性的（inclusive）和排他性的（exclusive）两种，较之排他性集团，相容性集团就有可能实现集体的共同利益，但这也仅仅是有可能。实际上，除非满足某些特殊条件，如人数很少、特殊手段等，否则有理性的、追求自我利益的个体是不会在集团中采取行动以实现共同的或集团的利益。

在区域经济学理论中，区域内的经济发展不可能同时且均衡发生。经济发展必然会先在具有明显优势的区位发生，凭借初始优势和较快的发展势头，这些区位将会很快完成资源积累，再进一步通过不断循环发展和累积，将原有优势不断强化，长此以往，区域优势将会极化（回流效应），不断吸收周围的劳动力、资本等要素，要素禀赋呈扩张趋势，形成节点城市、暂时或长久的核心城市、物流中心等。同时也刺激了区域间经济发展不平衡。在这种不平衡趋势持续一段时间，且优势地区经济达到一定水平后，这种"吸收"的现象将会弱化，逐渐对周边地区产生溢出效应，带动周边区位发展，市场经济所固有的属性将会选择优化配置资源，部分生产要素开始向外围地区流动，扩散效应会较为明显，这将缩小区域之间经济发展不平衡。

可以认为，在整个周期中，区域经济的形成将会带来正的和负的外部性。正的外部性在于经济发展带来的金融发展、贸易繁荣、民族融合等；负的外部性在于随着融合的加剧，区域经济带与政策制度、交易习惯、货币流通、金融汇兑，甚至自然生态环境等都会产生一定的冲突。

不难发现，在区域经济中或多或少会因为资源分配的薄弱化、制度的障碍性、区域间的壁垒、地方的保护主义等等原因，使一些个体、群体、地区处于经济上被剥削、区域中被边缘化、主体被弱质化和权利被脆弱化的情况。发展权，特别是金融发展权将成为这些群体在这一过程中争取话语权、维护自身利益的支撑。金融在经济发展中的突出战略性意义和弱势区域在现实生活中所面临的严重的金融排斥使得弱势区域将成为和谐社会下区域协调发展的关注点，也成为我们研究区域经济法治创新的焦点。

2. 发展权——区域经济协调实质公平的依据

实质公平在承认主体存在差异性基础上，将内容和目标公平性作为着眼点。① 市场经济消除了一部分资源配置的不公平性，但主体差异仍不可避免，这需要政府、法律制度进行一定的调节。区域经济中有合作也有竞争，部分不具备竞争能力的群体在竞争中容易无法从市场配置中获得公平，不可避免地成为弱势群体，逐步被边缘化，容易出现社会矛盾并激化。② 形式化的公平则反而易成为发达与落后地区发展差距加大的推手。

区域经济协调发展是社会主义和谐观指导下的必然要求，也是中国特色社会主义法治构建中的公平理念诉求的新的公平观。③ 在承认主体差异客观存在基础上，在对所有主体平等对待基础上适当赋予弱势群体相对倾斜性的保护，以缩小主体之间的发展差距，实现发展结果的相对公平。

在区域经济中，发展机会不公平和制度问题往往是造成区域经济发展不平衡的重要原因。效率与公平之间难以兼顾，局部地区矛盾和摩擦不断加剧，我国独有的城乡二元结构问题也会使得公平发展缺失的问题日益突出。金融发展权的提出，符合实质公平的理念，体现了浓厚的人文主义关怀精神。其目的在于通过制度手段，调节市场缺陷，促使利益集团中的个体按照共同利益或集团利益而行动，是发展成果公平分享的需要，也是保护弱势地区，促进社会公平公正发展的社会主义法治要求。金融发展权聚焦于区域内社会主体金融平等发展权益基础上，是对区域经济中部分地区在发展中要素禀赋强弱和制度安排偏差的进一步调整。

在区域经济中，许多地方经济的金融发展权被忽视甚至牺牲。大型商业金融机构占主导地位的金融组织体系在利益驱动、风险规避等因素作用下，不甚关注甚至排斥许多地方金融发展权，即使在原有制度上并没有设置准入门槛，市场也会自发形成之，使大型商业金融机构成为具有排他性的集团；此外，受到工业化、城市化、国有化优先发展战略的影响，国有企业、大企业、大项目的金融发展权得到了很好的满足，而中小企业、民间金融等弱势融资群体的金融发展权则易被忽略，距离实质性公平仍有一定的距离。

---

① 陈妮：《经济法追求的实质公平》，载《北京工业大学学报》2008 年第 4 期。
② 兰蕾：《经济法的复合式公平观》，载《武汉理工大学学报》2005 年第 2 期。
③ 谭正航、尹珊珊：《论民族地区金融发展权及其法律保障机制的构建》，载《北方民族大学学报》（哲学社会科学版）2012 年第 2 期。

二 区域经济法制协调发展

（一）区域经济发展沿革

在现代经济发展中，宏观（Macro）、中观（Meso）及微观（Micro）是既相互联系，又相对独立的经济层次，与此相对应，形成了宏观经济（Macro-Economy）、中观经济（Meso-Economy）及微观经济（Micro-Economy）的经济理论与实践。[①] 区域经济作为中观经济是国民经济的重要组成部分，发挥着重要的纽带和桥梁作用。"在传导机制制约下，宏观政策通过中观协调，引导微观经济行为，首先实现一个区域中（中观）的经济协调运行，进而形成全国协调的宏观经济运行，其中间目标则是区域经济目标。"[②]

一般认为，新中国成立以来我国区域经济发展战略经历了三个阶段：一是改革开放前 30 年所实施的平衡发展战略；二是改革开放后即从 20 世纪 80 年代初开始所实施的非均衡发展战略；三是从 21 世纪初正式实施的非均衡区域协调发展战略。[③]

这三个阶段一环扣一环，是在宏观经济形势下不断调整的中观经济发展战略。改革开放以后的"非均衡发展战略"就是对之前的"平衡发展战略"所引发问题的矫正：第一阶段中，"平衡发展战略"是在平均主义、整体同步发展思想指导下的发展战略，该阶段这一思想，迅速促进我国计划经济体制顺利建立，也对新中国成立初期满目疮痍的国内经济进行了较好的整顿，注重公平，但却疏忽了效率问题，忽视了个体的差异性，影响了社会经济发展，使得社会经济发展速度、发展质量逐步下降，人民群众物质文化生活水平不高；第三阶段则是对第二阶段"非均衡发展战略"的调整，在"非均衡发展战略"的指导下，我国于 20 世纪 80 年代迅速确立了区域经济"非均衡发展战略"：在东部沿海地区设立特区开放沿海港口城市，并以积极参与国际经济贸易，实行了以加工贸易工业为主的振兴项目，带动了一大批企业的兴起和发展，适度逐步开放外资，在招商引资、财政税收金融等方面实施了大量有

---

① 董玉明：《试论中观经济法治化的几个基本问题》，载《山西大学学报》（哲学社会科学版）1998 年第 3 期。

② 原崇信：《区域财政研究》，经济科学出版社 2001 年版，第 6 页。

③ 罗泽胜、罗澜：《区域经济协调发展的经济法基础》，载《经济研究导刊》2008 年第 3 期。

利于该地区发展的优惠政策，使得东部沿海城市迅速崛起。从公平与效率的关系来看"区域经济非均衡"发展战略所体现的是效率第一、兼顾公平的原则，公平功能相对弱化，中部和西部地区在这一时期发展较受制约。区域经济范围内出现了区域经济发展严重不均衡的局面，突出表现在目前我国的东、中、西三大区域间经济增长速度和社会整体发展水平差距不断扩大。中西部地区在这一时段发展的经济滞后性，也影响到了科教文卫等各项事业。不仅如此，区域经济发展的不平衡性直接触动了这些地区在争取经济扶持、人才储备建设、项目引进等，从而从根本上动摇了这些地区发展后劲。

由此可见，第三阶段区域经济协调发展战略的提出和实施对解决当下中国所面临的主要社会问题，实现建设富强民主文明和谐的社会主义现代化国家的宏伟目标意义重大。

首先，该战略的提出是社会主义社会发展本质要求。"社会主义社会的本质要求就是从根本上消灭剥削、实现社会公平和共同富裕"，区域经济协调发展战略的最终目标就是要逐步对主体功能清晰定位，实现全国范围内经济良性互动，公共事务管理和人民生活水平实现差异化均衡。

其次，该战略的提出是国家宏观战略目标实现前提。要实现国家的长治久安，社会的稳定发展，区域内均衡发展是必不可少的实现条件，只有实现区域间协调发展，缩小区域间公共服务、人民生活水平等差距，才能促进社会和谐。

最后，该战略的提出是国家依法治国在新时期的体现。党的十八届四中全会通过的《中共中央关于全面推进依法治国若干重大问题的决定》精神，进一步推进我国市场经济法治建设的理论创新，完善社会主义市场经济法律制度。区域经济协调发展战略要求国家通过法律手段，促使区域集团内的个人按照集团或者集体的共同利益行事。

（二）区域经济协调发展法治化内涵价值

区域经济是指以一定的地理条件为基础形成的，在经济上具有关联性的不同行政区划间的经济关系的综合体。区域经济建立在区域间的地域分工上，具有鲜明的区域特色，它强调的是不同行政区域之间的经济联系。

在区域经济体这一集团中具有固有矛盾，即来自不同地域、区域文化、制度、市场等所导致的冲突，乃至由溢出效应导致的正向负向作用。除非给予一定的激励或强迫集团成员之间为共同利益付出，否则，即使是在一个大集团中，所有成员仍具有理性寻求自我利益最大化，它们不会采取行动以增进它们的共同目标或集团目标，且如果区域经济范围较小、成员较少，在集团中还有可能存在令人惊讶的"少数"剥削"多数"的倾向。

因此，为实现区域经济协调发展，区域经济法制必不可少。区域经济法制是在促进区域经济发展的过程当中，各区域为了解决经济运行中产生的各种问题和关系而形成的法律体系的总称。区域经济法制协调发展指的是，在法律协调区域经济发展的过程中，当出现立法冲突、地方立法的狭隘保护主义、执法不力、司法不统一等阻碍区域经济发展的问题时，通过建立协调机制从立法、执法、司法三个大方面进行协调发展，尽可能地达到各区域优势互补、共同发展的目标。

从中观经济层面来说，区域经济在市场经济条件下具有独特的作用，是国民经济决策的分权决策和层次化分散控制的集中体现。而从法律层面来说，所有都需要法律手段予以确定、限制或促进，使得区域经济在发展中趋于差异化均衡，符合宏观经济调控的总体目标，不能突破宏观经济的范畴，同时，还能对微观经济市场进行合理配置，指导微观弱势群体发展，直接影响微观领域各主体经济行为，根据宏观发展目标，制定适宜的区域经济发展目标以及微观主体发展策略，并进一步对区域经济中利益、竞争机制、地方或行业保护等调整。

纵观全局，市场经济是法治化经济，市场经济与法治化问题紧密相关。

（三）区域经济协调发展与法治化关系

市场经济条件下的法治化，立法、执法、司法等法治环节所涵盖的内容应当是包括将所涉及的主体统一协调，在法治化进程中，不能顾此失彼，应该是同步相互协调的。

将区域经济体视为一个集团，则至少存在三个因素，使大量的集团不能增进它们自身的利益。第一，区域经济范围越大，增进区域经济利益的各个主体所获得区域经济所带来的总收益份额是有限的，存在一种可能情况——即使区域经济内某主体做出有利于集团的行为但所得到收益低于最优水平或心理预期，尤其是对在区域经济体中一些发展较为落后的地区而言，往往会成为"被剥削"的一员；第二，集团越大，在成果一定的情况下，其中的个体或成员的收益就越难以抵消它们所付出的成本；第三，集团成员越多，组织成本就越高，这样在欲图获得收益时所要跨越的障碍就越大，或者说付出成本越高。

因此，在区域经济协调发展过程中，市场失灵造成的个体间差距、实质性的不公平等，都促使我们将法治化作为一条解决问题的有效路径。

法治化能够为区域经济协调发展提供良好的社会环境。法律通过界定权利，实现资源产权明晰，促进经济形成良好环境。产权学派代表学者科斯指出，人们进行交易的对象不是经济学家常常设想的物质实体，而是权利；权利的交易存在交易费用，利用法律厘清其中的关系就至关重要。法律规范对经济各环节的调整可以为投资、融资等提供良好的稳定的经济环境，从而使经济市场井然有序，促进区域之间相互合作、相互支持，通过清晰界定产权，促进区域之间打破壁垒成为经济合作伙伴。

法治化约束权力，规范市场经济运行。一方面，法治化可以规范政府行为，政府干预在一定程度上有利于市场经济的运行，但过多的干预则会遏制市场经济的资源配置机制。通过市场经济法治化则有利于保障行政机关公正执法，提高执法效率，而不良的法律环境必然阻碍了区域经济的协调发展；另一方面，法治化可以在区域经济发展中约束市场主体的行为，维护交易的公平性、竞争的公平性，保护交易各方的合法权益。

法治化环境能调节区域经济发展方向，实现社会公平。一方面，区域经济发展目标是实现经济稳定增长与区域经济可持续发展，近年来我国区域经济发展态势良好，但区域经济发展制约因素仍有存在，要克服这些制度的瓶颈，优化区域经济法治化环境无疑是重要途径；另一方面，任何区域由于所处地理位置不同、要素禀赋各不相一，区域之间经济结构存在差别，经济发展存在一定的差距，通过法治化，可以调整区域经济协调发展，通过调整再分配等手段，实现社会和谐发展。

三　现实异化可能与当前立法缺陷

（一）区域经济协调发展法治现状

1. 相关政策法律化程度低

区域经济囊括了许多地域，这容易使得区域政策的稳定性、连续性、约束性差。国家对区域经济的管理仍然主要表现为政策性管理。

第一，我国没有一部关于区域经济宏观调控的法律，对区域经济的管理基本上表现为法治化程度较低的经济政策，经济政策能够及时、灵活地回应经济的需求，但同时，它不具有法律的稳定性、连续性、强制性的特点，导致区域发展的效果不理想；第二，政策由于在实施中不具有法定的约束性，使中央政府制定的政策，容易被地方政府以各种手段变相执行，甚至进行不同程度的任意添附或修改；第三，政策由于稳定性较差，导致区域政策的运行效果差，使人们对经济发展目标产生怀疑；第四，区域政策冲突严重，导致中央与地方之间，地区与地区之间无法进行有效的利益协调；第五，政策由于在具体执行中不具有法定的义务性，使得对违反政策的责任追究出现真空。

2. 区域经济体中各主体区域法律冲突严重

由于在全国、中央层面上缺乏一部规范区域经济法法律，我国区域经济出现了地方立法为主，中央调控困难，区域法律冲突严重的情况。主要表现为在区域经济管理方面仅有《宪法》进行了较为原则和宽泛的规定，不具备对跨行政区域的经济区和经济协作的原则性规定；此外，还集中在民族自治地方的经济自主权上，民族自治地方的人民代表大会有权依照当地民族的经济特点，制定自治条例和单行条例，这对区域经济中政府间交互关系有一定的影响，对跨地区合作缺乏良好的统筹规划。现实中，还存在着区域经济体制机制障碍，地方立法仅从保护本地利益出发，导致地方封锁、产业同构化严重、生态破坏等诸多问题，法律冲突十分严重。

3. 区域经济体中缺乏健全的利益协调法律

首先，长期以来，我国局部利益服从整体利益思想较为严重。这就要求某些区域的利益必须服从国家整体的利益，但这种服从将会导致地区差异过大，特别是在国家强调优先发展某些城镇以形成区域经济核心城市时。这种靠传统的上级和下级之间命令式的调控方式不仅与区域经济协调发展相违背，还因为缺乏法律的权威性，区域合作中只建立了松散型的协调组织。

其次，在调整局部利益和整体利益时缺乏法律依据。调整后，我国的区域经济发展要按照非均衡协调发展的思路展开，因此在协调局部利益之间以及局部利益和整体利益之间的矛盾时，应做到有法可依，而不是无条件的命令式的服从。国家在整体调控上，必须注重经济增长的均衡性，防止地区差异过大，重点扶持后发地区以弥补其在国家实行非均衡发展战略过程中所承担的利益损失，提高政策效力。

再次，在利益发生冲突时，缺乏权威的利益协调机制。长期以来，我国区域经济合作以论坛、联席会议等形式存在，其会议结果不仅不具有约束力，还缺乏权威性。在冲突发生，以及区域经济构建阶段，缺乏利益协调机构进行机制预设计与调控，冲突不能得到及时的解决，影响了区域政策的实施。

最后，法律责任制度设计与利益分享和补偿机制缺失。合理与不合理的、公平的与非公平的因素没有上升到法律层面，政策"寻租"现象严重，区域经济发展协调困难，缺乏法律责任的制度设计。我国的区域经济发展中未能很好地将权利与义务、责任相结合，导致在区域经济发展中国有资产流失严重、投机主义泛滥等不利于经济发展的现象产生。尽管《反不正当竞争法》、《价格法》、《招标投标法》等对市场经济进行了一定的规范，但这些立法中对政府等职责并没有明确规定，因此在约束政府行为等效力有待考究。

（二）我国地方经济法制差异巨大的原因

1. 各地经济社会发展不平衡

我国地域辽阔，各地具有其自身特色，自然条件、经济政策和文化观念的差异以及行政区划等多种因素，经济社会发展不平衡由来已久。尽管我国一直在向建立健全全国统一的市场体系，实现商品、资本和其他市场要素的自由流动，充分发挥市场在资源配置中的基础作用这一目标努力。但是通过国家统一立法或单一标准来穷尽各地经济、社会发展中的所有事务是不切实际或有违实质公平的。因此各地应结合区域经济中宏观经济政策，因地制宜，充分沟通、联动，在不违背国家立法和中央宏观经济政策的前提下出台适于本地情况的地方性经济法规、规章和相关政策是有必要的，但也因此造成在区域框架下的法律缺乏联动性与普适性。

2. 经济立法滞后于经济市场发展

我国经济形势快速发展变化，国家经济立法相对滞后，地方经济法制更新亦不及市场速度，且难以协调和市场经济、国家经济立法之间的关系。六届全国人大常委会共立法 37 件，其中经济立法 22 件；七届全国人大常委会共立法 62 件，其中经济立法 21 件；八届全国人大常委会共立法 118 件，其中经济立法 35 件；九届全国人大常委会共立法 124 件，其中经济立法 29 件。20 年以来，全国人大常委会总计立法 341 件，其中经济立法 107 件，占 36.5%。[①]

尽管如此，国家经济立法仍滞后于市场经济发展，在此情况下，各地方政府在"先试"、"先行"的背景下纷纷出台地方性经济法规、规章和政策，势必造成区域地方经济法制的不完全统一。

3. 地方保护主义导致区域经济法治化程度低

受地方保护主义影响，区域经济体中的各主体往往从自身所处地区的狭

---

① 李林：《统筹经济社会发展的几个立法问题》，载《法学》2005 年第 9 期。

隘的局部利益出发，利益驱动下追求自身利益最大化，通过各种途径，追求政策导向和利益趋向上向地方经济特别是国有地方经济倾斜，忽略了全社会的整体利益和宏观经济效益，人为设定市场进出壁垒，与经济体内其他主体展开恶性竞争，甚至不惜包庇、纵容地方扰乱经济秩序的行为，加剧了区域经济法治化形成的难度。

4. 区域经济缺乏统筹发展意识

我国区域经济发展长期以来缺乏统筹发展意识，没有成立相关机构或将该职能赋予某机构的意识，对地方立法近乎"放任"姿态，针对地方法制、地方对中央的法制缺乏协调意识。

5. 某些主体不具有改变现状的能力

在区域经济这一集团中，可能会存在一些希望改变现状的个体，但这些个体不具有改变的能力，即不享有改变制度结构的自治权，因为种种原因阻止了它们进行建设性变革。

四 对策建议

（一）区域经济法制协调

区域经济法制协调主要包括：

1. 区域经济法制与中央法制的协调

一方面，区域经济法制必须与中央法制相协调，中央的立法为各区域经济的发展提供宏观的指导性作用，区域经济法制的协调要在中央立法的指导下进行，不能与其违背；另一方面，中央也应当对区域经济法制进行宏观管控，减少相互之间的冲突，促进其相互契合。

2. 不同区域经济体法制之间的协调

我国幅员辽阔，每一个单独的个体是独立的经济区域，个体间又形成了一个更大的区域经济体，经济区域发展各有特色，不同经济区域因为历史、文化等因素存在一定的割裂，各地形成了不同的经济发展政策、不同的经济发展风格与地区规范，区域经济法制协调工作包括这些不同区域经济的法制间的协调，促进区域经济法制体系形成，共谋发展。

3. 同一区域经济内法制协调

区域经济与地域环境相关，必然会受到行政区影响，在同一区域经济内会包含多个行政区。不同的行政区在经济发展过程中，从保护自身利益角度出发制定不利于整体区域经济发展的地方性法规或具有法律意义的文件，形成进入或退出壁垒、行业壁垒等。此时，区域经济法制的协调就显得极为重要。通过区域经济法制的立法协调，在不同的行政区域范围内，使得各主体在立法活动中相互配合、协作从而达到法律规范相互和谐、法律体系系统完整、区域经济协调发展的目的，最终形成立法协调、执法协调、司法协调。立法协调、执法协调和司法协调三部分应当是区域经济法制协调发展主要内容的一部分。

（1）立法协调

立法协调是执法协调、司法协调的前提。推动立法方面的协调，应考虑在可能实现的区域内实行统一的规则，并且在我国当前的立法体制下，协调各区域地方政府在立法过程中的矛盾，建立协调机制解决地区法规之间的冲突。

（2）执法协调

执法协调在区域经济法制协调发展的过程中，也起着不容忽视的作用。复杂的执法活动通常需要区域间的相互配合，尤其是针对次区域间经济犯罪的联合执法。联合执法虽然可以有效监督执法相对人的执法工作，强化执法力度，分清各部门的职责以避免执法重复，但这种联合执法的机制必须就区域间的不同情况进行协调。执法协调内容主要包括两个方面：一是宏观调控上的统一协调；二是市场监管上的共同规制，对各区域的执法活动进行统一的监管。

（3）司法协调

司法协调机制的作用在于用一个统一的司法标准判定区域经济合作主体间的经济行为的合法性。在我国区域经济合作中，司法协调更多体现在司法公正方面，司法公正是保障法律公平正义的最重要的防线，同时也是维护法律权威性的最为有效的一种手段。在区域经济合作中不应当出现为保护地方利益，片面强调地方特殊性。司法公正要求既要有程序公正又要有实体公正，两者是不可或缺的，区域经济法制的协调发展要求保障司法的独立性，为区域经济法制的协调发展创造良好的司法环境，才能对市场环境起到净化作用。

（二）区域经济发展法治化路径

1. 构建区域经济法律体系

"法律理念相信存在着或能够实现一种有秩序、效率和公平、正义的属于理想境界的社会，并相信借助于法的调整和规范，可以达到或接近于这种目标。"①

首先，要确立区域经济法律体系的立法理念，不能脱离中国特色社会主义这一范畴，要符合社会整体和谐发展的精神，贯彻科学发展观的理念，解决好公平与效率之间的问题，用发展式、共生式的手段实现区域经济的共同进步。在制定有关区域协调发展的法律制度时，不仅要注意与既有的保障可持续发展的法律制度的协调，而且还要转变法律理念，以整体和谐主义审视每一具体制度，以社会整体利益为法律之出发点与依归点。

其次，要注意区域经济属于中观经济，中观经济是有别于宏观经济和微观经济的独立层次，中观经济研究的出发点是部门、地区和集团，有其特殊的经济活动方式和经济活动效果。我国长期以来的经济发展忽视了中观经济的作用，更多用宏观经济来代替了中观经济，这对区域经济的发展和目标管理是极为不利的。目前我国现行立法体制是按行政区划设置的，且地方立法权仅限于省一级或省府所在市及国务院批准的较大的市，这就使中观经济不能发挥其应有的作用，应当于国家干预区域经济关系的层次化而采取宏观经济调控法和中观经济调控法并行调整的二元调整结构。② 因此，可以考虑区域经济在宏观经济中的作用，在中央和地方之间进行两级调控，中央层面要使区域经济服从宏观经济目标，把握产业布局、策略规划等大方向制度化，中观层面上，则需要在中央宏观指导下，区域经济管理主体因地制宜、相互连通，调节本区域经济发展，细化宏观层面要求。

最后，构建多位阶、多功能的区域法律体系。目前区域经济法制较为缺乏，区域法律体系应由区域基本法、区域经济专门领域的立法及特定区域的立法等组成，包括总纲性立法、专门领域立法，以及对某些特殊区域的立法。这里的特殊区域可以是大区域经济集团下的小区域经济集团，如东部、中部、西部、东北、长三角、晋陕甘等，这可以在充分利用发挥地方能动性基础上，起到调控大区域经济集团发展的作用。

此外，还需要注意法治化过程中与其他环节环环相扣的机制设计，如与其他法律的配合和协调方面等。

---

① 漆多俊：《经济法基础理论》，武汉大学出版社 2000 年版，第 158—159 页。
② 董玉明：《区域经济法律调整的二元结构解析》，载《山西大学学报》（哲学社会科学版）2004 年第 5 期。

2. 构建法律实施机制

首先，在区域经济法律制度逐步建立健全的过程中，不能疏忽对法律实施机制的设计与贯彻。一方面，需要利用法律这一特殊手段引导或强制使各地为区域经济均衡发展这一共同利益而努力；另一方面，需要利用法律这一机制设计来协调各地之间、各地与中央之间的利益冲突。这需要一个高层次的综合协调机制，具备跨省协调的功能，也具有和各区域、各利益集团代表谈判协商的能力，将所涉及的利益相关者利益统筹结合，关注各区域的发展权，落实到决策中，推动区域间、区域内各类资源的整合。①

其次，需要建立相关的监督体系、评估体系。目前国内区域经济发展缺乏相关监督体系，以及对区域经济的评估体系，这不但使得各地"各自为政"现象加重，还使得中央难以及时掌握地方经济发展的动态，对统筹整体区域经济发展造成一定的困难。因此相关的监督、评估体系的建立对实现区域经济科学管理、推动区域经济法治化具有重要的现实意义。

最后，还需要注意区域经济发展中各地立法的中央管控程序设定，以及必要的听证程序。这一方面是依法治国的需要，促进中央对地方政府政策性、法律性活动的监督，中央可以通过对地方法律法规的审查等保障国家立法得以贯彻落实，也使我国法律体系日臻完善，使区域经济真正成为一个整体，避免个体追求自身利益而使国家利益受损，促进区域经济协调发展；另一方面也是民主法治的需要，是弱势群体的发展权保障，是我国法治的人文进阶，是我国特色社会主义法治的体现。

3. 规范政府职责

当前经济学主流思想认为市场调控是"看不见的手"，政府应当是市场的"守夜人"。实践也证明了单靠其中一种方式，难以使经济运行平稳。然而在区域经济中，各地方政府、相关利益主体难免为追求自身利益最大化而做出有损集团利益的行为，因此中央应当对政府职责进行相关立法，明确规定，减少或避免"权力寻租"。

作者简介：强力，西北政法大学经济法学院院长、教授。

---

① 杨玉梅：《正视与反思：我国区域经济的法治化》，载《经济问题探索》2007 年第 6 期。

关于完善社会主义市场经济宏观调控法律体系的立法研究

席月民

摘要：《宏观调控基本法》的制定是进一步完善社会主义市场经济宏观调控法律体系的重要内容。本文梳理了我国现行宏观调控体制改革的发展历史，从宏观调控的立法目标和立法体系、调控目标及其目标层次、宏观调控的法定机构及其职权、宏观调控的法定原则、宏观调控的法定工具、宏观调控的法定程序、宏观调控的法律责任等方面进行研究，对我国《宏观调控基本法》的制定和宏观调控法律体系的完善提出了自己的见解和建议。

关键词：宏观调控法；调控原则；调控目标；调控工具；调控程序；调控责任

现代市场经济的发展离不开法律制度的保障，宏观调控的法治化已逐渐被视为现代市场经济活动的"内生因素"，中国当前的市场经济法治及其宏观调控必须以科学建构体系化的善法为最终目标。作为一个"转型国家"、"后发国家"，宏观调控被认为是中国经济体制改革和市场经济发展必不可少的重要工具，财税、金融、投资等领域所取得的一些调控成果也为此提供了相应的佐证。但是，我国目前仍主要侧重于宏观调控的政策实施，对宏观调控的法律保障和制度建构仍显薄弱和滞后，进一步完善社会主义市场经济宏观调控法律体系，及时制定一部《宏观调控基本法》，是推动法治中国建设和国家治理能力现代化的必然选择。①

---

① 正如梁治平对著名经济学家吴敬琏的市场经济法治思想的评价所言，从单讲市场经济，到强调法治的市场经济，隐含了一个认识上的发展，即市场经济的存在与发展是有条件的；市场经济不能自足，而须配合以其他制度。这里的"其他制度"重点指的是法律制度。参见梁治平《从市场经济到法治的市场经济：吴敬琏的改革词典》，载《读书》2008 年第 1 期。

一 宏观调控体制改革与立法目标

通常，"权力"和"权利"这两个概念被视为法学研究上的核心范畴。当然，其实它们也是立法所要确认和规范的重点所在。宏观调控权对于确保宏观调控行为法律上的合法性非常重要，从法律上说，具有合法性的宏观调控应当是由具有宏观调控权的主体依法实施的。在当代中国，宏观调控的法治化是推进国家治理体系和治理能力现代化的题中应有之义。

（一）我国现行宏观调控体制及其改革

党的十一届三中全会以来，我国分别在 1982 年、1988 年、1993 年、1998 年、2003 年、2008 年和 2013 年进行了七次规模较大的政府机构改革，从而使国务院组成部门由 1982 年改革前的 52 个①削减为目前的 25 个，形成了基本适应社会主义市场经济体制的组织架构和职能体系，其中国务院宏观调控部门及其职责的厘定在历次机构改革中受到高度了重视。

从改革实践看，现行宏观调控体制的形成走出了一条分权协调之路：（1）1982年改革。1981 年国务院的工作部门有 100 个，达到新中国成立以来的最高峰。臃肿的管理机构已不能适应改革开放和经济社会发展的需要，在精简机构方面，1982 年国务院机构改革使得国务院各部委、直属机构、办事机构从 100 个减为 61 个，是新中国成立以来规模较大、目的性较强的一次建设和完善行政体制的努力。虽然该次改革开始废除领导干部职务终身制，在精简班子的同时加快了干部队伍的年轻化，但并没有触动高度集中的计划经济管理体制，没有实现政府职能的转变。在国务院组成部门中，保留了国家计划委员会，重组了国家经济委员会，新设立了国家体制改革委员会，中国人民银行的中央银行职能尚未突出出来。（2）1988 年国务院机构改革方案，把增强宏观调控职能作为国务院机构改革的目标和要求，着力解决政企不分、结构不合理，在职能上微观管得过多，宏观调控不力，机构臃肿、层次过多、职责不清、相互扯皮，以及工作效率不高等问题。1988 年新组建的国家计划委员会，并不是原国家计划委员会、国家经济委员会的简单合并。该机构是国务院管理国民经济和社会发展的综合部门，不再承担微观管理与行业管理

---

① 参见时任国务院总理赵紫阳 1982 年 4 月 26 日在全国人民代表大会常务委员会第二十三次会议上所作的《关于国务院机构改革进展情况和三项议案的说明》。

的职能，而是一个高层次的宏观管理机构。其主要职能是，制定国民经济与社会发展战略；编制中长期国民经济和社会发展规划与年度计划；研究重大的资源配置政策、产业政策、分配政策和技术经济政策；调整国民经济重大比例关系，加强宏观调控，综合运用经济调节手段，搞好社会总供给与总需求的平衡，以及经济活动和生产建设中的重要协调工作等。（3）1993 年国务院机构改革中，国务院保留了国家计划委员会、财政部、中国人民银行等既有的综合经济部门。为了加强对国民经济运行中重大问题的协调，在当时国务院经济贸易办公室的基础上，组建国家经济贸易委员会。同时强调，综合经济部门要把工作重点真正转到搞好宏观管理上来，集中主要精力搞好国民经济发展战略、发展规划和经济总量的平衡，制定产业政策，培育与发展市场，有效调控社会经济活动。不论原有或新设置的综合经济部门，都要精简内设机构和人员，理顺综合经济部门之间以及综合经济部门与专业经济部门之间的关系。（4）1998 年国务院机构改革中，把国家计划委员会更名为国家发展计划委员会，同时保留国家经济贸易委员会、财政部、中国人民银行。本轮机构改革进一步明确宏观调控部门的主要职责是：保持经济总量平衡，抑制通货膨胀，优化经济结构，实现经济持续快速健康发展；健全宏观调控体系，完善经济、法律手段，改善宏观调控机制。为了加强国务院对经济体制改革工作的领导，国家经济体制改革委员会改为国务院高层次的议事机构，不再列入国务院组成部门序列。（5）2003 年国务院机构改革方案中，则明确提出完善宏观调控体系，将国家发展计划委员会改组为国家发展和改革委员会，其宏观调控的职能定位进一步突出。（6）2008 年大部门制改革中，国务院机构改革方案则把合理配置宏观调控部门职能作为重要内容，明确规定国家发展和改革委员会要进一步转变职能，减少微观管理事务和具体审批事项，集中精力抓好宏观调控。财政部要改革完善预算和税政管理，健全中央和地方财力与事权相匹配的体制，完善公共财政体系。中国人民银行要进一步健全货币政策体系，加强与金融监管部门的统筹协调，维护国家金融安全。国家发展和改革委员会、财政部、中国人民银行等部门要建立健全协调机制，形成更加完善的宏观调控体系。（7）2013 年国务院机构改革方案并未触及宏观调控部门，只是强调要改善和加强宏观管理，强化发展规划制订、经济发展趋势研判、制度机制设计、全局性事项统筹管理、体制改革统筹协调等职能。同时要求，完善宏观调控体系，强化宏观调控措施的权威性和有效性，维护法制统一、政令畅通。

总的来看，近 5 年来，国务院机构改革和职能转变取得了新的进展，行政审批制度改革继续推进，宏观调控体系逐步健全，市场监管、社会管理和公共服务职能进一步加强，一些重要领域管理体制不断完善，大部门制改革迈出重要步伐，政务公开和行政问责力度加大，依法行政取得一定新成效。就 2013 年改革而言，继续维持了国家发展和改革委员会、财政部、商务部、中国人民银行等机构设置，其目的之一仍在于改善和加强宏观管理，真正做到该管的管住管好，不该管的不管不干预。应该说，中国自改革开放以来确实取得了举世瞩目的巨大成就，并建立了社会主义市场经济体制框架。在历次机构改革中，权限的收放始终是改革一以贯之的重点，也是中央和地方关系的一个关键点。但目前来看，宏观经济调控体制多年来一直维持的分权状态，导致相关调控部门之间缺乏有机协调，由于宏观调控牵涉面广，全局性强，复杂交叉，因此，根据现行《国务院行政机构设置和编制管理条例》第二条规定，即"国务院行政机构设置和编制应当适应国家政治、经济、社会发展的需要，遵循精简、统一、高效的原则"，我们认为，应当进一步优化宏观调控权力的横向配置和纵向配置，改革和完善宏观调控体制，进一步增强宏观调控的科学性和有效性，更好地处理政府与市场、中央和地方的关系。

（二） 改革开放以来我国宏观调控的实践简史

在出口、投资、消费三驾马车的长期驱动下，"高速增长"成为我国改革开放以来国民经济发展最重要的标签之一。城乡间人口和劳动力的大幅迁徙，对外贸易和资本流量的急剧增加，一系列国内国际经济形势的重大变化使得我国宏观调控的目标和任务不断作出调整。这种调整不仅表现在是扩大总需求还是紧缩总需求，是千方百计扩大出口还是扩大内需，是单纯控制通货膨胀还是有时要控制通货膨胀、有时要控制通货紧缩上，而且表现在总就业水平的管理上。

20 世纪 90 年代以前，我国外向型经济战略的基本导向是进口替代，多年积累下来的消费品和投资品涨价压力不断释放，使得宏观调控的直接任务主要是紧缩投资和消费需求，控制通货膨胀和经济增长速度。换言之，在这一时期政府实行的宏观调控更多的是紧缩性调控，着力于控制由投资和消费需求构成的国内总需求，平抑物价总水平，稳定经济增长。之后，在进入出口导向阶段的初期，宏观调控仍着力于单纯控制需求和通货膨胀，不仅前期进口替代形成的产能跟不上需求的快速释放和增长，而且不断增加的净出口扩大了外需，进而使总需求增长加快，这为 1993—1997 年财政和货币政策均采用"适度从紧"提供了解释。1997 年亚洲金融危机使我国宏观调控的基本背景发生了戏剧性变化，宏观调控的目标和任务变得复杂起来，从原来对需求和通货膨胀的"单向调控"变成了"双向调控"，也就是说，有的时候要抑制需求和通货膨胀，而有的时候则要扩大需求和控制通货紧缩。从1998年开始，调控类型从原来的单纯紧缩向紧缩、中性和扩张的多种选择转变。1998—2003年采用的"积极财政政策"和"稳健货币政策"组合调控，是改革开放以来持续时间最长、扩张特征最明显的一次扩张性调控。2004年以后实行了"双稳健"政策组合调控，虽然具体政策措施操作在若干季度、月度选择"偏紧"取向，但并不改变政策组合总体上趋于稳健或中性的取向。2007年下半年，针对经济中呈现的物价上涨过快、投资信贷高增等现象，货币政策由"稳健"转为"从紧"。美国金融危机的爆发导致外需减弱，投资下滑，内需不振，我国经济发展下行压力加大且面临种种不确定性，2008年我国重新启用"积极的财政政策"，配合实施"适度宽松的货币政策"，出台进一步扩大内需的十项措施①，以投资带消费，以消费促增长，扩大投资规模，用四万亿元资金力撬国内需求。自2011年起，我国告别"积极的财政政策和适度宽松的货币政策"组合，转而实施"积极的财政政策和稳健的货币政策"，这样既有利于防范前几年积累的流动性带来的物价上涨压力，也能更好突出结构导向，增加有效供给。这一财政政策相对扩张、货币政策相对中性的政策组合拳一直延续至今。总的来看，西方国家的宏观调控重在总量调控，主要是解决周期波动问题，而我国宏观调控则与总量问题、结构问题和体制问题交织在一起，每一轮调控都需要把握好宏观调控的前瞻性、科学性、有效性、协调性、技巧性和差异性。

我们认为，经济全球化和金融一体化明显加剧了一国宏观经济调控的难度，财政政策、货币政策、产业政策、外贸政策、竞争政策等任何一项经济政策的调整，都需要在立足于本国国情的基础上，充分考虑世界贸易组织其他成员的经济形势与经济政策的变化，并从重视国内调控向重视内外结合转变，在出台任何调控措施前，既需要对该措施在国内市场的预期效果进行准确评估，也需要对其在国际市场尤其在世界贸易组织其他成员市场的政策溢出效果进行科学评估，同时在制定国内经济政策时也必须充分收集和分析外

---

① 十项措施：一是加快建设保障性安居工程；二是加快农村基础设施建设；三是加快铁路、公路和机场等重大基础设施建设；四是加快医疗卫生、文化教育事业发展；五是加强生态环境建设；六是加快自主创新和结构调整；七是加快地震灾区灾后重建各项工作；八是提高城乡居民收入；九是在全国所有地区、所有行业全面实施增值税转型改革，鼓励企业技术改造，减轻企业负担1200亿元；十是加大金融对经济增长的支持力度。

国政府新兴经济政策和经济改革措施的信息及其对我国的溢出效果。

（三） 宏观调控的立法目标和立法体系

事实上，自改革开放以来，特别是 1992 年确立了社会主义市场经济体制以来，我国对于市场经济运行的宏观调控及其相关立法一直非常重视。不可否认的是，宏观调控已然成为重要的法律概念，并且被提升到了宪法的层次，这在强调依法治国、依宪治国的今天，更加凸显了宏观调控的法律意义。

1. 宪法。我国《宪法》第十五条明确规定："国家实行社会主义市场经济。国家加强经济立法，完善宏观调控。""宏观调控"这一概念的入宪，说明了宪法对市场经济发展中国家实施宏观调控的正面肯认，同时，市场经济、经济立法与宏观调控之间的关系需要正确处理，这使得"宏观调控"被转化为一个法律概念，使宏观调控行为具有了法律上的合法性，进而确立了贯穿于相关法律之间的宏观调控法律制度。国务院及其宏观调控部门需要维护宪法、法律权威，发挥法律的引导和推动作用，用法治思维和法治方式依法实施宏观调控。

2. 调控型法律。（1）《中国人民银行法》。该法第一条即明确规定："为了确立中国人民银行的地位，明确其职责，保证国家货币政策的正确制定和执行，建立和完善中央银行宏观调控体系，维护金融稳定，制定本法。"其直接把宏观调控确立为该法的重要目的之一。该法第十二条第二款规定："中国人民银行货币政策委员会应当在国家宏观调控、货币政策制定和调整中，发挥重要作用。"其第三十一条规定："中国人民银行依法监测金融市场的运行情况，对金融市场实施宏观调控，促进其协调发展。"（2）《价格法》。该法第三条规定："国家实行并逐步完善宏观经济调控下主要由市场形成价格的机制。价格的制定应当符合价值规律，大多数商品和服务价格实行市场调节价，极少数商品和服务价格实行政府指导价或者政府定价。"其第四条规定："国家支持和促进公平、公开、合法的市场竞争，维护正常的价格秩序，对价格活动实行管理、监督和必要的调控。"该法第四章"价格总水平调控"属于典型的宏观调控内容，共有七个条文。其中，第二十六条把稳定价格作为国家宏观调控的重要目标，其规定："稳定市场价格总水平是国家重要的宏观经济政策目标。国家根据国民经济发展的需要和社会承受能力，确定市场价格总水平调控目标，列入国民经济和社会发展计划，并综合运用货币、财政、投资、进出口等方面的政策和措施，予以实现。"此外，其他条文分别规定了重要商品储备制度、价格监测制度、粮食等重要农产品收购保护价制度、价格干预措施、价格紧急措施以及解除等。

3. 促进型法律。（1）《就业促进法》。该法第一条开宗明义地指出："为了促进就业，促进经济发展与扩大就业相协调，促进社会和谐稳定，制定本法。"第二条则规定："国家把扩大就业放在经济社会发展的突出位置，实施积极的就业政策，坚持劳动者自主择业、市场调节就业、政府促进就业的方针，多渠道扩大就业。"该法分九章分别规定了总则、政策支持、公平就业、就业服务和管理、职业教育和培训、就业援助、监督检查、法律责任和附则等内容。作为一部关系国计民生的重要法律和我国就业领域首部基本法，该法是基于中国国情着力于解决中国当前和今后一个时期就业问题，规范和指导走有中国特色就业促进道路的工作总纲，标志着我国就业工作由政策时代自此迈向了法制时代。（2）《中小企业促进法》。该法是我国制定的扶持和促进中小企业发展的第一部专门法律，其目的是为了改善中小企业经营环境，促进中小企业健康发展，扩大城乡就业，发挥中小企业在国民经济和社会发展中的重要作用。按照该法第三条的规定，国家对中小企业实行积极扶持、加强引导、完善服务、依法规范、保障权益的方针，为中小企业创立和发展创造有利的环境。该法用七章分别对总则、资金支持、创业扶持、技术创新、市场开拓、社会服务和附则等内容作出了相应规定。（3）《循环经济促进法》。循环经济是指在生产、流通和消费等过程中进行的减量化、再利用、资源化活动的总称。该法第三条规定："发展循环经济是国家经济社会发展的一项重大战略，应当遵循统筹规划、合理布局，因地制宜、注重实效，政府推动、市场引导，企业实施、公众参与的方针。"其立法目的是，促进循环经济发展，提高资源利用效率，保护和改善环境，实现可持续发展。该法分七章规定了总则、基本管理制度、减量化、再利用和资源化、激励措施、法律责任和附则等内容。（4）《对外贸易法》。该法第九章标题为"对外贸易促进"，共有九个条文规定了具体的对外贸易促进措施，内容涉及对外贸易促进机制、对外贸易服务金融机构、对外贸易促进方式、对外贸易公共信息服务体系、对外贸易经营者协会和商会、中国国际贸易促进组织以及对中小企业、民族自治地方和经济不发达地区的对外贸易扶持政策等。（5）《农业机械化促进法》。所谓农业机械化，是指运用先进适用的农业机械装备农业，改善农业生产经营条件，不断提高农业的生产技术水平和经济效益、生态效益的过程。该法第一条规定："为了鼓励、扶持农民和农业生产经营组织使用先进适用的农业机械，促进农业机械化，建设现代农业，制定本法。"该法分八章规定了总则、科研开发、质量保障、推广使用、社会化服务、扶持措施、法律责任和附则等内容。该法有一处提到了"国务院经济综合宏观调控部门"，有一处提到了"省级经济综合宏观调控部门"。（6）《清洁生产促进法》。国家鼓励和促进清洁生产，清洁生产是指不断采取改进设计、使用清洁的能源和原料、采用先进的工艺技术与设备、改善管理、综合利用等措施，从源头削减污染，提高资源利用效率，减少或者避免生产、服务和产品使用过程中污染物的产生和排放，以减轻或者消除对人类健康和环境的危害。该法分六章规定了总则、清洁生产的推行、清洁生产的实施、鼓励措施、法律责任和附则等内容。上述法律虽然在法律名称和条文中使用的是"促进"一词，但从其实际内容看，属于不同领域结构调控的范畴，因此均应归入我国宏观调控法律体系之内。

4. 其他法律。（1）《预算法》。现行《预算法》第一条规定，"为了强化预算的分配和监督职能，健全国家对预算的管理，加强国家宏观调控，保障经济和社会的健康发展，根据宪法，制定本法。"最新修改的《预算法》明年开始实施，新法虽然删去了第一条中关于宏观调控的立法目标，但在其第三十二条中还是规定了各级预算的编制要根据国家宏观调控总体要求进行。该条规定："各级预算应当根据年度经济社会发展目标、国家宏观调控总体要求和跨年度预算平衡的需要，参考上一年预算执行情况、有关支出绩效评价结果和本年度收支预测，按照规定程序征求各方面意见后，进行编制。"因此，该法修改后尽管未再突出宏观调控的立法目标，但其所建立和完善的复式预算制度本身仍是宏观调控的重要手段之一。（2）《反垄断法》。该法第四条规定："国家制定和实施与社会主义市场经济相适应的竞争规则，完善宏观调控，健全统一、开放、竞争、有序的市场体系。"国家竞争政策和竞争规则所维护的市场体系，是实施宏观调控重要的立足点和着眼点，也是宏观调控作用的重要对象。（3）《公司法》。该法第五条规定："公司以其全部法人财产，依法自主经营，自负盈亏。公司在国家宏观调控下，按照市场需求自主组织生产经营，以提高经济效益、劳动生产率和实现资产保值增值为目的。"这从受控主体的概括性权利义务角度对宏观调控作出了规定。（4）《行政许可法》。按照该法第十二条第（一）项之规定，直接涉及国家安全、公共安全、经济宏观调控、生态环境保护以及直接关系人身健康、生命财产安全等特定活动，需要按照法定条件予以批准的事项，可以设定行政许可。不难看出，这里的行政许可同样被作为宏观调控的一种手段进行了规定。（5）《农业法》。该法在产业立法中居于重要地位。其第二十六条规定："农产品的购销实行市场调节。国家对关系国计民生的重要农产品的购销活动实行必要的宏观调控，建立中央和地方分级储备调节制度，完善仓储运输体系，做到保证供应，稳定市场。"其第四十三条第三款规定："国家采取宏观调控措施，使化肥、农药、农用薄膜、农业机械和农用柴油等主要农业生产资料和农产品之间保持合理的比价"。这些规定突出了产业调控的重要地位。（6）《劳动法》。该法第四十六条第二款规定，"工资水平在经济发展的基础上逐步提高。国家对工资总量实行宏观调控。"该法与前述《就业促进法》密切联系，虽重点保护的是劳动者的权利，但在宏观调控中仍占据一席之地。（7）《水污染防治法》。该法有四处提到了"国务院经济综合宏观调控部门"，有两处提到了"县级以上人民政府经济综合宏观调控部门"。（8）《防震减灾法》。该法有两处提到了"国务院经济综合宏观调控部门"。（9）《固体废物污染环境防治法》。该法有七处提到了"国务院经济综合宏观调控部门"，有两处提到了"县级以上人民政府经济综合宏观调控部门"。（10）《港口法》。该法第十三条中有两处提到了"国务院经济综合宏观调控部门"，即"在港口总体规划区内建设港口设施，使用港口深水岸线的，由国务院交通主管部门会同国务院经济综合宏观调控部门批准；建设港口设施，使用非深水岸线的，由港口行政管理部门批准。但是，由国务院或者国务院经济综合宏观调控部门批准建设的项目使用港口岸线，不再另行办理使用港口岸线的审批手续。"上述这些法律虽未专门就相关调控问题进行详细规定，但在相关条文中所提到的调控呼应了其他立法，其同样构成我国宏观调控法律体系的组成部分。

5. 行政法规。国务院出台的一些行政法规中，也多次提到了宏观调控问题。（1）2003 年颁行、2011 年修订的《中央储备粮管理条例》，其第一条立法目的即明确规定"为了加强对中央储备粮的管理，保证中央储备粮数量真实、质量良好和储存安全，保护农民利益，维护粮食市场稳定，有效发挥中央储备粮在国家宏观调控中的作用，制定本条例。"该条例第六条规定："国务院发展改革部门及国家粮食行政管理部门会同国务院财政部门负责拟订中央储备粮规模总量、总体布局和动用的宏观调控意见，对中央储备粮管理进行指导和协调；国家粮食行政管理部门负责中央储备粮的行政管理，对中央储备粮的数量、质量和储存安全实施监督检查。"该条例第十三条规定："中央储备粮的储存规模、品种和总体布局方案，由国务院发展改革部门及国家粮食行政管理部门会同国务院财政部门，根据国家宏观调控需要和财政承受能力提出，报国务院批准。"上述内容与前述《价格法》确立的重要商品储备制度相呼应，是对前述《农业法》所确定的调控内容的具体补充和完善，有利于调控和稳定粮食市场。（2）1992 年颁行、2011 年修订的《全民所有制工业企业转换经营机制条例》。该条例第四十三条在企业与政府的关系方面规定："政府应当采取下列措施，加强宏观调控和行业管理，建立既有利于增强企业活力，又有利于经济有序运行的宏观调控体系：1）制定经济和社会发展战略、方针和产业政策，控制总量平衡，规划和调整产业布局；2）运用利率、税率、汇率等经济杠杆和价格政策，调控和引导企业行为；3）根据产业政策和规模经济要求，引导企业组织结构调整，实现资源合理配置；4）建立和完善适应商品经济发展的企业劳动人事工资制度、财务制度、成本制度、会计制度、折旧制度、收益分配制度和税收征管制度，制定考核企业的经济指标体系，逐步将企业职工的全部工资性收入纳入成本管理；5）推动技术进步，开展技术和业务培训，为企业决策和经营活动提供信息、咨询。"这样的规定立足于政府职能的转变，对调控主体的职责作出了原则性规定，与受控主体的权利义务直接对应。（3）2008 年颁行的《土地调查条例》。该条例第二条规定："土地调查的目的，是全面查清土地资源和利用状况，掌握真实准确的土地基础数据，为科学规划、合理利用、有效保护土地资源，实施最严格的耕地保护制度，加强和改善宏观调控提供依据，促进经济社会全面协调可持续发展。"该规定表明了土地调查与宏观调控的关系。（4）2004 年的《粮食流通管理条例》。该条例第六条规定："国务院发展改革部门及国家粮食行政管理部门负责全国粮食的总量平衡、宏观调控和重要粮食品种的结构调整以及粮食流通的中长期规划；国家粮食行政管理部门负责粮食流通的行政管理、行业指导，监督有关粮食流通的法律、法规、政策及各项规章制度的执行。国务院工商行政管理、产品质量监督、卫生、价格等部门在各自的职责范围内负责与粮食流通有关的工作。省、自治区、直辖市人民政府在国家宏观调控下，按照粮食省长负责制的要求，负责本地区粮食的总量平衡和地方储备粮的管理。县级以上地方人民政府粮食行政管理部门负责本地区粮食流通的行政管理、行业指导；县级以上地方人民政府工商行政管理、产品质量监督、卫生、价格等部门在各自的职责范围内负责与粮食流通有关的工作。"值得强调的是，该条例的第三章以"宏观调控"为标题，共用十个条文专章规定了对粮食市场的调控手段、中央和地方分级粮食储备制度、粮食风险基金制度、粮食主产区最低收购价格制度、粮食供需抽查制度和信息发布制度、鼓励建立产销一体化的粮食经营企业、粮食应急机制、粮食应急预案及其启动等内容。

　　6. 地方性法规和规章。由于地方性法规和规章涉及范围太广，囿于篇幅所限，这里仅以北京市为例进行分析。（1）《北京市劳动力市场管理条例》。

该条例由北京市人民代表大会常务委员会于 1998 年颁行，其第五章用六个条文规定了"调控市场与促进就业"。按照该条例第二十六条规定，北京市各级人民政府应当加强对劳动力市场的调控，制定政策，鼓励用人单位聘用下岗、失业人员，支持下岗、失业人员自愿组织起来就业和自谋职业。（2）《北京市审计条例》。该条例由北京市人大常委会颁行于 2012 年，其明确规定，审计机关可以依法对财经政策和宏观调控措施执行情况，预算管理情况，国家所有的土地、水流、森林、矿藏等国有资产管理使用，以及其他与财政收支有关的特定事项进行专项审计调查。（3）《北京市燃气管理条例》。该条例由北京市人大常委会 2006 年颁布，2007 年施行，其第七条明确规定："本市应当制定政策，采取措施，多渠道保障气源供应，加强用气管理，建立燃气供应和需求的宏观调控机制。市燃气行政管理部门和市发展改革行政管理部门按照各自职责负责协调天然气气源供应，平衡全市用气需求，制定中长期及年度用气计划，并按照年度用气计划分配天然气指标，保障天然气的安全、稳定供应。"（4）《北京市小客车数量调控暂行规定》。该办法是北京市人民政府 2010 年颁行的，旨在落实北京市城市总体规划，实现小客车数量合理、有序增长，有效缓解交通拥堵状况。按照该办法，北京市小客车年度增长数量和配置比例由市交通行政主管部门会同市发展改革、公安交通、环境保护等相关行政主管部门，根据小客车需求状况和道路交通、环境承载能力合理确定，报市人民政府批准后向社会公布。小客车配置指标按照公开、公平、公正的原则，以摇号方式无偿分配。北京市交通行政主管部门的指标调控管理机构负责具体工作。机关、企业事业单位、社会团体及其他组织和个人需要取得北京市小客车配置指标的，应当依照该暂行规定到指标调控管理机构办理摇号登记。指标有效期为 6 个月，不得转让。指标有效期内，不得重复办理摇号登记。另外，2014 年北京市人大常委会颁行的《北京市大气污染防治条例》，在其第二十六条规定"本市根据国家大气环境质量标准和本市大气环境质量目标，对机动车实施数量调控"，这一规定保持了与《北京市小客车数量调控暂行规定》的相互呼应。（5）《北京市储备粮管理办法》。该办法由北京市人民政府于 2010 年颁行，旨在加强对北京市储备粮的管理，保证储备粮安全，保护农民利益，维护粮食市场稳定，有效发挥北京市储备粮在政府宏观调控中的作用。其强调，对储备粮的管理，应当严格制度、严格管理和严格责任，确保北京市储备粮数量真实、质量良好和储存安全，确保北京市储备粮储得实、管得好、调得动、用得上。（6）《北京市价格监测办法》。该办法旨在规范价格监测工作，保障价格监测信息的准确性和及时性，发挥价格监测在宏观经济调控中的作用，由北京市人民政府于 2011 年颁行。按照该办法规定，价格监测信息不得用于宏观经济调控和价格管理工作以外的其他目的。

7. 司法解释。最高人民法院在一些司法解释中，强调了有效地发挥司法政策的宏观调控作用，或者突出人民法院在加强和改善宏观调控，实现经济平稳较快发展，促进社会和谐稳定方面的司法保障和法律服务作用，以及维护和支持行政机关旨在保障和改善民生的宏观调控措施和行政执法行为。这些司法解释主要有：（1）2011 年的最高人民法院关于印发《中国法院知识产权司法保护状况（2010 年）》的通知；（2）2008 年的最高人民法院《关于认真贯彻中央经济工作会议精神，为经济平稳较快发展提供有力司法保障》的通知；（3）2008 年的最高人民法院印发《关于为维护国家金融安全和经济全面协调可持续发展提供司法保障和法律服务的若干意见》的通知；（4）2008 年的最高人民法院《关于充分发挥行政审判职能作用为保障和改善民生提供有力司法保障》的通知；（5）2005 年的最高人民法院《关于增强司法能力、提高司法水平的若干意见》；（6）2004 年的最高人民法院关于印发《关于审理行政案件适用法律规范问题的座谈会纪要》的通知；（7）2001 年的最高人民法院关于印发《全国法院审理金融犯罪案件工作座谈会纪要》的通知；（8）其他解释。

总的来看，目前现行立法在粮食调控方面规定最为细致，从《价格法》到《农业法》，从《中央储备粮管理条例》到《粮食流通管理条例》，这些立法较为系统地构建了我国粮食调控的法律规则体系。相比较之下，《预算法》《中国人民银行法》《价格法》《对外贸易法》等规定都仍显粗糙，在财税、金融、价格、外贸调控等方面缺乏调控的具体规则或实施细则。虽然现行立法确立了一些宏观调控的重要法律制度，但《宪法》对宏观调控的规定只表明了经济立法与宏观调控的重要关系，目前仍缺乏关于宏观调控体制、原则、程序等方面的基本规定，相关立法的协调性尚不尽人意，缺乏一部《宏观调控基本法》。而且，诸如《规划法》《政府投资法》等一些重要的调控立法尚处在缺位状态，国民经济和社会发展规划的编制、实施、监督、检查等无法可依，政府投资的随意性过大，缺乏应有的监督和制裁。再者，现行宏观调控立法对调控责任的规定不尽完善，《价格法》只是在其第四十五条规定了地方政府及其直接责任人员的责任，即"地方各级人民政府或者各级人民政府有关部门违反本法规定，超越定价权限和范围擅自制定、调整价格或者不执行法定的价格干预措施、紧急措施的，责令改正，并可以通报批评；对直接负责的主管人员和其他直接责任人员，依法给予行政处分。"一些促进型立法虽专章规定了法律责任，但责任主体基本上为受控主体，并多承担行政责任。相反，有关调控主体的责任则尚付阙如。

二　宏观调控法的基本内容

宏观调控是政府为实现社会总需求与社会总供给之间的平衡，保证国民经济持续、稳定、协调增长，而运用经济、法律和行政的手段对社会经济运行所进行的调节与控制。德国1967年颁布的《经济稳定与增长促进法》和美国1978年颁布的《充分就业与平衡增长法》都属于这方面的典型立法，作为成熟的市场经济国家，其早已建立较为系统的宏观调控法律制度。宏观调控法对政府的宏观调控行为具有导向、规范和保障功能，其所调整的经济关系按手段分类，具体包括了财税调控关系、金融调控关系、规划调控关系、产业调控关系、投资调控关系、储备调控关系、价格调控关系以及涉外调控关系等，这些调控关系相互交织，错综复杂，需要依靠系统的宏观调控法律体系进行必要调节和控制。

（一）宏观调控的基本目标及其目标层次

党的十八届三中全会决定指出，宏观调控的主要任务是保持经济总量平衡，促进重大经济结构协调和生产力布局优化，减缓经济周期波动影响，防范区域性、系统性风险，稳定市场预期，实现经济持续健康发展。十八届四中全会通过了依法治国"升级版"方案，把依法治国基本方略落实做细，全面推进依法治国，进一步呼应了上述内容。依法调控必将成为我国未来宏观调控的基本常态。提及宏观调控的基本目标，从国际上看，各国把宏观调控基本目标主要锁定在四个方面，即稳定物价、充分就业、经济增长和国际收支平衡。

1. 稳定物价。稳定物价强调使一般物价水平在短期内不发生显著或急剧的波动。从世界范围看，稳定物价是世界上大多数国家政府的一个宏观经济调节目标。当然，稳定物价并非是指使币值保持绝对不变，从总体上看，物价总是处于一种刚性上升趋势，关键是如何将通货膨胀率控制在适当的限度内，这也是各国中央银行始终关注的重要问题。根据20世纪60年代以来西方主要国家的经验，年通货膨胀率如能控制在5%以下，即可视为达到了稳定物价的目标。目前为止，在我国，《价格法》和《中国人民银行法》在稳定物价方面发挥着基础性的调控作用。

2. 充分就业。充分就业并非指一切有劳动能力的人全部就业，而是指将失业率控制在合理的范围内。同时，充分就业并不排除因不满意货币工资水平而不愿意就业的"自愿失业"和因季节性或技术性原因而临时失业的"摩擦性失业"。一般认为失业率（社会的失业人数与愿意就业的劳动力比率）在4%—5%即为充分就业。在我国，《就业促进法》在倡导正确的择业观念和促进就业方面发挥着重要作用。与此同时，也不能忽视《中国人民银行法》的作用。中央银行运用货币政策为社会提供更多的就业机会，也是社会公众和政府关心的经济目标。

3. 经济增长。经济增长是一国或一个地区在一定时期内产品与劳务的增加，一般有两种衡量方式：其一，是指一国或一地区在一定时期内所生产的商品和劳务的总量的增长，即国民生产总值（GNP）的增长；其二，是指一国或一地区一定时期内生产商品和劳务的能力的增长，即国内生产总值（GDP）的增长。促进经济增长，为经济增长提供货币的推动力，一直是中央银行货币政策目标的重要内容。因此，《中国人民银行法》在一定程度上也是一部经济增长促进法。当然，目前有关经济增长促进的法律并不限于该法。

4. 国际收支平衡。国际收支平衡是指一国外汇收支相抵基本持平或略有顺差或逆差。在当今社会经济中，一国国际收支状况与其国内货币供应量有着密切联系。如果国际收支顺差过大，就意味着国内货币供给增大，市场商品供给减少，会加大物价上涨的压力；相反，如果国际收支逆差过大，则会造成国内资源浪费以及本国货币对外贬值，造成国内市场不稳定。国际收支平衡并非简单的收支概念，其属于国民经济发展中的对外均衡范畴，与一国的经济发展水平、国际环境、对外交往、国际储备等密切联系在一起，并且需要在动态中实现，与该国外汇、外贸、外资、外债以及境外直接投资等政策直接相关。

问题在于，上述目标之间，只有经济增长与充分就业二者之间是彼此一致的，除此之外，这四个目标相互之间都有矛盾，尤其是稳定物价与其他目标之间的矛盾尤为突出。表现在：（1）稳定物价与经济增长的矛盾。从长远来看，稳定物价与经济增长应该是一种正相关关系：物价稳定能为经济增长提供良好的金融环境，经济增长又为物价稳定奠定可靠的经济基础。但二者并不总是协调向前发展，在一定时期内时常会发生矛盾和冲突。因为经济增长必然会导致社会总需求的增加，社会总需求的增加又会引起货币供应量的增加，货币供应量的增加将会导致物价上涨，随之而来的便是通货膨胀。纵观世界各国经济发展史，经济增长较快时期，物价总会有大幅度上涨；反之，在经济萧条时期，物价则会有一定程度的下降。（2）稳定物价与充分就业的矛盾。首先，实现充分就业往往要以牺牲物价稳定为代价。因为要实现充分就业就必须刺激投资和消费的有效需求的增加，这就必然要求增加货币供应量，而货币供应量的增加和信用扩张又必然引起一般物价水平的上涨；其次，充分就业会引起工资水平的上涨，而工资是产品的重要成本之一，它的上涨又必将推动物价的上涨；最后，在通货膨胀时寻求物价稳定又将抑制充分就业。因为抑制通货膨胀要求通过紧缩信用和减少货币供应量来减少社会总需求，而社会总需求的减少又使企业不得不减少投资、缩减生产规模，这样又会减少就业。（3）稳定物价与国际收支平衡的矛盾。其主要表现为：当一国国内出现通货膨胀时，政府可能要牺牲国际收支平衡目标，即减少出口，以降低总需求水平，或增加进口，以提高总供给水平。在此情况下，国际收支逆差会越来越大，而国际收支状况的恶化，又为物价的继续上涨准备了条件。正因为这些目标间常常存在着冲突，因而任何一个国家要同时实现这四大目标是非常困难的。从中央银行角度看，其在制定和实施货币政策时，只能根据本国特定时期、特定条件下的经济运行情况，对各目标进行权衡，以尽量趋利避害，或两弊相衡取其轻，最终作出适当选择。

以德国为例，作为典型的社会市场经济国家，半个多世纪以来，德国经济在"慢"与"精"中突出强调了稳定与增长的关系。其中，其《经济稳定与增长促进法》就是一例调控性立法的典型。该法于 1967 年 6 月 8 日由当时的联邦德国议会通过，颁行于同年 6 月 14 日，是一部为巩固和保障德国社会市场经济体制的有效运作而制定的经济法律。20 世纪 90 年代初两德统一后，该法作了新的修订，最后一次修订时间是 2006 年 10 月 31 日，现行文本共有33 个条文。这部法律所体现的经济调控理念以及所建立的具体调控制度，对于我国当前的宏观调控立法来说具有现实的借鉴意义。该法把宏观经济调控的目标确定为经济增长、稳定物价、充分就业和外贸平衡这四个方面，并将总体经济平衡作为其经济政策的总方针，以求在法律的保障下实现经济的持续稳定增长。当出现危及总体经济平衡的情况时，政府有义务立即制定"指导方针"，使各级地方政府、各同业公会以及企业联合会采取互相配合的一致行动，以尽快实现其立法目的。

美国的《充分就业与平衡增长法》也作了类似规定。[1] 我们认为，将宏

---

[1] See Sec. 3111 of Full Employment and Balanced Growth Act of 1978.

观调控的目标与手段纳入法治化轨道，有助于划清合法的调控与非法的行政干预之间的界限。从我国实践上看，多年来中国人民银行一直是把稳定币值和促进经济增长作为货币政策中并列的双重目标。《中国人民银行法》第三条规定："货币政策目标是保持货币币值的稳定，并以此促进经济增长。"该规定具体有以下几层含义：（1）中国人民银行首要的和直接的货币政策目标是保持货币币值的稳定，这是中国人民银行制定和实施货币政策的出发点和归宿点；（2）中国人民银行制定和实施货币政策，不是为了稳定币值而稳定币值，而是为了促进经济增长而稳定币值；（3）稳定币值和经济增长在货币政策目标序列中不是并列的，而是有层次和主次之分的。我们认为，尽管现行《中国人民银行法》确立了稳定币值和促进经济增长这两个目标，但这并不是说我国宏观调控的目标只限于上述这两个目标。其实，其他立法也规定了一定的调控目标，如现行《就业促进法》即把扩大就业放在经济社会发展的突出位置，并规定实施积极的就业政策，坚持劳动者自主择业、市场调节就业、政府促进就业的方针，多渠道扩大就业。也就是说，充分就业同样也是我国宏观调控的重要目标之一。另外，国际收支平衡也是我国宏观调控的目标。在现行《对外贸易法》中，其立法目的虽未明确这一点，但其第十六条在列举可以限制或者禁止有关货物、技术的进口或者出口的原因时，明确指出"为保障国家国际金融地位和国际收支平衡，需要限制进口的"是其中一个重要理由。

近年来有学者提出应当在宏观调控目标中增加生态环境标准，因为按照传统目标根本无法计算经济增长背后的环境代价是多少。[1] 在我国，维持自然资源与生态环境事实上已经成为对国民经济进行宏观调控的重要目标之一，前述《循环经济促进法》等就是其中的立法典型。总之，我国今后宏观调控立法应当进一步明确宏观调控的目标是多元的，不但包括物价稳定、经济增长、充分就业、国际收支平衡，而且也包括对自然资源与生态环境的主动保护，但为了防止过度调控和调控不足，应当在调控中树立区间调控意识，考虑在一定区间内进行有弹性的平衡目标选择，促进各目标之间的动态均衡，使短期目标服从长远目标，防止宏观调控变成为单纯的撞击反射式的适应性调控。我国自改革开放以来的宏观调控实践即提供了反证，由于过分强调了经济稳定与增长这一目标，导致现实生活中各种短视的"政绩工程"随处可见，资源浪费和环境污染问题突出，并未处理好上述各项基本目标之间的整

---

① 参见吴越《宏观调控：宜政策化抑或制度化》，载《中国法学》2008 年第 1 期。

体平衡关系。

（二） 宏观调控的法定机构及其职权

宏观调控的法定机构及其职权配置是宏观调控法中的核心问题，事实上关系着宏观调控权的合理界定及其纵向、横向分配。从前述我国宏观调控立法现状看，我国宏观调控权主要归中央政府，地方政府也享有一定的调控权。在横向配置上，国务院主要有四个组成部门享有宏观调控权，即国家发展和改革委员会、财政部、中国人民银行以及商务部。

1. 国家发展和改革委员会。根据 2008 年国务院批准印发的《国家发展和改革委员会主要职责内设机构和人员编制规定》，国家发展和改革委员会作为国务院组成部门，负责集中精力抓好宏观调控，重点是拟订和组织实施国民经济和社会发展战略、总体规划、年度计划；搞好国民经济综合平衡，维护国家经济安全；加强经济运行监测，协调解决经济运行中的重大问题；加强投资宏观管理，调控全社会投资总规模；完善价格管理，做好价格总水平调控；加强宏观经济和社会发展的预测预警和信息引导，增强扩大开放条件下国内经济协调发展的能力；促进区域协调发展，推动缩小地区发展差距；指导推进和综合协调经济体制改革，统筹综合性经济体制改革，协调推进专项经济体制改革。其主要职责包括：[①] （1） 拟订并组织实施国民经济和社会发展战略、中长期规划和年度计划，统筹协调经济社会发展，研究分析国内外经济形势，提出国民经济发展、价格总水平调控和优化重大经济结构的目标、政策，提出综合运用各种经济手段和政策的建议，受国务院委托向全国人大提交国民经济和社会发展计划的报告。（2） 负责监测宏观经济和社会发展态势，承担预测预警和信息引导的责任，研究宏观经济运行、总量平衡、国家经济安全和总体产业安全等重要问题并提出宏观调控政策建议，负责协调解决经济运行中的重大问题，调节经济运行，负责组织重要物资的紧急调度和交通运输协调。（3） 负责汇总分析财政、金融等方面的情况，参与制定财政政策、货币政策和土地政策，拟订并组织实施价格政策。综合分析财政、金融、土地政策的执行效果，监督检查价格政策的执行。负责组织制定和调整少数由国家管理的重要商品价格和重要收费标准，依法查处价格违法行为和价格垄断行为等。负责全口径外债的总量控制、结构优化和监测工作，促进

---

① 参见"国家发展改革委主要职责"，国家发展和改革委员会官网：http：//www.sdpc.gov.cn/zwfwzx/jj/，2014 年 9 月 8 日访问。

国际收支平衡。（4）承担指导推进和综合协调经济体制改革的责任，研究经济体制改革和对外开放的重大问题，组织拟订综合性经济体制改革方案，协调有关专项经济体制改革方案，会同有关部门搞好重要专项经济体制改革之间的衔接，指导经济体制改革试点和改革试验区工作。（5）承担规划重大建设项目和生产力布局的责任，拟订全社会固定资产投资总规模和投资结构的调控目标、政策及措施，衔接、平衡需要安排中央政府投资和涉及重大建设项目的专项规划。安排中央财政性建设资金，按国务院规定权限审批、核准、审核重大建设项目、重大外资项目、境外资源开发类重大投资项目和大额用汇投资项目。指导和监督国外贷款建设资金的使用，引导民间投资的方向，研究提出利用外资和境外投资的战略、规划、总量平衡和结构优化的目标和政策。组织开展重大建设项目稽查。指导工程咨询业发展。（6）推进经济结构战略性调整。组织拟订综合性产业政策，负责协调第一、第二、第三产业发展的重大问题并衔接平衡相关发展规划和重大政策，做好与国民经济和社会发展规划、计划的衔接平衡；协调农业和农村经济社会发展的重大问题；会同有关部门拟订服务业发展战略和重大政策，拟订现代物流业发展战略、规划，组织拟订高技术产业发展、产业技术进步的战略、规划和重大政策，协调解决重大技术装备推广应用等方面的重大问题。（7）承担组织编制主体功能区规划并协调实施和进行监测评估的责任，组织拟订区域协调发展及西部地区开发、振兴东北地区等老工业基地、促进中部地区崛起的战略、规划和重大政策，研究提出城镇化发展战略和重大政策，负责地区经济协作的统筹协调。（8）承担重要商品总量平衡和宏观调控的责任，编制重要农产品、工业品和原材料进出口总量计划并监督执行，根据经济运行情况对进出口总量计划进行调整，拟订国家战略物资储备规划，负责组织国家战略物资的收储、动用、轮换和管理，会同有关部门管理国家粮食、棉花和食糖等储备。（9）负责社会发展与国民经济发展的政策衔接，组织拟订社会发展战略、总体规划和年度计划，参与拟订人口和计划生育、科学技术、教育、文化、卫生、民政等发展政策，推进社会事业建设，研究提出促进就业、调整收入分配、完善社会保障与经济协调发展的政策建议，协调社会事业发展和改革中的重大问题及政策。（10）推进可持续发展战略，负责节能减排的综合协调工作，组织拟订发展循环经济、全社会能源资源节约和综合利用规划及政策措施并协调实施，参与编制生态建设、环境保护规划，协调生态建设、能源资源节约和综合利用的重大问题，综合协调环保产业和清洁生产促进有关工作。（11）组织拟订应对气候变化重大战略、规划和政策，与有关部门共同牵头组织参加气候变化国际谈判，负责国家履行联合国气候变化框架公约的相关工作。（12）起草国民经济和社会发展、经济体制改革和对外开放的有关法律法规草案，制定部门规章。按规定指导和协调全国招投标工作。（13）组织编制国民经济动员规划、计划，研究国民经济动员与国民经济、国防建设的关系，协调相关重大问题，组织实施国民经济动员有关工作。（14）承担国家国防动员委员会有关具体工作和国务院西部地区开发领导小组、国务院振兴东北地区等老工业基地领导小组、国家应对气候变化及节能减排工作领导小组的具体工作。（15）承办国务院交办的其他事项。根据国务院规定，管理国家粮食局、国家能源局。

2. 财政部。财政部作为国务院的组成部门，是国家主管财政收支、财税政策、国有资本金基础工作的宏观调控部门。其主要职责是：① （1）拟订财税发展战略、规划、政策和改革方案并组织实施，分析预测宏观经济形势，参与制定各项宏观经济政策，提出运用财税政策实施宏观调控和综合平衡社会财力的建议，拟订中央与地方、国家与企业的分配政策，完善鼓励公益事业发展的财税政策。（2）起草财政、财务、会计管理的法律、行政法规草案，制定部门规章，组织涉外财政、债务等的国际谈判并草签有关协议、协定。（3）承担中央各项财政收支管理的责任。负责编制年度中央预决算草案并组织执行。受国务院委托，向全国人民代表大会报告中央、地方预算及其执行情况，向全国人大常委会报告决算。组织制订经费开支标准、定额，负责审核批复部门（单位）的年度预决算。完善转移支付制度。（4）负责政府非税收入管理，负责政府性基金管理，按规定管理行政事业性收费。管理财政票据。制定彩票管理政策和有关办法，管理彩票市场，按规定管理彩票资金。（5）组织制定国库管理制度、国库集中收付制度，指导和监督中央国库业务，按规定开展国库现金管理工作。负责制定政府采购制度并监督管理。（6）负责组织起草税收法律、行政法规草案及实施细则和税收政策调整方案，参加涉外税收谈判，签订涉外税收协议、协定草案，制定国际税收协议和协定范本，研究提出关税和进口税收政策，拟订关税谈判方案，参加有关关税谈判，研究提出征收特别关税的建议，承担国务院关税税则委员会的具体工作。（7）负责制定行政事业单位国有资产管理规章制度，按规定管理行政事业单位国有资产，制定需要全国统一规定的开支标准和支出政策，负责财政预算

---

① 参见"本部概况"，财政部官网：http://www.mof.gov.cn/zhengwuxinxi/benbugaikuang/，2014年9月8日访问。

内行政机构、事业单位和社会团体的非贸易外汇和财政预算内的国际收支管理。（8）负责审核和汇总编制全国国有资本经营预决算草案，制定国有资本经营预算的制度和办法，收取中央本级企业国有资本收益，制定并组织实施企业财务制度，按规定管理金融类企业国有资产，参与拟订企业国有资产管理相关制度，按规定管理资产评估工作。（9）负责办理和监督中央财政的经济发展支出、中央政府性投资项目的财政拨款，参与拟订中央建设投资的有关政策，制定基本建设财务制度，负责有关政策性补贴和专项储备资金财政管理工作。负责农业综合开发管理工作。（10）会同有关部门管理中央财政社会保障和就业及医疗卫生支出，会同有关部门拟订社会保障资金（基金）的财务管理制度，编制中央社会保障预决算草案。（11）拟订和执行政府国内债务管理的制度和政策，编制国债余额限额计划，依法制定地方政府性债务管理制度和办法，防范财政风险。负责统一管理政府外债，制定基本管理制度。代表我国政府参加有关的国际财经组织，开展财税领域的国际交流与合作。（12）负责管理全国的会计工作，监督和规范会计行为，制定并组织实施国家统一的会计制度，指导和监督注册会计师和会计师事务所的业务，指导和管理社会审计。（13）监督检查财税法规、政策的执行情况，反映财政收支管理中的重大问题，负责管理财政监察专员办事处。（14）承办国务院交办的其他事项。

3. 中国人民银行。作为我国的中央银行，中国人民银行同样也是国务院的重要组成部门，并在实施金融宏观调控、保持币值稳定、促进经济可持续增长和防范化解系统性金融风险中发挥着重要作用。其主要职责为：[①]（1）拟订金融业改革和发展战略规划，承担综合研究并协调解决金融运行中的重大问题、促进金融业协调健康发展的责任，参与评估重大金融并购活动对国家金融安全的影响并提出政策建议，促进金融业有序开放。（2）起草有关法律和行政法规草案，完善有关金融机构运行规则，发布与履行职责有关的命令和规章。（3）依法制定和执行货币政策；制定和实施宏观信贷指导政策。（4）完善金融宏观调控体系，负责防范、化解系统性金融风险，维护国家金融稳定与安全。（5）负责制定和实施人民币汇率政策，不断完善汇率形成机制，维护国际收支平衡，实施外汇管理，负责对国际金融市场的跟踪监测和风险预警，监测和管理跨境资本流动，持有、管理和经营国家外汇储备

① 参见"中国人民银行职能"，中国人民银行官网：http://www.pbc.gov.cn/publish/main/532/index.html，2014年9月8日访问。

和黄金储备。（6）监督管理银行间同业拆借市场、银行间债券市场、银行间票据市场、银行间外汇市场和黄金市场及上述市场的有关衍生产品交易。（7）负责会同金融监管部门制定金融控股公司的监管规则和交叉性金融业务的标准、规范，负责金融控股公司和交叉性金融工具的监测。（8）承担最后贷款人的责任，负责对因化解金融风险而使用中央银行资金机构的行为进行检查监督。（9）制定和组织实施金融业综合统计制度，负责数据汇总和宏观经济分析与预测，统一编制全国金融统计数据、报表，并按国家有关规定予以公布。（10）组织制定金融业信息化发展规划，负责金融标准化的组织管理协调工作，指导金融业信息安全工作。（11）发行人民币，管理人民币流通。（12）制定全国支付体系发展规划，统筹协调全国支付体系建设，会同有关部门制定支付结算规则，负责全国支付、清算系统的正常运行。（13）经理国库。（14）承担全国反洗钱工作的组织协调和监督管理的责任，负责涉嫌洗钱及恐怖活动的资金监测。（15）管理征信业，推动建立社会信用体系。（16）从事与中国人民银行业务有关的国际金融活动。（17）按照有关规定从事金融业务活动。（18）承办国务院交办的其他事项。

4. 商务部。商务部是根据十届全国人大第一次会议批准的国务院机构改革方案和《国务院关于机构设置的通知》（国发〔2003〕8号）而组建的，由原国家经济贸易委员会内负责贸易的部门和原对外经济贸易合作部合并而成，统一负责国内外经贸事务，是主管国内外贸易和国际经济合作的国务院组成部门。其主要职责包括：[①]（1）拟订国内外贸易和国际经济合作的发展战略、方针、政策，起草国内外贸易、国际经济合作和外商投资的法律法规，制定实施细则、规章；研究提出我国经济贸易法规之间及其与国际多边、双边经贸条约、协定之间的衔接意见。（2）拟订国内贸易发展规划，研究提出流通体制改革意见，培育发展城乡市场，推进流通产业结构调整和连锁经营、物流配送、电子商务等现代流通方式。（3）研究拟订规范市场运行、流通秩序和打破市场垄断、地区封锁的政策，建立健全统一、开放、竞争、有序的市场体系；监测分析市场运行和商品供求状况，组织实施重要消费品市场调控和重要生产资料流通管理。（4）研究制定进出口商品管理办法和进出口商品目录，组织实施进出口配额计划，确定配额、发放许可证；拟订和执行进出口商品配额招标政策。（5）拟订并执行对外技术贸易、国家进出口管制以及

---

① 参见"商务部主要职责"，商务部官网：http：//www. mofcom. gov. cn/mofcom/zhizi. shtml，2014年9月8日访问。

鼓励技术和成套设备出口的政策；推进进出口贸易标准化体系建设；依法监督技术引进、设备进口、国家限制出口的技术和引进技术的出口与再出口工作，依法颁发与防扩散相关的出口许可证。（6）研究提出并执行多边、双边经贸合作政策；负责多边、双边经贸对外谈判，协调对外谈判意见，签署有关文件并监督执行；建立多边、双边政府间经济和贸易联系机制并组织相关工作；处理国别（地区）经贸关系中的重要事务，管理同未建交国家的经贸活动；根据授权，代表我国政府处理与世界贸易组织的关系，承担我国在世界贸易组织框架下的多边、双边谈判和贸易政策审议、争端解决、通报咨询等工作。（7）指导我国驻世界贸易组织代表团、常驻联合国及有关国际组织经贸代表机构的工作和我国驻外经济商务机构的有关工作；联系国际多边经贸组织驻中国机构和外国驻中国官方商务机构。（8）负责组织协调反倾销、反补贴、保障措施及其他与进出口公平贸易相关的工作，建立进出口公平贸易预警机制，组织产业损害调查；指导协调国外对我国出口商品的反倾销、反补贴、保障措施的应诉及相关工作。（9）宏观指导全国外商投资工作；分析研究全国外商投资情况，定期向国务院报送有关动态和建议，拟订外商投资政策，拟订和贯彻实施改革方案，参与拟订利用外资的中长期发展规划；依法核准国家规定的限额以上、限制投资和涉及配额、许可证管理的外商投资企业的设立及其变更事项；依法核准大型外商投资项目的合同、章程及法律特别规定的重大变更事项；监督外商投资企业执行有关法律法规、规章及合同、章程的情况；指导和管理全国招商引资、投资促进及外商投资企业的审批和进出口工作，综合协调和指导国家级经济技术开发区的有关具体工作。（10）负责全国对外经济合作工作；拟订并执行对外经济合作政策，指导和监督对外承包工程、劳务合作、设计咨询等业务的管理；拟订境外投资的管理办法和具体政策，依法核准国内企业对外投资开办企业（金融企业除外）并实施监督管理。（11）负责我国对外援助工作；拟订并执行对外援助政策和方案，签署并执行有关协议；编制并执行对外援助计划，监督检查援外项目执行情况，管理援外资金、援外优惠贷款、援外专项基金等我国政府援外资金；推进援外方式改革。（12）拟订并执行对香港、澳门特别行政区和台湾地区的经贸政策、贸易中长期规划；与香港、澳门特别行政区有关经贸主管机构和授权的民间组织进行经贸谈判并签署有关文件；负责内地与香港、澳门特别行政区商贸联络机制工作；组织实施对台直接通商工作，处理多边、双边经贸领域的涉台问题。（13）负责我国驻世界贸易组织代表团、驻外经济商务机构以及有关国际组织代表机构的队伍建设、人员选派和管理；指导进出口商会和有关协会、学会的工作。（14）承办国务院交办的其他事项。

宏观调控权的配置是根据宏观调控的本质属性探寻在相关国家层级的组织以及不同层级的政府组织之间分配、安排具体宏观调控权力的规范化、法治化过程。① 目前看来，我国中央政府层面的宏观调控权比较集中地分配给了国家发展和改革委员会、财政部、中国人民银行以及商务部，这种分配路径遵循的是宏观调控工具的分类方法。宏观调控工具是横向配置宏观调控权的客观依据，其容易廓清不同调控部门之间的权力边界，这建立在国家对经济能进行适时、适度调节和引导的客观认知基础之上。问题在于，由于这些部门各自使用的调控工具不同，因此其相互之间调控措施和调控目标的协调性有待提高。为了减少不同调控措施之间不必要的冲突，增强各部门之间宏观调控的协调性，同时为防止宏观调控各部门滥用权力而不受制约，避免出现狭隘的部门利益保护，我们认为，建立我国宏观调控综合协调制度势在必行，同时应降低和控制实践中的协调成本。在这一方面，德国的经验颇具启发价值。在调控机构方面，其《经济稳定与增长促进法》规定，成立以联邦经济部长为主席的国家经济平衡发展委员会，其成员包括财政部长、每州代表一人、乡镇与县的代表四人，联邦银行亦有权参加其会议。该委员会按照联邦经济部长制定的《国家经济平衡发展委员会议事规程》定期开会，主要讨论为达到该法的目的所必需的一切经济平衡发展措施以及填补财政上信贷需要的各种办法。此外，该委员会还设立以联邦财政部长为主席的国家信贷特别小组，该小组应根据资本市场的情况，最长每三个月制定一个时间计划。依据德国经验，我们建议，在国务院设立国民经济宏观调控委员会，将其作为国务院集中行使中央经济调控权的常设机关，由国务院总理出任该委员会主任，由各宏观调控部门的首长作为当然委员，同时另设专门委员，定期召开会议，具体议事规则由国务院制定。国民经济调控委员会作出的决议具有强制力，国务院各宏观调控部门和地方政府应当遵照执行。相关决议依照法律和行政法规规定需经其他机构批准或者同意的，经批准或者同意后执行。这种体制性的微调，只是增强了中央层面宏观调控的整体协调性，并不影响各调控部门的调控职权划分和权力行使。与此同时，要建立宏观调控综合协调机制，各宏观调控部门可以就国家国民经济和社会发展规划以及相关经济调控政策的制定和实施提出建议和意见，任何一方认为其他方调控政策的制定

---

① 徐澜波：《我国宏观调控权配置论辨正——兼论宏观调控手段体系的规范化》，载《法学》2014 年第 5 期。

和实施违反国务院或者国民经济宏观调控委员会的决议，或者认为自己的调控政策需要其他方配合时，应当及时向总理报告，并可以提请总理召开国民经济宏观调控委员会会议。①

许多人认为，宏观经济管理是中央政府的职能，只有中央政府才享有宏观调控权，才有可能反映总量运行的经济要求，并具备制定克服总量失衡、推动经济结构优化升级的制度及政策的能力。② 这种观点有失偏颇。目前有两种观点，一种认为中央和地方均享有宏观调控权，另一种则认为只有中央才享有宏观调控权，地方不享有宏观调控权。有学者指出，之所以出现这样的差异，主要是因为对宏观调控权的理解存在分歧。当把宏观调控权理解为包括宏观调控执行权在内的权力束的话，地方政府当然享有这种所谓的"宏观调控权"。③ 我们认为，中央与地方关系问题的本质是如何解决好集权与分权，地方政府需要享有必要的宏观调控权，可以在法律规定的范围内制定地方调控政策。在我国现行的政策体系中，地方政策一直颇受争议，这与地方政府是否享有必要的宏观经济调控权问题联系在一起。宏观经济调控权属于宪法性权力，如前所述，中央政府的这一权力分别由国家发展和改革委员会、中国人民银行等几家宏观经济调控部门具体行使。地方政府是否享有宏观经济调控权，在现行宪法中规定得并不明确。分税制改革以来，地方政府的事权和财权范围与中央政府划分得基本明晰，只是鉴于现行分税制不够彻底，从而导致一些地方保护现象的发生。地方政策所承载的地方利益，因其特有的一致性与独立性双重特征，而与中央利益之间不时展开政策博弈。在事权与财权的匹配中，中央与地方的利益关系构成了国内政府间关系的纵轴，在这样的政策博弈中，中央政府为实现公共利益的最大化而会限制地方自身利益的无限膨胀，地方政府则为谋求地方经济的最优发展而往往要求中央放权让利，给予地方更多照顾。从博弈效果看，中央过分集权会严重抑制地方的积极性，影响公共利益的整体实现；而地方无限分权，则又会导致社会利益失衡，宏观经济失控，使经济社会陷入一种无序状态。市场经济强调社会利益的多元性，无论是中央政策还是地方政策都始终跟着市场走。在我国经济逐步融入世界经济的过程中，全球化本身在不断加剧市场竞争，发展区域经济是地方政府肩负的一项重任，这使得地方与地方之间、地方与中央之间的政

① 参见徐孟洲《耦合经济法论》，法律出版社 2010 年版，第 221 页。
② 参见张守文《宏观调控权的法律解析》，载《北京大学学报》2001 年第 3 期。
③ 参见邢会强《宏观调控权研究》，载《经济法论丛》2003 年第 8 卷。

策博弈在所难免。能否把地方政策的独立性与中央政策的一致性有机统一起来，成为地方政策制定时的关键与难点所在。因此，应当明确地方政府在所辖地区范围内同样享有一定的宏观调控权，这里需要强调的是，地方政府在政策博弈中应尽量减少与中央政策的冲突，不能突破中央政策的底线。正确认识地方政策与法律的关系至关重要。地方政策与法律的区别完全可以从政策与法律的辩证关系中得到诠释，二者在制定主体和程序、实施机关和方式、规范表现形式、调整手段等方面有着明显不同。从二者之间的联系看，通常而言，地方政策对法律具有拾遗补阙的作用，地方政府在尊重法律原则和规则的前提下，可以通过地方政策来弥补法律的不足，以更好发挥法律调整社会经济关系的功能作用。但是，地方政策与法律之间并不是简单的平行关系或并列关系，而是一种主从关系，在这种关系中，地方政策需要服从法律的价值取向，用政策的灵活性和不断试错来弥补法律稳定性之不足。现行法律对地方政府宏观调控权的规定并不很明确，立法中虽有"县级以上人民政府经济综合宏观调控部门"的表述，但这些地方政府部门只能执行中央宏观调控政策、措施和决定，地方性法规和地方政府规章所确立的地方政府调控权合法性仍受到质疑。我国现有国情决定了必须赋予地方政府必要的宏观调控权，只有通过法律对其进行规范和约束，才能发挥地方政府在发展和调节地方经济发展中的积极作用。实践中，一些地方为了方便从事，用政策替代法律，或者用政策不断侵蚀法律的边界，这样做既危险又愚蠢，其最终结果可能导致法律虚无主义，与宪法规定的依法治国背道而驰。虽然我国尚缺乏一部《宏观调控基本法》，但在现有的法律框架内，地方政策的制定必须坚守合法性边界。

（三）宏观调控的法定原则

宏观调控的法定原则是宏观调控立法所确立的宏观调控活动所必须遵循的基本准则，是各项宏观调控法律制度的指导思想和基本精神。目前，前述各宏观调控立法中并未就宏观调控的法定原则作出系统规定，这并不利于宏观调控的法治化目标的实现。我们认为，我国宏观调控的法定原则应当包括：

1. 合理原则。宏观调控的目标表现为四个方面，即稳定物价、充分就业、经济增长和国际收支平衡。这些目标在不同调控政策的制定和实施中会有所侧重，针对实践中国民经济发展的新情况、新问题，合理确定相关调控政策目标、调控工具和调控时机至关重要。只有合理选择调控目标、调控工具和调控时机，对症下药，才能正确引导和调控市场，不断促进经济总量的平衡和经济结构的优化，保持国民经济健康、稳定、协调发展。

2. 间接原则。宏观调控的实质是正确处理政府与市场的关系，这既需要有效克服"市场失灵"，也需要注意克服"政府失灵"。因此，政府不能像计划经济时期那样过分依赖行政手段，直接安排企业的生产经营活动，相反应借助市场机制，通过经济手段和法律手段贯彻和实现自己的调控目标和意图。换言之，就调控手段的运用来讲，应以间接调控为原则，即以经济手段为主，同时采用法律手段和必要的行政手段。因此，经济参数和经济杠杆的合理与有效利用是宏观调控中的常态，利率、汇率、税率等诸多经济杠杆的数值变化体现的是调控目标和意图，由企业自由选择和自主决定其经营活动。

3. 有限原则。现代市场经济是需要政府干预和调控的市场经济，市场对资源的配置是否有效，是否合理，均需要由市场自身进行判断和检验，而不是由政府直接代替市场进行判断，更不是由政府直接发号施令，用行政手段全面干预经营者的生产经营活动。换言之，政府对国民经济的调控是有限调控，这里的"有限"表明调控时对"度"的把握的重要性。为此，政府调控不得冲击和削弱市场机制作用的发挥，相反应当促进和保护市场机制的调节功能；政府不能非法干预市场，而应该在尊重市场客观规律的基础上依法调控，尽力克服市场调节的被动性和滞后性。

4. 效率原则。宏观调控的对象是各种经济总量和经济结构，这些经济总量和经济结构总是处在不停地运动和变化中。宏观调控是否讲求效率，既要看调控成本控制是否合理，调控工具选择是否得当，也要看调控效果是否明显和到位，调控部门配合是否顺畅。这其中既有经济效率方面的考量，也有行政效率方面的审视。由于宏观调控涉及的经济利益是全局性的、总和单位的利益，因此对经济效率的判断不能仅局限于市场上的个别主体利益，相反应立足于社会整体利益。同时，因为宏观调控涉及的调控部门众多，是故在行政效率的判断方面应该注意综合所有参与调控的部门及其成本控制。

5. 协调原则。经济活动的政策控制和法律控制是经济社会发展过程中系统控制的一种体现。其中，政策控制即依靠经济政策管理经济，是我国经济转型中经济管理体系的特色之一。不同时期国家都会出台一些经济政策，这些政策的制定和实施，其目的都是通过调节社会利益关系来解决一定的社会问题，达到促进和保障经济发展的目标。然而，不同经济政策之间会产生冲突，各类政策之间需要协调和配合，只有这样才能达到政策控制的目标。法律控制虽具有高度的规范性、公开性、统一性和强制性，但不同法律之间同样会存在冲突进而需要协调，需要科学立法来解决法律控制中的协调性问题。

协调原则也是宏观调控必不可少的重要原则，其在分权调控的体制模式下地位更为突出。

（四）宏观调控的法定工具

市场经济是法治经济，只有在法律的引导、规范、保障和约束下才能得到正常发展。就宏观经济调控而言，其着眼于宏观经济的总量平衡和经济结构的优化，旨在弥补市场缺陷，保证国民经济的持续、稳定和协调发展，因此调控工具的选择和运用，也必须建立在法治的基础之上。

从德国情况看，其《经济稳定与增长促进法》确立的调控工具主要有：（1）财政工具。该法要求根据规定的宏观经济目标的需求，安排财政支出的规模和构成以及决定是否准许将某种负担列入下一财政年度作为债务。在计划执行过程中，超计划的支出必须履行严格的法定程序。此外，联邦财政应建立在财政五年计划的基础之上，在计划中应列出预计的各种支出的规模与构成，以及由预计的整个经济的生产能力的发展而决定的抵偿各种支出的可能性，必要时还应列出选择性的核算方案。（2）投资工具。该法规定，联邦政府应规定各部作出投资规划的范围，各部的部长应提出在该部业务范围内的多年的投资规划作为财政计划的说明材料，连同其他必要的估算材料，一并送交财政部长。（3）金融工具。该法规定，为了防止整个国民经济的平衡遭受破坏，联邦政府经联邦参议院批准，可以发布法律性命令，对联邦、州等政府性质的主体在法定借款权限范围内以信贷方式筹集货币资金的行为加以限制，并可将各部门在一定时期内所取得的贷款限制在一个最高额之内。同时，还可对特定种类或特定数额的贷款，限制其仅能依一定的时间计划或仅能在一定借贷条件下接受，尤其是长期贷款或者债券贷款更是如此。（4）外贸工具。该法规定，如果外贸活动对整体经济的平衡有所干扰，并且仅以国内经济方面的措施不能排除这种干扰，或者虽能排除但却会影响到宏观经济目标，那么联邦政府应尽一切可能谋求国际经济方面的协作。如果即使如此仍未能奏效，则联邦政府应采取为维持外贸平衡而可以采取的各种经济政策上的手段。（5）储备工具。该法规定，在预算中应列入当需求扩大超过国民经济的支付能力时，由德意志联邦银行补充偿付的债务资金以及设置经济协调储备金的资金。为了防止对整个国民经济平衡的破坏，联邦政府经联邦参议院批准后，可以发布法律性的命令，指示联邦和各州为它们各自的经济协调储备金提供资金。经济协调储备金由德意志联邦银行（德国的中央银行）储存。

德国的这些调控工具在我国目前的宏观调控实践中，同样都得到了相应的应用。如前所述，现行宏观调控法律体系已经建立了包含财税、投资、金融、外贸和储备工具在内的宏观调控工具体系。只不过有些调控工具的使用，尚缺乏必要的法律支撑。其中，投资工具就是一例典型。众所周知，投资活动是社会再生产最主要、最基本的实现形式，由于投资总量、结构及运行质量如何，会对促进国家经济增长、增加劳动就业、稳定币值和保持国际收支平衡产生直接影响，因此我国的投资体制改革从一开始即备受各方利益主体的关注与重视。这些年来，政府投资主要用于关系国家安全和市场不能有效配置资源的经济社会领域，用于加强公益性和公共基础设施建设、保护和改善生态环境、促进欠发达地区经济社会发展、推进科技进步和高新技术产业化。政府投资采取直接投资、资本金注入、投资补助、转贷和贷款贴息等方式。问题在于，目前我国投资法制建设相对滞后，我国亟待整合现有的行政法规和部门规章，建立系统完整的投资法律体系，当务之急，就是制定一部《政府投资法》。因此，实现我国投资管理的法制化，仍然任重而道远。我们认为，科学规划和保障投资立法，应从投资主体、投资资金、投资规模、投资范围、投资管理、投资效益、投资信息等方面入手，促进我国投资调控和监管的法制化。同时，要正确界定计划、财政、建设、审计、稽查和监察等政府部门的职能定位，明确监管的具体机构、环节、目标和监管的责任，避免部门职责错位导致监管功能失效。

此外，我国还经常动用一些其他工具。主要有：（1）规划工具。规划是人们未来的行动纲领，表明人们在一定时期内采取一定的行动所要达到的目标。在现代市场经济条件下，规划对经济调控具有普遍意义。国家中长期规划通常具有科学性，是客观经济规律的反映，对市场主体的经营决策具有重要的引导作用。通过规划，国家可以对国民经济进行某种事前安排和主动调节，协调个体利益与社会整体利益、短期利益与长远利益，还可以对社会失业、通货膨胀、经济发展和环境保护等综合考虑，对可能存在的经济危机事先作出预测和防范。以战略性新兴产业规划为例，2012 年 5 月 30 日，国务院常务会议讨论通过了《"十二五"国家战略性新兴产业发展规划》。该规划全面贯彻了 2010 年国务院《关于加快培育和发展战略性新兴产业的决定》和 2011 年我国《国民经济和社会发展第十二个五年规划纲要》的精神，确立了新时期我国经济社会发展的重大战略任务，指明了科技创新和产业发展的基本方向，是新时期深入推进我国产业结构优化升级和加快经济发展方式转变的重大行动纲领，具有典型的时代性和指导性特征。作为一项专业规划，它生动体现了国家在培育和发展战略性新兴产业方面的经济调控政策。目前，我国有关战略性新兴产业的发展规划已经形成比较完整的中长期规划体系。在这一体系中，既有国务院制定的规划，也有国家发改委、工信部、科技部等国务院有关主管部门制定的规划，还有有关地方政府制定的规划；既有具体产业的发展规划，也有产业布局的发展规划，还有产业技术和产业组织的发展规划。例如，《高端装备制造业"十二五"发展规划》《新材料产业"十二五"发展规划》《电动汽车科技发展"十二五"专项规划》等即属于具体产业规划，《国家中长期科学和技术发展规划纲要（2006—2020年）》《国家"十二五"科学和技术发展规划》《"十二五"产业技术创新规划》等即属于产业技术规划，《促进中部地区崛起规划》和《西部大开发"十二五"规划》等属于产业布局规划，《工业转型升级规划（2011—2015年）》属于国务院发布实施的综合性中长期专项规划，《北京市"十二五"新能源和可再生能源发展规划》等则属于地方专项规划。在这一系列有关战略性新兴产业的规划体系中，因规划之间的效力并不完全相同，因此在实施过程中，需要把《"十二五"国家战略性新兴产业发展规划》与其他规划有机联系起来，不断完善规划实施评价制度，确保该规划的科学性、完整性和执行力。现阶段，我国有必要制定一部《规划法》，规定制定规划的法定权限，规划的主要内容，规划的效力、实施、监督、调整和变更程序，并规定规划的法律责任，以保证规划工具在宏观调控中能得到有效利用。（2）价格工具，即通过价格调控来实现宏观调控的具体目标。价格工具的使用，主要是通过价格机制（包含价格形成机制和价格运行机制）发挥价格在市场经济中的作用，通常旨在稳定价格总水平。《价格法》所确立的市场调节价、政府指导价和政府定价这三种价格形式，明确了定价主体、定价范围和权限以及定价的机理和程序，建立了以企业自主定价为主、政府定价和政府指导价为辅的价格形成制度。其中，政府定价和政府指导价的定价主体、定价范围和定价程序都是法定的，它不是消极反映市场供求，模拟市场进行调节，而是为了从国民经济的全局和整体出发，克服单纯市场调节的不足，进而实现资源配置的合理化，促进经济健康发展。价格工具的运用，不仅表现为政府的定价行为，而且表现为政府对价格总水平的调控，同时还表现为非常时期的价格干预措施和紧急措施等。相比之下，价格工具的使用有着明确的法律依据和规则，在依法调控方面起到了积极示范作用。（3）产业发展工具，即通过产业发展工具的使用来促进产业结构的优化升级，产业组织在规模经济与竞争活力方面的兼容，产业技术的引进、创新和保护，以及产业布局的平衡、优化和完善。如前述的《中小企业促进法》即属于产业组织法范畴，该法通过资金支持、创业扶持、技术创新、市场开拓以及社会服务等方面的具体规定，旨在改善中小企业经营环境，促进中小企业健康发展，扩大城乡就业，发挥中小企业在国民经济和社会发展中的重要作用，维护市场的自由竞争。产业发展工具是政府进行宏观调控时经常采用的重要工具之一，无论是表现为产业扶持，还是产业调整，均具有针对性、阶段性、综合性等诸多特征。（4）就业服务工具。失业是市场经济国家普遍存在的社会现象，按照失业原因主要分为摩擦性失业、结构性失业、周期性失业、自愿性失业以及季节性失业等不同类型。基于显著的城乡二元经济背景，我国的就业制度形成了城镇和乡村两套完全不同的体系，二者从不同的起点，沿着不同的路径向统一的市场化方向发展。其中，城镇就业一直是劳动和社会保障部门关注的重点，相关的就业政策主要体现在一系列的法律法规体系之中，而农村就业则因其本身特点和国家经济发展战略等方面的原因长期没有得到足够的重视，因而缺乏明确的制度形式和政策规范。受城乡二元户籍制度的严重制约，目前形成了人才市场、劳动力市场和外来人员劳务市场的分化格局，农民工问题成为突出的社会问题。在现代市场经济国家，政府承担着就业调控的重要责任，其以承认促进就业和降低失业率的必然联系为基本前提，通过政府主导性的就业服务措施，增加劳动就业岗位，调整劳动者的就业意愿，提高劳动者的就业能力，从而达到平衡劳动就业供求关系的目标。从我国当前情况看，《就业促进法》确认了政府在就业调控中的积极作用，明确了就业服务调控工具，这对稳定就业市场、引导就业流向、控制失业规模无疑具有重要意义。总之，我们认为，在我国宏观调控立法中，对调控工具的选择、使用、组合和搭配既是其中的重点，也是其中的难点，并无一成不变的固定模式，正因为如此，我们需要在立法中明确不同调控工具的适用主体、适用对象和适用范围，并就其组合搭配作出原则性规定。总的来看，虽然上述这些调控工具在我国宏观调控实践中均得到了实际应用，但仍需要通过继续完善宏观调控法律体系予以确认和保护。

（五）宏观调控的法定程序

国家对社会经济的宏观调控涉及面广，体系庞大，调控措施和种类繁多，事关整个经济社会的发展和进步。宏观调控程序的法定化，既是宏观调控立法不容忽视的重要问题，也是宏观调控实践中需要坚持的核心原则。

我们注意到，理论界在宏观调控的法治化方面存在着不同观点。一种观点认为，尽管宏观经济形势具有复杂性和灵活性的特征，但宏观调控行为的运行依然可通过法律来制度化，而且由于法律手段具有的普遍性、稳定性等特征，决定了其较之于经济手段和行政手段处于明显的优越地位，从终极意义上讲，理想的宏观调控行为必须是以法律为形式的行政手段或经济手段，而这又成为衡量一个国家法治化程度的标志。与之相反的观点则认为，宏观调控法治化只是"听上去很好玩"，因为宏观调控的客体——经济波动的发生与幅度具有不可预测性、宏观调控手段的搭配方式具有非固定性、宏观调控效果具有不确定性等，这些显然采用灵活的政策来应对比较好。① 其实，上述两种观点从不同的角度揭示出了宏观调控行为本身及其宏观调控法治化的复杂性。但需要明确的是，和其他所有的法律制度一样，宏观调控法是对调控者和受调控者的权力、权利、职责、义务、责任进行设定的规则体系，它的作用对象只能是政府的调控行为本身，而不是直接针对市场本身。因此，对政府宏观调控行为的程序设计和保障在宏观调控立法中至关重要，而且完全具有可行性，包含《中国人民银行法》《价格法》在内的已有立法已经为其提供了一定立法经验。需要明确的是，宏观调控法以防止宏观调控中的主观恣意、政府失灵和调控失败为宗旨，以保障宏观调控行为的规范、科学和高效运行为目标，法律本身不能替代具体的宏观调控行为而直接克服市场失灵，也不能直接促成市场的安全、效率与可持续发展。我们不能因为一个国家经济形式的不可预测性、宏观调控手段的灵活性和多样性而否认宏观调控法治化的可能性。换言之，宏观调控法并不是要去准确预测一个国家的经济形势，也不是去直接界定一个国家经济波动的样式和幅度，更不可能是去事先规定国家对宏观经济调控应选择什么样的调控工具或者如何组合这些工具，相反，其通过调控权的科学配置和调控程序的法定化来实现宏观调控立法的根本宗旨，达到宏观调控的多重目标。

宏观调控程序涉及诸多环节。在设计方案阶段的程序主要是公众参与程序。在抉择阶段的程序主要有启动与应急程序、投票表决程序。在公告阶段的程序有通知、公布程序、说明理由程序。在公告后阶段的程序主要有宏观调控行为的生效、补正、撤销、变更与废止程序、信息反馈、检查总结程序等。②

德国的《经济稳定与增长促进法》即十分重视法律程序的保障作用，在

---

① 参见胡光志、靳文辉《金融危机背景下对宏观调控法治化的再思考》，载《西南民族大学学报》2011年第3期。

② 参见邢会强《宏观调控权研究》，载《经济法论丛》2003年第8卷。

具体条文中明确对联邦政府的调控行为进行程序上的约束。如规定了联邦政府向联邦议院和联邦参议院提交年度经济报告的义务，要求对专家委员会的年度意见书提出政府意见；联邦政府决定在经济衰退时的补助性支出和超计划支出时必须同时向联邦议院和联邦参议院说明等。另外，该法还规定了一条宏观调控实施中的重要原则，即一致行动原则。该法第 3 条规定："发生危及第 1 条规定的各项目的之一的情况时，联邦政府应即制定指导方针，使各级地方政府、各行业公会以及企业联合会采取同时互相配合的行动（一致行动）以达到第 1 条规定的目的。这种指导方针应特别说明在这种形势下整个经济的各方面之间的相互关系。联邦经济部长在利害关系人要求时应对指导方针作出解释。"宏观调控实施过程中各个执行机关能否做到一致行动，是宏观调控实施行为通畅和有序的主要衡量标准，也是宏观调控行动得失成败的关键所在。

就我国宏观调控程序的法定化而言，德国的经验无疑是值得借鉴的。在宏观调控的决策和实施过程中，我国的现有经济体制和经济发展的不平衡状态决定了地方政府及其官员面对中央调控政策时不应有的抵制态度。因此，在完善宏观调控法律体系的过程中，除了应在《宏观调控基本法》中对调控程序作出具体规定外，相关专门调控立法也需要扎实跟进，现有立法需要通过修改进行必要的整合，形成《宏观调控基本法》的调控程序。我国既有的宏观调控程序性规范零散、混乱，彼此之间缺乏协调，尚未形成有机统一的体系，影响了人们对宏观调控权及其程序的认识，影响了宏观调控的实效。这些分散在不同调控性法律中的宏观调控程序是进行宏观调控程序整合的基础，需要通过制定《宏观调控基本法》在程序方面进行综合、概括、抽象、整合、协调，以提高宏观调控程序立法的科学性，提高宏观调控权的公正性和正当性。

我们认为，在宏观调控法定程序制度建构方面，需要着力把握好一致行动原则。德国《经济稳定与增长促进法》的最大闪光点就在于它以法律的形式确立了宏观调控的一致行动原则。它要求联邦政府在决定采取宏观调控措施时，各部门以及各级政府都应当在法律规定的职责范围之内采取一致的宏观调控行动，禁止各当事方规避宏观调控措施甚至采取逆向行动。该法第 3 条要求联邦政府应首先向区域组织、行业工会和企业协会提供同时采取一致行动的动向数据。美国《充分就业与平衡增长法》第 13 条以"经济活动的协调"为标题，规定美国总统应采取措施，确保联邦政府、州政府以及私人企业采取一致行动，确保反周期式的宏观调控政策的效果。我国宏观调控程序的法定化同样需要坚持这一原则。在分税制下，地方政府各有其利益所在，并面对着多重目标和激励，如财政目标、政绩目标、辖区居民压力等，这些都可能对中央政府的宏观调控实施行为产生影响，而要完成这些目标，地方政府官员无疑会优先考虑地区的、短期的经济效益，在对中央宏观调控的贯彻执行上，便难免出现政令不畅、宏观调控执行过程的阳奉阴违、调控政策被扭曲、"上有政策、下有对策"等现象。尤其是当中央从宏观的角度以某个地区或产业的产出为代价扶持另外一个地区或产业的发展时，一些抵制行为更可能在所难免。由于地方政府和产业部门有足够的动力在宏观调控的实施过程中对抗中央政府的宏观调控决策，因此采取一致行动应作为宏观调控实施中的一项重要原则，避免地方政府和产业部门为获取最佳发展空间而逆向选择。法律在授予政府权力的同时，必须明确权力行使的程序，并创设监督和约束权力的制度。需要指出的是，宏观调控的一致行动原则并不仅仅是指纵向的一致行动，还包括横向的一致行动，前者强调下级政府都应采取与中央政府协调一致的行动，不得出于本地利益规避宏观调控措施甚至采取逆向行动；后者则强调各级政府的各个宏观调控部门之间应采取协调一致的行动，不得出于本部门利益而规避宏观调控措施或者采取逆向行动。

另外，如何构建违法审查制度也是宏观调控程序设计和制度改革中不容忽视的一个问题。无论是中央还是地方，其在实施宏观调控措施中是否含有违法性内容，是否超越调控权力边界，应当通过一个违法审查制度来确保宏观调控行为的合法性。2012年江苏省南京市政府发布了《关于进一步扩大内需拉动消费的若干意见》，其中有关积极支持人才住房消费的举措社会反响强烈。从内容看，该意见结合南京市当地实际，从投资拉动内需，促进房地产消费等十个方面，提出了三十条具体的政策措施。这些措施以民生需求为导向，以培育新兴消费热点、改善和优化消费环境为目标，突出加大政府的扶持力度。从执行力看，通过相关责任部门的具体落实，使政策措施本身获得了实施上的组织保障。然而，在中央限购令尚未解除的政策背景下，作为地方新政，该意见的房地产消费举措无疑触动了舆论与社会公众敏感的神经。在该意见的第六条中，南京市政府提出要积极支持人才住房消费，入选"321"计划的人才，正常缴纳公积金的可优先享受公积金贷款；首次购买自住商品住房，视同南京户籍，并可按五年内个人所得税市以下留成部分，给予购房补贴。地方人才政策能否突破国家房地产调控政策的限制，能否使所引进人才通过购房补贴形式获得特殊优惠待遇，地方政策的制定和推出有无合法性边界，这样的问题直接拷问着南京市政府这次经济新政的政策逻辑。

对已入选南京市"321"计划的人才而言，首次购买自住商品住房即视同南京户籍，这无疑使本不具有购房资格的人通过政策微调进入了当地住房消费市场，因此也就难逃放松限购标准之嫌疑。面对日益激烈的人才市场竞争，南京市政府即便其主观上是善意的，但这种通过完善地方人才政策来挑战国家房地产调控政策底线的行为并不足取，地方政府在政策博弈中应尽量减少与中央政策的冲突，不能突破中央政策的底线。由于宏观调控涉及多个部门和不同地区，因此基于我国实际国情建立违法审查制度十分必要。

（六）宏观调控的法律责任

宏观调控行为是否具有可诉性，是宏观调控立法中争论较大的一个问题，而这一问题直接和宏观调控的法律责任关联在一起。宏观调控的法律责任是宏观调控立法的核心要素之一，我们认为，其既可以采用与刑事责任、民事责任、行政责任相同或相似的责任形式，也可以通过立法进行自身责任形式的创新。可诉性是当事人实现裁判请求权的逻辑前提，反映的是行为接近司法审查的可能性及其程度。诉讼是公力救济的重要形式，基于原告的起诉行为或公诉机关的公诉行为，司法机关按照法定的诉讼程序，通过对相关行为和事实进行判断、认定、追究和归结，对不遵循法律指引的行为给予否定性评价并责成其承担相应的法律后果，或者对符合法律规定的行为予以维持和确认。

我们认为，在宏观调控法律体系完善的过程中，需要把握好三对法律责任：

一是调控主体责任和受控主体责任。在现行宏观调控立法中，受控主体责任受到了相当重视，但调控主体的责任却往往被忽视。以国民经济和社会发展五年规划为例，其中的指导性计划指标对企业虽然没有约束力，但对政府部门和地方政府却应当具有约束力，中央宏观调控部门和地方政府应当按照指导性计划指标所指明的方向和目标实施调控，通过运用其所掌握的经济调节手段来引导市场主体实现指导性计划指标。然而问题在于，这种约束力却没有相应的法律责任作保障。另外，对于决策失误或官僚主义、长官意志造成的调控决策失误，本应承担相应的法律责任，但在立法中却缺少相应规定。因此，加强对调控主体责任的法律规定，应在未来宏观调控立法中予以重视。

二是传统法律责任和新型法律责任。传统法律责任一般包括民事责任、行政责任和刑事责任。新型法律责任的种类虽无定论，但现实中出现了不少。如专业不名誉责任，这种责任或制裁具有经国家认可的行业责任或社会性制裁的性质，其实质是国家或者行业协会对企业的市场主体资格的取消或限制。此种责任方式在专业性较强的行业中已较为普遍地采用。如银行同业协会发布公告，对长期欠债不还的客户予以制裁，限制其贷款资格与信用能力等。宏观调控的传统责任实行综合责任制，以行政责任为主，辅之以民事责任，甚至追究刑事责任。它侧重于对过失者强调赔偿，而宏观经济损失却无法挽回。我们呼吁宏观重视运用新型责任，以预防宏观经济损失的再度发生，以及对现有损失的及时补救。如在财政转移支付资金使用方面，我们可参照和借鉴世界银行中国项目援助的做法，实行有条件的财政转移支付和专项拨款检查监督办法，一旦地方违反规定，挪用专项资金，则采取新型责任，实施严厉的惩罚手段，包括减少拨款、停止拨款，甚至追还拨款等。

三是机构责任与个人责任。从现有的宏观调控立法来看，有时法律过于强调个人责任而忽视机构责任，有时则刚好相反。如《预算法》（1995 年）第七十三条规定，各级政府未经依法批准擅自变更预算，使经批准的收支平衡的预算的总支出超过总收入，或者使经批准的预算中举借债务的数额增加的，对负有直接责任的主管人员和其他直接责任人员追究行政责任。但对政府如何承担法律责任没作规定。实践中，还有常见的以"集体负责"为由淡化个人责任的现象等。机构责任不仅包括经济责任，还应当包括政治责任。但这种政治责任，一般只在失误重大时才有追究的必要。

三　关于宏观调控立法的主要建议

从国际上看，德国的《经济稳定与增长促进法》是世界上第一部较为系统的宏观调控法，内容全面、具体且富有可操作性，规定了多种宏观调控手段，在强调综合协调与法律程序的价值的同时，也反映了市场经济运行规律以及宏观调控的要求，属于德国经济法体系中的综合性立法。该法对我国宏观调控立法具有一定的借鉴价值。

从形式上看，宏观调控权来源于法律上的明确授权。在把法律仅理解为制定法的情况下，宏观调控权的确立、分配和行使等，均需通过国家制定的法律来加以体现。当前，我国的宏观调控在体制、机制、程序、规范以及具体运行等方面均存在着一些不完善的地方，宏观调控的制度化、规范化和程序化已成为依法治国、维护宪法法律权威，积极推动法治政府建设的重点所在。就我国未来宏观调控法律体系的完善而言，我们认为，需注重历史和现实、理论和实践、形式和内容的有机统一，既要坚持从国情出发、从实际出发，又要牢牢把握现实要求，着眼解决现实问题；既要兼容并蓄，合理吸收他国经验，又要避免囫囵吞枣，盲目照抄照搬他国规则。只有扎根本国土壤、汲取充沛养分，这样确立的宏观调控制度才最可靠、也最管用。

（一） 宏观调控相关立法和修法的必要性

我们认为，在今后一段时期，完善我国社会主义市场经济宏观调控法律体系的必要性主要体现在：

1. 这是在实施依法治国、依宪治国过程中，切实落实《中华人民共和国宪法修正案》第七条的需要。该条明确规定"国家加强经济立法，完善宏观调控。"在发展社会主义市场经济过程中，唯有回归宪法和法律框架，把政府干预经济、管理经济、调控经济的权力关进制度的笼子，建立和完善以宪法为统帅的宏观调控法律体系，才能真正把依法治国基本方略落到实处。

2. 这是改革和完善国家宏观调控体制、增强宏观调控协调性的需要。一国宏观调控的实施必须依赖一定的组织保障和制度保障，宏观调控是否符合法治原则，首先要从宏观调控权的科学配置入手，合理分权，协调配合，让各宏观调控部门和各个地方严格依法调控，只有这样才能达到治本效果，增强宏观调控的有效性。

3. 这是建设法治政府和法治中国的需要。应该看到，这些年我国经济的高速发展背后，相当大程度上是政府推动的结果，而非市场配置资源的产物。全面推进依法治国，总目标是建设中国特色社会主义法治体系，建设社会主义法治国家。全面建成小康社会、实现中华民族伟大复兴的中国梦，必须保持国民经济健康、稳定、协调发展，在国家宏观调控领域形成完备的法律规范体系、高效的法治实施体系、严密的法治监督体系以及有力的法治保障体系。

4. 这是完善社会主义市场经济法律体系的需要。虽然我国已经颁行了一些宏观调控法律法规，并在实践中发挥了一定作用，但现行的各类相关调控和促进型法律法规仍然存在着立法宗旨和原则不统一、具体规定不够协调（有时甚至冲突）、一些制度严重缺位、整体功能发挥不太理想等问题。这就必须通过立法和修法活动，实现宏观调控法的体系化。

5. 这是保障国民经济可持续发展的需要。实践证明，抓好结构调整，完成好优化产业结构、促进地区经济协调、实现可持续发展、搞好西部大开发等任务，都必须加强和改善宏观调控。完善宏观调控法律体系，有助于统一调控行为、整合调控优势、优化调控效益，实现一系列宏观性、战略性目标。

6. 这是应对经济全球化、保障国家经济安全的需要。"入世"以来，我国在创制新法律、编纂新法典的同时，不断加强对已有法律的清理、修改、补充、废止和解释工作，不遗余力地增进并改善法律之间的协调性，取得了重大成绩。完善宏观调控法律体系，对于充分利用国内和国际两种资源，增强对外经济政策的有效性，保障我国的经济安全具有重要意义。

7. 这是借鉴国外宏观调控经验、提升我国宏观调控水平的需要。美国、德国等发达国家都有自己的宏观调控法律，对其经济发展起到了十分显著的作用。中国作为后起的发展中国家，同样需要通过完善宏观调控法律体系，整合本国经济资源和经济优势，迎接国际经济竞争的挑战。

总之，我们认为，整体规划、统筹兼顾应该成为今后宏观调控立法中坚持的首要原则，减少法律规则之间的冲突是提高宏观调控效率和效益的前提，只有这样才能有效克服新法与已有法律之间的不协调，消弭前后法律规则间的无谓侵蚀。

（二） 宏观调控相关立法和修法的可行性

我们认为，完善宏观调控法律体系的可行性主要体现在，既有宪法依据和政策支持，也有多年来卓有成效的宏观调控经验、较大的立法规模和丰富的立法经验作基础，还有充分的理论指导、学术支撑和国外成功的法治经验可资借鉴，因此相关新法的立法条件和旧法的修改时机已经成熟。

改革开放以来，我国在促进国民经济的持续、快速、健康发展方面积累了丰富的实践经验，不断改革宏观调控体制以适应市场经济的发展需要。全国人大和全国人大常委会制定和修改了一批宏观调控方面的法律，国务院也颁行了大量的相关行政法规。这为制定《宏观调控基本法》提供了坚实的立法经验和基础。近年来，学术界对宏观调控的研究也倾注了极大的热情，对宏观调控的职能、体制、模式、原则、手段、方式等，进行了多层次、多学科的理论和实证研究，获得了一大批有关宏观调控基本法、政府投资法、国民经济和社会发展规划法等重要价值的成果。此外，发达国家成功的法治经验，也使我国制定《宏观调控基本法》有了充足的借鉴和国际法律背景。在此背景下，对宏观调控进行概括、总结和升华并予以法律化和体系化，是我国宏观调控法制建设的历史使命。

（三） 完善我国宏观调控法律体系的具体建议

1. 三点建议

我国社会主义市场经济体制已经有了二十余年的历史，而且《宪法》第十五条明确规定了"国家加强经济立法，完善宏观调控。"虽然我国的宏观调控立法仍在积极推进中，但应该说，德国《经济稳定与增长促进法》和美国《充分就业与平衡增长法》等所体现的经济调控理念以及所建立的具体调控制度，对于我国当前的宏观调控立法来说仍不乏现实意义。

结合国外经验看，我们提出如下三点具体建议：

第一，在对政府与市场的关系处理方面，我们需要深刻认识到市场在资源配置中起决定性作用，正确看待政府的宏观调控权。德国的"社会市场经济"这一概念是由德国经济学家阿·米勒·阿尔马克提出，按照其解释，社会市场经济是一种根据市场规律运行的、由市场自由原则与社会均衡原则相结合的、以社会保障为特征的经济制度。德国社会市场经济的理论基础来源于弗莱堡学派，第二次世界大战结束后，德国选择了以该学派为理论基础的社会市场经济，认为国家的作用并不是参与到经济之中去，而是维护经济秩序的稳定。从我国当前经济发展情况看，经济转型尚不彻底，急需积极稳妥地从广度和深度上推进市场化改革，使资源配置依据市场规则、市场价格、市场竞争而实现效益的最大化和效率的最优化，加快完善现代市场体系、宏观调控体系以及开放型经济体系，减少行政许可，减少政府对资源的直接配置，把政府的职责和作用定位于保持宏观经济稳定，加强和优化公共产品供给，保障市场公平竞争，推动经济社会的可持续发展，实现共同富裕。

第二，建立宏观调控实施保障制度。举例来说，为扩大内需，这些年来我国实行积极的财政政策，不但中央政府增发国债、增加政府的投资，一些地方政府也不断尝试发行地方债券，进而导致政府的负债规模日益扩大，相应的财政风险与金融风险日益突出，加上由于缺乏一部《国债法》，使得宏观调控中财政工具的使用面临更多危险。在这一方面，我们完全可以借鉴德国的经济协调储备金制度，每年从预算收入中提取部分比例资金，遇到国内外重大经济形势变化或者突发事件需要增加支出时，就可以不必完全依赖国债的发行而解决问题。这样不但有利于把国债控制在一定的规模之内，使国债规模与国家的财政收入和偿债能力相适应，而且有利于实现财政工具的规范化和透明化，避免国家陷入财政危机。又如，我们可以借鉴德国的财政计划制度，建立我国的财政中长期计划制度，这样有助于国家在一段相对较长的时间内安排财政收入与支出，维持收支的长期平衡而不仅仅只是年度的平衡，这对稳定经济和减少财政风险都是至关重要的。当然，宏观调控实施保障制度包含诸多内容，从调控体制到调控工具再到调控程序，每个方面的制度都需要作出科学设计。

　　第三，抓紧时间制定一部综合性的《宏观调控基本法》。制定《宏观调控基本法》，有助于理顺政府与市场、政府与企业的关系，确保国民经济发展的可持续性，同时也有助于平衡局部利益和整体利益，为协调中央和地方、地方和地方的利益关系提供基本准则。对于宏观调控立法将会产生的结果，有人担心：一方面，宏观调控的一个原则就是相机抉择，立法将会使宏观调控变得僵化；另一方面，如果把握不好，宏观调控立法很可能会使政府部门干预市场的权力扩大化和固定化。其实，这种担心是多余的。我们认为，宏观调控的相机抉择是宏观调控法所要坚持和保护的重要调控理念，对政府有关部门调控权的科学配置和明确界定只会防止弃权、越权和滥权，所谓的"僵化"、"固定化"根本无从谈起。目前，我国的《中国人民银行法》确立了中央银行金融调控法律制度，明确了货币政策的制定与实施；《就业促进法》把扩大就业放在经济社会发展的突出位置，实施积极的就业政策，确立了就业服务、培训和援助等一系列就业促进法律制度；《对外贸易法》实行统一的对外贸易制度，适用于对外贸易以及与对外贸易有关的知识产权保护，并不断建立和完善对外贸易促进机制。但总的来说，现行法律规定之间因缺乏一部综合性的《宏观调控基本法》，使得宏观调控的各部门之间、各调控手段之间不够协调，或协调得不够有效，相关调控政策的实施效力被无谓抵消或大打折扣。制定《宏观调控基本法》，既是完善国家宏观调控体制的需要，也是增强国家宏观调控协调性的需要，既是应对经济全球化、保障国家经济安全的需要，也是借鉴德国经验、提升我国宏观调控水平的需要。通过制定《宏观调控基本法》，明确宏观调控原则、宏观调控手段、宏观经济政策及协调、中央及地方宏观调控关系以及宏观调控程序及监管责任等，真正实现宏观调控的法治化。

　　《宏观调控基本法》可以采用总分结构。其中，总则部分主要规定宏观调控原则、宏观调控手段、宏观经济政策及协调、中央及地方宏观调控关系、宏观调控程序及监管等；分则则主要规定国家宏观经济调控机关及职权，国家宏观调控的主体，全国人民代表大会的宏观调控职权，全国人民代表大会常务委员会的宏观调控职权，国务院宏观调控职权，地方各级人民政府调控职权，宏观调控决策委员会及职权，宏观调控决策咨询委员会，宏观调控的决策程序，宏观调控的监督，国家宏观经济的监测；国家宏观调控制度，包括计划调控，财政调控，金融调控，产业政策调控，投资调控，国际收支平衡；其他调控，包括价格调控，就业促进，社会保障调控等；经济非正常波动的处理，包括经济非正常波动发生的情形，经济非正常波动紧急措施，经济非正常波动的预警监测，以及违反《宏观调控基本法》的法律责任等。

现代国家的治理必然追求经济与社会的稳定发展，但国家治理能力的提升和治理体系的现代化均需要相应的法律保障。近年来，国家发改委一直在牵头组织制定我国的《经济稳定增长法》，这与德国、美国以及欧盟的晚近立法不无关系，该法在内容设计上包括了总则、组织与决策、增长目标的确定与组织协调、经济波动的预警与非正常经济波动的确定、非正常经济波动状态的治理、国民经济稳定增长的储备、社会参与与咨询、法律责任等。但总的来看，在我国的宏观调控立法中，我们既需要关注周期性经济问题，同时也需要关注结构性经济问题，后者在我国当前的经济转型期更为突出一些。无论是借鉴德国的《经济稳定与增长促进法》，还是借鉴美国的《紧急经济稳定法》，抑或是借鉴欧盟的《稳定与增长公约》，相比之下，在我国制定一部《宏观调控基本法》，要比制定《经济稳定增长法》更为现实一些。这不单单是法律名称的科学性问题，而且是因为前者有着具体的宪法依据，而且有着更多的理论储备。究竟是从调整对象或调整手段出发来命名，还是从调整目的出发对其进行命名，我们认为，从调整对象出发更为科学些，因为如前所述，宏观调控的目的并不仅限于经济稳定与增长。虽然有些学者以德国、美国的同类法律不以《宏观调控法》命名作为主要理由，但这样的理由我们认为值得商榷。① 立法中，我们需要科学把握政府的角色定位问题，妥善处理政府与市场的关系；需要科学确立宏观调控的目标、调控部门以及不同调控手段的配合运用；需要即时进行经济信息数据统计分析，建立和完善宏观调控公共信息服务体系；需要合理构建中央与地方之间的协调机制，充分发挥中央和地方两个积极性；需要严格明确宏观调控的具体程序和法律责任，防止调控权被不当滥用等。

2. 需要继续研究和解决的问题

党的十八届三中全会决定明确指出，经济体制改革是全面深化改革的重点，核心问题是处理好政府和市场的关系，使市场在资源配置中起决定性作用和更好发挥政府作用。刚刚结束的十八届四中全会深入研究了全面推进依法治国的重大问题。因此，我们认为，要实现依法调控经济，就必须摆正政府和市场的关系，继续完善中国特色社会主义法律体系，进一步推进重点领域立法，突出立法引领和推动宏观调控体制改革的作用。积极推动《宏观调控基本法》的制定，应成为十八届四中全会之后的立法重点，在此基础上进

① 参见吴越《宏观调控：宜政策化抑或制度化》，载《中国法学》2008 年第 1 期。

一步完善宏观调控监督审查制度和机制。就完善宏观调控法律体系而言，还需要认真研究和解决下面一些问题：

一要在继续研究已有的宏观调控具体制度的基础上更加注重宏观调控法基本理论的研究，不能仅仅满足于对已有的具体宏观调控制度进行注释，而应当以现有制度为个案，抽象、提取宏观调控法最一般、最本质的概念、范畴和规律，这是建立宏观调控法基础理论的必然路径。

二要全面、系统地研究宏观调控法的适用范围，妥善处理《宏观调控基本法》与现有宏观调控立法之间的关系。德、美等国的经验表明，对宏观调控建立违法审查机制也有助于宏观调控政策的实施。其中，既包括在经济形势判断方面的违法审查机制，也包括一致行动中的违法审查机制。

三要深入研究宏观调控权的纵向和横向分配，对地方调控权立法持审慎态度。既要看到调控者，也要关顾受控者，既要看到调控者的权力，也要看到受控者的权利，既要分析清楚静态的宏观调控关系，又要准确把握宏观调控关系的动态运动，从而推动资源配置依据市场规则、市场价格、市场竞争进行，实现经济效益和社会效益的统一与最大化以及经济效率的最优化。

四要注意研究宏观调控法制化的规律，特别是关注《宏观调控基本法》实施过程中可能遇到的问题或障碍，避免使该法陷入不必要的僵化。

五要注意宏观调控法的国际化问题，对宏观调控的国际竞争与合作作出适当规定。

六要进一步研究政府投资法、国民经济和社会发展规划法等重大立法问题，坚持科学立法，进一步完善我国宏观调控法律体系。

七要系统清理现有宏观调控法律法规，在制定《宏观调控基本法》过程中，将现有法律法规不合时宜的规定进行全面修改和完善。

作者简介：席月民，中国社会科学院法学研究所经济法室主任、法学系副主任兼法硕办主任，副研究员。

商业诋毁行为之立法检视与规制完善

宁立志　刘　闻

摘要： 我国《反不正当竞争法》虽然对商业诋毁行为作出了规定，但在立法上依然存在不足之处。本文立足于目前的经济社会背景之下，对商业诋毁行为的构成要件作出新的定义，分析了《反不正当竞争法》中对商业诋毁行为规制的缺陷，从民事责任、行政责任、刑事责任等方面出发，提出了健全法律责任的建议，探讨了商业诋毁问题与其他相关常见问题的界定。

关键词： 反不正当竞争法；商业诋毁；商业诽谤

引　言

商业诋毁，又称商业诽谤。当前理论界的主流观点认为，商业诋毁是指在市场交易中，经营者自己或利用他人，通过捏造、散布虚伪事实等不正当手段，对他人的商品声誉、商业信誉进行恶意的诋毁或贬低，以削弱其市场竞争能力，进而为自己谋取不正当利益的行为。[①]

商业诋毁源于民事诽谤，起初仅被视为一种民事侵权行为。随着商品经济、市场经济的逐步形成与发展，在激烈的市场竞争中通过诋毁他人商誉来谋取竞争优势的现象开始出现，并因其成本低廉、效果显著而迅速蔓延，严重破坏了公平有序的市场秩序。鉴此，1896年德国颁布的世界上第一部反不正当竞争法，率先将商业诋毁纳入竞争法的规范之中。此后，商业诋毁行为引起了世界各国的高度关注，被认为是不公平竞争的"经典"（classical）形

---

① 参见漆多俊、冯果《经济法学》，武汉大学出版社 2011 年版，第 174 页；王先林：《竞争法学》，中国人民大学出版社 2009 年版，第 191 页。

式之一。① 《保护工业产权巴黎条约》《关于反不正当竞争保护的示范规定》《不公平商业行为指令》等国际性法律文件均将商业诋毁认定为典型的不正当竞争行为。

在我国，对商誉的法律保护，早期主要适用 1986 年通过的《民法通则》中有关法人名誉权之规定，商誉权被认为是法人名誉权的重要组成部分。② 随着社会主义市场经济体制的建立，市场竞争成为经济发展的动力，越来越多的人认识到以法人名誉权代替商誉权的保护是远远不够的，通过经济法尤其是竞争法对商业诋毁加以规制显得十分迫切和必要。为此，1993 年颁布实施的《中华人民共和国反不正当竞争法》在第十四条中对商业诋毁作出了禁止性的规定。

一　商业诋毁行为规制之必要

传统民法理论认为名誉权属于人身权的范畴，是一种与精神利益相关而非财产属性的权利。有学者认为法人名誉权与商誉权在本质上没有差异，商誉权作为法人名誉权的重要组成部分，当然具有人身权的属性。商誉权与名誉权区别仅在于加害人及侵害方式的不同而由不同的法律予以调整。③ 之后，商誉权的"知识产权属性说"逐渐占据主流地位。该学说认为，商誉权除具备人身权属性外，还拥有财产权属性。人身性表明商誉与特定市场经济主体相联系而存在，是特殊人格形象的体现；而财产性则说明商誉有别于一般的名誉或荣誉，具有一定的财产意义。④ 商业诋毁的主要目的在于侵害他人的财产利益——使竞争对手（包括潜在竞争对手）丧失交易机会，而非其精神利益。

在我国，商誉的财产权属性早已得到官方的确认。例如 1982 年中国与瑞典签署的《中华人民共和国和瑞典王国关于相互保护投资的协定》第一条规定的投资范围中包括版权、工业产权、工艺流程、商业名称和商誉。又如 1992 年财政部与国家体制改革委员会联合发布的《股份制试点企业会计制度》第三十七条规定："无形财产包括专利权、商标权、专有技术、土地使用

---

① *See* International Bureau of WIPO, *Protection Against Unfair Competition*, *Analysis of the Present World Situation*, WIPO Publication No. 725 （E）, WIPO 1994. p. 45.

② 参见吴汉东《无形财产权基本问题研究》，中国人民大学出版社 2013 年版，第 454 页。

③ 参见梁上上《论商誉和商誉权》，载《法学研究》1993 年第 5 期。

④ 参见吴汉东《无形财产权基本问题研究》，中国人民大学出版社 2013 年版，第 457 页。

权、商誉等"。① 可见，商誉权已被纳入无形财产权之中。商誉权非物质性的特征表明，应当将其归类于知识产权的范畴，未来有必要在民法典中确认商誉权为一项独立的知识产权并给予专门保护。

纵观人类发展史，商誉（Goodwill）是一个古老的概念。早在 1620 年，英国法院就在判例中把商誉定义为"顾客的友善看法和惠顾"，被认为是人们对该经济主体本身以及其提供的商品或服务的一种综合的社会评价。② 商誉是市场经济主体在激烈的市场竞争过程中逐步建立的，往往需要经过长期艰苦的努力才能形成良好的商誉。与此同时，商誉也为市场经济主体赢得了交易伙伴，特别是消费者的信任和偏爱，可谓市场竞争之"有力武器"。反不正当竞争法之所以将商业诋毁作为一种不正当竞争行为进行规制，在于这种行为并不是单纯地侵犯了他人作为私权的商誉权，更因其损害了公平有序的竞争秩序。与商业误导、不正当有奖销售、侵犯商业秘密等行为不同的是，商业诋毁的主体有时并不能直接从诋毁行为中获取直接的经济利益，有的商业诋毁行为甚至是"损人不利己"的。但这些诋毁行为可使其竞争对手处于相对劣势的地位，从而使自己获得竞争优势。商业诋毁同时欺骗了社会公众，与诚实信用原则和其他公认的商业道德相悖。诋毁致使消费者无法掌握真实的市场主体信息和市场交易信息，进而产生困惑乃至作出错误的交易选择，最终造成市场竞争秩序的人为扭曲。

总而言之，商业诋毁行为所侵害的客体应当是双重的：即他人的商誉权和公平有序的市场竞争秩序。基于上述理由，反不正当竞争法必须对这种不正当竞争行为进行规制。

二　构成要件之重塑

根据我国《反不正当竞争法》第十四条之规定，商业诋毁行为是指经营者捏造、散布虚伪事实，侵害竞争对手商业信誉、商品声誉的行为。一般认为，商业诋毁行为应当具备以下要件：第一，商业诋毁侵犯的客体是商业信誉和商品声誉；第二，商业诋毁的客观方面表现为捏造、散布虚伪事实的诋毁行为；第三，商业诋毁的主体是经营者，且行为人与受害人之间必须具有

① 参见种明钊《竞争法》，法律出版社 2008 年版，第 209 页。
② 参见程合红《商事人格权论：人格权的经济利益内涵及其实现与保护》，中国人民大学出版社 2002 年版，第 75 页。

竞争关系；第四，商业诋毁的主观方面须为故意；第五，商业诋毁的结果是受害人即被诋毁者的商业信誉或商品声誉受到损害。① 如不符合上述构成要件，则不构成商业诋毁。然而在现实生活中，商业诋毁已呈现多样化、复杂化的特点，上述界定标准已然不能适应全面、有效遏制商业诋毁行为之需要，现行法对于利用互联网、未定论进行诋毁的新现象、新情况缺乏规制力。笔者认为，在未来《反不正当竞争法》的修改中应重点厘清商业诋毁行为之构成要件，界定标准的重塑是未来修法的重中之重。

（一）行为之客体——突破商誉范围的局限列举

我国《反不正当竞争法》将商业诋毁行为侵犯的客体描述为商业信誉、商品声誉，但商业信誉、商品声誉本身仍然是需要解释的概念。在形成商誉的诸多要素中，商品无疑起着最主要的作用，它往往可以决定商业信誉的好坏。但商品声誉只是商业信誉的一个组成部分，某一商品的良好声誉并不必然意味着该市场经济主体享有同等价值的商业信誉。另外，商业信誉是一个"综合印象"，而商品声誉只是对某项商品的"个别印象"。② 将二者并列，并不妥当。

市场经济主体的经营活动可能是商品的生产与销售，也可能是提供某种服务。我国《反不正当竞争法》第二条规定："本法所称的经营者，是指从事商品经营或者营利性服务（以下所称商品包括服务）的法人、其他经济组织和个人。"此处使用的是包含服务的广义商品之概念。尽管如此，随着我国市场经济的发展和经济结构的调整，服务业在我国经济中的地位将日渐提升，应当在未来《反不正当竞争法》的修订中突出服务的地位，更加明晰地表明对服务信誉的保护。《保护工业产权巴黎公约》《关于反不正当竞争保护的示范规定》、德国《反不正当竞争法》、瑞士《关于不正当竞争的联邦法》等均明确规定将服务作为商业诋毁侵犯的客体，未来我国在商业诋毁条款中明示服务信誉之保护规定是符合国际立法趋势的。此外，《中华人民共和国广告法》第十二条规定："广告不得贬低其他生产经营者的商品或者服务"，增加服务信誉之规定，也将有助于两部法律之间相互协调。③

---

① 参见王先林《竞争法学》，人民大学出版社 2009 年版，第 194 页。

② 参见种明钊《竞争法》，法律出版社 2008 年版，第 198 页。

③ 需说明的是，服务有多种含义，一是与商品并列的概念，如与货物贸易总协定并列的"服务"贸易总协定；二是作为附随义务存在于商品经营过程中的服务，如告知、提示、保护、答疑等售中或售后服务。文中的服务应从广义上去理解，即该范畴含摄了此处的多种含义。

有学者认为，商品声誉应当是建立在某种商品或服务质量基础上的信誉。相比之下，商业信誉的范围则更为广泛。① 除了商品或服务产生的声誉、信誉之外，通常还涉及与商业活动有关的其他因素，如社会关系、公益形象、企业文化等均可成为商誉的载体或体现，商业信誉实质是一种社会公众评价。如康师傅"日资门"事件中，② 日商三洋公司的入股与其商品或服务质量并没有直接关联。但在中日关系僵局的特定时期大肆散布此类消息，企图引发普通民众的"爱国情怀"来抵制康师傅的商品或服务则构成不正当竞争，应视为商业诋毁行为的一种。

由此可见，尽管现行立法将商业信誉与商品声誉并列使用，但经上述分析可知，商业信誉已经涵盖了商品声誉的意思表达。可以肯定的是，商品声誉不足以完全代表商业信誉之理论内涵与实践形式。因此，需要在全面考察商业信誉在实践中诸多表达形式的基础上，科学、合理且较为明确地界定商业信誉之范畴，以为经营者良好商业信誉的保护提供法律依据，也进一步增强该立法规定的实施力。

（二）行为之客观方面——将"事实"改为"信息"并增加"不当说法"的规制

根据我国《反不正当竞争法》第十四条的规定，商业诋毁行为在客观方面表现为捏造、散布虚伪事实。捏造意味着无中生有、凭空编造，包括全部捏造和部分捏造两种情形。散布则是一种信息披露行为，是对第三人的一种意思表达。散布的方式是多种多样的：可以是书面的，也可以是口头的；可以通过媒体宣传，也可以通过散发或投递方式进行；可以出现在广告中，也可以出现在产品订货会、发布会上；可以在公开场合，也可以在暗地里向与竞争者有关的经营者或消费者散布。根据现行法之规定，捏造并散布虚假事实当然构成商业诋毁行为。但现实中有些商业诋毁行为是由不同的行为人共同完成的，如自己捏造虚伪事实，随后雇用网络水军"发帖"散布的情形。③笔者认为，诋毁本质上是一种欺骗性的信息行为。这种不正当竞争行为通过对他人商誉的丑化和扭曲，最终使消费者作出了错误的交易抉择。想要实现

---

① 参见种明钊《竞争法》，法律出版社 2008 年版，第 198 页。
② 新华网：《"康师傅"遭遇"日资门"斥统一是幕后黑手》，http://news.xinhuanet.com/tw/2012-11/04/c_123910919.htm，2014 年 6 月 29 日访问。
③ 网络水军是指受雇于网络公关公司并为他人在网络上造势的网络人员。网络水军有专职和兼职之分，他们都通过发帖、回帖来获取报酬。

这一目的则要求将"诋毁之内容"以一定的方式传递给受害人以外的第三人，进而让公众获知"诋毁之内容"并影响其选择。因此，仅仅捏造欺骗性信息但未曾散布没有造成任何人利益的损害，并不构成商业诋毁行为。

《保护工业产权巴黎条约》将商业诋毁行为表述为"在经营商业中，性质上损害竞争者的营业所、商品或工商业活动的信誉的虚伪陈述。"① 我国现行的《反不正当竞争法》参照了《保护工业产权巴黎条约》的规定，即商业诋毁行为必须是采取捏造、散布虚伪事实的手段损害竞争对手的商业信誉和商品声誉。目前我国在实践中判断虚假事实的标准是"言辞的非真实性"。② 如果内容是真实的，即使对他人的声誉造成了影响，也不构成商业诋毁行为。然而在现实生活中，除了捏造、散布虚伪事实可以构成商业诋毁行为外，真实但不公正、不准确、不全面的信息也可能损害他人的商誉。例如，在太原市警鹰保险柜制造有限公司、山西省三关保险柜产品工业公司诉山西金城保险柜工业有限公司不正当竞争纠纷案中，山西省高级人民法院认为被告所实施的行为虽以竞争为目的，并以两原告为特定指向，但因其在实施复印报纸并散发之行为中，并未对报纸内容进行篡改、伪造，且该事实是客观存在的，所以不构成不正当竞争。③ 又如北京多灵多生物保健品有限公司诉北京市海淀区百慧新技术开发部、北京百慧生化制药厂商业诋毁案，此案中法院认为被告把"未定论的事实"当作"公认的事实"进行宣传引起了社会公众认识上的混乱，应当视为一种捏造"虚伪事实"的行为。④ 这些案例表明，《反不正当竞争法》第十四条中"虚伪事实"的规定已经无法适应时下市场复杂化之需要。

针对上述疑问，笔者认为，在日常的语境中，"事实"是指事情的真实情况，因而不存在所谓"虚伪事实"这一说法。相比之下，采用虚假信息的表述更加贴切。此外，仅规定虚假信息不足以囊括所有诋毁行为，现实中有一些信息是居于中间地带的。如依照当前的科学或者知识无法判断真伪的未定

① False allegations in the course of trade of such a nature as to discredit the establishment, the goods, or the industrial or commercial activities, of a competitor. 法条来源：http：//www. wipo. int/treaties/en/text. jsp? file_ id =288514#P210_ 34746，2014 年 5 月 13 日访问。

② 参见吴汉东《论商誉权》，载《中国法学》2001 年第 3 期。

③ 110 网：《太原市警鹰保险柜制造有限公司与山西金城保险柜制造有限公司、山西省三关保险产品工业公司财产损害赔偿纠纷案》，http：//www. 110. com/panli/panli_ 10458. html，2014 年 7 月 12 日访问。

④ 找法网：《北京市海淀区百慧新技术开发部与北京多灵多生物保健品不正当竞争纠纷案》，http：//china. findlaw. cn/jingjifa/fldf/jz/al/01114597. htm，2014 年 9 月 1 日访问。

论；还有那些片面的、断章取义的"真实信息"。这些不公正、不准确、不全面的"不当说法"亦可能损害他人的商誉并造成消费者的错误判断。世界知识产权组织在《关于反不正当竞争保护的示范规定》第五条中将商业诋毁行为界定为一种"说法"，"这种说法"包括"虚假说法"和"不当说法"两种。所谓"不当说法"，就是不公正、不准确、不全面地陈述客观事实，其判定的标准是"言辞的非公正性"。① "不当说法"同"虚假说法"一样，其目的在于诋毁他人的商誉。根据世界知识产权组织国际局对《关于反不正当竞争保护的示范规定》第五条的解释，不仅虚假的陈述，没有根据的陈述也可能具有损害商誉的后果。《关于反不正当竞争保护的示范规定》并不要求诋毁内容必须是严格的虚伪事实，如果真实的内容在"攻击"时被夸大了或者所用的措辞是贬低的，也被认为是违反公平竞争原则、损害他人商誉的不正当竞争行为。② 又如瑞士《关于不正当竞争的联邦法》第三条之规定："以不准确、误导或者不必要的损害性陈述，贬低他人及其商品、工作、服务、价格或者营业的行为。"③ 根据瑞士法院的判例，对竞争对手的不真实的影射或者暗示，使得客户对竞争对手及其活动或者能力产生不利的印象，可以纳入商业诋毁行为之中予以禁止。决定陈述是否准确的标准，是相关领域客户通常的注意和判断能力。④ 可见，在法律中明确"不当说法"也是一种商业诋毁行为是十分必要的。

《最高人民法院关于审理不正当竞争民事案件应用法律若干问题的解释》（征求意见稿）曾在第十四条中规定："《反不正当竞争法》第十四条所称的'虚伪事实'，不仅包括虚假的事实，也包括其他引人误解的事实。"这实质是对虚伪事实的一种扩大解释，但该表述并没有出现在正式实施的文本中。在国家工商行政管理总局起草的《反不正当竞争法（修订稿）》（2006年9月18日）中，"虚伪事实"的表述被修改为"虚假或者引人误解的信息"，即"经营者不得采用对比宣传或者其他方法捏造、散布虚假或者引人误解的信息，

---

① 参见吴汉东《论反不正当竞争中的知识产权问题》，载《现代法学》2013年第1期。

② *WIPO Model Provisions on Protection against Unfair Competition*, WIPO Publication Mo. 832, 1996.

③ Shall be deemed to have committed an act of unfair competition, anyone who, in particular, (a) disparages another person, his goods, his works, his services, his prices or his business circumstances by incorrect, misleading or needlessly injurious statements. 法条来源：http: //www. wipo. int/wipolex/zh/text. jsp? file_ id =125647，最后访问时间2014年5月14日。

④ 影射或暗示类不正当竞争行为在我国也多有发生，例如：利用第二含义贬低其他竞争者的行为。但此类行为的判断有更大的司法复杂性和执法难度。孔祥俊：《反不正当竞争法新论》，人民法院出版社2001年版，第633页。

损害竞争对手的商业信誉、商品声誉。"现实中对于是否造成"误解"的标准是以消费者的视角来评判诋毁之内容，但对于什么是"公众的认识"这一概念，理论界和学术界目前尚未达成一致，世界各国的做法也不尽相同，如美国采取"两步法"，德国采取"一般交易见解"。① 可见，"引人误解的信息"仍是一个模糊不清的说法，在执法、司法活动过程中仍需进一步解释方可适用。相比之下，采取"捏造、散布虚假信息或陈述不完整、无法证实的信息"显得更加直观明了，这样的表述也呼应了各国反不正当竞争法的立法趋势。

（三）行为之主体——不限定主体范围

根据我国《反不正当竞争法》之规定，不正当竞争行为的主体仅限经营者，商业诋毁行为也不例外，即只有从事商品经营或营利性服务的法人、其他组织和个人实施的诋毁行为才构成商业诋毁行为，而非经营者所实施的诋毁行为则属于一般侵犯名誉权的行为。1998 年 7 月 14 日发布的《最高人民法院关于审理名誉权案件若干问题的解释》第九条规定："消费者对生产者、经营者、销售者的产品质量或服务质量进行批评、评论，借机诽谤、诋毁、损害其名誉的，应当认定为侵害名誉权；新闻单位对生产者、经营者、销售者的产品质量或者服务质量进行批评、评论，主要内容失实，损害其名誉的，应当认定为侵害名誉权。"根据该司法解释之规定，如果经营者唆使消费者向相关部门、行业组织、消费者组织进行投诉，或者利用新闻媒体的报道损害竞争对手的商业信誉或者商品声誉，被唆使或利用的消费者或新闻媒体因不具有经营者的资格，不能成为诋毁商誉行为的主体。② 上述非经营者的诋毁行为仅仅作为一般侵犯名誉权的行为，极大地限制了《反不正当竞争法》对商誉权的保护。

针对"经营者之困"这个问题，《关于反不正当竞争保护的示范规定》的规定值得借鉴："在工商业活动中，任何虚假的或者不合理的陈述，损害或者可能损害其他企业或者其活动的信誉，特别是损害此类企业提供的商品或者服务的信誉的，构成不正当竞争行为。"③ 该规定并没有将商业诋毁行为的主体局限于"经营者"，采取的是"不限定主体范围而对行为进行限定"的

---

① 参见孔祥俊、刘泽宇、武建英《反不正当竞争法：原理·规则·案例》，清华大学出版社 2006 年版，第 182 页。

② 邵建东、方晓敏：《案说反不正当竞争法》，知识产权出版社 2008 年版，第 392 页。

③ 参见谢晓尧《在经验与制度之间——不正当竞争司法案例类型化研究》，法律出版社 2010 年版，第 357 页。

立法模式。在瑞士《关于不正当竞争的联邦法》中也有类似的规定，法律没有直接对主体范围进行限定，而通过对行为的描述来体现其具体范畴。① 可见，某些国家的立法、国际性法律文件已将反不正当竞争行为扩大适用于"一切可能影响市场交易的主体"，如行业组织、消费者团体、新闻媒体等都有可能构成商业诋毁行为。

另外，从《反不正当竞争法》第十四条规定中的"竞争对手"一词可以看出，我国现行法认定构成商业诋毁行为不仅要求行为人本身是经营者，而且还要求行为人与受害人之间具有竞争关系，并且是狭义上的竞争关系——生产、销售相同或相似产品或服务。"竞争关系"被认为是商业诋毁行为与民法上侵害名誉权行为的区分标准之一，从《保护工业产权巴黎条约》到许多国家如德国、日本的反不正当竞争法都有类似的规定。但是，也有一些国家如瑞典、瑞士，已经放弃了对竞争关系的要求，即诋毁可以由不存在竞争关系的非竞争对手作出。② 1996 年世界知识产权组织《关于反不正当竞争保护的示范规定》第五条的规定与《巴黎公约》有所不同，该条的用语是"企业"，而非"竞争者"。而且，世界知识产权组织国际局对此进一步作了解释："被攻击的个人或者公司通常是一个竞争者，或者至少所涉及的当事人之间存在某种竞争关系。但是，不但竞争者，而且像消费者团体或者新闻媒体，也可以实施违反公平竞争原则的行为。如果它们对一个企业产品、服务或者商业活动作虚假的或者不合理的陈述，应当对其提起损害信誉的诉讼。如果反不正当竞争的保护扩及到新闻媒体或者消费者团体的陈述，国家免除此类组织对其作出的陈述的责任的范围必须进行考虑；第（1）款的措辞并未像巴黎公约第 10 条之（3）2 那样将其范围限制在'一个竞争者'。"③ 从我国司法实践来看，尽管大多数法院仍特别强调商业诋毁必须要以竞争关系的存在为前提，但将商业诋毁适用于非竞争关系的做法不乏先例。例如北京永不停顿信息技术有限公司诉中国惠普有限公司损害商业信誉纠纷案中，永不停顿信息公司为代理商，与惠普公司并非竞争关系。④ 原告认为惠普公司将其列入代理商黑名单的做法属于商业诋毁行为，此种情形被某些学者称为"自力救济中

---

① 参见孔祥俊《反不正当竞争法新论》，人民法院出版社 2001 年版，第 633 页；参见谢晓尧《在经验与制度之间——不正当竞争司法案例类型化研究》，法律出版社 2010 年版，第 357 页。

② 参见吕明瑜《竞争法》，法律出版社 2004 年版，第 244 页。

③ *WIPO Model Provisions on Protection against Unfair Competition*，WIPO Publication Mo. 832，1996.

④ 法律图书馆网：《北京永不停顿信息技术有限公司诉中国惠普有限公司损害商业信誉纠纷案一审》，http：//www.law-lib.com/cpws/cpws_view.asp? id = 200400763798，2014 年 4 月 18 日访问。

的商业诋毁"。①

综上所述，不限定主体范围能够使立法周全地涵盖商业诋毁行为的诸多形式，这也是当前世界的立法新趋势。当前，基于对商誉权有效保护以及维护市场经济公平有序发展的需要，在未来修法中应将商业诋毁行为的侵权主体范围予以扩大，取消"经营者"及"竞争关系"的限制。

（四）行为之主观状况——不作规定

商业诋毁的核心行为在于"通过××方式损害他人商誉"，降低其竞争能力、削弱其市场地位等，最终使自己能够获利或有更多获利机会。对于诋毁行为的具体方式，我国现有法律仅规定了"捏造、散布"的方式，对比其他国家的法条来看，有"声称或者散布"、"告知或者散布"、"陈述或者散布"等说法。我国的"捏造、散布"并无不可，只是在对主观状态进行判断时，"捏造"显然只能是故意之行为，"散布"则存在故意或者过失两种情形。所以，"故意或者过失地捏造、散布虚假信息"的说法显然是不恰当、不严谨的。

对于侵权人的主观状况，需要讨论的有两点：一是构成该行为的主观要件是什么；二是该主观要件是否应该在法条中表达出来。如意大利《民法典》就在法条中直接规定了侵权人的主观状况："凡认定是不正当竞争行为的，被推定为有过错。"② 在实践中，侵权人主观上故意实施诋毁必然构成商业诋毁行为，然其过失实施的诋毁行为也是实际存在的，如因社会经验不足、被蒙蔽、盲目跟风等情形时，过失地散布虚假信息在客观效果上只要造成了对他人商誉的损害也可构成商业诋毁行为。可见，商业诋毁的主观条件应当包括故意和过失两种情形。

从实践中可以看出，商业活动行为人的主观状况一般难以查明，如果在法条中规定主观状况会极大地增加行政执法和司法裁判的成本与难度。对此，笔者认为在具体的法条中对于商业诋毁的主观状态不作规定是合理的。这也是和《关于反不正当竞争保护的示范规定》所主张的"对商业诋毁的判断不要求行为人主观状况"的规定相一致的。

值得一提的是，从归责原则角度来看，商业诋毁行为适用的是过错责任

---

① 参见谢晓尧《在经验与制度之间——不正当竞争司法案例类型化研究》，法律出版社 2010 年版，第 366 页。

② 《意大利民法典》，费安玲等译，中国政法大学 1997 年版，第 675 页。

原则，它是以行为人主观上的过错为承担民事责任的基本条件的认定责任的准则。按过错责任原则，行为人仅在有过错的情况下，才承担民事责任，没有过错则不承担民事责任。在过错责任原则下，对一般侵权责任实行"谁主张谁举证"的原则——当事人对自己提出的主张提供证据并加以证明。此种做法似有不妥，特别是在侵权人过失散布的情形下，要求受害人提供侵权人有过错的证据，不仅有困难，而且不公平，极大地增加了受害人的诉讼成本。因此，我们认为，在认定商业诋毁行为时应当免除受害人的举证责任，可适用过错责任原则的特殊形式——举证责任倒置的过错推定责任原则来保护被诋毁者及广大消费者的权利。

（五）行为之结果——侵害事实而非损害事实

商业诋毁行为之目的是使被诋毁者的商业信誉或商品声誉受到损害，即被诋毁者的商业形象或商品形象方面的社会评价降低或有降低的可能性。商业诋毁行为并不要求事实上已经给权利人造成了实际损害，即不适用一般财产侵权理论上"无损害即无责任"之原则。与商标侵权、专利侵权类似，商誉侵权同样具有"即发侵权"（imminent infringement）的特点[①]，即强调客观上存在侵害事实（infringement fact），而不是损害事实（damage fact）。在美国侵权行为法中就存在以"不当说法"为基础的"商品诽谤诉讼"——不要求对他人商誉造成实际损害，只要被告恶意诋毁其他商事主体的商品，诉因即告成立。[②] 商誉侵权的损害通常包括直接利益损失和后续利益损失（如丧失未来交易之机会）。某一诋毁行为在短期内或许没有使他人及其商品的社会评价降低，但此种情形并不能否认商誉损害的存在（因为这种损害的危险性已经存在），执法机关完全有理由处罚这种不正当竞争行为。因此，商誉损害事实的认定标准应当是商誉损害的危险性存在，而并不必然要求损害结果的实际

---

① "即发侵权"是指侵权活动开始之前，权利人有证据证明某行为很快就会构成对自己知识产权的侵犯，或该行为的正常延续必然构成侵权行为，权利人可依法予以起诉。TRIPS 协议第 50 条第 1 款规定，对即将发生的侵权行为，权利人有权提出申请，"司法部门应有权采取及时和有效的临时性措施"，以便"（a）防止发生对任何知识产权的侵权行为，特别是防止侵权商品进入它们管辖之下的商业渠道，包括刚刚获得海关批准的进口商品；（b）保存有关被指控侵权行为的证据。"根据这一规定，WTO 的成员应授权司法当局采取及时有效的临时措施，一是颁发临时禁令，以制止即将发生的侵权行为；二是采取证据保全措施，对可能灭失或者以后难以获得的证据可以采取紧急措施加以固定和保存。参见郑成思《知识产权论》，法律出版社 2003 年版，第 124 页。

② 杨立新、蔡颖雯：《论商业诽谤行为及其民事法律制裁》，载《河南省政法管理干部学院学报》2004 年第 5 期。

发生。

在实践中，认定经营者商誉的损害时还需要判断特定主体在某一特定区域内是否建立了自己的商誉。其判断方法是考察该特定主体是否有产品在该地区销售或有服务业务在该地区开展，例如在该地区是否有与生产和流通有直接联系的经济行为，抑或有从事生产和服务的分支机构。此外，还需考察是否有一定数量的消费者意识到当事人的产品或服务的存在，表现为公众的咨询、购买等行为。①

三　法律责任之健全

（一）民事责任之健全

商业诋毁的民事责任目前主要依据《反不正当竞争法》第二十条关于不正当竞争行为民事责任的一般规定进行处理："经营者违反本法规定，给被侵害的经营者造成损害的，应当承担损害赔偿责任，被侵害的经营者的损失难以计算的，赔偿额为侵权人在侵权期间因侵权所获得的利润；侵权人并应当承担被侵害的经营者因调查该经营者侵害其合法权益的不正当竞争行为所支付的合理费用。"由此可见，就商誉损失的计算而言，目前有两种方式：（1）在商誉损失可以计算的情况下，赔偿范围包括商誉权人在商誉侵权期间而遭受的产品销量下降、退货等实际损失，以及为调查商誉损害所支出的合理费用和为恢复商誉而付出的必要费用。（2）在商誉损失难以计算的情况下，应当以侵权行为人侵权期间获得的利润为赔偿范围。

对此，笔者认为，根据《反不正当竞争法》第二十条推导出这种损失计算方法存在以下疑问：首先，如何界定"侵权期间"？如果简单以侵权行为的结束为界限，对于受害人来说很不公平，因为即使侵权人停止了侵权行为，甚至采取了必要的手段消除不良影响，受害人的商誉并不能马上恢复，有可能因此丧失未来交易之机会，这显然超出了"侵权期间"的范围。② 其次，如何弥补因诋毁商誉造成的损失？在我国司法实践中，法院通常采取"填平

---

① 参见王先林《竞争法学》，中国人民大学出版社 2009 年版，第 197 页；参见种明钊《竞争法》，法律出版社 2008 年版，第 205 页。

② 参见吕来明、熊英《反不正当竞争法比较研究——以我国〈反不正当竞争法〉修改为背景》，知识产权出版社 2014 年版，第 310 页。

原则"来弥补权利人的损失。填平原则必须具备两个条件：一是损失的数额在填补之前是确定的；二是通过填补至填平，使权利人在经济上的损失消失。如前文所述，我国现行法规定的损失计算方式具有不确定性，例如有时侵权人获得的经济利益可能微不足道，甚至是"损人不利己"的，此时则难以计算受害人之损失。

解决上述问题可借鉴我国台湾地区"公平交易法"第三十二条所规定的惩罚性赔偿原则："法院因前条被害人之请求，如为事业之故意行为，得依侵害情节，酌定损害额以上之赔偿。但不得超过已证明损害额之三倍。侵权人如因侵权行为受有利益者，受害人得请求专依该项利益计算损害额。"笔者认为，商业诋毁行为的损害具有不确定性，对于情节严重的诋毁行为，权利人的经济损失在侵权行为停止后仍有继续发生的可能——超出"侵权期间范围"，惩罚性赔款可以在一定程度上弥补这种"后续性损害"。同时惩罚性赔偿会大幅度提高侵权人的"侵权成本"，扼制"损人不利己"的诋毁行为，进而可以从源头上减少商业诋毁行为的数量。在我国，惩罚性赔偿的规定已非新鲜事物，如 2009 年施行的《中华人民共和国食品安全法》第九十六条、2010 年施行的《中华人民共和国侵权责任法》第四十七条以及 2014 年施行的《中华人民共和国消费者权益保护法》第五十五条第二款。笔者认为，在未来《反不正当竞争法》的修法中加入惩罚性赔偿条款是十分必要且可行的。

众所周知，商标是影响商誉的重要因素之一，一般消费者往往通过商标而形成对商誉的看法。侵犯商标权也会使商标权利人的商誉受损，如消费者并不知道自己购买了假冒商标的劣质商品，就会对原来的商标产生不信任的态度，继而对其既有的商誉产生怀疑。[1]《最高人民法院关于审理不正当竞争民事案件应用法律若干问题的解释》第十七条规定："确定《反不正当竞争法》第五条、第九条、第十四条（商业诋毁行为）规定的不正当竞争行为的损害赔偿额，可以参照确定侵犯注册商标专用权的损害赔偿额的方法进行。"根据 2013 年修订的《商标法》第六十三条规定："（1）侵犯商标专用权的赔偿数额，按照权利人因被侵权所受到的实际损失确定；实际损失难以确定的，可以按照侵权人因侵权所获得的利益确定；权利人的损失或者侵权人获得的利益难以确定的，参照该商标许可使用费的倍数合理确定。对恶意侵犯商标专用权，情节严重的，可以在按照上述方法确定数额的一倍以上三倍以下确定赔偿数额。赔偿数额应当包括权利人为制止侵权行为所支付的合理开支。

---

① 参见吴汉东《无形财产权基本问题研究》，中国人民大学出版社 2013 年版，第 452 页。

（2）人民法院为确定赔偿数额，在权利人已经尽力举证，而与侵权行为相关的账簿、资料主要由侵权人掌握的情况下，可以责令侵权人提供与侵权行为相关的账簿、资料；侵权人不提供或者提供虚假的账簿、资料的，人民法院可以参考权利人的主张和提供的证据判定赔偿数额。（3）权利人因被侵权所受到的实际损失、侵权人因侵权所获得的利益、注册商标许可使用费难以确定的，由人民法院根据侵权行为的情节判决给予三百万元以下的赔偿。"对此，笔者认为，在未来《反不正当竞争法》的修订中，可以借鉴《商标法》有关民事责任之规定，将商业诋毁行为的民事赔偿额度提升至三百万元，加大对商誉权人的保护力度。

商誉是一种重要的无形资产，对于商誉权的民事责任形式，笔者认为，除损害赔偿以外，还应增加其他民事责任形式，包括停止侵害、赔礼道歉、恢复商誉、消除影响等，这些手段可以弥补损害赔偿单一手段之不足，进而弥补"后续性损害"。对此，可参考借鉴日本、韩国法律规定的"商誉恢复"以及我国香港地区法律规定的"及时更正和道歉"等措施及手段。①

（二）行政责任之健全

与对其他多数不正当竞争行为的规定不同，我国《反不正当竞争法》没有规定商业诋毁行为的行政责任。部分学者认为，当前在处理商业诋毁行为与商业误导行为发生竞合时，可以适用关于商业误导行为的行政责任规定。②

针对行政责任缺失这一问题，笔者认为，商业诋毁行为所侵犯的商誉权是以私权为主的知识产权，规定商业诋毁的民事责任是为了补偿受害人的损失。鉴于商业诋毁行为不仅侵害经营者的商业信誉与商品声誉，还损害了消费者正当的权益，并对整个市场良好的竞争秩序造成了破坏，若仅依靠民事责任予以规制是远远不够的，带有惩戒性质的行政规制手段也必须参与进来。这样，才能有效打击商业诋毁这种典型的不正当竞争行为。

---

① 如日本《不正当竞争防止法》（2012年3月31日修订）第十四条（商誉恢复措施）规定：对于故意或过失以不正当行为损害他人商誉的人，法院经受害人的请求，可以责令侵权人以损害赔偿，或者责令其在赔偿损害的同时采取必要措施恢复受害人之商誉。法条原文：故意又は過失により不正競争を行って他人の営業上の信用を害した者に対しては、裁判所は、その営業上の信用を害された者の請求により、損害の賠償に代え、又は損害の賠償とともに、その者の営業上の信用を回復するのに必要な措置を命ずることができる。法条来源：http://www.wipo.int/wipolex/zh/text.jsp? file_id = 254517，2014年5月14日访问。

② 参见孔祥俊《反不正当竞争法的适用与完善》，法律出版社1998年版，第645页；参见王先林《竞争法学》，中国人民大学出版社2009年版，第197页。

当前，我国对于商业诋毁行为的行政责任之规定始于地方性法规，如《湖北省反不正当竞争条例》第二十七条："违反本条例规定，有下列行为之一的，由监督检查部门处以五千元以上五万元以下的罚款，有违法所得的予以没收……（四）采取本条例第十五条所列手段损害竞争对手商业信誉和商品声誉的。"又如《广东省实施〈中华人民共和国反不正当竞争法〉办法》第二十二条："经营者违反本办法第八条第一款、第九条（商业诋毁行为）规定的，监督检查部门应当责令其停止违法行为，消除影响，并没收违法所得，可根据情节，处以五万元以上二十万元以下罚款。"受限于当时的经济发展情况，国家和地方性现行立法中规定的不正当竞争行为罚金数额上限最高不超过二十万元，立法滞后性的问题已十分突出。二十万元的违法成本太低，不足以警醒侵权人，对其也没有足够的威慑力。因此，罚款金额可进一步提高至一百万元以适应当下市场经济发展的变化与执法需要。①此外如前文所述，很多商业诋毁行为侵害的是他人的远期利益，其所得无法准确计算；有的甚至没有违法所得，即"损人不利己"的情形。这些情况不宜按《广告法》《商标法》处1—5倍的罚款，划定一个范围允许执法机关自由裁量的处罚模式更为合适。笔者认为，综合我国当前的市场经济发展状况、违法成本过低、法律的威慑力不足等情形，在未来的法律修订中，对于有违法所得的商业诋毁行为，应首先没收其违法所得，并根据情节处以一万元以上一百万元以下的"梯度式罚款"。对于一般情况，处以一万元以上二十五万元以下的罚款；情节严重的，处以二十五万元至五十万元以下的罚款；情节特别严重的，处以五十万元至一百万元以下的罚款。

行政机关对商业诋毁进行监管时，还可以结合商业诋毁的特点实施下列措施：如情节较轻时予以责令停止违法行为；情节特别严重的，可以吊销营业执照。此外，由于商业诋毁是一种欺骗性的信息行为，采取必要的措施消除影响以恢复公平的市场竞争秩序可充分体现《反不正当竞争法》之立法目的，建议在未来的修法中纳入。

---

① 根据中华人民共和国国家统计局的数据，2013年国内生产总值为568845.21亿元，2013年人均国内生产总值为41907.59亿元，2013年居民消费水平为15632元；1993年国内生产总值为35333.92亿元，1993年人均国内生产总值为2998.36亿元，1993年居民消费水平为1393元。据此算出，2013年国内生产总值、人均生产总值、居民消费水平是1993年的16倍、13倍、11倍。考虑到通货膨胀、货币贬值等因素的影响，笔者认为，将罚款金额由二十万元提升至一百万元即提高5倍是合理且可行的。

（三） 刑事责任之健全

对于商业诋毁行为的刑事责任，我国《刑法》第二百二十一条、第二百三十一条作了以下规定："捏造并散布虚伪事实，损害他人的商业信誉、商品声誉，给他人造成重大损失或者有其他严重情节的，处 2 年以下有期徒刑或者拘役，并处或者单处罚金"、"单位犯本节第二百二十一条至第二百三十条规定之罪的，对单位判处罚金，并对其直接负责的主管人员和其他直接责任人员，依照本节各条的规定处罚"。

当前，除了刑法规定外，许多国家还在竞争法中将商业诋毁行为的刑事责任加以规定，如德国《反不正当竞争法》、希腊《第 146/1914 号法——关于不正当竞争》。我国的《反不正当竞争法》也应当加入有关刑事责任的条款，即增加"构成犯罪的，依照刑法有关规定追究刑事责任"的规定。这种做法不仅对竞争者有较好的警示效果，而且有利于各部门法之间的相互衔接，也有利于更好地保护商誉权人，为市场交易创造良好的竞争秩序。

四　相关问题之思考

（一） 商业诋毁与商业误导之竞合

商业误导与商业诋毁本质上都是一种欺骗性的信息行为。在实践中，侵权人进行商业诋毁的同时，常常会伴随着商业误导行为——在诋毁别人的同时，不适当地宣传自己，进而使消费者产生错误认识并改变交易选择。如商业诋毁行为常常发生于比较广告之中，有的指名道姓地诋毁竞争对手，有的虽未明确对象，但从其表述中大致可以判断出诋毁的是谁。因此，两者极易发生竞合。① 比如在汇丽公司与森林王公司不正当竞争纠纷案中，森林王公司的比较广告违反了我国《反不正当竞争法》第九条第一款和第十四条的规定，同时构成商业误导和商业诋毁两种不正当竞争行为。②

商业误导与商业诋毁产生的基础性原因是生产者、销售者与消费者之间

---

① See International Bureau of WIPO, *Protection Against Unfair Competition*, *Analysis of the Present World Situation*, WIPO Publication No. 725 （E）, WIPO 1994. pp. 45—46.

② 110 网：《上海汇丽地板制品有限公司与深圳森林王木业有限公司不正当竞争纠纷案》：http://www.110.com/panli/panli_ 38344. html，2014 年 4 月 2 日访问。

信息不对称，不法商人可以通过欺骗信息来影响消费者的决策，使其做出错误的交易选择。在竞争法上，商业误导和商业诋毁的性质和实质作用是一样的，即"通过传达某种信息影响消费者的决定"。但二者的宣传手段和针对对象不同，商业误导是将对自己不利的信息"隐匿"起来，对自己的产品或服务制造"假象"，以彰显自己的优点，从而博取实际消费者和潜在消费者对自己的关注，影响其作出抉择，进而取得竞争优势。而商业诋毁通常是有攻击性与指向性的，它通过对他人及其产品、服务作不真实、不全面的信息披露，"隐藏"其正面特征，虚构或扭曲其全面特征，意图改变实际消费者和潜在消费者的态度，使其产生购买转向，将本来实际或潜在属于他人的消费者注意力分散或转移，进而使被诋毁者丧失交易机会。在诋毁的情形中，诋毁者的欺骗性信息干扰了消费者信息获得的全面性和真实性，这些经过诋毁者主观筛选、赋予特定"意义"的信息，破坏了"优胜劣汰"的市场竞争秩序。①

国际性法律文件对商业诋毁行为和商业误导行为进行了对比。《保护工业产权巴黎公约》第十条第二款规定了三种不正当竞争行为，商业诋毁和商业误导是其中的两种。其中有关商业诋毁行为的规定是："在商业经营中，具有损害竞争者的营业所、商品或工商业活动商誉性质的虚伪陈述"；有关商业误导行为的规定是："在商业经营中，使用会使公众对商品的性质、制造方法、特点、用途或数量易于产生误解的表示或说法"。可以看出，诋毁行为明确了是对竞争者的营业所、商品或工商业活动商誉性质的虚伪陈述。《关于反不正当竞争保护的示范规定》则对两种行为的区别作出了更为详细的规定："正如误导行为一样，损害信誉旨在通过传达某种信息，以影响顾客的决定。但是，与误导行为不同的是，它不是通过对自己的产品或者服务进行虚假的或者欺骗性的陈述而实施，而是通过传达其他企业或者其产品、服务或者工商业活动的虚假信息而实施。"②

当前关于二者竞合的主流观点是：《反不正当竞争法》之所以将商业误导和商业诋毁分开规定，其原因在于两种行为所侵害的对象不同：商业误导是针对社会公众的宣传，大部分都是为了突出自己的商品或服务，直接侵害的

---

① 参见谢晓尧《竞争秩序的道德解读》，法律出版社 2005 年版，第 350 页。

② Like misleading, discrediting aims to influence customers'decisions by conveying certain kinds of information. Unlike misleading, however, this is not done by making false or deceptive statements about one's own products or services, but rather by conveying false information on another enterprise or its products, services or industrial or commercial activities. 法条来源：http://www.wipo.int/export/sites/www/freepublications/en/intproperty/832/wipo_ pub_ 832. pdf，最后访问时间 2014 年 5 月 19 日。

是社会公众知悉真情的权利和利益，并不直接涉及他人（多为竞争者）的利益；而商业诋毁除了对公众构成与商业误导相同的侵害外，还直接侵害了他人的商品声誉或商业信誉。针对这个问题，笔者认为，竞合的实质是"同时符合两个行为构成要件的一个不正当竞争行为究竟适用哪条法律"的问题。由于两者本质上都是一种欺骗性的信息行为，在商业诋毁与商业误导发生竞合的情况下，法律对商业诋毁行为的规定可看作商业误导的特别规定，即商业诋毁行为包括了商业误导行为的全部构成要件要素，还具有其他特别因素——能否为普通消费者识别的指向对象。① 依照特别规定优先适用原则，对发生竞合的行为可直接认定为商业诋毁行为，优先适用有关商业诋毁行为的法律规定。在未来，有必要在《反不正当竞争法实施细则》中明确两者的相同点与不同点，这对于指导目前的行政执法及司法审判工作具有重要意义。

（二）商业诋毁与同业监督的界限

同行举报是同业监督还是商业诋毁？这一问题引发了社会各界的热议。上海华篷公司与北京优孚尔公司都对外销售橇装式加油装置，为同业竞争对手。2010 年 2 月，上海华篷公司以北京优孚尔公司向陕西高速延长石油公司提供的双油品橇装式加油设备不符合国家标准、不能保证油罐及橇装式加油站安全为由向陕西省安监局反映。据此，北京优孚尔公司以上海华篷公司损害其商誉向法院提起诉讼。② 由于上海市卢湾区人民法院和上海市第一中级人民法院的判决截然相反，该案中有关商业诋毁与同业监督界限之争受到了法学界的关注。

对于什么是同业监督目前尚无定论，一般认为同业监督是指经营者通过各种措施监督其他经营者经营活动的行为，特别是监督其他具有直接竞争关系的经营者的不法行为，其直接目的在于维护监督者自身利益，进而实现维护市场竞争秩序的终极目标。同业监督会产生重要的积极效益：相比一般的消费者或者媒体等社会监督，同业监督更加专业、有效。同业监督不仅维护了个别经营者的权益，更在广泛意义上维护了良好的市场竞争秩序。尽管如此，同业监督亦有可能成为经营者从事不正当竞争的手段。如何界定同业监

① 参见谢晓尧《在经验与制度之间——不正当竞争司法案例类型化研究》，法律出版社 2010 年版，第 355 页；参见孔祥俊书《反不正当竞争法新论》，人民法院出版社 2001 年版，第 645 页。
② 法制网：《北京优孚尔公司指控上海华篷公司商业诋毁》，http://www.legaldaily.com.cn/legal_case/content/2011-05/04/content_2634140.htm? node=22955，2014 年 5 月 1 日访问。

督与商业诋毁是当前理论界和实务界争论的焦点。笔者认为，可以从以下两个方面着手：

1. 同业监督必须是善意且无过错

同业监督是同业经营者监督其他经营者的市场竞争行为，其主观目的在于维护自身合法利益、消费者利益和良好市场竞争秩序之公共利益。同业监督若非善意，就有可能构成商业诋毁。如北京金山安全软件有限公司诉北京三际无线网络科技有限公司和北京奇虎科技有限公司不正当竞争案中，奇虎360公司声称金山网盾存在高危漏洞，会导致用户的计算机处于不安全状态。但其主观目的并非在于维护自身合法利益、消费者利益和良好市场竞争秩序之公共利益，而是故意夸大金山公司安全产品——金山网盾的安全隐患，恐吓、误导广大消费者弃用金山网盾，转而使用360安全卫士取而代之。①

需要指出的是，同业监督行为者必须具有比一般消费者更高的注意义务，因为行业内的特殊规则或标准要求同业监督者具备更多的专业知识。更高注意义务的引入对于同业监督者谨慎言辞、杜绝商业诋毁的发生具有积极的意义。

2. 同业监督发布的信息必须是客观真实的且表达方式合理、恰当

首先，同业监督行为所发布的信息应当是真实且客观存在的，且在科学上已有定论或可确定的依据，即不允许发布未定论等不确定信息，否则即构成商业诋毁行为，由于人类认识能力的局限性，在一定阶段和社会经济条件下对客观事物的认知可分为真实的、虚伪的和未定论（非真非假）三种类型。对未定论必然存在不同的看法，且这些看法都无法判断真假。将未定论作为真实的、准确的结论进行宣传或散布，本身就是未能全面准确地表述事情的真实情况。法律干预的是这种宣传或散布行为，而不是事实是否定论以及是否有根据支持。法律并不否定未定论本身，因为未定论只是暂时性的。法律否定的是将这种不确定的事实进行片面地宣传或散布，从而损害市场经济秩序及消费者利益的不正当竞争行为。②

其次，监督的表达方式应当合理、恰当。同业监督者应采用善意举报的方式而非恶意散布，不允许将他人较小的错误进行夸大宣传。同业监督行为也不能侵犯他人的在先权利，如商业秘密。需要特别指出的是，如果是通过

① PCHOME：《金山诉360不正当竞争案360败诉赔款》，http://article.pchome.net/content-1327025html，2014年5月11日访问。
② 参见孔祥俊《反不正当竞争法新论》，人民法院出版社2001年版，第572页。

对比方式进行的同业监督，则要求这种"比较"是真实、客观、全面、公正的信息，不得以虚假信息、未定论或不完整的信息进行比较，并且应当由非营利性的独立第三方机构作出，例如国际性独立杀毒软件测试机构 AV-Test、AV-Comparitives 等。

鉴于我国目前没有同业监督的相关规定，且良性的同业监督并不是商业诋毁行为。因此，在未来修改《反不正当竞争法》中不必专门规定同业监督行为，可以考虑在未来的《反不正当竞争法实施细则》中规定商业诋毁与同业监督的界限。

结　　语

竞争是指两个或者两个以上经济利益互相独立的市场经济主体及潜在市场主体，在特定的市场上通过提供有利的价格、质量、服务或其他条件，争取交易机会以实现自身利益最大化的行为。有市场就有竞争，有竞争必有各种不同形态的竞争包括不正当竞争，有不正当竞争就需要有法律对它进行规范和调整。可以说，竞争是市场经济的产物，反不正当竞争法则是竞争的产物。新的市场经济竞争环境对我国现行的反不正当竞争法提出了挑战，当前有关商业诋毁的规定均为 20 世纪 90 年代颁布，早已无法全面、有效遏制商业诋毁行为，亟待改进。其中，如何对商业诋毁行为之构成要件予以更加科学合理的规定、是否引入惩罚性赔偿、如何界定同业监督与商业诋毁等问题，是未来《反不正当竞争法》修订之商业诋毁行为的核心内容，希望笔者的这些研究能为商业诋毁行为法律规制的进一步完善提供一定的理论参考。

作者简介：宁立志，武汉大学法学院教授，博士生导师；刘闻，武汉大学法学院博士研究生。

欧洲竞争法域外效力中的
经济统一体原则

张世明

摘要：经济统一体原则是专门针对跨国公司垄断行为的规制原则。本文重点分析了经济统一体原则的形成和变化，论证了经济统一体原则与"揭开面纱"理论的关系，并以效果理论为参照系对经济统一体理论进行了评析，揭示了其在协调各国竞争法方面的参与价值。

关键词：欧洲竞争法；揭开公司面纱；经济统一体原则

经济统一体原则（Single Economic Entity Doctrine）是专门针对跨国公司垄断行为的规制原则，指将跨国公司中位于不同国家的母公司和子公司视为一个经济实体，当欧盟领域内的某一个公司实施了垄断行为时，只要该公司不是独立决策，欧盟反垄断法不仅可以适用于该公司，还可以适用于共同体外的其他关联公司。经济统一体的学说是在欧洲法中不同的法律语境中出现。《欧洲并购监管规例》（The European Merger Regulation EUMR）第 5 条将整个企业集团的营业额作为适用该规例第 1 条时的门槛。至于依据 EUMR 第 2 条规定的实质性分析，形成同一经济统一体一部分的法人实体的市场份额，一般被加权，视同一个企业的市场份额。此外，此学说被适用于同一企业集团的公司之间的协议问题。《欧盟工作模式条约》（The Treaty on the Functioning of the EU，TFEU；Der Vertrag über die Arbeitsweise der Europäischen Union，AEUV）第 101 条不被认为是适用于同一经济实体之间的法人。欧盟法院已经承认，经济统一体原则这个制裁的概念基于"企业"的概念的解释。在米其林诉委员会（Michelin v. Commission）案中，当时的欧洲初审法院强调共同体竞争法"承认属于同一集团不同的公司构成经济统一体，如果公司不独立决定他们自己在市场上的行为，因此是《欧洲经济共同体条约》第 81 条和第 82 条的含义中的企业。"① 在阿克苏诺贝尔案（the Akzo Nobel case）中，欧洲法

---

① Case T - 203/01, *Michelin v. Comm'n*, 2003 E. C. R. II - 4071, at para. 290.

院赞同这一说法，并声称，"企业的概念，在相同的语境中，必须理解为指称一个经济单元，即使在法律上，经济单位由多个人（自然人或法人）组成。"① 经济统一体学说应用已扩大到超越母公司和其全资子公司的关系的情形，并不局限于企业集团。它可能囊括个人和他或她控制公司之间的关系，这可能还包括委托人和代理人，承包商和分包商之间的关系。在所有这些案件中，欧洲委员会和法院均依赖所涉及公司并非彼此独立这一说法。

一 经济统一体原则的形成

经济统一体理论强调企业间的结构型关系或关联关系，认为在各国境内的子公司具有独立法人资格，当子公司是根据境外母公司的指示行为而成为母公司获利的工具时，子公司的法律责任应当由母公司承担。根据单一经济实体原则，两个彼此独立的法人组织在竞争法上是同一主体，如子公司在共同体内实施了反垄断行为，该行为将被视为母公司的行为，可依该原则追究共同体外母公司责任。在司法实践中，欧盟法院主要依据母公司控制权的实际行使情况来确定其是否承担"连带责任"。如果母公司能证明虽然拥有超过50%的股权，但并未干预子公司的经营与决策，则免于承担责任。"经济统一体学说"是一种工具，它允许不考虑属于一个单一的经济单位，如母公司及其附属公司或委托人和代理人之间签订的内部协议的反竞争行为。但"经济统一体学说"可以是一个双面的说法。它还可以用于以竞争规则的侵权责任让母公司为子公司的行为埋单，如果可以证明，子公司不独立决定其在市场上自己的行为，只是在所有重大方面执行由母公司所给予的指示。"经济统一体原则"在欧共体竞争法普遍应用。它证明了其实用性，也作为一种工具允许欧盟竞争主管机关采取措施解决这些在欧盟范围内成立的附属公司。

该原则在著名的 1972 年染料案（Dyestuffs case）中得以确立。② 该案是第一次使用这种学说作为一种工具以确保《欧洲经济共同体条约》第 81 条域外适用，具有里程碑意义的竞争决定之一。在该案中，英国帝国化学工业有限公司（Imperial Chemical Industries, Ltd., ICI）和瑞士的山度士公司等三家

---

① *Akzo Nobel*, 2009 E. C. R. I – 8237 at para. 55.

② 焦油染料 II 判决（Teerfarben II-Entscheidung）。Markert, Dyestuff case: A Contribution to the Relationship Between the Antitrust Law of the European Economic Community and its Member States, 14 *Antitrust Bulletin* 869 (1969).

总部均设在共同体外的燃料制剂公司，通过其在共同体内的分支机构执行价格协议，该案中大量苯胺染料的价格在共同体市场发生了三次统一性的增长，严重地损害了欧共体消费者利益。欧共体委员会对 ICI 公司处以罚款，其理据在于：（1）ICI 的行为，特别是对齐兹公司的经营进行价格方面的指示，已构成自己参与协调行动，使得其位于比利时的子公司实不啻为前台代理人而已；（2）ICI 由于对其子公司的控制，已在实质上在共同市场上进行了经营活动；（3）ICI 的行为已经对共同市场产生了影响。委员会认为存在违反《罗马条约》第 85 条第 1 款的协同定价行为，且这些行为有可能影响成员国之间的贸易，有阻碍、限制或扭曲共同市场内竞争的目标或效果。基于此，效果原则符合《罗马条约》的要求，因此，无论这些引起限制竞争行为的企业是否有住所在共同体内，都应当由共同体管辖。事实上，最后一点可以视为"效果原则"的体现。可以看出，欧洲共同体委员会在染料案中明确采用了"效果论"。委员会就认为，企业的行为在共同体内产生效果时，对它们处以罚款乃理所当然。关于效果论适用的条件和界限，秘书长梅拉斯（Henri Mayras）解释说：（a）该协议或联合一致做法必须直接限制共同体市场中的竞争；（b）效果的性质应是可合理预见的；（c）在共同体的领域中产生实质性的效果。①

　　欧委会据此对三家共同体外母公司及其共同体内分支机构均处以罚款，帝国化学工业有限公司不服罚款决定，上诉至欧洲法院。帝国化学工业有限公司辩称，定价政策系子公司所为，不应归责于母公司。在染料案中，法院尽管支持委员会的决定，并主张共同体对外国染料制造商具有管辖权，但不完全赞成委员会的观点。由于美式效果原则虽然高效，但在实施过程中每每引发怨声载道。基于美国政府所集的前车之鉴，欧共体委员会并不想将其信手拈来直接引用，而是主要依赖于"经济统一体"理论，从而延伸了传统的地域管辖原则。欧洲法院对欧委会的处罚依据及处罚决定予以了支持。欧洲法院在判决中认为，委员会将子公司视为与母公司独立的法人资格，其实并没有排除母公司的欧共体竞争规则侵权行为的直接责任。上诉人在这些公司拥有全部或多数资本，足以影响其子公司在共同市场内的价格政策。本案上诉人在向其子公司发出的电传中命令修订价格和交易条款。本案价格增加即是在"共同市场内的和在有关其经营的生产者之间的有关生效"。在欧洲法院看来，该委员会将该附属公司归咎于母公司的行为是正确的，因为"母公司

---

　　① Claude D. Rohwer, Dennis Campbell（ed.），*Legal Aspects of International Business Transactions*，v. 1, Amsterdam: North-Holland, 1984, pp. 430—431.

及其附属公司之间的市场统一体的行为超越各自独立的法人资格的公司之间的形式分离。"当子公司在决定其市场行为方针中不享有真正自主权时，可以认为《欧洲经济共同体条约》第 85 条的禁止性规定在构成一个经济单位的母子公司间的关系中不适用。鉴于其所形成的集团的统一性，母公司与子公司在本案中被视为一个经济体，在共同体内子公司实施的违法性联合一致行为应归咎于共同体外的母公司。

在大陆制罐案①中，美国大陆制罐公司（Continental Can Corporation，CCC）总公司设在纽约市，是世界上最大的金属罐制造公司，被称为"金属罐之王"。在第二次世界大战以后，大陆制罐公司发展迅速，已经成为一家生产多种包装容器的综合公司，唯一不生产的仅有玻璃容器，因而公司名称亦改为大陆集团公司。在 20 世纪 70 年代，公司在欧洲大力拓展业务，在这一过程中遭遇欧洲经济共同体反托拉斯条例的限制。1969 年，大陆制罐公司获得德国最大的包装和金属容器生产商施尔马巴赫－卢贝卡制造股份公司（Schmalbach-Lubeca-Werke AG，SLW）85.8% 的股权。翌年，大陆制罐又在美国"第一州"（The First State）特拉华州成立了名为欧洲包装公司（Europemballage Corporation SA），后者在在比利时设立办事处。不久后，欧洲包装公司在其母公司的资金帮助下，取得比荷卢经济联盟最大的包装材料生产商托马森－德赖弗·费布利法有限公司（Thomassen & Drijver-Verblifa NV，TDV）91.7% 的股份，将其在相关市场的唯一的竞争对手收入囊中。②欧委会根据条令 17/62 的授权启动调查程序，最终认定，公司已经取得保鲜鱼肉制品市场的主导地位，而再行收购竞争公司的股份涉嫌违反了《欧洲经济共同体条约》第 86 条的滥用市场主导地位的禁令。欧委会指出，不仅要考虑到由于兼并而

---

① *See generally* Hurwitz, The Impact of the Continental Can Case on Combinations and Concentrations within the Common Market, 25 *Hastings L. J.* 469（1974）；Singley, Abuse of a Dominant Position by Acquisition in the Common Market：The Continental Can Cases, 12 *Column. J. Transnat'l L* 359（1973）；Haubert, Continental Can-New Strength for Common Market Anti-trust, 11 *San Diego L. R.* 227（1973）. Focsaneanou, Article 86 de traité de Rome et la déision, Continental Can Company " de la Commission de la C. E. E., *La Semaine Juridique*, *Juris-Classeur Périodique*, 1972, 2452；Bienaymé, L'application de l'article 86 du traité de Rome dans la déision, Continental Can Company", Concurrence et exploitation abusive d'une position dominante, *Revue Trimestrielle de Droit Européen*, 1972, 65；Gleiss, Fusionskontrolle im EWG-Kartellrecht? Zum Continental-Can-Urteil des Europäischen Gerichtshofs, *Außenwirtschaftsdienst des Betriebsberaters* 1973, 268；Korah, The Control of Mergers under Art. 86 of the Rome Treaw：Continental-Can, 26 *Current Legal Problems* 82（1973）；Dashwood, Towards a System of Merger Control in the EEC：Continental-Can, 124 *New Law Journal* 865（1974）.

② Alina Kaczorowska, *European Union Law*, Hoboken：Taylor & Francis, 2008, p. 812.

使大陆制罐集团在德国和比荷卢经济联盟控制的市场份额，而且要考虑由于其规模和经济、财政、技术的重要性，该集团较其竞争者所享有的优势。所有这些因素使该公司能凌驾于竞争之上而独立行动，使其至少在德国（保存肉、鱼等的）轻容器市场以及金属容器市场上拥有支配力量。

　　大陆罐头食品股份有限公司和欧洲包装公司认为委员会错误解释了《欧洲经济共同体条约》第86条，并就共同体委员会是否有权对共同体外的企业大陆制罐公司行使管辖权并承担法律责任的问题提出异议并上诉到共同体法院。原告坚持认为，作为一个位于共同体外的企业，大陆制罐公司既不受共同体的行政权力支配，也不受欧洲法院的司法管辖，共同体委员会的裁决超过了依据普遍接受的国际法原则下允许的管辖范围。法院认为，根据本案的事实，委员会关于该公司在德国享有支配地位的认定是不正确的。委员会认定保存鱼和肉的锡罐构成两个独立的市场，而且假定在每一个市场上，拥有较高的市场份额即构成支配地位。对此，法院认为是不缜密妥当的，存在诸多渗漏，未考虑到生产商转换产品的可能性和能力。例如，生产鱼罐头的生产商可以转向生产肉罐头。反之亦然。而且，如果大陆制罐的产品价格过高，购买人有可能会被迫自己生产该种产品。此外，委员会亦未曾虑及这种可能性，即一旦大陆制罐利用其支配地位提高价格，其他类型的容器以及其他公司则有可能乘机进入市场。[①]

　　虽然法院不同意委员会并于事实问题的认定，以证据不足推翻了欧委会决定的很多部分[②]，但在推理上却予以支持。欧洲共同体法院不采用与欧洲煤钢共同体条约的规定相比较的解释方法，而是除了援用《欧洲经济共同体条约》"第86条的精神、整个结构及措辞之外，还根据本条的制度及目的"解释了该条。因此，共同体法院虽也参照了《欧洲经济共同体条约》第2条及第3条的原则及目的等，但以不同于原告人的主张的理由撤销了该委员会的决定，同时又支持了委员会对《欧洲经济共同体条约》第86条的"扩大"解释。[③] 最后，委员会输了小争论，但赢了大战斗。大陆制罐公司依据传统的公司人格学说指控，共同体委员会无权做出裁决并命令母公司与子公司一道承担责任。法院在回应时表示，该附属公司有其自己的法律人格状态并不足以

---

　　① Europemballage Corporation and Continental Can Company Inc. v. EC Commission 1973 CMLR 199. 亦可参考许光耀《欧共体竞争法研究》，法律出版社2002年版，第234页。吴奇树：《核驳霸业？竞争法反垄断审查巨型企业跨国并购之范例》，秀威信息科技股份有限公司2005年版，第342页。

　　② 王中美：《竞争规则的国际协调》，人民出版社2005年版，第75页。

　　③ 大谷良雄：《欧洲共同体法概论》，蔡秀珍译，群众出版社1986年版，第146页。

排除其行为可以归咎于母公司的可能性。自治的法律人格在本案中只是提供附属公司的行为责任的挡箭牌，以利益母公司。当子公司无法自主决定其市场行为时，单独的法律人格应被视为虚假。大陆制罐的行为包括"造成"欧洲包装公司收购目标公司。也就是说，它对欧洲包装公司的运作和决策施加影响，以致后者不能被视为一个独立的实体。法院认为，大陆制罐公司不能否认欧洲包装公司是大陆制罐公司于 1970 年 2 月 20 日成立的大陆制罐公司的子公司，子公司具有自己的法律人格的事实并不足以排除其行为应归咎于母公司的责任。这尤其适用于子公司不能独立自主而是根据母公司的指示作为的情况。已经确然的事实是大陆制罐公司指示其子公司欧洲包装公司收购了荷兰托马森－德赖弗·费布利法有限公司的股份和债券。此外，大陆制罐的控制也体现为尽力提供用于此目的的必要的财政手段，在法院看来这使控股母公司应该承担"最重要"的责任。如果没有大陆制罐公司的这种安排以及资金支持，则其子公司不可能进行收购。这种在共同体内影响市场情况的购买正是共同体法律所要适用的对象。此种做法不仅应归咎于欧洲包装公司，而且主要地应归咎于大陆制罐公司。大陆制罐公司并不位于成员国之一的事实不足以使其得以逸出共同体法律适用之外。在判决中，欧洲法院将美国子公司与德国子公司的行为归因于母公司大陆制罐公司，但对后者的行为的分析，主要聚焦于其为促进兼并之作为，而非其法律地位。尽管大陆制罐公司并不坐落在于欧共体内，但基于其行为，可以认定其在共同体内从事经营，唯通过其子公司间接进行而已。欧洲法院要求坚持委员会依据经济统一体理论所提出管辖权的主张，但只是强调大陆集团在欧洲包装公司的股份，而忽略详细调查母公司对欧洲包装公司市场行为控制的实际模式在此问题上是否可以成立、欧洲包装公司是否事实自主行动。大陆制罐的判决代表实际控制权的证明标准的明确侵蚀。

经济统一体原则在随后的 1974 年的"商业溶剂公司案"（Commercial Solvents Corp. V. Commission of the European Communities）① 又一次得到了适用，并且代表了欧共体委员会和初审法院最随意的适用经济统一体的标准。在这一案件中，商业溶剂公司（Commercial Solvents Corporation，CSC）是一家生产溶剂的美国企业，是世界上硝基丙烷（Nitropropane）和氨基丁烯（Aminobutanol）两种化学产品的唯一生产商，在市场上具有绝对垄断地位。这两种化学产品是生产一种治疗结核病药品乙胺丁醇（Etambutol）必不可少的原

---

① Case C－6－7/73 Commercial Solvents v Commission［1974］ECR 223,［1974］1 CMLR 309.

料。从 1962 年到 1970 年，意大利化学公司（Intituto Chemioterapico Italinano SpA，IC）一直充当着商业溶剂公司在美国生产的氨基丁烯的转售商，并以意大利的佐雅公司（Laboratorio Chimico Farmaceutico Giorgio Zoja SpA，Zoja）作为其固定的客户。在欧共体市场上，佐雅公司是一家生产乙胺丁醇的重要企业。除意大利化学公司以外，在欧共体内只有佐雅公司生产此类药品。意大利化学公司曾打算兼并佐雅，但遭到佐雅的拒绝。1970 年，意大利化学公司根据其母公司商业溶剂公司的指令，自己开始生产乙胺丁醇，并根据商业溶剂公司的指令，停止向佐雅供应硝基丙烷和氨基丁烯两种化学产品。后者发现，在世界上无法找到其他可替代的供应来源，故以意大利化学公司滥用市场优势为理由向欧共体委员会申诉。欧共体委员会认为商业溶剂公司和意大利化学公司，应被视为一个单一的经济实体，从而应该接受欧共体竞争法的管辖。商业溶剂公司持有意大利化学公司的资本股票的 51%，占据了意大利化学公司董事会、经理会的一半席位，而这些人在商业溶剂公司中仍担任重要的行政职务。例如，商业溶剂公司的董事兼任意大利化学公司管理委员会的主席。由于管理人员的重叠，致使意大利化学公司必须小心地遵循商业溶剂公司的商务指示，甚至是每天的商务指示。商业溶剂公司的年度报告把意大利化学公司视为其在欧洲从事商务的基础性子公司。委员会还注意到当意大利化学公司和另一公司佐雅公司合并失败后，商业溶剂公司禁止批发商转售或进口意大利化学公司的化学产品给佐雅公司。欧共体委员会认为，这些禁止及商业溶剂公司对佐雅公司活动的密切监视都表明了防止佐雅公司获得化学产品的意图，证明商业溶剂公司与意大利化学公司间存在控制关系。基于上述事实和《意大利民法典》第 2359 条关于"被控制公司"（società controllate）的定义，委员会得出结论：商业溶剂公司拥有对意大利化学公司的控制权，控制了后者与佐雅公司所进行的合并谈判，足见其至少在对佐雅公司的关系上行使了控制权，这使得无法区分商业溶剂公司和意大利化学公司的意愿和行为。秉此理由，1972 年 12 月 14 日，委员会做出裁决，认定商业溶剂公司和意大利化学公司封锁佐雅公司取得原材料的渠道，旨在排除药品生产市场的竞争，其在共同市场内滥用支配地位的行为违反了《罗马条约》第 86 条。欧共体对商业溶剂公司有管辖权，可以对商业溶剂公司适用《罗马条约》，责令其停止违法行为，立即向佐雅公司照常提供该公司所需要的原材料，并对其课以罚款。

商业溶剂公司声称它与其在意大利所控制的公司并未形成一个经济单位（其市场份额使得其行为在滥用市场支配地位意义上可以忽略不计）。在提交初审法院时，委员会主张，除了持有意大利化学公司的大部分股份，商业溶剂对附属公司积极发出指令，有效地禁止向第三方出售化学产品。这是违背意大利化学公司自身的利益，但完全适合商业溶剂公司的利益。1974 年 3 月 6 日，初审法院不但接受委员会的推理部分，而且它也支持这一推理：母公司与子公司之间的功能联系，在确定适用经济统一体学说时是决定性的，因此商业溶剂公司属于直接参与。接着指出：一系列合并后的业务政策和策略，加上商业溶剂对于意大利化学公司的控制确定这两个被认为是连带责任。更具体地说，这种关系是与母公司对附属公司的控制的概念，因为它是由公司法的原则确定。就这两家公司与佐雅公司的关系而言，必须将该母公司与子公司视为一个经济单位，它们应共同地或个别地对佐雅公司指控的行为负责任。① 经济统一体理论所提到的双重重要性是显而易见的，它提供了手段委员会和法院对一个未在共同体注册也没有业务的公司施加管辖权，以确定第 86 条的应用。

在联合商标香蕉案（United Brands Company and United Brands Continental B. V. v Commission of the European Communities）中，委员会发现，联合商标公司（United Brands Company，UBC）滥用其在香蕉市场的主导地位进行歧视性定价。② 联合商标的香蕉分配是垂直整合的，拥有在欧洲经济共同体经营的若干附属公司。应用经济统一体测试，该委员会并没有试图表明在构成涉嫌滥用的特定交易中实际的或潜在的行使控制。然而，委员会指出，联合商标的生产和分销由纽约总部控制，并得出结论附属公司并"不具备任何真正的自治"。③ 联合商标公司在欧洲经济共同体子公司的多数股权与中心控制、垂直整合的操作证据相结合，足以证成以控制为目的的经济统一体标准。因此，委员会在联合商标香蕉案中显示出整体控制的经济统一体测试是必要的，而在此前的案件中，只有潜在控制或实际控制在特定的非法交易的证据是必要的。此外，在联合商标香蕉案中，虽然没有域外管辖权问题提交审查，法院

---

① Cynthia Day Wallace, *Legal Control of the Multinational Enterprise: National Regulatory Techniques and the Prospects for International Controls*, The Hague, The Netherlands: Martinus Nijhoff, 1982, p. 111—112. 可以参见孔祥俊《反垄断法原理》，中国法制出版社 2001 年版，第 579—580 页。王晓晔：《竞争法学》，社会科学文献出版社 2007 年版，第 308 页。

② Bishop, Price Discrimination under Article 86: Political Economy in the European Court, 44 *Mod. L. Rev.* 282（1981）. Swan, The EEC United Brands Decision: Can Chiquita Banana Find Happiness in Europe, 7 *California Western International Law Journal* 385（1977）.

③ 19 *O. J. Eur. Comm.*（No. L 95）at 3—6, 11.

肯定了委员会的决定。[①] 在霍夫曼罗氏公司案 (Hoffmann-La Roche & Co. AG v Commission of the European Communities)，委员会同样评估了外国母公司整体控制的证据。霍夫曼罗氏公司是总部位于瑞士的制药公司，在欧洲共同市场供应维生素时被发现犯有违反第 86 条的实施排斥或优惠贸易协定。委员会主张对霍夫曼罗氏公司的管辖，在描述母公司如何指示其全资子公司以实现这些非法协议时，称：大量从罗氏集团的母公司向其附属公司的通告和该公司管理人员的会议记录确认"忠诚"系统的主要特点，并清楚地表明对罗氏的利益的增长。该委员会此前从来没有如此明确表示，在此使用经济统一体测试是极为清晰的。法院维持了该委员会的调查结果。[②]

二　经济统一体原则的变化

最核心的问题是欧盟法律的许多有趣的难题之一：欧盟竞争法的受话者和执行决定受话者往往是不一样的。在欧盟条约的框架内，"企业"在违反竞争规则时，根据欧盟理事会第 1 – 2003 号条例，每一违法行为可以被委员会处以高达其营业额的 10% 的罚款。但这里"企业"是一个抽象的概念，《欧盟条约》和法规上均没有定义。根据判例法，这种构造适用于任何从事商业活动的实体，而其法律地位或者资金来源在所无论。因此，这种"企业"是经济实体而不是法律实体。这种二分法是形成欧洲竞争法诸多难题的根源。日益复杂的产业组织形式几乎无一例外地意味着，在欧洲或全球层面的重大卡特尔案件中，每一个被牵涉"企业"可能包括数以百计的子团体、企业单位及附属公司扑朔迷离的排列组合，一些属于注册成立的法人，一些则不属于法人，更不用说形成许多形式多样的合资企业。企业而不是他们的成员公司造成卡特尔违法，但罚款决定只能对具有法人资格的实体加以实施。为了执法目的，竞争主管机关必须将他们的裁定集矢于自然人或法人。出于现实的原因，欧洲委员会历来将欧共体竞争法的违法归责于自然人或法人。初审法院亦赞同这一观点，认为执法裁决只能针对法人，而不是在广泛意义上的企业概念。如果裁决不是指向一个具有法人资格的实体，那么，如何根据《欧盟条约》第 256 条规定课征罚款，这确实是很难想象的。由于违法行为是由广义的术语的企业所为，但在执法裁决时却只能施诸作为法人的企业，故

---

① 1978 *E. Comm. Ct. J. Rep.* 207.

② 1979 *E. Comm. Ct. J. Rep.* 461.

而，必须经常应用一个复杂的公式，以确定企业的违法是要归责于该法人。欧洲委员会找到在企业内可以处以罚款的一个或若干公司实体。但除非被罚款者确有过错，如何根据法治有理由地实施惩罚？

阿尔贝特钢铁公司（Aciéries Réunies de Burbach-Eich-Dudelange, ARBED）是世界十大钢铁公司之一，在西德、比利时，奥地利和巴西等国都设有子公司，垄断卢森堡的钢铁生产。在第二次世界大战结束后的三十年，阿尔贝特钢铁公司发展迅速，这一期间被称为"三十年光荣"（Les Trente Glorieuses，1946—1974 年）。但是，从 20 世纪 70 年代后半期，由于钢铁行业市场疲软，公司受到国内和国际钢铁产品生产价格波动的影响以及美元贬值的影响，处于前所未有的经营逆境。1987 年，公司第一次失去了生产的满负荷年。为了应对供应过剩和价格走低的危机，公司积极致力于限产稳价活动。1994 年 2 月 16 日，欧洲委员会发现，17 家欧洲钢铁企业和一个他们的贸易协会参与了固定价格、瓜分市场和交换市场机密信息的一系列的协议、决定和协同行为，违反了《欧洲煤钢共同体条约》第 65 条第 1 款，据此对 14 家企业在 1988 年 7 月 1 日至 1990 年 12 月 31 日之间的违法行为课以罚款。在阿尔贝特钢铁公司案件①中，其子公司 TradeARBED 是一家销售公司，尤其在欧共体内销售其母公司阿尔贝特钢铁股份公司（Société Anonyme des Hauts Fourneaux et Aciéries de Differdange，ARBED SA）的钢梁。TradeARBED 仅按销售价格接受很小百分比的服务报酬。为确保公平处理，欧洲委员会的决定是指向在阿尔贝特钢铁公司集团内生产钢梁的阿尔贝特钢铁股份公司，并且认定相关产品的营业额是阿尔贝特钢铁公司的营业额而不是 TradeARBED 公司的营业额。欧洲法院认为异议声明应该已经表明，法人在公司集团内组成一个经济单位将最终成为裁决的指向者。在这种特定的情况下，委员会只向最终被罚款处理的母企业的附属公司表示反对。这被视为违反了母公司的辩护权利，并导致决定的无效。

正如被欧洲法院所坚持的那样，根据刑事法律原则，刑罚在本质上是个体的。可以说，自然人和法人只应为他们参加的侵权行为承担责任。事实上，在蒂森克虏伯案件（the Thyssen Krupp case）中，欧洲法院明确援引"自然人或法人只可能因归咎于他们的个别行为被处罚"的原则，并指出这一原则的例外应予以狭义解释。然而，根据现有的判例法，在许多情况下，欧洲委员会有权归结为一个没有犯侵权责任的法人实体。其次，在一个经济统一体顶

---

① Case C – 176/99，*Eurofer v. Commission*，（2003）ECR 1 – 10725.

端没有负责协调集体活动的情况下，该委员会有权主张成员公司共同或者部分成员公司为集团行为承担责任。在这个意义上，公司之间的形式分离并不能防止他们共同在市场上采取行动，它们可以事实上形成一个经济统一体。最后，当一个企业并没有在市场上独立决定自己的行为，在所有重大方面只是执行另一企业给它的指示，特别是它们在经济和法律之间具有联系时，前一个公司的违法行为可以归因于另一企业。迄今为止，欧盟所有这类案件往往都是将附属公司有关违法责任归属母公司。利用将集团的母公司和营运附属公司视为企业的体现、因此集体地承担"个体责任"的法律结构手段，法院得以实施高额罚款。在欧洲法院和委员会看来，母公司对附属公司责任，殆基于两个要件：附属公司直接参与卡特尔；两个法人实体之间的经济统一源自实际行使决定性的影响。易言之，附属公司必须没有市场的自主权；附属公司必须在所有重大方面按照母公司的指示进行。欧洲委员会的高级官员毫不隐晦催生其法律理论的政策，即通过最大化的疼痛对于违反者加以遏制。无论是就罚款数额和分配，还是就所承担民事赔偿的行动而言，在顶端集团层级的责任归属对大公司有重要的负面影响。首先，发现惯犯的风险增加，也就是说，集团中的其他公司的任何以前的卡特尔行为可能会被考虑进去，这可能会导致到罚款上升。其次，如果集团总营业额作为标尺，适用于大企业的威慑提升会更容易被触发。再次，针对母公司的裁决牵一发而动全身，可能助长民事赔偿主张的诉讼启动。

法院利用结构与功能相结合的测试旨在为类似案件提供更加可靠和可以接受的判断工具。这两个测试的共存有利于经济统一体学说原则的应用。佐雅公司案之后，法院应用常规，没有明确解决的先决条件和适用的方式提出了在最低持股要求以外更多疑问。特别是，目前还不清楚的是，第二层面的重要性，基于实际控制，作为一个不可回避的要求，是否将扩大到无效的占大多数股票所有权。如果不是，结论是，假如它能承受的负担证明，尽管是少数股东的地位但在实际控制，该委员会可以在世界的任何地方达到母公司。从理论上讲，当母公司拥有大部分或全部股票，控制可以简单地推定。因此，多数股东应证明，尽管它具有如此的位置，但它无法控制附属公司。这显然是一个沉重的证明负担。从本质上讲，因为推翻这种推定很困难，所以重点将转向所有制结构。另外，控制可能是一个特定的测试对象。这一解决方案本身显得比准不可推翻的假设更为可以接受。然而，问题仍然存在，因为在被审查案件中，法院已表明，它在控制的必要程度的逐案评估中，将接受旁证。问题仍然存在，这样的证据如何间接可以被共同体机构视为是可以附属公司的行为归诸其母公司。

斯道拉（Stora）是欧洲最大的造纸公司。在斯道拉案中，母公司持有一个违法的附属公司资本的100%。欧洲法院认为：（1）母公司可以对附属公司的行为产生决定性影响，（2）可以假定，对其附属公司的行为，母公司实际上行使"决定性的影响"。在全资子公司的情况下，该委员会的举证责任已大大缓解。根据判例法，对于母公司全资拥有的子公司，该委员会有权推定：在违法时，母公司对子公司行使决定性影响，并且实际就是这样做。这样，必须由母公司通过足够的相反证据的举证来反驳此推定（"the Stora presumption"，"斯道拉推定"）。实务工作者对斯道拉推定的精确力存在意见分歧。有些人认为，它有可能完全将责任归于母公司，在其无法反驳的推定时。另外一些人则争辩，委员会不能完全依赖于斯道拉推定，至少必须进一步出示母公司实际上对附属公司行使决定性的影响的证据。多年来，被斯道拉推定捕获的公司基于范围广泛的论据试图推翻这一推定，其中包括：（1）母公司是一个纯粹的控股公司，仅限于重大和影响面广泛的财务和战略决策，没有足够的业务资源对附属公司的商业行为实施影响；（2）附属公司的报告限于财务业绩和预测，而不包括附属公司的商业政策；（3）母公司和子公司经营不同的产品市场；（4）母公司的影响是不施加在违法出现的特定区域。然而，所有上述论点都被欧共体法院拒绝了。有鉴于此，有些人认为，纵然该公司提供负面证据，缺乏决定性的影响的情况也是极难洗清的，因此，该推定具有准不可推翻性。其他人也指出，委员会用以加强斯道拉推定的大量指标是循环论证，在唯一的股东有权任命高级管理人员和批准的年度预算和业务计划这一点上尤其如此。这些均是企业资本100%控股固有的权利，因此不应用来反驳由母公司提出的他们事实上没有行使实际控制的主张。基于斯道拉推定，在缺席额外的指标指向实际行使决定性的影响时，它会出现母公司事实上行使决定性的影响这样的推定无法做出。法院将母公司在行政程序中的代表附属公司这样的事实作为这样一个额外的标志。这表明，在不列举出实际决定性影响的进一步证据的情况下，委员会不能率尔唯推定是赖。在实践中，当援引斯道拉①作为一个先例时，委员会不仅使用100%的股权的标准，而且还依赖其他证据，以便归责于母公司。

支持更严格的解释的一个论据是在斯道拉案中总法律顾问让·米绍（Jean Mischo）的建议："法院应该看到，虽然该委员会有责任证明，实际上

---

① Case C‑286/98 P, Stora Kopparbergs Bergslags AB v. Commission，［2000］ECR I‑9925.

母公司对其附属公司的行为产生决定性影响，但这种责任在100%控制的情况下被祛除。除了持股的程度外，还必须显示一些证据，但它可能是以佐证的形式"。① 诚然，虽然法院在这方面没有采纳米绍的意见，但欧洲法院也没有明确地拒绝它。法院的确切意见是："因为该附属公司被全资拥有，初审法院可以合理假设……实际上母公司对于其附属公司的行为行使决定性的影响，特别是因为它已发现……在行政程序中上诉人本身……是委员会关于违法问题的唯一对话者。在这种情况下，它须由上诉人举出足够的证据以推翻该推定。"② 如果欧洲法院真的想拒绝米绍的解决方案，它可能只是表示，初审法庭推定母公司行使决定性的影响是正确的。然而，这又进一步表示，它已经得出了这样的结论："特别是因为"在行政过程中，上诉人本身是作为委员会的唯一对话者出现的。不过，欧洲法院从未在没有进一步的佐证时遽尔适用斯道拉推定。

这从判例法来看是非常明确的，即斯道拉推定是可推翻的。存在这种可能性，母公司可以证明，即使它全资拥有一间附属公司，该附属公司在市场上采取行动独立，或者是因为：（1）母公司不能对子公司的控制发挥决定性的作用（这看来几乎是毋庸置疑的），（2）因为母公司在特定情况下没有实际施加控制。这意味着，母公司在这种情况下必须确实证明消极事实。证明消极事实本身就相当复杂，而考虑到无论欧洲法院还是委员会曾经明确指出，母公司必须举出什么样的证据反驳斯道拉推定，在这种情况下，证明的成立尤为困难。斯道拉案的结果是让公司列举"足够的证据证明他们的自主行为脱离母公司控制"以反驳推定。但事实上，在实践中，这种门槛设置如此之高，以致没人试图如是知难而进。在斯道拉案中，初审法院建议，一个可行反驳斯道拉推定的办法是母公司提交证据支持其主张，其子公司作为一个独立的法人实体在业务市场上实施的决定，很大程度上取决于其自己的商业政策与其本身的有外部代表董事局。然而，是否这些证据就足够了，这尚不昭然明白；而且"在很大程度上决定于自己的商业政策"是什么意思，也不完全清晰无疑。由是言之，100%的控制所产生的推定的有可能被推翻固然见于2000年斯道拉诉委员会案中的阐述，但这一点被委员会和法院所谓的以加强结论的"其他因素"遮蔽了。在此后几年期间，斯道拉裁决的暧昧语言导向法律和实践的一个不确定的路径。

---

① Case C – 286/98 P, Stora Kopparbergs Bergslags AB v. Commission, ［2000］ECR I – 9925.
② 同上。

　　然而，2005 年，在东海炭素案（the Tokai Carbon case）① 中，初审法院明确表示，委员会一般可以推定全资附属公司本质上遵循母公司指示，无须检查母公司是否有实际上行使此权力"。② 这句话结束了辩论，表明委员会并不需要参考其他标志以确定母公司对子公司实际行使决定性的影响。法院在 2009 年 9 月阿克苏诺贝尔案中的确认，更进一步确实了此推定只是要求委员会表明母公司对附属公司 100%（或接近）的控制。今天，斯道拉推定是一个大胆的推定，其适用并不需要进一步佐证。显然，在 100% 控股的情况下，欧洲法院已逐步扩大了决定性影响的含义，以至于无论附属公司声称自己是"自主"于母公司经营，它实际上是不可能打破集团责任的循环逻辑。在这方面，更清晰的陈述将增强法律的确定性。"进一步佐证"这类概念很模糊，只能使得本身已经很复杂的问题徒然平添更多的困难。目前尚不清楚是否推定，在子公司不是由母公司拥有 100% 的情况下，附属公司的违法归属于母公司也可以适用？

　　从判例法来看，即使违法已经在"集团"层面进行，欧洲委员会也没有义务始终坚持母公司共同承担违法责任，却以归责的酌情权为名，在涉及同一公司时，亦往往从连贯性的紧身衣解脱，将与过去的做法不一致的法院指责置之度外。例如，2005 年，欧盟委员会对 1995—2002 年期间在意大利烟草原料市场的共谋和操纵价格实施罚款。四家意大利烟草加工商共谋固定支付给烟革种植商和中间商的价格并划分供应商市场。同时，从 1995 年到 1998 年，4 家公司还在政府组织的烟草销售的公开招标中串通投标。该卡特尔中的成员德尔塔菲纳股份公司（Deltafina，S. p. A.）向监管者报告卡特尔时，欧洲委员会最初曾向其授予有条件豁免，但后来发现该公司已瞒着当局向该集团及其合作伙伴通风报信，致使委员会对这些公司的突袭搜查没有达到应有的效果。欧盟普通法院表示，这意味着德尔塔菲纳没有显示免于罚款所需的"真正的合作精神"，显然违反了欧盟宽大方案关于合作义务的规定，因此委员会鉴于申请人无法履行合作义务而撤销有条件豁免的决定。最后，普通法

① Joined Cases T – 71/03，T – 74/03，T – 87/03 and T – 91/03，*Tokai Carbon v. Commission*，［2005］ECR II – 00010. 这一案件关系到主要用于炼钢电弧炉的石墨电极的价格操纵和市场划分的世界范围的卡特尔。德国西格里碳素股份公司（Die SGL Carbon SE）、美国南卡罗来纳州昭和电工炭素公司（昭和電工カーボン，Showa Denko Carbon，Inc.）和日本东海炭素有限责任公司（東海カーボン株式会社）等八个公司涉案。欧洲委员会做出了总计 220 万欧元的罚款。

② Joined Cases T – 71/03，T – 74/03，T – 87/03 and T – 91/03，*Tokai Carbon v. Commission*，［2005］ECR II – 00010.

院确认烟草加工和营销商德尔塔菲纳股份公司和总部设在美国弗吉尼亚州的州府所在地里士满的母公司——环球公司 (Universal Corporation) 3000 万欧元的罚款。在意大利生烟叶案 (Italian Raw Tobacco case)① 中, 委员会认为, 全资附属公司德尔塔菲纳股份公司的母公司环球公司满足归责条件, 而在其先前的西班牙生烟叶案 (the Spanish Raw Tobacco case)② 决定中, 环球公司不为同样由德尔塔菲纳引起的违法承担责任, 理由仅仅是两者在不同的地域市场。在关于意大利的案件决定中, 委员会承认这一事实, 但对于为什么会得出不同的结论, 没有给予任何特别的原因。

在 2005 年有机过氧化物案 (the Organic Peroxides case)③ 中, 委员会没有认定母公司埃尔夫阿奎坦 (Elf Aquitaine) 基于其附属公司阿科玛 (Arkema, 阿托菲纳) 的串通行为承担责任, 却没有给予任何理由。但是, 埃尔夫阿奎坦却被认定为对其附属公司阿科玛在一氯醋酸 (the chemical monochloracetic acid, MCAA) 市场上参与卡特尔活动④承担责任。委员会认为埃尔夫阿奎坦和阿科玛承担连带侵权责任, 是基于埃尔夫阿奎坦拥有阿科玛公司 98% 的股份, 认为这足够使母公司被归咎对其附属公司的非法行为的责任。埃尔夫阿奎坦向普通法院对这一决定提起上诉, 其提出的关键论点是: 委员会纯粹基于股权而将附属公司的行动归咎于己, 且未能回应自己对责任的反驳。普通法院驳回上诉, 并认为委员会适用母公司的责任原则正确。在埃尔夫阿奎坦诉委员会案 (Elf Aquitaine v Commission) 中, 欧洲法院认为, 委员会在一氯醋酸卡特尔决定中, 对于埃尔夫阿奎坦提出以证成阿科玛独立决定其市场行为的论点和证据, 没有给予充分合理的回答。此外, 法院注意到委员会未能就在其决定实践的变化陈述原因。法院指出, 在上诉人看来, 这与在有机过氧化物决定中的情况没有客观差异。即使该委员会的推理不需要涉及所有的相关事实和法律, 但按照不易之例, "虽然委员会适合决定的既定路线的决定可能以一个合理的简易方式出现, 例如援引这些决定, 但是, 如果显著超过先前的决定, 该委员会则必须陈述其理由"。⑤ 因此, 在同事异罚时, 普通法院有责任给予特别关注, 委员会决定是否出具详细的说明, 以解释埃

① *Italian Raw Tobacco*, Commission Decision of 20 October 2005, Case C/38. 281/B2.

② *Spanish Raw Tobacco*, Commission Decision of 20 October 2004, Case C/38. 238/B2.

③ *Organic Peroxides*, Commission Decision of 20 October 2005, Case COMP/E – 2/37. 857.

④ *MCAA*, Commission Decision of 19 January 2005, Case COMP/E – 1/37773.

⑤ 资料来源: http://www.stibbe.be/assets/competition%20law%20e – bulletin%202011 – 09. htm, 最后访问时间 2012 年 6 月 12 日。

尔夫阿奎坦提交的证据为何不足以反驳在该决定中所适用的推定责任的原因。

委员会现在广泛使用斯道拉推定，只有在特殊情况下偏离。总法律顾问莱热（Philippe Léger）认为"将侵权责任归诸母公司是提供给委员会的一个简单的选项。其他的解决方案就等于剥夺立法机关和共同体司法所确认的委员会对罚款相当程度的考量自由"。[①] 然而，一些专家主张，最好系统援引该推定，以提高清晰度和避免不同的企业之间的不合理差别待遇。正是这样，法院采取的经济统一体测试有时被批评为过于随意。[②] 这种批评的基础源于法院在将子公司行为归咎于母公司前未能检查正确的母公司和其子公司之间的整体控制关系。而没有这个必要的控制关系的审查，便很难证明母公司和子公司作为一个经济统一体。诸多案例表明欧共体在对外国公司适用竞争法时复杂性超乎一般的想象。[③] 维克托·M. 洛佩斯－巴尔博厄（Victor M. Lopez-Balboa）等在《依据欧洲经济共同体竞争法的管辖标准：经济统一体测试的演变》（Jurisdictional Standards under EEC Competition Law：The Evolution of the Economic Entity Test）一文中通过分析认为，在 1975 年至 1980 年期间的案件中，只有当外国母公司对在欧洲经济共同体的子公司施加实际控制时，欧共体倾向于令外国母公司承担责任。但 1980 年以后的案例则反映出从起诉母公司到仅起诉子公司的转变。[④] 例如，在先锋（Pioneer）[⑤]、福特工业股份公司

① Case C – 57/02 P. Compañía Española para la Fabricación de Aceros Inoxidables SA（Acerinox）v. Commission of the European Communities.

② See Griffin, The Power of Host Countries Over the Multinational：Lifting the Veil in the European Community and the United States, 6 *Law& Pol'y Int'l Bus.* 375（1974）；Mann, The Dyestuffs Case in the Court of Justice of the European Communities, 22 *Int'l &Comp. LQ.* 35, 48—50（1973）.

③ *Eurim Pharm GmbH v. Johnson and Johnson, Inc.*, 23 O. J. Eur. Comm.（No. L 377）16, 31 Comm. Mkt. L. R. 287（1980）；*The Community v. Hoffman-La Roche*, 19 O. 3. Eur. Comm.（No. L223）27, 18 Comm. Mkt. L. R. D25（1976）, *affd sub nom. Commission of the European Communities o. Hoffman-La Roche and Co. AG*, 1979 E. Comm. Ct. J. Rep. 461, 26 Comm. Mkt. L. R. 211；*Re United Brands*, 19 OJ. Eur. Comm.（No. L 95）1, 17 Comm. Mkt. L. R. D28（1975）, *affd sub nom. United Brands Co. and United Brands Continental B. V. v. Commission of the European Communities*, 1978 E. Comm. CL J. Rep. 207, 23 Comm. Mkt. L. R. 83.

④ Victor M. Lopez-Balboa and Jennifer Myers, Jurisdictional Standards under EEC Competition Law：The Evolution of the Economic Entity Test, *Journal of Comparative Business and Capital Market Law* 6（1984）383—407.

⑤ *Re "Pioneer" Hi-Fi Equipment*, 23 O. J. Eur. Comm.（No. L 60）21, 27 Comm. Mkt. L. R. 457（1979）. *affd sub non. Musique Diffusion Franqaise SA v. Commission of the European Commission*, [1983] E. Comm. Ct. J. Rep. 1825, 38 Comm. MkL L. R. 221.

（*Ford Werke*）① 案、松下电器（National Panasonic）② 等案件中，即使母公司可能已涉案，欧共体仅仅起诉外国母公司在共同体的子公司。这种策略是有效的，因为外国母公司如果最终必须承担其全资附属公司征收罚款负担，仍然感受到阻吓作用。不过，实际结果是，母公司仍然感觉阻吓作用，因为其子公司的潜在负责影响母公司的整体盈利能力。案例分析表明，即便这些外国母公司在反垄断诉讼中没有被提及，但它很可能也是欧洲经济共同体程序的目标的。通过仅仅起诉子公司，欧共体避免了域外管辖标准的争论，同时鼓励外国公司确保他们的欧洲经济共同体的子公司遵守共同体的竞争法。

在先锋高保真音响设备案③中，委员会认定先锋电子有限公司（安特卫普）（Pioneer Electronic N. V. Antwerp）违反《欧洲经济共同体条约》第 85 条实行歧视性价格、封锁其产品在共同体成员国之间进行贸易而对其实施罚款，该公司系日本母公司的全资营销子公司和在德国、法国和英国的独家分销商。该违法涉及在德国、法国和英国三国之间的独家分销安排，其旨在防止先锋产品从德国和英国出口到法国。虽然先锋电子有限公司（安特卫普）并未发起此安排，但它传输信息，组织营销会议，使反竞争安排得以发生。委员会将先锋电子有限公司（安特卫普）的努力概括为"企图防止水货进入法国的消极企图"。在本案中，该委员会对于先锋电子有限公司（安特卫普）课以巨额罚款，以便建立一个对未来的竞争法违反产生阻吓作用。法院后来虽然减少了罚款，但也充分肯定了委员会的决定。④ 在分析先锋公司的参与时，法院指出：先锋公司是日本母公司的全资子公司，其目的是要进口先锋音响设备到欧洲和组织音响设备的销售。为此，该公司试图找到目前在成员国的各个分销商，提供独家经销协议，在各国分销商之间分配进口产品，并通过定期举行会议协调他们的销售活动。即使这些活动不一定使得先锋公司对每个经销商行为具有决定性的影响，但由于其中心位置，这必须予以特别警惕，以防止共谋上升而违反竞争规则。要注意的是，母公司始终处于中心位置，并负有最终有效协调其附属公司之间的责任，但委员会并未对先锋的母公司提起诉讼。对于为何只有在欧共体的子公司被起诉，委员会和法院为其适用共

① *Re Agreement of Ford WerkeAG*, 25 OJ. Eur. Comm. （No. L 256）20, 35 Comm. Mkt. L. R. 267 (1982), *affd sub nom. Ford Werke AG and Ford of Europe Inc. v. Commission of the European Communities*, 1982 E. Comm. CL 3. Rep. 3091, 36 Comm. Mkt. L. R. 673.
② *Re National Panasonic*, 25 O. J. Eur. Comm. （No. L 354）28, 36 Comm. Mkt. L. R. 497（1982）.
③ 23 *OJ. Eur. Comm.* （No. L 60）21（1979）.
④ 19831 *E. Comm. Ct. . Rep.*, 38 Comm. Mkt. L. R. at 328.

同体竞争法律解释甚为复杂。如果该委员会一直奉行商业溶剂制定的办法，这可能会引起反弹，在子公司的行动可以归咎于母公司前，国际法要求母公司实际控制其子公司。而如果仅仅起诉在欧共体的子公司，则委员会可以避免不必要的争议，同时还可以遂行其适用欧共体的竞争法于外国企业的目标。此外，虽然没有直接被卷入，母公司感到对子公司的不利判决的效应。再次，向子公司征收的任何罚款将影响其母公司的盈利能力，以至于在母公司完全拥有其子公司时，母公司将势必受到罚款的影响。假如委员会的罚款是为了惩前毖后，则母公司将有更大的积极性，以确保其子公司遵守竞争法的规定。其结果，这可以起到阻吓作用，又不使母公司成为诉讼的一方。

在荷兰皇家贺尔喜有限公司诉委员会案（Koninklijke Grolsch NV v Commission，Case T 234/07 of 15 September 2011）中，普通法院（General Court）撤销了委员会的决定，因为尽管只有该附属公司的领导参与被指控的卡特尔行为，但该决定只以母公司为受话者，而全然不区别母公司和子公司的所作所为。贺尔喜是世界上第 21 大啤酒商，产品供应遍及 70 个国家，特别主要集中于英国、美国、加拿大、澳大利亚和新西兰等国市场。2007 年 4 月 18日，欧盟委员会以涉嫌在荷兰经营操纵价格的卡特尔为由对喜力国际（Heineken International）罚款 219.3 百万欧元，贺尔喜被罚款 31.65 百万欧元。[1] 英博（原英特布鲁，Interbrew）因为提供了有关卡特尔"决定性的信息"而得以逃脱，没有被惩罚，欧盟委员会指责贺尔喜、喜力啤酒组成的卡特尔在 1996 年至 1999 年之间在欧盟市场上通过秘密会晤的代码及缩写掩人耳目，瓜分出售给超市、宾馆、餐馆和咖啡馆的啤酒市场，甚至将固定价格扩展到便宜的自有品牌和酒吧回扣。皇家贺尔喜有限公司不服委员会决定，于 2007 年 7 月上诉当时的初审法院。[2] 喜力等则基于委员会的指控涉嫌违反良好的管理和正当程序的原则、缺乏证据和程序的过长等理由对该委员会的决定提出上诉。最终，法院决定降低喜力的罚款，原因有两个：（1）法院认定该委员会就有关贷款的商业条件不定期协调没有提供足够的证据；（2）进行行政程序过长和由委员会授予的 10 万欧元的核定减少不够弥补这些缺点。贺尔喜辩称，是其附属贺尔喜啤酒酿造有限责任公司而不是母公司对参与卡

---

① Redaktion, Kommission verhängt Geldbußen in Millionenhöhe gegen belgische Brauereien, in: *EuZW* 2007, 354.

② Rechtssache T – 234/07, Mitteilung im Amtsblatt der Europäischen Union C 211/39, online als PDF.

特尔的违法行为负责。在 2011 年 9 月 15 日的判决①中，欧盟法院的裁定支持了贺尔喜的上诉，称欧盟监管机构未能给予母公司有机会挑战其推定。法院认为，皇家贺尔喜有限公司，委员会对贺尔喜集团的决定受话人，没有直接参加被指控卡特尔，该委员会没有充分提出理据为何将其附属公司——贺尔喜啤酒酿造有限责任公司的行为，归咎于皇家贺尔喜有限公司。因此，就皇家贺尔喜有限公司参与卡特尔而言，法院宣布委员会的决定无效。在荷兰皇家贺尔喜有限公司诉委员会案中，普通法院指出，委员会在荷兰啤酒卡特尔的决定中将母公司荷兰皇家贺尔喜有限公司和贺尔喜集团（the Grolsch group）视为一个，并没有提到母公司与其附属公司之间的经济、组织和法律的联系，没有提供母公司有机会以反驳母公司的责任推定，并影响其辩护的权利。虽然此案仍然主要限于程序方面的问题而不是提供足以反驳推定的证据和论点的类型指导，但作为母公司的责任推定的界限清晰地逐渐浮现出来。在以往的实践中，监管机构在做出罚款决定时动辄以母公司的全球营业额为依据，往往导致罚款的天文数字，而普通法院的这一裁决促使欧盟委员会重新审视其使母公司承担其附属公司违法责任的罚款政策。

三 经济统一体原则与"揭开面纱"理论的关系

通过类比，论者往往将在欧共体使用的经济统一体理论描述为英美公司法中"刺穿公司面纱"的传统原理的"共同体风格"。② 有两种观点：一是等同论，一是渊源论。前一种观点将两者等同视之，后一种观点则将后者视为前者的渊源。我国学术界持上述两种观点的学者比较多。姚梅镇先生主编的《国际经济法概论》用力极为精深，至今是我们必读的重要中文文献。此书认为，1969 年欧共体委员会使用"揭开面纱"的理论推行竞争法律的域外效力，其决定也陆续地为欧洲法院所认可。按照该书的阐述，经济统一体论（在美国为"化身"说，在欧洲经济共同体为"经济体"说）与所谓揭开法人面纱的做法相一致，即当国外子公司不能自主地决定其行为，而是仅仅执

---

① EuG, Urteil vom 15. September 2011, Rs. T – 234/07, online verfügbar bei Lexetius. com/2011, 4313.

② See L. Filegar & L. Helling, Enforcement of the European Community's Antitrust Laws: The Single Enterprise Theory, in Ved P. Nanda (ed.), *The Law of Transnational Business Transactions* 11: 21, 1986. Eran Aharon Lev, European Community Competition Law: Is the Corporate Veil Lifted Too Often? 2 *Journal of Transnational Law & Policy* 199, 205.

行母公司发布的指示和决定时，把母公司与其子公司作为一个实体或经济体看待，由母公司对子公司的行为负责任，从而将权、义、责有机地结合起来。① 其实，案件的法律分析表明，委员会和初审法院认为，经济实体理论仅仅是一个"刺穿公司面纱"的实例；"刺穿公司面纱"的表述在欧洲初审法院在竞争法案件中阐述将子公司责任归咎于母公司的经济统一体原则时也出现过。即便所涉及的瑞士和英国的公司没有在欧共体注册，但他们在欧共体内确实有全资子公司。通过简单结合上述经济统一体论的前提和这样的事实陈述：母公司因为"无论如何，他们持有的全部或多数股份，能够对附属公司的售价政策行使决定性的影响"，欧洲法院选择忽略进一步的管辖权考虑。② 欧共体的这种法律实践恰恰是导致人们将"刺穿公司面纱"与经济统一体论混为一谈的根源所在。

揭开面纱原则（Piercing the Corporate Veil）亦称为公司法人人格否认原则（Disregard of the Corporate Entity），最早是源于美国判例法所确立的一项公司制度。在 1809 年的美国银行诉德沃一案③，美国最高法院为了保持自己作为联邦法院的管辖权，就已经揭去被告的法人面纱以确定公司背后的自然人的公民身份。美国法官桑伯恩（Sanborn）在 1905 年美国诉密尔沃基冷藏运输公司案（United States v. Milwaukee Refrigerator Transit Company）中更加明确地阐明了否认法人格的基本思想："就现有的权威判例而言，如果说可以归纳一些一般的规则的话，那么这条规则就是，公司应当被视为一个法律主体，并一直到出现充分的、相左的理由为止。但是，当法律主体的提法被用于侵害公共利益，将违法行为正当化，保护欺诈，或者袒护犯罪时，法律则将公司视为数个自然人的联合组织。"④ 细绎其意，这里揭橥了"面纱"与"揭开面纱"的一般与例外的关系及其各自在公司法规范中的地位。公司法人面纱并不能像蜘蛛网一样轻而易举地抹去。作为一般原则的"公司面纱"理论，它运用法人人格独立和股东有限责任两个基本命题，使公司以自己的名义向债权人负责，保护股东免于债权人的直接追索。而作为例外和对一般原则进行补充的"揭开公司面纱"理论，则旨在在肯定公司具有独立的法人人格的一

---

① 姚梅镇主编：《国际经济法概论》，武汉大学出版社 1989 年版，第 308 页。

② Cavicchioli, Federico, The Application of EC Competition Law to Non-European（U. S.）Corporations，（2000）. *LLM Theses and Essays*. Paper 8. 资料来源：http：//digitalcommons. law. uga. edu/stu_llm/8，2012 年 6 月 25 日访问。

③ Bank of United States v. Deveaux（U. S. I809）5 Cranch 6r.

④ United States v. Milwaukee Refrigerator Transit Co.，142 F. 247，255（C. C. E. D. Wis. 1905）.

般前提下，在子公司已经实际上成为傀儡公司（Marionette Company）等特定法律关系中，为了阻止公司独立人格和股东有限责任的滥用和保护公司债权人利益及社会公共利益，就具体法律关系中的特定事实，一时地否认公司与其背后的股东各自独立的人格及股东的有限责任，责令公司的股东对公司债权人或公共利益直接负责，以实现公平、正义目标的要求。

不可否认，公司法人制度的设计是人类立法技术的智慧结晶和立法史上的杰出创造，既有经济价值目标，也有公平、正义的伦理价值目标。它之所以备受推崇和广泛运用，就是与其本身丰富的内涵及制度理性分不开的。正是由于其具有合理的财产和利益机制、权力制衡机制、内部运行管理机制等，公司法人成为现代市场经济社会里最重要的、最有活力的企业制度。实事求是地说，公司法人制度中法人人格独立和有限责任制度从诞生之日起就堪称社会经济发展强有力的催化剂，居功甚伟。然而，任何一种制度的建构都不可能是完美无缺的，在实践中表现出这样或者那样的问题和缺陷在所难免。在如何看待股东有限责任的问题上，美国法官根据隐藏在"法律背后的经济现实"，采取"重实质、轻形式"的司法态度揭开公司面纱，注重发掘隐蔽在现象背后的事实，忽略或者漠视表达这种真实关系的法律形式。在方法论上，这反映出探求真实世界和法律关系真实内容的司法取向。经典理论认为法人和非法人组织之间存在截然明确的区分。因此，股份公司（Aktiengesellschaft）是一个具有独立法人身份的公司，而合伙法律关系在一些国家不被确认为具有这种法律地位。揭开公司面纱的学说在由英国的控制理论和德国的分裂学说走过相同的道路上迈出的步伐更多。① 自揭开公司面纱原则确立之后，这种僵化"非此即彼"地看待法律规则的方式存在偏颇遂成为普遍的认识。一旦在某一方面打破了魔咒，很容易在别的方面打破。应该坦率地承认，这种发展的一个结果是不可避免的：通过各种形式的揭开解除面纱，公司法人的概念显然开始贬值。现在，法人人格本身已经成为相对的，只在某些情况下适用，它不再是能够赋予向来所认为的那种确定性保证。有学者认为，揭开公司面纱原则绝非代表一个孤立的法律观念，它实际上是"法律人格概念的黄昏"（twilight of the concept of legal personality）的反映。这种法律人格概念的黄昏必然伴随着怀疑和不确定性。这并不奇怪，而且这种不确定性在任何法律领域是不可避免的，这意义深远的变化需要老概念进行一个大转弯，实际

---

① E. J. Cohn and C. Simitis, "'Lifting the Veil' in the Company Laws of the European Continent, *The International and Comparative Law Quarterly*, Vol. 12, No. 1 (Jan., 1963), p. 218.

上，引入新概念至少注定要代替旧的概念。① 正如哥伦比亚大学伯利（Adolf A. Berle）教授所说，"揭开公司面纱"这一概念打开一切大门的芝麻开门秘咒（open sesame），何时启用，何时弃置，迄今令人困惑。② 尽管许多学者试图揭示"揭开公司面纱"的全部理论内涵，但历经几十年的发展之后，始终难符所愿，以至于美国法官感叹道：整个问题笼罩在比喻的迷雾之中；③ 依据联邦普通法的刺穿公司面纱已经成为一个变种，而不是一个"普通的"。④ 虽然"司法创造性的范围必须是由问题的性质确定，"⑤ 这样一个混乱的解决方案对于在今后的案件可以提供指导甚少。英国公司法的一个著名的评论者也英雄所见略同，将此原则描述为"棕榈树的学说正义"（palm-tree justice）。⑥

从美国各州法院通过长期的司法实践，发展出了多种不同但又相互重叠的测试标准，其中最为常用的是"工具性原则"（instrumentality doctrine）和"另一自我"原则（alter ego doctrine）。工具性理论（The instrumentality theory）认为，公司只是股东实现自身目的的特别工具，没有像法人那样真正独立形成和表达自己的意思。在美国，工具性理论是在1931年首次由弗雷德里克 J. 鲍威尔（Frederick J. Powell）在其里程碑式著作《母公司和附属公司》（F. Powell, *Parent and Subsidiary Corporations*: *Liability of a Parent Corporation for the Obligations of its Subsidiary*, Chicago: Callaghan and Company, 1931）所阐发的，他试图综合否认公司法人人格的情况，阐述了一个决定附属公司是否由其面纱被刺穿的母公司所主导"工具性"测试。⑦ 许多州法院自此采取了该原则的一些变形。根据这一原则，主张揭开公司面纱的原告必须举证证明某股东对公司有过度控制的行为，以至于从某种意义上讲，公司已沦落为该股东操纵的工具，从而导致了对第三人的不公平或不公正的后果。该原则

① E. J. Cohn and C. Simitis, "Lifting the Veil" in the Company Laws of the European Continent, *The International and Comparative Law Quarterly*, Vol. 12, No. 1 (Jan., 1963), p. 216.

② I. Maurice Wormser, Piercing the Veil of Corporate Entity, *Columbia Law Review*, Vol. 12, No. 6 (Jun., 1912), pp. 496—518.

③ ［美］罗伯特·W. 汉密尔顿：《公司法概要》，李存捧译，中国社会科学出版社1999年版，第69页。

④ Notes, Piercing the Corporate Law Veil: The Alter Ego Doctrine under Federal Common Law, *Harvard Law Review*, Vol. 95, No. 4 (Feb., 1982), p. 861.

⑤ Textile Workers Union v. Lincoln Mills, 353 U. S. 448, 457 (1957).

⑥ See J. H. Farrar, Fraud, Fairness and Piercing the Corporate Veil, 16 *Can. Bus. L. J.* 474, 475 (1990).

⑦ Cathy S. Krendl & James R. Krendl, Piercing the Corporate Veil: Focusing the Inquiry, 55 *Denver Law Journal* 1, 16—17 (1978). 此文列举了弗雷德里克 J. 鲍威尔发表的子公司仅仅是工具性的指标。

已在 1936 年洛温达尔案 （Lowendahl，Baltimore & O. R. R.，1936）① 和 1986 年科利特案 （Collet v. American National Stores Inc.，1986）② 两个经典判例中被法院严格地固定下来，工具说包括三个要素：a. 过度控制 （excessive control）。股东往往对公司施加控制，尤其在母子公司场合，母公司通常拥有子公司全部或多数股份。但是，工具原则所指的控制不仅是通过拥有多数或全部股份而对公司进行控制，而且是绝对的控制；不仅仅是资金上的控制，而且是在被攻击的交易方面的政策和业务实践的控制，以至作为在交易的法人实体没有自己独立的思想、意志或自身的存在。b. 不良动机 （improper motive）。这种控制必须由被告用以欺诈或不法行为，违反法定或其他积极的法律责任，或其不诚实或不公正的行为侵害原告的合法权益。c. 行为与第三方损害或损失之间存在因果关系 （causality）。即上述控制和违约责任必须是造成原告的伤害或不公正的损失的直接原因。因此，这一测试也称作三要素测试 （tripartite test） 或科利特公式 （Collet formulation）。"另一自我" 原则这一原则是指，当公司与股东之间的所有权和利益高度一致，使得公司的独立存在实质已经终止，而一旦承认公司的独立存在，该公司实际上已改变自我，不再是一个独立的公司，而成为股东的 "另一个自我"，此时，法庭将揭开公司面纱。在这个理论中，"所有权和利益的一体化"（unity of ownership and interest） 是决定被告公司是否改变了自我的标准。简而言之，如果一个法人的独立仅仅是隐藏另一个法律主体徒有其名的 "外壳"（shell，即日本法学界所谓的 "形骸化"③），是另一个法律主体逃避义务和责任的外衣或假体 （garb or sham），后者对前者的操纵和控制使前者如同后者的 "另一个自我" 一样，则前者的法人人格应被否认。"另一自我" 理论需要满足两个要素：（1） 该公司不仅受所有者的影响，而且存在公司与股东之间的所有权和利益高度一致，以致公司的独立存在实质上已经终止；（2） 主张企业分离存在将制裁欺诈或促进不公正的事实。这些不同的测试标准拥有两个共同特点，即它们都要求证明：第一，存在控制、错误使用，或在某些方面滥用公司形式的情况；第二，如果拒绝否认公司法人人格，将使原告受到不公正的损失。布伦贝格 （Phillip Blumberg） 教授总结说，"尽管这些公式各不相同，但其本质原则是

---

① Lowendahl v. Baltimore & O. R. R.，247 A. D. 114，157，287 N. Y. S. 62，76 ［1st Dep't，aff'd，272 N. Y. 360，6 N. E. 2d 56（1936）］.

② Collet v. American National Stores, Inc. 708 S. W. 2d 273（Mo. App. 1986）.

③ 参见井上明「形骸に基づく法人格否認の法理における形骸概念の再構成（一） – 日仏法間の比較を中心として –」『成城法学』（25）、1987 年、1—33 頁。

一致的，而且大多数法庭认为它们可以相互交换适用。"① 正是这样，工具性规则也称为"另一自我"原则，破坏了法律实体的法律免责。

英国虽然早在 17 世纪的埃德蒙兹诉布朗和蒂利阿德案（Edmunds v. Brown and Tillard）中即已引入了法人格否认之概念②，并于 1897 年萨洛蒙诉萨洛蒙案（Salomon v. Salomon）中确立了法人格否认的运用原则，无疑具有导夫先路的启蒙者作用，但嗣后故步自封，滞濡不前。较之美国，英国虽然同样是判例法国家，但在公司制度中有制定法传统，以免滥用司法审判权，危及法人制度，而且在司法实践中，其运用公司人格否认制度甚为矜持。例如，英国法院于李诉李氏航空农业公司案（Lee v Lee's Air Farming Ltd，［1961］AC 12，PC）中，即完全显现英国对公司已取得法人格之尊重。③ 由于公司人格独立的"实体法则"在英国比较根深蒂固，虽然英国法律界一直认为，"立法机关可以锻造一柄能砸开公司外壳的重锤，甚至无须借助于此锤，法院时刻准备好砸开公司外壳的尝试"，④ 但比起美国和其他大陆法系国家，公司人格否认原则的理论探讨及重视程度皆不能逮。不像他们的美国同行那样，英国法院对这些情况还没有开发出一种系统的分析框架，反而在很大程度上依靠传统的普通法概念解决企业面纱问题。该原则的学术分析并没有超出大杂烩标准的案件分类。公司面纱原则作为偶尔会产生苛刻的和不公正的结果的独立法人人格和有限责任的一般原则的例外发挥重要作用。这种接受冷淡或系与该国保守性格有相当关系。

此外，揭开公司面纱原则在英国不像在美国那样多年来享有稳定的司法接受，表现出赵趄颠倒的历程。英国法院对此原则的态度摇摆于热情和彻底的敌意之间。揭开公司面纱原则在英国的历史大致可以分为三个阶段。第一阶段，从 1897 年萨洛蒙诉萨洛蒙判决到第二次世界大战前后。这一时期可以

---

① Phillip Blumberg, *The Law of Corporate Group Substantive Law*, Boston: Little, Brown and Company, 1987, p. 111. 此外，可以参考 Michala Rudorfer, *Piercing the Corporate Veil: A Sound Concept*, München: GRIN Verlag, 2009。

② Hans-Joachim Bauschke, *Grenzen der Rechtspersönlichkeit juristischer Personen im englischen Gesellschaftsrecht*, Heidelberg: Carl Winter, 1975, S 33. 井上和彦『法人格否認の法理』商事法経済法叢書（15）、千倉書房、1988 年、6 頁。森本滋「法人格否認の法理の新展開」『新・実務民事訴訟講座 7』、日本評論社、1982 年、349 頁以下，奥山恒朗「いわゆる法人格否認の法理と実際」鈴木忠一・三ケ月章監修『実務民事訴訟講座（5）会社訴訟・特許訴訟』、日本評論社、1969 年、165 頁以下。

③ 赵德枢：《一人公司详论》，中国人民大学出版社 2004 年版，第 139 页。亦可参见刘兴善《商法专论集》，三民书局 1982 年版，第 286 页。

④ L. C. B Gower, *The Principles of Modern Company Law*, London: Sweet&Maxwell, 5thed, p. 1081.

称为早期的试验期，在此期间，英国法院对此原则尝试不同的方法。第二阶段开始于战后，直到 1978 年沃尔夫森诉斯特拉斯克莱德区域市政局案（Woolfson v. Strathclyde Regional Council）判决。这一时期可视为此原则的鼎盛时期。在此期间，此原则的活力大部分得益于丹宁勋爵（Lord Denning）这位热心的倡导者和刺穿面纱的践履者。沃尔夫森诉斯特拉斯克莱德区域市政局案标志着此原则第三阶段的肇端，自斯厥后，该原则迄今似乎趋于式微。

不过，需要注意的是，揭开公司面纱原则有一个领域在英国法院甚至较诸美国法院更为激进，即经济统一体理论。企业整体说（Enterprise Entity Doctrine）也称为单一企业论，或者同一体说（The identity doctrine），由伯利于 1947 年发表的《单一企业论》（The Theory of Enterprise Entity）一文中所提出。该文认为，所谓"法人实体"（corporate entity）者产生于企业背后已经形成或正在形成的现实。公司形式的国家的核准设置了案件表面面相，即该公司的资产、负债及业务均是该企业，但法人实体是有缺陷的，或受到挑战，它的存在、程度和后果可被内里公司的实际存在和程度和操作所决定，而这些特质获得了它自己的实体，被法律所认可。伯利在 20 世纪 40 年代率先倡导企业责任，主张基于企业经济边界的重建在企业集团内重新分配和实施责任。后来，许多法学家发展了伯利建议和呼吁企业责任的观点，支持对母公司为其子公司的违法追究股东责任。法院可根据经济统一体理论，将一般的企业责任实施于企业集团。尽管经济统一体理论在学术上觞源于美国，美国法学界与伯利持论相同者不乏其人，但美国法院对此一直踌躇四顾，没有发展企业集团内的刺穿面纱的独特方法，而是对企业和个人股东基本上采用相同的分析框架。事实上，汤普森教授发现，美国法院对公司较诸个人股东似乎更鲜见刺穿面纱。

与揭开公司面纱原则的其他理论不同，经济统一体理论是专门发展出来以解决企业集团的问题。[①] 它在学术上萌芽于美国，但却在司法实践中花果飘香于大西洋彼岸的英国，首次由丹宁勋爵在 DHN 食品配送有限公司诉伦敦陶尔哈姆莱茨区议会案（D. H. N. Food Distributors Ltd. v. Tower Hamlets London Borough Council）中阐述的。[②] 在本案中，母公司 DHN 食品配送有限公司在陶尔哈姆莱茨区的场所经营一家杂货店业务。其通过一系列相当复杂的交易，

---

① *See* D. H. N. Food Distribs. Ltd. v. Tower Hamlets London Borough Council, ［1976］1 W. L. R. 852（A. C.）at 860.

② *See D. H. N.*, ［1976］1 W. L. R. at 860.

获得其全资子公司之一布伦茨（Bronze）所拥有的土地。DHN 有仓库，在伦敦东区马姆斯伯里路等地。布伦茨公司拥有与 DHN 公司相同的董事，并且根本没有生意，其唯一的资产是房产，其中 DHN 的营业许可所在。另一全资子公司拥有供 DHN 使用的交通工具，但同样地也没有开展任何业务。伦敦陶尔哈姆莱茨区议会于 1970 年发出重新开发土地的强制收购令，DHN 不得不关闭。区议事会提供子公司土地价值补偿，相当于地价的 1.5 倍，但对母公司业务本身所受到的损失拒绝补偿。土地法庭判决不再进一步支付母公司补偿。根据《土地补偿法》，DHN 只有不是仅仅为单纯的土地持证人，才有权获得补偿。英国上诉法院基于该母公司与子公司构成一个单一的经济体、拥有补偿土地的不可撤销的许可、DHN 在土地上具有同等权益等理由，刺穿了 DHN 公司与布伦茨公司之间的面纱。丹宁勋爵的判决开篇有这样著名的话："这起案件可能被称为'三合一'，'三家公司合而为一体'。易言之，'一而三'，'三家公司合为一体'"。① 丹宁勋爵继续描述经济统一体理论，宣称："其集团几乎等同于三个公司是合伙人的合伙关系。他们不应该被分开处理，以至于在一个技术点上被击败。"② 丹宁勋爵在判决中为了证明公司集团被作为一体加以处理的观点，援引劳伦斯·高尔（Laurence Gower）教授《现代公司法》的一段话："这是一个总的趋势，即忽略集团内各公司的独立法人实体，而是将整个集团视为经济统一体。"③ 而高尔这段话又是援引前述伯利的《单一企业论》。故此，其间的一脉相承关系彰彰甚明。

遗憾的是，丹宁勋爵在判决中没有提供进一步的阐发。④ 他将三个公司作为一个实体的推理阐述语焉不详。⑤ 为了证实他的结论，他依靠两个主要论点。首先，DHN 这一母公司"可以控制附属公司每一个活动。这些子公司被母公司束缚手和脚，必须按照母公司所说行事。"⑥ 其次，集团实质上类同于合伙关系，在这种关系中间，所有的三家公司是合伙人。控制单独不能成为决定因素，这将意味着每一个全资子公司和其母公司之间的面纱将被刺穿。此外，没有理由将合伙关系概念应用于刺穿面纱。其实，丹宁勋爵的两个论断之间存在内在矛盾。一般来说，合伙人在合伙关系中是平等的，并行使相

① See D. H. N. , ［1976］1 W. L. R. at 857.
② See D. H. N. , ［1976］1 W. L. R. at 860.
③ See Laurence Gower, Modern Company Law, 3rd ed. , London: Sweet & Maxwell, 1969, p.216.
④ See id.
⑤ See id.
⑥ D. H. N. , ［1976］1 W. L. R. at 860.

同的管理权力。没有一个合伙人控制另一合伙人的情形。在将三家公司类比为合伙关系时，丹宁勋爵含蓄地表明，他们是自治的实体，这违背了他的第一个论断：母公司控制子公司。此外，他也没有建议如何区分适用和不适用于理论的情况。DHN 食品配送有限公司案是一个补偿案件，而经济统一体理论如何将适用于试图对母公司股东课以责任，亦属于未解的疑问。① 但在后来的沃尔夫森诉斯特拉斯克莱德区域市政局案中，法院对 DHN 案中确立的原则有效性提出了质疑。该理论尽管在随后案件多次遭到批评②，尽管其理论的软弱和有效性不无值得怀疑之处，但经济统一体理论一直在英国公司面纱案件中发挥重要作用。

与揭开公司面纱原则的其他理论不同，经济统一体理论的另一特性其实如前所说在于其激进性。这是一些学者为何感喟英国法在揭开公司面纱原则上总体保守却对经济统一体理论出人意表的剑及履及的原因所在，也是美国法院为何之所以对经济统一体理论的见诸行事并不轻举妄动的原因所在。经济统一体理论的激进性可以从德国法学文献的阐述中得到反观。应该说，德国和英国一样受到美国揭开公司面纱原则的影响，但德国法学界理性思维的发达使得这方面研究颇为缜密。"揭开公司面纱"在德国法学文献中通常被称为"Haftungs-durchgriff"（责任直索），也有"Schleier der Rechtspersönlichkeit einer Gesell-schaft lüften"、"Lehre der Hebung des Schleiers der Rechtspersönlichkeit"、"der „Blick hinter den Vorhang"③、"Durchstoßen des Mantels der Gesellschaft"等表述。这种公司集团之间面纱的揭开或者说"拆除公司的墙"（breaching of the wall of the corporation）在德语法学文献中属于康采恩法的领域。康采恩责任有助于矫正在法律上独立的公司在依赖关系的利用中的严格界分。德国的康采恩法责任规范本身的保护目的是针对公司之间的内部平衡而较少针对外部责任。康采恩直索责任被德国法学家分为两种：一种是显著滥用的责任（Haftung nur bei krassem Missbrauch），另一种是基于经济统一体的责任（Haftung aufgrund wirtschaftlicher Einheit）。前一种直索责任相当于美国法学界所谓的"工具

---

① *See id.* at 857，860.

② Marcus Lutter, *Das Kapital Der Aktiengesellschaft in Europa*, Berlin: Walter de Gruyter, 2006, S. 242.

③ Jost Delbrück, *Völkerrecht*. 1. Der Staat und andere Völkerrechtssubjekte; Räume unter internationaler Verwaltung, Berlin: Walter de Gruyter, 2002, S. 102.

性理论"和"另一自我理论",这些模型都建立在控制和不法两元素基础上。① 这样的责任直索需要"控制的表征"（indicia of control，即日本法学界所谓的"支配要件"）和"非法行为"（illegitimate conduct，即日本法学界所谓的"目的要件"），易言之，或者是由康采恩母公司子公司控制以达到非法目的（例如欺诈），或者如此全面控制以致控制本身表现出非法性。② 后一种基于经济统一体的直索责任遵循"统一体原则"（der Einheitsgrundsatz）。此原则与分离原则（das Trennungsprinzip）是相对立的。在这一原则中，对母公司的直索责任仅仅需要简单的控制关系，例如基于多数的股份，其所恪守的经济统一体理论本身要求的内在门槛明显低于"工具性理论"和"另一自我理论"由兹可睹，所以美国法院一直对此不虞之危险难免如履薄冰的隐忧，不敢轻于一发。

　　股东对于公司行为的有限责任是现代企业的核心特征。如果母公司只是充当金融控股公司，它不能被课以超越其作为股东角色的职责。因为公司以其独立的财产和法律人格对自身的行为和债务负责，这是牢固确立的公司法规则，反垄断法也必须尊重公司法的这一基本原则。③ 所以，单独的控股不能成为归责于母公司的充分标准。不过，企业的行动是基于一个经济实体，当它不能很容易被冰冷的法人人格的逻辑所支持时，投资者有限责任的一般原则常常被法院所置于不顾，以为受屈的债权人寻求法律救济。控股股东以这种方式为公司实体的行为承担责任，被赋予了"刺穿公司面纱"栩栩如生的描述④，往往以此填补理论画面的空白。特别是在全球一体化的时代，跨国公司在日趋统一的世界市场中进行纵横捭阖，他们的活动往往不被现代国家的地理边界所明确束缚。为了因应跨国企业在国际贸易中作为主要行动者角色的崛起，寻求发展管辖权原则适合现代跨国公司非领地的性质并与民族国家制度的政治现实相兼容，便被提上历史议程。欧盟法院在竞争法案件中经常应用经济统一体理论以捅破企业集团的面纱，大量案件的裁决对经济统一体理论的支持是明白无误的。这其中的原因即在于。首先，在全球

---

① Vgl. Karl A. Hofstetter, *Sachgerechte Haftungsregeln für internationale Konzerne*, Tübingen： Mohr, 1995, S. 142 ff.

② MeikeLandwehr, *Die Durchgriffshaftung in konzernverbundenen Gesellschaften*, Frankfurt a. M. ： Lang, 2002, S. 33 ff.

③ Karl A. ： Hofstetter, *Sachgerechte Haftungsregeln für internationale Konzerne*, Tübingen： Mohr, 1995, S. 77 et seq.

④ *See generally* Krendl, Piercing the Corporate Veil：Focusing the Inquiry, 55 *DEN. L. J.* 1 (1978) .

一体化的大背景下，欧洲一体化是欧共体委员会长期努力以赴的目标，欧洲竞争法中经济统一体理论是基于 20 世纪 70 年代以来欧共体委员会协调欧共体内部康采恩法的建议，尽管这一目的并没有实现，迄今以此作为基础制定的国家康采恩法尚未得见，但不能否认这一理论被欧洲竞争法所接受的初衷。其次，与美国比较起来，欧洲共同体在实践中采用这一理论，主要是以此为根据对外国母公司追究法律责任，采取以子之矛攻子之盾的方式化解跨国公司经营活动全球化与欧洲竞争法管辖权之间的矛盾。与丹宁勋爵在 DHN 食品配送有限公司案的推理论证类似，欧洲法院重申，由于母公司对子公司完全控制，母公司及其附属公司被视为一个经济统一体。事实上，欧洲竞争法的经济统一体的方法青出蓝胜，在两个重要方面较诸英国公司法的实践更进一步。首先，根据欧洲竞争法的做法，完全股权建立了母公司对子公司实施控制的一个可推翻的推定，子公司具有经营自主权的举证责任遂由母公司承担。在英国经济统一体理论中，并没有这样的推定。其次，根据欧洲法，不仅母公司对附属的子公司罚款承担责任，而且自己的营业额也将被考虑到罚款额的计算之中。换句话说，欧洲竞争法中经济统一体的做法，不仅转移了责任，而且实际上扩大了责任，责任主体范围的扩充与惩罚责任力度的加大双管齐下。如是之故，不仅有限责任面临被取消，而且集团的责任也被增加。①

正如由欧洲法院提出那样，经济统一体理论被证明实质上是一种刺穿公司面纱的手段。该原理的实施"扩大服从欧共体竞争法管辖的范围，绕过（而不是解决）域外和其他司法管辖问题"②。发现行为实际上发生在国外而（透过附属公司）在欧共体法律已发生，欧洲委员会和法院就可以主张实施竞争政策的权力，同时避免域外效力的"棘手问题"（knotty question）。③ 经济统一体理论在其作为国内公司法的理论的原初形式之际，允许根据司法调查结果否定法律授予的独立的法人人格地位，视母公司和子公司为一个单一的经济和法律的单位。就被应用到依据一个单一国家的法律（和服从于司法管辖权）而言，该理论是相对无争议的。退而言之，经济统一体理论最早出现在国际法领域，也是

① Thomas K. Cheng, The Corporate Veil Doctrine Revisited: A Comparative Study of the English and the U. S. Corporate Veil Doctrines, *Boston College International and Comparative Law Review*, Volume 34, Issue 2, 2011.

② Eran Aharon Lev, European Community Competition Law: Is the Corporate Veil Lifted Too Often? 2 *J. Transnat'l L. & Pol'y* 199, 205.

③ James F. Friedberg, The Convergence of Law in an Era of Political Integration: The Wood Pulp Case and the Alcoa Effects Doctrine, 52 *U. Pitt. L. Rev.* 289, 309.

作为母公司的母国主张对位于主权领土之外的该公司子公司的有限管辖权的理论工具。在国际法中，它被作为一个杠杆来调节在注册国法律下所形成的母公司的子公司，也得到普遍接受。但欧洲经济共同体通过该理论试图强制执行其竞争法。美国法学界对于欧洲的这种做法不以为然，认为：传统的"揭开公司面纱"原则的应用，是实现法律纠纷的公正补救措施。对于此纠纷，国家已然拥有合法的司法权力。该原理与管辖权的初始主张无关。事实上，法院适用该原则是为了分配公司的行为责任，而在这些公司，国家的法律管辖已经存在。如果要有效地刺穿公司面纱，那么必须在面纱之另面此前已经存在受到国家管辖权管辖（从而先前承认国家的管辖权，并被国家确认为受其管辖）的法人。以此推之，倘若没有这种事先的司法管辖权，就不能有面纱，亦即没有独立的企业人格这种法律授予的拟制可以被解除。法律拟制的初始赋予本身需要存在赋予主体的管辖权。只有从这个角度看，断言主权国家可能达到面纱背后的股东而使其为公司行为承担法律责任，方是有意义的。揭开面纱的概念作为司法救济无疑具有法律和经济的意义，但欧洲经济共同体断言是经济统一体测试本身作为获得对外国公司管辖权手段却在其他方面不受法律管辖，这是显然错误的。欧洲经济共同体实际上把规定性权威和管辖本末倒置。美国法学家基于此得出结论：欧共体应用的理论促使混淆了也许是更好理解为欧共体基于效果标准所使用的对非共同体母公司管辖权，这种混淆经常导致欧共体的管辖范围根据国际法的原则已经走得太远的批评，明确承认欧洲经济共同体对跨国公司的外国母公司的基于效果的管辖主张将提供较少误导、在经济上合理的司法管辖权的标准。①

　　不过，美国学者这种观点其实没有从欧洲竞争法内部立场进行审视，没有欧洲竞争法的域外效力的逻辑从根本而言就不是建立在国内公司法基础上的。众所周知，欧共体或者欧盟是超国家组织，其法律体系的建构历史和结构均自然与美国、英国等主权国家进行法律规制的模式究属有别。如前所说，欧洲竞争法的域外效力归责范畴的明确法律依据目前是在《欧盟工作模式条约》的规定。《欧盟工作模式条约》第 101 条使用的是"企业"这一概念。此处使用的"企业"最初源于在《欧洲经济共同体条约》第 81 条和第 82 条本身基于促进欧洲经济竞争目的自身现实的表述，不是指由国家法律的所塑造的法人，而是一个经济概念，包括从事经济活动每一个实体，而置其法律

---

① Daniel W. Schenck, Jurisdiction over the Foreign Multinational in the EEC: Lifting the Veil on the Economic Entity Theory, 11 *U. Pa. J. Int'l Bus. L.* 495 (1989) 265.

地位于不顾。因此，在竞争法中，这一术语不一定与根据国家的公司法或税法的"法人"匹配。[①] 欧洲法院从功能考虑出发，将其表述为"经济统一体"[②]。经济统一体超越法人的窠臼，还包括在合同康采恩（Vertragskonzern）、纯粹的事实康采恩（rein faktische Konzerne），甚至所谓企业联盟（Unternehmensvereinigungen）意义上的多个法人实体联合。欧洲竞争法域外效力依据"经济统一体原则"的底蕴和依赖路径即在于此，带有浓厚的自身历史性。由此可见，这种责任模式的归属主体是"经济统一体"，欧洲法其实已经明确放弃法人作为连接点。有责任的联合毋宁是从纯经济的角度来看的目的论所决定的。欧洲卡特尔法中的团体责任模型是特殊归责模型（ein Zurechnungsmodell sui generis）。虽然它具有相当广泛的问责机制，既与一个真正的状态责任（Zustandshaftung）也与集体行动的纯责任（eine reine Haftung für Kollektivhandlungen）都大相径庭，但欧洲法院有一个集体的责任而没有个人责任建立，远远超出了著名的德国秩序违反法（Ordnungswidrigkeitenrecht，OWiG）第30条模型。在归属的广泛性上，它甚至超过最知名的普通法替代责任（vicarious liability）。[③] 责任依据仍然是一个组织责任（Organisationsverantwortlichkeit，organisational responsibility），仅仅单纯受益人不足以作为处罚的依据归因。主观归因是不是绝对的，而是根据个人责任的原则，这可能是由于各种原因排除。因为执法可以在具体情况下只对法人取得的，因此在这一点上的经济统一体的形象将被解散。这可谓欧洲竞争法域外效力的内在紧张性的根源所在。

四　以效果理论为参照系对经济统一体理论的评析

管辖权是国家主权在法律方面的物化，以国家主权为依据，又是国家主权的最直接体现共存的，而且受限制于国家主权。显而易见，管辖权和主权之间的联系是不可避免的，几乎是老生常谈，一个国家在其主权范围内有必要具有管辖权。[④] 在领土、主权和管辖权三个概念的三角关系中，国家状态借

---

① Aitor Montesa, Angel Givaja, When Parents Pay for their Children's Wrongs: Attribution of liability for EC Antitrust. Infringements in Parent-Subsidiary Scenarios, 2006 *World Competition* 555—574 （557）.

② 所谓卡特尔法中功能性企业概念参见 Michael Kling，"Die Haftung der Muttergesellschaft für Kartellverstöße ihrer Tochterunternehmen"，*WRP* 2010，S. 506—518。

③ Mansdörfer, Timmerbeil, Das Modell der Verbandshaftung im europäischen Kartellbußgeldrecht，*EuZW* 2011，214.

④ Frederick A. Mann, The Doctrine of Jurisdiction in International Law, 111 *Recueil des cours* 1，30 （1964 – I）.

助于一个特定的地理领土得以彰显，管辖权借助于他们在该领土内的位置得以成立。在国际法研究中，国家实践中的管辖权原则和管辖权类型一般被划分为：A）属地原则（Territorial principle）。它适用于在该国领土的行为，而不管行为者的国籍。属地原则可以具体分为主观属地原则和客观属地原则（Subjective and objective territorial principles）①，其中前者是指一国对于那些开始于本国境内但终止于他国的行为享有管辖权；后者是指一国对于终止于本国但并非从本国开始的行为享有管辖权。主观领土原则又称行为发生地说，客观领土原则又称行为结果地说。正如戴维·霍特（David Hott）所言，"根据主观领域原则，一国的法律可以适用于在内国开始但在外国完成的行为。反过来，根据客观领域原则，一国法律可以适用于在外国开始但在内国完成的行为"。② B）国籍原则（Nationality principle），又称属人原则或依据国籍的管辖原则，指国家对在外国领土范围内的本国公民（在外侨民）也可以行使管辖权。属人原则在理论上和立法上一般都不针对本国公民在本国境内犯罪的情况，而是针对本国公民在境外犯罪的情况，以弥补前述属地原则没有域外效力的不足。对于属人原则的内容，学术界大致有以下三种意见：第一种意见认为属人原则包括主动国籍原则（Active nationality principle，亦称被告人国籍原则）和被动国籍原则（Passive nationality principle，亦称受害人国籍原则，或称为管辖权的"消极人格"依据）。第二种意见认为属人原则仅仅是指主动国籍原则，而不包括被动国籍原则，后者应当成为一个独立的管辖原则。第三种意见也认为属人原则仅指主动国籍原则，但不将被害人国籍管辖视为单独的管辖原则，而是归诸保护管辖原则中"保护国民主义"的内容。③ C）保护原则（the protective principle）。它一般仅适用于特殊的情况，即当一国的重大利益如国家的安全或者金融受到严重威胁的时候，该国可以域外适用本国法以保护自己的利益。保护性管辖是属地和属人管辖的例外，允许国家起

---

① 国内学者通常将 subjective territorial principle 称为"主观领土原则"或者"主观属地原则"，而将 objective territorial principle 译作"客观领土原则"或者"客观属地原则"，例如，王铁崖所译的《奥本海国际法》即采此译法。参见詹宁斯、瓦茨修订：《奥本海国际法》（第1卷第1分册），王铁崖译，"专用名词"译法列表。但是，也有学者将此译为"主体领土原则"和"客体领土原则"，侧重行为的主体和行为的客体。参见钱学锋：《世界证券市场的日益国际化与美国证券法的域外管辖权》（中），载《法学评论》1994年第4期。

② David H. Ott, *Public International Law in the Modern World*, London: Pitman Publishing, 1987, pp. 136—138.

③ 高铭暄主编：《刑法学原理》第1卷，中国人民大学出版社1993年版，第290—291页。Shearer, I. A., *Starke's International Law*, London: Butterworht, 1994, p. 210.

诉外国人在国家的领土范围以外威胁或危害国家安全或独立的行动，与上述"被动国籍原则"有一定联系，但两者其实是不同的概念：前者通常适用于针对国家本身或整个国家的罪行，后者则是针对本国国民的罪行。D）普遍性原则（the universality principle）。它授权各国惩罚外国人违背了对一切的义务（obligation erga omnes）并构成国际法上的罪行，如海盗。所有上述原则的共同之处是这样一种广义的要求，即在罪行与行使管辖权的国家之间需要"足够的连接"或"真正联系"。通过上述 B）至 D）的属地原则的扩展或补充，国家得以有权规制不完全在其领土内发生或不发生在其领土上但这样或那样重要的事务。

管辖权原则并不具有天经地义的恒定性，而是与时俱变的话语建构。在历史上，属人原则曾经远较属地原则重要，只是随着近代民族国家的出现，"绝对领土主权原则的增长"（The growth of the doctrine of absolute territorial sovereignty）引人注目，[1] 属地原则遂成为近代最传统和广泛接受的管辖权的基础。根据属地原则，一个国家有规定有关在其领土内作为或不作为法律的管辖权。但是，因为现在经济交往如此频繁，国家之间的相互依存如此，属地原则是否可以继续担任的首要的管辖基础，被许多法学家认为是值得商榷的。有许多情况下，严格领土原则的分析过于呆板，不能提供一个令人满意的解决办法。与此同时，强调属地管辖优先可能导致过低管辖（under regulation），因为对全球福利有损的案件不一定有损于具有属地管辖权的国家，反之亦然，排他的管辖权也可能导致过度管辖。正是这样，国际法学界认为，习惯国际法除了承认地域管辖原则外，还可以根据其他原则包括属人管辖原则、普遍管辖原则、保护性的管辖原则等，承认一国法律可以域外适用的情况。值得注意的是，所谓域外效力，在英文中的表述为 extraterritorial effect、extraterritoriality 或者 extraterritorial jurisdiction[2]，而这些词语还可以译为对于

---

① Note, Constructing the State Extraterritorially: Jurisdictional Discourse, the National Interest, and Transnational Norms, *Harvard Law Review* Vol. 103, No. 6（Apr., 1990），pp. 1273—1305.

② 在德语法学文献中，克劳斯·福格尔《行政规范的空间适用范围》（Klaus Vogel, *Der räumliche Anwendungsbereich der Verwaltungsrechtsnorm*: *Eine Untersuchung über die Grundfragen des sog. internationalen Verwaltungs-und Steuerrechts*, Frankfurt a. M.: Metzner, 1965）将域外适用范围称为"外导适用范围"（transitiven Anwendungsbereich），将主权适用范围称为"内缘适用范围"（intransitiven Anwendungsbereich）；瓦尔特·鲁道夫《国家立法的领域界限》（Walter Rudolf, *Territoriale Grenzen der staatlichen Rechtsetzung. Referate und Diskussion der 12. Tagung der Deutschen Gesellschaft für Völkerrecht in Bad Godesberg vom 14. bis 16. Juni 1971. Gr. – 8.*, Karlsruhe: Verlag C. F. Müller, 1973）在完全相反意义上使用"应运范围"（Anwendungsbereich）和"适用范围"（Geltungsbereich）概念。

中国近代创巨痛深的"治外法权"。其不同的所指在不同的语境中固然可以明晰和确定，但非专业的翻译者往往不辨菽粟，而研究法律史和研究当代国际法或者竞争法的学者也受到思不出位的定式影响而不肯对于这种相同的能指驻足凝思。在近代，原本外交豁免权意义上的狭义的治外法权被西方列强故意混同于领事裁判权，尊奉传统的属人主义法原则（the principle of the personality of laws），将"属人优越权"（personal supremacy）推向极致而绝对排斥中国的"属地优越权"（territorial supremacy）①，这其实是一种"恶的域外效力"，也表明域外效力其来有自，可以以大相径庭的话语方式进行建构而释放出对于公平和正义的毁灭暴力。在过去几十年里，否定以效果原则为根据行使域外反托拉斯法管辖权的人轻者认为，行使域外管辖不合适，因为它与行为地的法律相矛盾；重者则愤慨："如果一个人因其在行为地完全合法的作为而被他从未负有效忠义务的刑法投入监狱，是令人难以忍受的"。还有的则认为这是"从领土原则盲目导向普遍管辖的滑坡。"② 应该说，这些抨击和批判不无道理，而且基于美国效果原则的域外效力的诸多后效证据也暴露出竞争法域外效力所引发的尖锐矛盾。不过，这并不能成为因噎废食、一朝被蛇咬而十年怕井绳的理由。如奥康耐尔（Daniel Patrick O'Connell）言，"判断一部法律的域外适用是否符合国际法，要看它所适用的事件、行为或人是否与立法国的和平、秩序和良好统治有关联"③。随着时间的推移，吉登斯所说的脱域、时空延展已经在我们现实社会中俯拾皆是。国际经济活动往往表现为生产过程多国化、多国市场一体化、境外公司境内化、行为效果外溢化，可能在 A 国订立合同，在 B 国交货，由 C 国付款，甚至合同还规定争议在 D 国法院解决等。如果一个经济活动同时与多个国家的地域有着较为密切的联系，那么，绝对的地域管辖原则产生有关国家间冲突势所难免。诉讼事项的管辖最常见的限制是领土原则，但将一个国家的管辖范围限制在及于其领土内发生的行为的理念，无异于抱橛株守，因为在某一特定活动的准确位置已被受到不同的诠释。在现实中，国家的主权完全不等同于国家立法司法管辖权，各国对某类案件的司法管辖权有可能彼此出现重叠，且国内立法对发生在国外的某些行为可能规定域外效力，以至于长臂管辖现象时有发生，不足为怪。

---

① 张世明：《法律、资源与时空建构：1644—1945 年的中国》第四卷，广东省出版集团、广东人民出版社 2012 年版，第 341 页。

② 转引自高菲《论美国反托拉斯法及其域外适用》，中山大学出版社 1993 年版，第 145 页。

③ Michael Lennard, Weaving Nets to Catch the Wind: Extraterritorial and Supraterritorial. Business Regulation in International Law, Paper presented at the 23rd International Trade Law Conference, Canberra, 29 May 1997.

对管辖权的领土限制的绝对主义的观点淡化，反映了一个新兴的信仰：国家必须保持同其地理边界之外的公民的关系，某些行为即使在外国发生但在本国境内具有影响。属地用来连接特定行为与某个特定国家法律的机械标准的使用被正确地拒绝，必须与属地的使用作为一个具体的了解有关跨境规制的公正性和合法性的表达相区分，必须在做出管辖决定时以更广泛的关注取代对内部的国内政策的关注，扩大"政府自身的利益的理念，……以包括国际社会合作成员的利益"。[①] 在这种意义上，竞争法上域外管辖权具有一定的合理性，因而逐渐被相当一部分国家接受，包括占有国际市场大部分份额的绝大多数发达国家。笔者并不赞同把反垄断法域外适用视为是一种违反国际法的行为而不遗余力地深闭固拒。

学术界通常的观点是：在竞争法的域外效力问题上，面对复杂流变的经济活动，美国为代表的效果原则依据的是客观属地原则，欧洲共同体为代表的经济统一体原则依据的是属人原则。有学者认为，效果原则是领土原则的延伸，或是领土原则的浓缩。依据国际法的客观领土原则，效果原则的适用是允许的。效果原则支持论者一个比较偏激的论点即是，效果原则和客观领土原则基本就是一个原则——领土原则。如果域外效力理论上的争执事实上确实存在的话，并不是领土原则和域外原则之间的争论，而是严格的领域原则（总的来说已被抛弃的学说）与客观领土原则（在某种情况下被大多数国家已接受）之间的争论。[②] 将客观的地域管辖原则与效果原则混为一谈的观点不能被笔者苟同。众所周知，客观属地原则是属地原则的延伸。据此，一国管辖的行为包括那些始于别国领土、完成或实现于本国领土的行为，或对本国领土社会秩序造成有害后果的行为。国际常设法院在 1927 年荷花号案（the Case of the S. S. Lotus）中的阐述，是经常引用作为客观属地原则的权威证词。与此相比较，效果原则可以被形容为超越客观属地原则所能支持的一个领土原则的进一步延伸。按照其本身的理论逻辑，效果原则没有任何迹象表明行为或罪行的一个组成部分或构成要素在境内发生。在这方面，效果主义和客观属地原则之间的理论差异不容忽视。[③] 客观属地原则是能够展示域外管辖权

---

① Paul Schiff Berman, Towards a Cosmopolitan Vision of Conflict of Laws: Redefining Governmental Interests in a Global Era, 153 *U. PA. L. REV.* 1819, 1880 (2005).

② 转引自高菲《论美国反托拉斯法及其域外适用》，中山大学出版社 1993 年版，第 145 页。

③ D. W. Bowett, Jurisdiction: Changing Patterns of Authority over Activities and Resources, 53 *Brit. Y. B. Int'l L.* (1982), p. 7; Roger O'Keefe, Universal Jurisdiction: Clarifying the Basic Concept, 2 *J. Int'l Crim. Just.* (2004) p. 739.

有意义的限制：当没有任何领土内的行为，行使域外管辖权不允许的。效果原则理论上取消了此限制，即使没有任何领土内的行为，也主张行使管辖权。所以，一些学者指出，"荷花号案"中使用的客观领土效果原则其原因和效果是直接的、易确定的，而违反谢尔曼法的条件，即使是美国律师，也难以确定且暧昧不清，模棱两可。1989 年欧洲法院审理的木浆案的反应，就凸显了效果学说和客观领土原则之间的这种理论差异。① 法院倾向于从客观属地原则而不是效果原则寻求依据，使用"有一些准领土管辖权的基础的拟制"，明显比最极端形式的效果原则狭隘逼仄，因此是对质疑效果原则的人的一种抚慰。② 事实上，竞争法上域外管辖权具有自己独具一格的特征，不同于传统的管辖权原则，尽管学术界试图在传统的管辖权原则中寻求依据，但毕竟异大于同，凿枘不合。由于效果原则与客观属地原则相去径庭，所以有学者又声称：美国反托拉斯法的"效果原则"与属人管辖权的消极人格原则、扩展解释的保护性管辖权在理论依据上十分相近。因为消极人格原则和保护性管辖原则强调对本国公民的利益的保护，它强调本国公民应当受到本国法律的保护，而美国反托拉斯法的"效果原则"也认为对影响到美国市场和美国企业正当竞争利益的域外行为，美国法律有管辖权。但持这种观点的学者也深悉此种绞尽脑汁的比附终究拟于不伦，徒劳无功。尽管亦有论者宣称效果原则的法理依据是国际法上所谓"保护性管辖权"的存在，但美国理论与实务界却不愿从这个角度深入，即便美国法院在行使域外管辖权的场合，亦不是唯效果原则胥赖，总会有当事人的国籍作为行使管辖的联结点。这种情形使得部分学者在失望之余转而断言，效果原则之所以存在理论上的缺陷是因为国际法理论自身缺乏体系性。学术界通常将欧共体对非共同体跨国公司母公司管辖权的主张所涉及的程序视为以民法的属人原则为基础（the civil law principle of *in rem* jurisdiction）。③ 根据这一原则，人的管辖权作为事务管辖权的结果可以获得。欧洲经济共同体凭着对涉嫌违反竞争法的事务管辖权获得跨国公司母公司的管辖权，而不论被告住所地。经济统一体原则因为依赖的是属人管辖权，而非属地管辖权，所以其较之效果原则更容易为人接受，对他国

① Antonio F. Bavasso, Boeing/ McDonnell Douglas: Did the Commission Fly Too High, 19 *Eur. Competition L. Rev.* (1998), pp. 244—245.

② Vaughan Lowe, International Law and the Effects Doctrine in the European Court of Justice, 48 *Cambridge L. J.* (1989), p. 11.

③ *See* L. Filegar & L. Helling, Enforcement of the European Community's Antitrust Laws: The Single Enterprise Theory, in *The Law of Transnational Business Transactions* 11: 5 (V. Nanda ed. 1986).

的主权冲击较小，遭到的对抗也不如对美国的效果原则那么强烈。

1945 年，美国的政治和经济势力大举扩展至战争疮痍狼藉的欧洲，此时宣布的 Alcoa 效果原则成为美国和欧洲当局域外效力争论的焦点。恰如一位法学家所言，"这是最有争议的与领土有关管辖权的实施。它应用在反托拉斯案件时已引起很大争论，并没有被其他国家广泛接受。"战后恢复元气的欧洲要求经济上表现独立，美国战后司法扩张将遭到反对和拒斥是不可避免的。欧共体自 1958 年以来蓬勃发展的事实举世瞩目。欧共体已被形容为超国家主义"最令人印象深刻的实验"最新历史。欧洲人对于接受立法和司法裁判域外主张较之于美国法学家更加勉为其难。长期以来，这种差异在美国和欧洲竞争法运用中极为明显。在许多场合，欧洲的政府、法官和立法者对于美国反托拉斯法应用于欧洲国家在美国之外的活动表示怒不可遏的严正抗议。美国的法官在确认其反垄断法域外适用时，声称其依据的是习惯法，任何国家都有权规定，即便是外国人，也不得在这个国家领域之外从事一种受这个国家谴责而且对这个国家能够产生不良后果的行为。反对效果原则的欧洲法学家的主要理据在于：（1）效果原则于法理无据，在传统的国际法法理体系中不能找到其合法理论基础，对属地管辖原则造成一种破坏，不符合国际法管辖权的划分标准。（2）效果原则以国内法适用域外行为，在实践中往往构成对他国主权的侵犯和干涉，违背国际礼让与和谐的精神，有霸权主义之嫌。（3）效果原则过于抽象，所谓的"不利影响"或"效果"在评估上具有单向性和拟制性，在实践中所赋予法院的自由裁量权容易被无限扩大，各国会基于利益本位选择对本国有利的标准做出裁判，容易造成司法不公，不利于保护他国的合法利益。美国反托拉斯法固然有更好的能力来主张："山姆大叔"有一个很长的手臂。这是由于美国通常构成了被称为"世界范围市场"（the "world-wide market"）一半的事实，它可以由美国管辖陷入没有任何焦虑。但是，在国际上，抗议美国广泛使用这种"效果理论"的呼声此起彼伏，怨声载道，并在 1976 年"廷布莱因木材公司诉美洲银行案"中达到了顶点。欧盟对颁布这种超领土立法的反应特别强烈，号召其成员国采取适当措施来保护自己。在美国之外，域外使用问题大体上在防御的语境中加以审视，即如何回应美国过度的管辖主张？美国对外国卡特尔的执法行为引发了英、加、法、澳、南非等国的报复性立法，这些立法或者限制美国当事人在这些国家境内的取证活动（Blocking Statutes），或者补偿本国国民在美国反垄断诉讼中所受的损失（Claw back Statutes）。美国式的效果原则虽然高效，但是口碑不好，盱衡美国的前车之鉴，欧洲法院并不想直接引用，而是确立了"经济统一体"

理论作为效果原则的替代性依赖路径，在判例上尽量避免采用效果原则。

共同市场并非单一的机制，如同现代的民族国家的政府，其权力分散于各个行动者。效果原则在欧洲共同体的演进并非简单的线性演进。欧洲法院、欧洲理事会、欧洲委员会、欧盟委员会竞争总署、欧洲议会的观点演变轨迹有时重合，有时离散。欧洲域外效力原则固然可以通过欧洲法院的相关裁决加以审视，但法律不仅仅是法院如何宣告的问题，必须看到欧共体各个机构之间见仁见智的分歧。正如前专员布里坦（Leon Brittan）爵士对于涉及非欧共同公司的早期案例之一评论说："当事人的注册或总部的位置对于竞争法是无关紧要的"，必须把重点放在对市场的影响。① 早在染料案中，共同体委员会就明确表示接受了效果原则，而且还规定了适用标准，即外国违法行为导致的效果必须是"对市场直接的和马上的限制，而且必须是可以合理预见的和重大的效果"。在以后的一些案件中，如"大陆制罐公司案"、"美国商业溶剂公司案"等重要案件中，莫不处处体现出共同体委员会接受效果原则的态度。可以理解，广泛的或可能扩展的管辖权标准可能受到执法机构的欢迎。② 中国法学界有一种观点认为：尽管欧共体对美国的域外管辖一直持批评、抵制态度，在判例上尽量避免采用效果原则，但其却也逐步突破管辖权的限制，在染料案中秉承的道法实际上与"效果原则"虽不中亦不远矣，而在此后的木材纸浆案中也相沿不替，适用类似于美式效果原则的规则扩张行使管辖权的倾向越来越明显，尽管欧洲法院在上诉审中没有明确认可"效果原则"，但对委员会的决定不非而是。以笔者陋见，这种观点不无值得商榷之处。首先，即使委员会公开认可效果原则，将欧洲经济共同体条约的竞争规则适用于外国人实施的在共同体内"对竞争产生实质性抑制效果的"（substantial restrictive effect upon competition）行为，但它从来没有完全模仿美国当局的做法，特别是其没有试图扩充到欧洲利益在世界各地受影响的行为，而是一直强调反竞争的效果应共同体边界内发生。③ 其次，欧洲法院似乎更是从未认同委员会的意见，并没有明示接受效果原则，而且尽量小心翼翼地回避

① Leon Brittan, *Competition Policy and the Merger Control in the Single European Market*, Cambridge: Grotius, 1991, p. 6.

② Federico Cavicchioli, The Application of EC Competition Law to Non-European (U. S.) Corporations, (2000). LLM Theses and Essays. Paper 8. 资料来源：http://digitalcommons.law.uga.edu/stu_llm/8，最后访问时间 2012 年 6 月 12 日。

③ Roger P. Alford, The Extraterritorial Application of Antitrust Laws: The United States and The European Community Approach, 33 *Va. J. Int'l L.* 1.

直接接受和适用效果原则，同时取而代之的是共同体法院自己确立的经济统一体理论，从而巧妙地避开适用效果原则所导致的管辖权冲突。欧洲法院对效果原则欲迎还拒的忸怩作态立场，可以归因于当时欧洲的政治精英们大声批评由美国反垄断当局使用此原则的事实。① 美国法院应用效果原则主张管辖权受到严厉诟病，因为它显然本身没有要求规定效果具有范围或特征以支持管辖权。铝业公司没有提供对美国法院的司法管辖权逻辑限制。② 在别格林案（Beguélin Import Co v GL Import-Export）中，欧洲法院虽然表示，"事实上，协议各方的企业之一坐落在第三国的事实不阻止该规定的适用，因为该协议是共同市场的领土上执行，"③ 但我们应该看到，在别格林案（Beguélin Import Co v GL Import-Export）中，域外管辖权是不是一个真正的问题，所涉及的非欧洲公司根本不是有关法律程序的一方，更遑论任何直接制裁的目标。别格林案后判决的染料案仍然拒绝效果原则而不是诉诸经济单位理论解决，这印证了法院和委员会之间的分歧。在 1985 年的木材纸浆案中，总法律顾问马尔科·达尔蒙（Marco Darmon）拥戴效果原则，反映了当时的总法律顾问中间此原则应该成为欧盟法律圭臬的呼声。他表达了总法律顾问梅拉斯（Henri Mayras）当年在染料案中类似的主张，认为，"目前没有国际法规则能够被依赖以反对直接、重大和可预见的效果的标准。"④ 尽管总法律顾问热切鼓吹效果原则应该成为欧盟竞争法域外适用时的基石，但欧洲法院其后依靠履行原则对在欧共同体以外的企业主张管辖权，采用了与"效果"稍有区别的表述"实施"，不愿公开以效果原则来阐述欧盟反垄断法的域外效力的倾向昭然若揭。在木材纸浆案后，委员会负责竞争政策的委员雷昂·布雷登爵士（Sir Leon Brittan）的确曾声称："法院从未拒绝效果理论……委员会仍然可以，并将在未来的案件中继续使用这一理论"⑤，但这仅仅是委员会单方面的理解而已。正如一位评论家所指出的那样，委员会诉诸效果测试这种被唾弃的管辖权基础上可能表明委员会在这种特殊情况下对经济统一体理论的适用性的某

---

① See J. J. Friedberg, "The Convergence of Law in an Era of Political Integration: The Wood Pulp Case and the Alcoa Effects Doctrine," Research Paper 9017, p. 10.

② Dieter G. F. Lange and John Byron Sandage, The Wood Pulp Decision and Its Implications for the Scope of EC Competition Law, 1990 *C. M. L. R.* 136, 141.

③ Béguelin Import Co. v. GL Import-Export S. A. 1971 E. C. R. 949, 959（§ 11）.

④ See Opinion of Advocate-General Darmon of May 25, 1988 in joined cases 89, 104, 114, 116, 117, and 125—129/85［1988］E. C. R. 5214 para. 57. Opinion of Advocate-General Mayras of May 2, 1972 in cases 48, 49, and 50—57/69［1972］E. C. R. II – 665, pp. 693—694.

⑤ Sir Leon Brittan, Competition Policy and Merger Control in the Single European Market 7—9（1991）.

种疑问。① 不可否认，效果原则现已成为欧盟对域外集中实施管辖权的重要依据，欧盟《关于控制企业集中的（EC）第 139/2004 号理事会条例》甚至规定"不管实施集中的企业所在地或其主要业务活动领域是否在共同体内，只要该等企业在共同体内有大量业务存在，欧盟即可管辖"，表达了与效果原则基本类似的管辖依据。在 1999 年珍科尔案（Gencor）中，欧委会理直气壮地依效果原则行使管辖权并禁止南非的两家企业合并，欧洲法院对欧委会的管辖依据亦给予明确支持，指出："当一个拟议中的经营者集中对欧共体内有立即且实质性的影响时，欧盟行使反垄断管辖权受国际公法支持"。② 然而，在绝大多数情况下，"效果原则"并没有被欧洲法院正式承认，从一个孤立的判例得出欧盟在兼并控制领域已经与经济统一体原则渐行渐远而皈依于更广泛的应用"基于效果原则"（an "effects-based doctrine"）这一最终结论尚为时过早。

相对于效果原则把本国内产生一定的"效果"看作是行使域外管辖权的决定因素，经济统一体原则所依赖的不是容易被视为海市蜃楼般的影响，通过强调企业间的结构型关系或关联关系，将子公司责任归诸母公司而达到域外管辖的目的。依据经济统一体原则行使域外管辖权，可以避免到国外调查、取证以及在判决执行时直接与外国行政、司法机构交涉，从而减少与外国的直接对抗，③ 绕过了共同体竞争法域外适用上的国际法难题，被许多学者认为较之效果原则更为符合国际法原则。但是，与大量关于效果原则的负面性论述相比较，中国法学界对经济统一体原则的不足显然缺乏深入的认知。归纳起来，国外法学家对于经济统一体原则的批判主要集中在以下几方面：

首先，从形式逻辑角度的分析。这种分析始于一个简单的问题：对母公司罚款，纯粹是因为它和其附属公司被视为属于同一经济实体，它作为一个逻辑的问题成立吗？如果"A"是子公司，"B"是母公司，这一理论可以表述为：

A 违反了竞争规则。

A 和 B 组成相同的经济实体。

① Harding, Jurisdiction in EEC Competition Law: Some Recent Developments, 11 *J. W. Tr. L.* 422, 433 (1977).

② 资料来源：http://www.competitionlaw.cn/show.aspx? id = 5162&cid = 40，最后访问时间 2012 年 6 月 3 日。

③ Allen, The Development of European Economic Community Antitrust Jurisdiction Over Alien Undertakings, 2 *Legal Issues of European Integration* 35, 60 (1974).

因此，责任由经济实体承担。

因此，A 和 B 需要负责任。

因此，B 可以被追究法律责任。

从逻辑的角度看，这个公式完全不成立。逻辑学通过应用谓词逻辑的方法奠定"团体责任"理论基础已经证明了这一点。[①] 但是，即使没有理论的进一步的逻辑形式化，这一问题也是非常明显的。这个论点是基于两个前提：A 违反竞争规则（前提 1）。A 和 B 组成经济实体（前提 2）。接下来，结论就被得出了：因此，责任由经济实体承担，因而母公司也是责无旁贷。但是，即便两个前提是无可争议的，作为一个逻辑问题，他们也不能证明连同母公司在内的经济统一体其实是负有责任的这一三段论。在这一公式中的逻辑空白是，对前提 1 和前提 2 的结合导致经济统一体的法律责任的论断，缺乏任何的解释。[②]

其次，从法理学角度的分析。法律禁止（如竞争规则）被由没有自己的法律人格的"经济统一体"所违反，作为一个法律问题，这是不可能的。对法律的侵犯，是由法律规定的法律义务的否定。在法律的范围内，义务只能针对能够受其约束的人，只有法人实体而不是没有任何法律人格的经济统一体可以受到义务的约束。因此，法律只能由具有法律人格之人而不是"经济统一体"等所违反。由是推论，只有具有法律资格之人而不是一个"经济统一体"可以承担法律责任。因此，竞争法据称是基于"经济统一体的责任"原则（在形式的和法律的意义上）这一欧洲法院的核心命题是错误的。[③]

即使是被认为竞争规则可以由"经济统一体"违反，在这种情况下，也需要解释，不管任何个人参与违法，为何母公司应被制裁？法院往往认为，作为程序法和执法的问题，确定经济统一体"背后"的法人是必要的。[④] 然而，这种说法更难以令人信服。首先，必须强调，要求找出经济统一体背后隐而不彰的法人，不仅仅是一个"执法"或"现实的原因"的问题；正如已经证明的那样，"没有法人资格的经济统一体"违反了法律规则，这一论断已

① Sven Rosenkranz, Helen Bohse, *Einführung in die Logik. Mit Aufgaben und Musterklausuren für BA-Studierende.* Stuttgart, Weimar: Metzler, 2006, S. 189.

② Stefan Thomas, Guilty of a Fault that one has not Committed. The Limits of the Group-Based Sanction Policy Carried out by the Commission and the European Courts in EU-Antitrust Law, *Journal of European Competition Law & Practice*, 2012, Vol. 3, No. 1.

③ Ibid. .

④ Case C – 97/08 P AKZO [2009] ECR I – 8237, para. 58.

经是令人难以置信的。其次，如果母公司并未参与子公司的侵权，除了附属子公司外，为什么实际上应该是母公司为违法负责？母公司属于经济统一体的一部分这一事实不能说明其个人的责任。如果人们将这一命题推衍为公司的员工和董事会成员也形成"经济统一体"悖谬论证，这就变得一目了然。仅仅是因为这些员工构成"经济统一体背后的人"的集合的一部分，就可以证明对他们处以罚款是合理的，这种论证恐怕不足为训。在私商法中，没有母公司总是为其附属公司的所有债务承担责任的一般规则，也没有附属公司的行为归诸母公司的一般规则。即使在某些情况下有可能发现在成员国私商法中，母公司可以成为其附属公司的债务承担责任的例外情形，但必须指出，经济统一体学说并不适用于私法归责。事实上，此学说是为对母公司罚款（刑事制裁性质）寻找根据。这涉及责任自负的原则。对非法行为实施罚款，与私法责任全然不同。德国刑法学者卡尔·宾丁 120 年前正确地指出："惩治无罪是司法屠杀，但令无罪者为被起诉的有罪者、无罪者或者无妄之灾进行赔偿，则毫不有伤风化（Den Unschuldigen strafen ist Justizmord；daß der Unschuldige den Schaden ersetze，den ein anderer Schuldiger oder Unschuldiger oder gar der Zufall angerichtet hat，erscheint in keiner Weise anstößig）"。① 卡尔·宾丁的这种区分揭示了在经济统一体原则的建构中最严重的缺陷之一：母公司罚款具有连带责任的效果，并不反映母债务人的责任自负。在这一层面，整个反垄断罚款的刑事特征消失了，经济统一体学说实际上是使母公司为附属公司的风险责任。②

经济统一体学说与责任自负原则（nulla poena sine culpa，无过错不受处罚原则）相冲突。法院承认，在反托拉斯罚款，个人责任的原则要尊重。《欧洲基本权利宪章》在第 48 条和第 49 条进一步支持这一主张。据此，任何人被证明"有罪"是一种惩罚的先决条件。因此，个人的责任必须以被制裁的罪行为前提，这是一个每个人在欧盟享有的基本权利。在欧洲宪章中授予的基本权利，包括个人责任的原则，是针对自然人或法人。《欧洲基本权利宪章》不区分人的类型。就有关《欧洲基本权利宪章》第 48 条（1）强调的个人责任的原则而言，所提到的也是"每个人"。这里所谓"每个人"（自然人

---

① Karl Binding, *Die Normen und ihre "Übertretung：Eine Untersuchung über die rechtmässige Handlung und die Arten des Delikts*, Vol. I, Leipzig：Wilhelm Engelmann, 1890, S. 284.

② Stefan Thomas, Guilty of a Fault that one has not Committed. The Limits of the Group-Based Sanction Policy Carried out by the Commission and the European Courts in EU-Antitrust Law, *Journal of European Competition Law & Practice*, 2012, Vol. 3, No. 1.

或法人）是能够成为一项基本权利的持有者的主体，享有这一权利不能取消的法律保证。反之而言，基本权利不能脱离其持有。然而，"经济统一体"的推定剥夺母公司无过错不受处罚的基本权利，实际上是违背有怀疑时有利于被告的原则的一个严格责任规则。连带责任原则的分析首先必须审查其法律基础。欧洲法院从未真正质疑"连带责任原则"（the joint and several liability doctrine）。①

最后，从司法实践角度分析。由于反竞争行为与控制权的联结程度如何会有很大的争议，控制权的行使与否也可能因跨国公司的内部协调而使法院难于判断，特别是在跨国公司有准备地从事反竞争活动时，尤其如此。这对于法院而言必须付出巨大的成本，而且适用范围狭窄，甚至有利于被告假借两个或两个以上的企业行为属于同一集体而免除责任，成为漏网之鱼，所以欧洲法院诺贝尔案件的定论目的就在于减轻自身证明的负担。基于经济统一体原则，母公司因为"持有全部或多数股份"，无论如何"能够行使决定性影响的附属公司的政策甚至于售价"，法院选择遂忽略其他方面而考虑管辖权。但是，在免于"失出"之虞的同时，这又产生"失入"的尴尬与危险。② 事实上，缺乏母子公司实际的控制关系的详细调查，已成了对欧洲经济共同体使用的经济统一体理论绝大部分攻击的众矢之的。此外，司法实践比较重视母子公司关联控制所致的反竞争行为，至于非股权的关联构筑的控制和被控制权，尚鲜有关注。在许多情况下，仅仅注重所有权百分比测试并以此作为控制证明标准是不可取的，因为这消除了视为一个真正独立的子公司不同的可能性。人们可以争辩说，行使控制的权力和实际行使权力是两回事，但母公司和子公司应有可能证明：母公司尽管拥有多数资本，但事实上不行使控制。一个相反的观点是，作为一个实际问题，多数股权就赋予了母公司控制权，是否实际上行使这项权力对于管辖权的存在应该是无关紧要的。然而，特别有用的是要证明，母公司对附属公司的活动事先不知道，如果他们知道，将不会授权这些活动。这种情况在母公司的附属公司完全单独在外国管理和经营时很有可能。③ 欧洲法院授予委员会有权依据这一推定：母公司对其拥有100%股份的子公司实际上行使决定性影响。法院将这项推定规定为可反驳

---

① 这和中国近代西方列强要求治外法权一样，反对中国传统的连带法律责任。

② 借用清代的法律概念。

③ Notes, Law Extraterritorial Subsidiary Jurisdiction, *Law and Contemporary Problems*, Vol. 50, No. 3, Extraterritoriality of EconomicLegislation（Summer, 1987）, pp. 71—93.

的，但反驳在实践中其实是难以成功的。正是这样，反对经济统一体理论而主张效果原则的学者认为，对于经济统一体理论的批评者集中在实际决定性控制的程度是正确的，但这种批评被欧洲经济共同体的分析所误导，将其管辖断言视为效果原则以外的其他原则为前提。因此，反对应用的经济统一体理论的学术论点最好都被视为旨在推进这样的辩论：是否"所有权"总是意味着"控制"，反过来，什么样的"控制"程度，可以说对共同市场造成实质性"效果"以达到国际法的目的。如果人们接受这样的理解，欧洲经济共同体依据经济统一体测试行使合法的域外管辖权，就可以作如是观：只有在母公司的活动在共同体内造成实质性的预期或实际的效果的情况下，它是合理的。欧共体趋向于对共同体公司仅仅份额的所有权相当于该公司的控制这一推定，本身未能达到的效果测试标准。作为一个原则的效果学说中的应用管辖权的争论需要详细分析共同市场内的母公司行动的实际或预期的效果。经济统一体理论一直被欧共体援引避免国际法对国家规定外国跨国公司行动的权力的限制，在理论上必须被视为非法的。① 正如一位评论家所言，委员会一再诉诸效果原则这种被唾弃的管辖权基础可能表明了对经济统一体理论的适用性某种疑问。②

经济统一体理论为了建立司法管辖忽略了母公司和附属公司的独立法人地位，并视为一个统一的实体，由此产生了责任实行的巨大潜力。假如子公司违反竞争规则，且如果可以证明母公司不符合集团内部预防违法的要求，母公司将应该受到制裁。如果母公司已直接涉及违法，例如卡特尔由母公司设想或批准，则母公司更是咎无可辞。这样的经济统一体原则的适用而无重大额外的调查工作，在某种程度上也可以成为欧洲委员会得心应手的利器。委员会在 1995 年和 1999 年之间的反垄断罚款为 3 亿；然而，十年后，从 2005 年到 2009 年的罚款总额大致为 100 亿元。不仅总的数额令人为之侧目，而且单项罚款在过去 10 年屡创新高，对在同一企业集团的公司罚款数目现在高达到数十亿不乏其例。这种高额罚款的大手笔置诸当今举世罕有俦匹，其中很重要的一个原因就是由于所谓的"经济统一体原则"的频仍强悍亮剑。根据该原则，企业可以由多个法人实体组成。委员会可

① Daniel W. Schenck, Jurisdiction over the Foreign Multinational in the EEC: Lifting the Veil on the Economic Entity Theory, 11 *University of Pennsylvania Journal of International Business Law* 495 (1989).

② C. S. P. Harding, Jurisdiction in EEC Competition Law: Some Recent Developments, (1977) 11 *Journal of World Trade*, Issue 5, pp. 422—440.

以判处一个统一的罚款，并责令母公司和子公司作为决定的受话者承担共同责任和连带责任，板子打下去每每响且霸道。连带责任原则对"最佳威慑"是必要的，这并不能成为有说服力的理由。事实上，威慑的目标在任何制裁制度不是本身就是一个法律上的正当理由。任何制裁的施加必须符合刑法的基本原则，其中包括个人责任的原则。此外，承担连带责任原则是对于施加足够高的、阻吓的罚款并非必要的严苛。如果附属公司、母公司被分别追究法律责任，对他们的罚款总额可能达到与当前的集团罚款相同的数字。

反对经济统一体理论而主张效果原则的学者还从司法活动的经济效果角度论证经济统一体理论的负面性。这种观点认为，责任风险被视为投资者的成本。在其他条件不变的情况下，风险较低，投资的激励就越大。控股外国公司为其在共同体的子公司的行为承担责任，在竞争中相对于非关联企业处于劣势。因此，经济统一体原则对于在共同体投资和资本形成一个额外的障碍。放弃经济统一体理论后，通过跨国公司控制的实际经济效果而不是仅基于所有权施加责任，欧共体将有效地减少外国母公司在共同体经营子公司的预期成本。跨国母公司为一个独立的子公司的行动的责任风险降低，则将增加在欧洲经济共同体投资意愿。一方面，对欧共体施加必要根据效果测试建立管辖下的证明负担，真正的非控股母公司基本上免于欧共体管辖；另一方面，欧洲经济共同体也可以保证管辖权的行使，以遏制进行"控制"的跨国公司母公司可能的反竞争行为。此方法不仅会促进共同市场经济效率，也将增加在使跨国公司在共同体子公司根据其独立的法律地位的经营活动和欧洲经济共同体的外国资本投资。

大前研一（おおまえけんいち）的全球化观点被学术界归类为"超全球化学派"的新自由学派之一，他在 20 世纪 90 时代初就指出："虽然从政治版图看，国家间一如既往地存在着疆界，但从企业的资金和生产活动的流向看，竞争版图的疆界已经消失了。""人们不能想象的是，将来大多数公司的国籍将会被视为怪事，因为它们的国籍已经不符合现实。"[①] 在全球化时代，跨国公司限制竞争活动产生全球性的溢出效应，欧洲竞争法的经济统一体理论实际上是传统的管辖权地域原则的一个变种，法院借此回避了直接讨论域外管

---

① Keniche Ohmae, *The Borderless World*：*Power and Strategy in the Interlinked Economy*，New York：Harper Business，1990，p. 10。此书已有中译本，即《无国界世界》，黄柏棋译，台湾联经出版 1993 年版。

辖权这一敏感的话题。① 然而，欧洲竞争法以经济统一体学说为基础实行通过威慑（Abschreckung）的预防策略②在适用过程中也存在诸多问题，面临着越来越多的批评。母公司与子公司之间的控制、支配关系以及母公司的控制权与子公司的垄断行为的关系均无法明确衡量，加上实际操作中很难明确否定跨国公司各实体的独立人格和法律地位，所以该原则适用范围较狭窄。即便声称 100% 的股东与子公司被推定为形成一个经济统一体，这也被视为与存疑情况下有利于被告原则（the in dubio pro reo principle）冲突。至于连带责任而言，有关法人实体之间的追偿诉讼的实际问题在所难免。有学者认为，由于经济统一体理论固有的局限性，它仍然需要提供一个解决方案，一方面，更全面和更有效的，另一方面，更尊重附属公司的法律自主权。同时，该解决方案必须以某种方式不同于有效的但遭受批评的铝业原则（Alcoa doctrine）。③一个替代方法可能是强加给子公司与母公司每一个实体单独罚款。单个的法人罚款额将占到假设整体集团罚款的一小部分，并可以调整到特定的受话者，考虑到其违法的单个责任以及其单个的经济权力。这样一个"个人责任原则（individual liability doctrine）"，将保证各个受话者支付的罚款不超过其个人责任。与此同时，这种个人责任的概念，将尊重现在明确体现在《欧洲基本权利宪章》第 49 条第 3 款的比例原则（the principle of proportionality）。另一种假设的构想是将集团罚款实施到违反竞争规则的子公司。欧洲竞争法的经济统一体原则也是在左冲右突中形成的独特解决之道。如果说美国为代表的效果原则表现出一种"霸道"，那么，欧洲竞争法的经济统一体原则可以说具有霸道和王道杂糅纷呈的特色。正是这样，学术界认为欧盟目前咄咄逼人的罚款政策不利于"怀柔远人"，不利于吸引域外投资。2005 年 4 月 22 日，胡锦涛主席在亚非峰会上发表了题为《与时俱进，继往开来，构筑亚非新型战略伙伴关系》的讲话，代表中国提出了"推动不同文明友好相处、平等对话、发展繁荣，共同构建一个和谐世界"的倡议。此后，中国政府多次在各种国

---

① See Allison J. Himelfarb, The International Language of Convergence: Reviving Antitrust Dialogue Between the United States and the European Union with a Uniform Understanding of "Extraterritoriality", 17 U. Pa. J. Int'l Econ. L. 909, 932 (1996).

② Leitlinien der Kommission für das Verfahren zur Festsetzung von Geldbußen gem. Art. EWG_ VO_ 1_ 2003 Artikel 23 EWG_ VO_ 1_ 2003 Artikel 23 Absatz II lit. a) der Verordnung EG Nr. 1/2003 (= Leitlinien) Ziff. 4.

③ Federico Cavicchioli, The Application of EC Competition Law to Non-European (U. S.) Corporations, (2000). LLM Theses and Essays. Paper 8. 资料来源：http://digitalcommons. law. uga. edu/stu_ llm/8，最后访问时间 2012 年 6 月 12 日。

际舞台上表达了和谐世界的思想。从训诂学角度而言，在"和谐"二字中，和，同龢，从龠和声，谐，从言皆声，均有调和的意思。这种和谐世界的思想承载着深刻的经济法价值理念，恰如法国的中国时政评论专家皮埃尔·皮卡尔（Pierre Picard）所言，当今国际关系依然建立在冲突理念基础上，而中国提出的建设和谐世界理念向世界传达了改变西方长期一以贯之的思路这一新鲜信息。2006 年年底，欧盟部长理事会通过的"关于中欧战略伙伴关系的结论"，完全赞同胡锦涛同志的这一提法，认为和谐世界是可行的。另一方面，在欧洲，认为中欧贸易不公平的观点颇为大行其道；中欧未来的贸易摩擦可能会增加的危机潜滋暗长，并非杞人忧天。竞争法的协调是当代经济法学研究的重要课题，而欧洲竞争法积累形成的经验对于各国学者研究而言无疑是巨大资源，对我们找到正确的法律解决之道无疑具有启人心扉的效用。

作者简介：张世明，中国人民大学法学院教授、博士生导师。

国家治理视角下的财政预算法治化

肖 京

摘要：在当前国家治理现代化的背景下，财政预算的法治化问题显得尤为重要。预算法具有经济法与宪法的双重法律属性，两方面的属性统一于当前的国家治理现代化进程之中。充分认识并把握预算法的这种双重法律属性，对于科学构建预算法理论体系、合理安排我国预算法中的相关制度、妥善解决预算法实际运行中的各种实践问题，具有十分重要的意义。本文正是从《预算法》的宪法与经济法双重属性角度出发，阐述了其在财政预算法治化进程中的重要意义，并分析了财政预算法治化的实现方式。

关键词：政府预算；预算法；宪法；经济法

引　论

二十年，似乎又是一个轮回。2014 年 8 月 31 日，第十二届全国人民代表大会常务委员会第十次会议表决通过了《全国人大常委会关于修改〈预算法〉的决定》。历经四次审议，《预算法》的修改终于尘埃落定。至此，预算法立法完善问题总算暂告一段落。不可否认，本次《预算法》的修订实现了多处的创新和突破，并且也在一定程度上解决了我国预算管理中的一些问题。但是同样不应忽略的是，本次《预算法》的修改也留下了若干遗憾，仍有待于今后的进一步修改和完善。从这种意义上讲，财政预算法治化的推进"永远在路上"①，本次《预算法》的修改也只能看作我国财政预算法治化进程中的一个新起点。

事实上，从国家治理现代化总体要求的角度来看，我国在财政预算法治化建设方面依然任重而道远。进一步推进我国财政预算法治化，仍然将是我国今后一段时间内的主攻方向。十八届三中全会明确指出，"全面深化改革的总目标是完善和发展中国特色社会主义制度，推进国家治理体系和治理能力

---

① 本处借用中纪委书记王岐山多次提及的"反腐败斗争永远在路上"，意在说明财政法治化是一个连续的、不断推进、永无止境的过程。

现代化"，而"财政是国家治理的基础和重要支柱"。要实现国家治理现代化，就必须"完善立法、明确事权、改革税制、稳定税负、透明预算、提高效率，建立现代财政制度，发挥中央和地方两个积极性"。而在整个财政制度中，预算法居于非常重要的地位，被称之为"经济宪法"。因此，财政预算法律制度的进一步完善无疑具有十分重要的意义。

此外，从法律与经济的关系来看，进一步深化预算法律制度的完善不仅是我国财税体制改革与完善的重要内容，同时也是促进我国经济发展方式转变的重要手段，具有制度建设与经济促进的双重功效。中央对此也高度重视，《中华人民共和国国民经济和社会发展第十二个五年规划纲要》中明确指出，"理顺各级政府间财政分配关系，健全公共财政体系，完善预算制度和税收制度，积极构建有利于转变经济发展方式的财税体制。"党的十八届三中全会进一步指出，"改进预算管理制度"，"实施全面规范、公开透明的预算制度"。这都表明，财政预算的法治化问题关系到经济发展的促进，因而更加需要进一步推进。

在整个财政预算法治化进程中，理论的研究具有十分重要的意义。前些年，伴随预算法的立法修改进程的逐步推进，预算法的修改与完善问题逐渐成为法学界重点关注的热点问题。虽然预算法的修改历经全国人大常委会四次审议才最终于 2014 年 8 月通过，但在这漫长的立法研究进程中，学界却得以有时间进行充分酝酿，并在酝酿的过程中涌现出了一批重要的优秀研究成果，这些成果已经成为我国预算法完善的重要理论基石。近些年的相关成果，不仅数量明显增多，而且质量明显提高；不仅关注预算法的具体内容，而且关注预算法的外在形式；不仅拓宽了预算法研究的范围，而且延展了预算法研究的深度。① 不可

---

① 这些研究成果包括但不限于：杨紫烜：《应将〈预算法〉改为〈预算和决算法〉》，载《法学》，2011 年第 11 期；顾功耘：《〈预算法〉的理念需要重塑》，载《法学》2011 年第 11 期；徐孟洲：《论公共财政框架下的〈预算法〉修订问题》，载《法学家》2004 年第 5 期；朱大旗：《从国家预算的特质论我国〈预算法〉的修订目的和原则》，载《中国法学》2005 年第 1 期；王雍君：《论〈预算法〉修订的核心原则》，载《首都经贸大学学报》2008 年第 6 期；刘小川：《构建〈预算法〉修订基本框架指导思想探析》，载《上海财经大学学报》2010 年第 1 期；俞光远：《我国预算法修订应遵循的基本原则和几个重点内容》，载《地方财政研究》2012 年第 9 期；熊伟：《在理想与现实之间：〈预算法〉修改的中庸之道》，载《江西财经大学学报》2011 年第 4 期；蒋悟真：《法理念视野下的预算法修改理路》，载《法商研究》2011 年第 4 期；叶姗：《前置性问题和核心规则体系研究——基于"中改"〈中华人民共和国预算法〉的思路》，载《法商研究》2010 年第 4 期；蒋悟真：《我国预算法修订的规范分析》，载《法学研究》2011 年第 2 期；邢会强：《程序视角下的预算法——兼论〈中华人民共和国预算法〉之修订》，载《法商研究》2004 年第 5 期；王雍君：《〈预算法〉修订中的四个关键性问题探讨》，载《地方财政研究》2011 年第 1 期；华国庆：《〈预算法〉修改的重点》，载《法学》2011 年第 11 期；俞光远《我国现行预算法修订的主要内容与对策建议》，载《地方财政研究》2011 年第 1 期。

否认，这些研究成果从不同的角度和侧面，为我国预算法的修改与财政预算法治化的实现，提供了非常有益的思路，并在新修订的预算法中得到了不同程度的体现。

然而，遗憾的是，在以上学界的研究成果中，对预算法的双重法律属性进行集中研究，并由此上升到国家治理高度的成果并不多见。虽然有些学者在其研究成果中也会涉及预算法的宪法属性问题，但仍有不少的学者在其研究成果中把预算法的法律属性自动默认为经济法，并在经济法框架体系之下开展相应的研究。固然，预算法是经济法的重要组成部分，从经济法的角度研究预算法也具有十分重要的意义。但是，如果仅仅在经济法框架之内研究预算法的完善问题，并不能对预算法的进一步完善提供科学完备的方案，也不能很好地解决我国当前预算法实际运行中存在的诸多问题，更不能从根本上对我国预算法进行完善。因为，许多影响预算法运行的现实问题，并未必都是经济法本身能解决的。例如，预算民主与我国现行政治体制的张力问题，预算权的中央与地方分配所带来的宪法问题，这些已经远远超出了经济法的范围，很有必要上升到宪法的层面才能予以解决。

这似乎是一个两难困境，一方面，"不入虎穴，焉得虎子"，不纳入到经济法的体系之中，很难对预算法进行有效的研究；另一方面，"不识庐山真面目，只缘身在此山中"，仅仅局限于经济法的范围，又很难全面系统地认识和理解预算法。从这种意义上讲，预算法既在经济法"之内"，又在经济法"之外"。这一困境的解决之道，在于从国家治理的角度重新审视预算法的双重法律属性，并在此基础上探寻财政预算法治化的基本路径。有鉴于此，本文拟对上述问题进行探析。

一 国家治理视角下的预算法之双重法律属性

国家治理不仅是传统政治学研究的对象，同时也是法学研究和关注的重要问题。这是因为，在当前依法治国逐步深入推进的背景下，依法治国已经成为当代中国国家治理现代化的必由之路，研究国家治理，离不开法学的视角。事实上，从以往法学研究的成果来看，国家治理相关问题也是宪法和行政法学界特别关注的重要问题。这不仅体现在宪法与行政法的基本内容大多与国家治理问题直接相关，同时也体现在若干宪法与行政法学理论的重大创新成果，其出发点和归结点也都是紧紧围绕着国家治理。①

此外，从国家治理的内涵和基本内容来看，国家治理同样也和宪法与其他法律紧密相连。一般认为，国家治理就其基本内容来看，主要包括国家治理体系和国家治理能力。而"所谓的国家治理体系，是党领导人民管理国家的制度体系，包括经济、政治、文化、社会、生态文明和党的建设等各领域的体制、机制和法律法规安排，也就是一整套紧密相连、相互协调的国家制度。"② 所以，在整个国家治理体系中，法律制度是其基本内容，其适用范围涵盖多个领域。就国家治理能力而言，所谓的国家治理能力，是指"运用国家制度管理社会各方面事务的能力，包括改革发展稳定、内政外交国防、治党治国治军等各个方面的能力，"③ 其中法治水平的高低亦是决定国家治理能力的关键。

由此可见，国家治理与以宪法为核心的法律制度体系具有十分密切的联系，从国家治理的角度研究法律制度，与从法学的视角研究国家治理，都具有十分重要的意义。在整个国家治理的法律体系中，作为连接整个国家政治、经济、社会领域关键制度的财政预算法律制度，无疑是国家治理体系最为重要的组成部分之一，同时也是国家治理能力高低的重要体现。预算法从其基本内涵的角度来看，"是调整国家进行预算资金的筹集、分配、使用和管理过程中所发生的社会关系的法律规范的总称。"④ 从调整范围来看，预算法广泛涉及预算权的分配、预算收支范围的界定、预算编审制度、预算执行制度、决算制度、预算监督以及预算法律责任承担等多个方面的内容。这些方面的内容不仅是宪法和经济法所共同关注的重点内容，同时也是现代国家治理的核心领域。因此，从国家治理的视角来审视预算法的宪法和经济法二元法律属性，对于推进财政预算的法治化，无疑具有十分重要的理论意义和实践意义。

预算法具有明显的宪法属性，这一点不仅可以从西方国家宪法发展历史中得到印证，同样也可以从我国当前预算实践中的问题得到合理解释。首先，

---

① 例如，著名宪法与行政法学专家罗豪才先生及其弟子宋功德教授等学者提出的"软法"理论，虽然属于行政法理论创新的范畴，但从其理论创新出发点和归结点的角度来看，这一理论是在力图解决国家治理中的刚柔相济问题，因而也可以归入到以国家治理为中心的公共管理理论的创新范畴。（有关"软法"的基本理论，参见罗豪才、宋功德：《软法亦法》，法律出版社2009年版。）
② 江必新：《推进国家治理体系和治理能力现代化》，载《光明日报》2013年11月15日第1版。
③ 同上。
④ 张守文：《财税法学》，中国人民大学出版社2010年版，第57页。

从西方国家宪法发展史来看，西方国家宪法的发展始终与财税危机中的预算问题紧密相连。无论是英国的光荣革命、法国的大革命还是美国的独立革命，财政预算都是其爆发的重要导火线，财政民主也都是革命的核心目标之一。在当今西方国家，财政预算在宪法上的意义更是非同小可，以至于在美国，"如果你想了解联邦政府在过去的一年都干了些什么，或者，在未来的一年里将要干些什么，那么，你只要看一下联邦政府财政预算就足够了。"① 从这种意义上讲，宪法的历史"可以说是现代预算制度的成立史和发展史。"② 其次，从我国当前预算法的实践来看，预算法同样具有十分突出的宪法属性。"宪法的实质是分权，即在国家与公民之间，在国家机关相互之间进行分权"③，而预算法中最需要解决的重要问题恰恰是预算权的分配，这是典型的分权问题，预算法在此问题上体现出明显的宪法色彩。我国当前预算法实践中的执行力不足，实际上与我国当前的政治体制，以及人大机关与行政机关之间、行政机关相互之间的权力配置有很大的关系。要想从根本上解决这一问题，必须在宪法层面有所突破。也正是因为如此，党的十八届三中全会把包含预算法在内的财政法制建设提到了国家治理的高度，明确指出，"财政是国家治理的基础和重要支柱，科学的财税体制是优化资源配置、维护市场统一、促进社会公平、实现国家长治久安的制度保障。"由此可见，从国家治理的视角认识预算法的宪法属性，对于在宪法层面实现财政预算的法治化具有十分重要的意义。

预算法同样具有突出的经济法属性，这一点可以从经济法的概念和特征中寻找到答案。首先，从经济法的概念来看，经济法是"调整在现代国家进行宏观调控和市场规制过程中发生的社会关系的法律规范的总称"④，而新修订后的《预算法》第1条明确规定，"为了规范政府收支行为，强化预算约束，加强对预算的管理和监督，建立健全全面规范、公开透明的预算制度，保障经济社会的健康发展，根据宪法，制定本法。"这表明，预算法以经济社会的健康发展为基本目标，具有明显的经济与社会功能，在这一点上与经济

① ［美］阿图·埃克斯坦：《公共财政学》，张愚山译，中国财政经济出版社1983年版，第2页。
② ［日］井手文雄：《日本现代财政学》，陈秉良译，中国财政经济出版社1990年版，第173页。
③ 张守文：《财税法疏议》，北京大学出版社2005年版，第5页。
④ 张守文：《经济法总论》，中国人民大学出版社2009年版，第34页。

法的二元功能相契合。① 因此，从经济法的概念来看，预算法完全符合经济法概念范畴的外延，具有经济法的法律属性，是经济法的重要组成部分。其次，从经济法的特征来看，经济法具有经济性与规制性两大基本特征，这两大特征贯穿于经济法的各个领域。而从预算法的角度来看，预算本身就是对财政的预算，其经济性自不待言；同时，预算也意味着一种有计划的"节制"，"规制"也是预算本身的应有之意。正是因为预算法与经济法有着如此密切的联系，法学界一般都认可预算法的经济法属性。也正是因为如此，法学界诸多学者对预算法的研究也多从经济法的视角，在经济法的框架之下展开。

值得注意的是，从国家治理的角度来看，预算法的双重法律属性并非完全对立，而是辩证统一。这种辩证统一的关系根源于宪法与经济法之间的密切联系，贯穿于国家治理现代化进程之中。就宪法与经济法的关系来看，二者的密切联系不仅体现在一般意义上的根本法与普通法关系，同样还体现在二者经由"经济性"这一纽带建立的特殊关系，而这种特殊关系却是其他法律部门与宪法之间所不具有或者说不完全具有的。这种特殊的密切关系体现在，一方面，有关经济的法律条文在宪法中占有很大的比例，以至于在当今世界，"一部现代的宪法同时也是一部经济宪法"；② 另一方面，经济法上的体制法，关系到公民与国家、国家机关之间的分权，从这种意义上讲，经济法又被称为"经济宪法"。事实上，从我国宪法与经济法的发展历史也可以看出，宪法与经济法之间是相互促进而发展的，这表明，经济法与宪法是完全可以协调发展的。③ 此外，从国家治理尤其是国家经济治理的角度来看，预算法作为国家治理法律体系的重要组成部分，不仅可以作为宪法和经济法"交叉"的典型"地带"而相对独立存在，同时又经由国家经济治理的实践反过来进一步加强和推动了宪法与经济法的联系。

因此，本文在此强调预算法的双重法律属性，并从国家治理的角度对预算法的双重法律属性予以审视，与其说是为了区分预算法的这两种法律属性，还不如说是为了更加深入地认识这两种法律属性之间的契合，以从更高的角度更加全面地把握预算法的二元法律属性特质。预算法这种二元法律属性在国家治理实践中的辩证统一，为国家财政预算法治化进程的推进指明了方向。

---

① 关于经济法的经济与社会二元功能的相关分析，可参见拙文《经济法的经济社会二元功能之冲突与平衡》，载《法学论坛》2012 年第 6 期。

② 张守文：《经济法总论》，中国人民大学出版社 2009 年版，第 59 页。

③ 有关宪法与经济法之间的关系及其协调发展相关问题，可参见张守文《论经济法与宪法的协调发展》，载《现代法学》2013 年第 4 期。

二　预算法的双重法律属性在财政预算法治化进程中的意义

　　以上从国家治理的角度对预算法的双重法律属性进行了具体阐释，这在当前的时代背景下具有重要的价值。在国家治理的框架体系和语境下，深入研究预算法的双重属性，不仅可以在法学理论上进一步深化对预算法的认识，同时还可以为财政预算法治化的制度完善提供有益的思路，从而在一定程度上推动我国财政法治化进程，具有理论研究和制度构建的双重功效。

　　如前所述，在当前国家治理现代化的背景下，财政预算法治化具有十分重要的意义。而要真正充分实现财政预算的法治化，就必须充分认识预算法的双重法律属性。预算法的这种双重法律属性具体体现在：一方面，预算法作为财税法的重要组成部分，具有明显的经济法属性；另一方面，预算法又与国家的政治体制紧密相连，具有明显的宪法属性。预算法具有经济法与宪法的双重法律属性，二者统一于当前的国家治理现代化进程之中。充分认识并把握预算法的这种双重法律属性，对于科学构建预算法理论体系、合理安排我国预算法中的相关制度、妥善解决预算法实际运行中的各种实践问题，具有十分重要的意义。具体来讲，预算法的双重法律属性对我国财政法治化进程的促进作用，主要体现在以下三个方面。

　　首先，充分认识预算法的双重法律属性，有助于在宏观上把握财政预算法治化的基本思路。"法律的修改并不完全等同于法律条文的删废和改动，在更深层次上则是对传统法律价值、理念的重新定位和反省"①，因此，任何一部法律的制定、修改、完善，其立法指导思想十分重要，预算法也不例外。基于预算法的双重法律属性，财政预算法治化进程中应该注意平衡协调预算法的双重法律属性，不仅要强调其经济法特质与功能，同时还要注意到其宪法特质和功能。②事实上，在预算法修订之前，即有学者指出，修改后的《预算法》或新制定的《预算和决算法》，其第1条都应该规定为，"为了规范预算和决算行为，加强预算和决算调控，体现人民当家做主，使预算资金的收

①　蒋悟真：《法理念视野下的预算法修改理路》，载《法商研究》2011年第4期。
②　例如，原《预算法》第1条规定，"为了强化预算的分配和监督职能，健全国家对预算的管理，加强国家宏观调控，保障经济和社会的健康发展，根据宪法，制定本法。"这主要是从宏观调控的角度强调了预算法的经济法功能，未能突出预算法的宪法功能，本次《预算法》的修改则对政府收支行为的规范与预算约束的强化、预算管理和监督的加强等具有宪法性质的内容进行了完善。

入和支出符合人民的根本利益，促进经济、社会和人的全面发展，根据宪法，制定本法"。① 此外，在财政预算法治化进程中，学者们提出的要加强预算民主性和透明度、加强人大的审查监督权等方面的完善建议②，而这类完善建议则大体上可以归入到预算法的宪法特质和功能之中，需要从宪法的视角予以审视。由此可见，只有充分认识预算法的这种双重属性，才能对于这类宏观方面的基本思路问题提供可能的解决方案。

其次，充分认识预算法的双重法律属性，有助于合理设计预算法律制度的具体内容。在正确的立法方向、理念和指导思想确立之后，预算法具体制度设计的科学合理与否，直接关系到预算法在实际生活中的运行顺畅与否。因此，预算法具体制度的设计十分重要。基于预算法的双重属性，一方面，预算法具体制度的设计必须符合经济规律，以有利于预算法对经济的宏观调控；另一方面，预算法具体制度的设计必须符合民主的基本原则，以有利于预算法对政治民主的推动。学者们对预算法具体制度方面的修改意见，实际上大致可以归为两类，一是对预算法具体经济规则的设计，其技术性较强；二是对预算法相应宪法规则的设计，其政治性较强。正是基于预算法的这双重属性，预算法具体规则的设计必须充分考虑这两种性质规则的充分结合与协调，以实现民主与科学的统一。当然，以上两种规则的划分仅仅是一种大致的归类，并非完全绝对，因为有些具体的规则很难分清到底是经济规则还是宪法规则。以预算年度的起始为例，一方面，预算年度的起始要考虑到与会计年度的协调，具有较强的经济性和技术性，另一方面，预算年度的起始又要与我国人大机关的会议制度相符合，因而又具有较强的政治性和民主性。无论是单一的技术问题还是政治问题，还是二者兼具的综合性问题，其解决的关键还是在于对预算法双重法律属性的平衡与协调。

再次，充分认识预算法的双重法律属性，有助于解决当前财政预算法律制度运行中存在的诸多问题。法律真正的意义在于其实际效果的实现，从这种意义上来讲，预算法的顺利实施应该是预算法立法的基本出发点和归宿。然而，"徒法不足以自行"，正确的立法指导思想和科学的具体制度设计，仅仅是预算法顺利实施的必要非充分条件，预算法的顺利实施还需要其他方面

---

① 杨紫烜：《应将〈预算法〉改为〈预算和决算法〉》，载《法学》2011年第11期。

② 例如有学者提出的，要加强人大对预算的审查监督、加强对预算执行的审计监督、适当赋予地方省级人大举债权、强化法律责任等。（参见俞光远《我国预算法修订应遵循的基本原则和几个重点内容》，载《地方财政研究》2012年第9期。）

制度和因素的配合。但是从另一方面来看，预算法运行中诸多问题却又与预算法立法有着直接或间接的关系。基于预算法的双重法律属性分析，当前预算法运行中的诸多问题实际上同样可以大致分为两类，一类是经济性较强的问题，另一类是宪法性较强的问题。当然，这同样是一种大致的分类，预算法运行中的许多问题实际上是兼有两个方面的性质，只是偏重点有所不同。如绩效预算管理问题，其经济意义大于政治意义；而预算信息公开、预算权的划分、人大机关对行政机关的预算监督等问题，其宪法意义则大于经济法意义。总之，预算法运行中的诸多问题的妥善解决，都和对预算法双重法律属性的认识与把握有着非常密切的关系。

由此可见，充分认识并把握预算法的双重法律属性，不仅有助于预算法本身的完善与实践问题的解决，同时对于促进整个财政预算的法治化进程也具有十分重要的意义，进而为国家治理体系和能力的现代化提供坚实的基础。事实上，正是基于预算法的双重法律属性这一复合性特质，预算法才能成为不同利益的交汇点和多方利益主体的博弈平台。从国家治理现代化的角度来看，聚合了多种利益的财政预算更迫切需要加快其法治化进程。这也是继提出国家治理现代化的十八届三中全会之后，又在十八届四中全会提出全面推进依法治国的原因之所在。因此，牢牢把握预算法的双重法律属性这一核心主线，在促进财政预算的法治化、实现国家治理的现代化等方面尤为必要。

三　国家治理视角下的财政预算法治化的基本路径

如前所述，财政预算是国家治理的重要组成部分，财政预算法治化是实现国家治理现代化的重要环节。因此，在国家治理现代化总体要求之下，探寻财政预算法治化的具体路径，就显得十分必要。事实上，财政法的相关基础理论研究中，公共财政理论一直是其研究的重要基础和视角。例如，有学者从公共财政与宪法关系的角度探讨了公共财政的核心价值[1]，也有学者对财政立宪相关问题进行了研究[2]，还有学者对公共财政的现代化路径进行了研究[3]，另有学者从公共财政理念的角度对预算法的调整范围等相关问题进行了

---

① 参见王世涛《公共财政的核心价值：财政权的控制与财产权的保障》，载《法治论坛》2008年第3期。

② 参见童春林《财政立宪问题探析》，载《法学杂志》2008年第2期。

③ 参见曹明星、刘剑文《公共财政的现代化路径之法律分析》，载《社会科学》2008年第5期。

探讨。①应当说，公共财政理论不仅其本身具有自己的逻辑体系，同时也为财政预算法的理论研究和制度完善提供了坚实的理论基础。

以上研究成果中有关公共财政的界定、公共财政与宪法之间的关系、公共财政的现代化路径等方面的研究成果，为财政预算法的相关理论研究提供了有益的思路，也充分体现了传统公共财政理论对于财政法理论研究的基础性影响。但也应当看到，由于学科视角的差异，法学与经济学、公共管理学在理论研究和制度建构等方面还是存在一定差异的。因此，法学界应当在借鉴公共财政理论的基础上进一步探索财政预算法治化的具体路径。此外，国家治理现代化问题是我们这个时代赋予的全新课题，因而，在国家治理体系下的财政预算法治化路径探索问题上，没有现成的经验可以复制，只能在深入探索中不断创新。总体来看，在国家治理现代化的视角下，财政预算法治化的基本路径应当包含以下几个方面。

首先，要进一步充实并完善财政预算法律制度的具体内容。财政预算法律制度的充实完善是实现国家治理现代化的重要内容。这是因为，"国家治理体系和治理能力的现代化，就是使国家治理体系制度化、科学化、规范化、程序化，使国家治理者善于运用法治思维和法律制度治理国家，从而把中国特色社会主义各方面的制度优势转化为治理国家的效能"②，因此，国家治理体系下的财政预算法治化离不开相应的预算法律制度完善。当然，立法完善历来是推进法治化进程的重要路径，财政预算的法治化进程亦不例外。事实上，对于财政预算法律制度的完善问题，学界的相关研究成果已经提供了较为详细的建议。例如，在《预算法》修订的过程中，学者们分别从法律理念的角度③、从规范分析的角度④、从宏观调控的角度⑤、从预算法律监督制度完善的角度⑥、从程序的角度⑦，对预算法的修改与完善提出了建议。以上建

---

① 参见刘剑文、王文婷《公共财政理念下的预算范围调控之法律进路》，载《重庆大学学报（社会科学版）》2011年第3期。

② 江必新：《推进国家治理体系和治理能力现代化》，载《光明日报》2013年11月15日第1版。

③ 参见顾功耘《〈预算法〉的理念需要重塑》，载《法学》2011年第11期。

④ 参见蒋悟真《我国预算法修订的规范分析》，载《法学研究》2011年第2期。

⑤ 参见王建敏等《市场经济与宏观调控法研究》，经济科学出版社2005年版，第150—151页。

⑥ 参见王世涛《〈预算法〉的修改与预算监督法律制度的完善》，载《财经问题研究》2005年第3期。

⑦ 参见邢会强《程序视角下的预算法——兼论〈中华人民共和国预算法〉之修订》，载《法商研究》2004年第5期。

议有些在本次《预算法》修订中已经得到了体现，有些合理建议还有待于在今后的立法中予以完善。由此可见，立法完善与充实是促进我国财政预算法律制度最基本的路径。

其次，要从宪法的层面进一步推动财政预算的法治化。"国家治理的现代化，是公权力机关退位、归位和理性再定位的过程"①，而财政预算法治化所要解决的核心问题正是对于财政预算权力的限制问题。此外，财政预算中的人大监督权问题、财政预算的可诉性等相关问题，已经超越经济法的范畴，上升到国家机关之间的权力分配的层面，只能在宪法的层面上予以根本解决。事实上，从宪法层面推动财政预算的法治化，也与预算法双重法律属性问题具有十分重要的关系。正是预算法的这种双重法律属性，才使得财政预算法治化路径必须和宪法紧密结合。党的十八届四中全会也明确提出，"坚持依法治国首先要坚持依宪治国，坚持依法执政首先要坚持依宪执政"，这充分体现了宪法在整个法治进程中的独特地位。由此可见，国家治理现代化中的财政预算法治化问题，在本质上是一个宪法问题，最终还必须在宪法的层面予以确认，唯有如此，才能真正实现财政预算的法治化，进而促进国家治理的现代化进程。

再次，要进一步加强相关配套法律制度的完善，确保财政预算行为的民主化、法治化。国家治理体系和治理能力现代化对我国各项制度提出了全方位的要求。正如有学者指出，"推进国家治理体系和治理能力现代化，势必要求对国家的行政制度、决策制度、司法制度、预算制度、监督制度等进行突破性的改革"。② 因此，从国家治理的角度来看，财政预算的法治化在整个国家治理中虽然地位重要，不仅需要相关法律制度予以配合，同时也需要行政制度、决策制度、司法制度、监督制度等一系列的相关制度予以配合，唯有如此，才能真正实现国家治理的现代化。就相关法律制度而言，主要体现在经济法与行政法领域。就经济法领域来看，国债法律制度、政府采购法律制度等相关制度很有必要进一步完善；就行政法领域来看，财政预算监督、公民的预算参与权等相关问题应当通过法律予以保障。由此可见，相关配套法律制度的完善是财政预算法治化路径的又一重要方面。

总体上看，以上关于财政预算法治化路径的探讨，主要是集中在立法领域。事实上，财政预算法治化的实现，不仅需要立法，还需要通过一系列的

① 江必新：《法治社会，从何"治"起》，载《人民日报》2014年9月16日第5版。
② 俞可平：《国家治理体系的内涵本质》，载《理论导报》，2014年第4期。

制度来保障财政预算法律制度的实施，这也应当成为实现国家治理现代化进程中财政预算法治化的重要路径。此处由于篇幅所限，就不再具体展开。

四　小结

具有"经济宪法"之称的《预算法》，是约束和监督政府财政预算行为的基本规则，是实现财政预算法治化的基本手段，是当下我国政治与经济改革的重心之一，同时也是构建国家治理体系和实现国家治理能力现代化的关键环节。也正是因为如此，长期以来，《预算法》的修改与完善问题都是社会各界关注的焦点。然而，2014 年《预算法》修改的完成，并未降低人们对财政预算法治化的关注度。随着我国依法治国进程的全面推进，预算法在国家治理中的作用只会进一步加强。这是由预算法的双重法律属性所决定的。一方面，具有宪法属性的预算法在提升国家政府治理水平、完善民主政治等方面具有十分重要的作用；另一方面，具有经济法属性的预算法在推动国家经济治理、促进经济发展方式转变等方面同样具有十分重要的意义。此外，预算法的这种双重法律属性也使得财政预算的法治化进程不仅局限于《预算法》本身的修改与完善，同时还涉及宪法、经济法相关配套法律制度的完善问题。这也决定了财政预算法治化是一个关系到诸多具体法律制度的综合系统工程。因此，从立法的角度来看，在宪法和经济法的框架体系之内，构建国家治理现代化的财政预算法治化路径，应当是我国今后财政立法工作的努力方向。

作者简介：肖京，中国社会科学院法学研究所助理研究员、北京大学光华管理学院博士后流动站研究人员。本文发表在《法学论坛》2015 年第 6 期。

政府购买公共服务后的行政担保责任

张　敏

摘要： 随着社会主义市场经济的发展，公共服务民营化的不断推进，政府通过使用财政资金购买公共服务的方式，在一定程度上减轻了政府负担，提高了政府工作效率，也为政府管理提供了新机制和新活力。但对其过于热衷，政府往往容易忽略公共服务中应承担的行政担保责任。本文从案例出发，详细阐述了政府购买公共服务的实质，并以实现公私协力为出发点，分析了政府应承担的行政担保责任的内容及其履行问题。

关键词： 政府购买服务；公共服务；行政担保责任

在公共服务民营化浪潮下，作为政府治理工具的政府购买公共服务在我国掀起热潮。2012 年 11 月民政部和财政部出台《关于政府购买社会工作服务的指导意见》，2013 年 9 月国务院发布《关于政府向社会力量购买公共服务的指导意见》，2013 年 12 月，财政部作出《关于做好政府购买服务工作有关问题的通知》。2014 年，政府购买公共服务在全国展开，各地政府相继出台了有关规章或规范性文件，并写入地方政府工作报告中。政府购买公共服务是政府治理方式的革新，体现了行政法发展的新趋势，即由管理到治理，由强制行政到给付行政的过渡，有利于加快政府职能转变，有利于行政效率的提高。目前的研究多侧重于政府购买公共服务的必要性、手段、范围等内容，对政府购买公共服务后的行政担保责任的理论探讨和实践解决还需要进一步关注。

一　政府购买公共服务中公共利益被忽视：一则案例引发的思考

政府购买公共服务（Purchase of Service Contracting），在美国称为合同外包或服务购买合同，是指政府直接拨款或公开招标，将原来直接提供的公共服务事项，交给有资质的社会服务机构来完成，根据中标者提供的公共服务的数量和质量，最后支付服务费用的行为。① 政府购买公共服务源自西方的民营化运动，德国学者施托博教授认为，"民营化意味着把原本由公权力机关提供的产品和服务转变为由私人主体提供或者由私人主体参与提供"。② 为减轻政府财政压力，提高行政效率，政府向社会组织购买医疗卫生、养老、教育文化、市政服务、社会治安管理、法律产品、社区矫正等公共服务产品，将原本由政府直接提供公共服务转变为由社会组织提供与政府相同的或者是更好的公共服务。政府购买公共服务已经成为现代国家政府治理的重要特点。

2014 年 4 月 11 日上午，兰州市城区唯一的供水企业——兰州威立雅水务集团公司出厂水及自流沟水样被曝检测出苯含量严重超标。造成苯超标的原因是，兰州石化一条管线出现泄漏，进而渗入威立雅水务集团内部管网所致。该案例中，兰州市政府向威立雅公司购买了供水的公共服务，双方根据购买合同公私合作共同完成对兰州市民供水的行政给付任务。双方出发点都是为了公共利益，但却最终背离了行政给付的目标，提供了有害的用水，侵犯了公共利益。好的出发点却得到了坏结果，问题的症结何在？

自来水供水企业威立雅公司对使用近六十年的关键管网每半年才检测一次，且判断有无污染仅看水表面上有无油花。其忽视公共利益，缺乏对供水的资金投入，对不合格供水侵犯了兰州市民的健康权益，负有重要责任。苯水事件暴露出政府购买公共服务的一个重要缺陷，即政府在购买公共服务后没有履行监督责任。公共服务供应商的市场化改革与公共服务法规监督机制的脱节，导致了在购买公共服务后政府责任的缺位。本案中提供公共服务的威立雅公司是一家外资私营企业，必然以盈利为目标，采取控制成本的举措而损害了公共利益。而供水的公共服务针对的是行政给付，涉及高度的公益性，政府有"生存照顾"的义务，政府对市民有给付合格质量用水的义务。政府通过购买公共服务卸下了自来水供应中的财政补贴负担，但却没有尽到购买后的行政监管责任，没有承担起一定给付品质的担保责任，致使公共利益受到侵犯。

"公共利益"是行政法的核心概念，"是行政法的适用、解释和权衡的普遍原则"③，因此，行政法应当立足于大众福祉，关注公共利益。政府购买公

---

① 王浦劬、［美］莱斯特·M. 萨拉蒙等：《政府向社会组织购买公共服务研究：中国与全球经验分析》，北京大学出版社 2010 年版，第 4 页。

② 刘飞：《试论民营化对中国行政法制之挑战——民营化浪潮下的行政法思考》，载《中国法学》2009 年第 2 期。

③ ［德］汉斯·J. 沃尔夫：《行政法·第一卷》，高家伟译，商务印书馆 2007 年版，第 324 页。

共服务合同的起点和归宿都是公共利益的实现，而社会组织提供公共服务以追求效益为盈利目的，在购买服务合同履行过程中，有效率和公益两种不同的价值追求，合同履行中应考虑效率和公益的平衡，当二者出现冲突时，应首先保证公共利益的实现。因为效率只是行政公共性的一种体现，且通常只具有工具性价值，而人权保障与公共利益的实现则是具有目的性价值的公共性，在涉及民营化问题时，不能因为追求效率而牺牲公共利益。①

根据公共选择理论，人是理性人，任何人本质上都是利益主体。利益主体也可能是人类共同体中的组织。"就法律技术而言，可以将任何公法人或者私法人视为作为人类利益归属的利益主体。"② 在公共服务的提供过程中，对个体利益的追逐容易侵犯公民权益。例如一定公共服务设施的建造需要征收土地，在征收土地过程中容易侵犯公民的财产权。政府购买公共服务过程中，有义务着眼于公共利益或公共福利，而不是屈从于社会组织的压力。根据制度经济学的理论，在管制过程中，有可能出现政府被社会组织所"俘获"的风险，而偏离了公共利益的追求目标，故此，强调政府的行政担保责任并将其制度化就尤为重要，有了法律机制的约束，才能预防政府被俘获，使政府的行政担保责任真正回归公共利益维护的本真，"国家之公益维系责任非但不得遁入私法，更不得'遁入公私协力'"。③

二 政府购买公共服务的实质：公私协力实现公共福利

政府购买公共服务是强制行政过渡到给付行政的体现，其实质是公私协力实现公共福利的公法行为。在自由法治国时期，奉行自由主义"消极政府"的理念，西方国家力主"小政府"，政府扮演"守夜人"，行政限于治安、国防、税务、外交等领域。但到了20世纪初期，行政国家出现，现代行政扩展到卫生、环保、交通、工商、金融、劳动就业保障、妇女儿童保障、社会福利保障等在内的几乎所有的公共服务领域，"从摇篮到坟墓"的福利国家出现，"积极政府"成为应有之义。行政领域的扩大引起公共行政的变迁，由规制行政相对人行为的强制行政过渡到突显公共福利的给付行政。给付行政的

---

① 翁岳生：《行政法》，中国民主法制出版社2009年版，第482页。
② ［德］汉斯·J.沃尔夫等：《行政法·第一卷》，高家伟译，商务印书馆2007年版，第325页。
③ 詹镇荣：《行政合作法之建制与发展——以民间参与公共建设为中心》，台湾行政法学会主编《行政契约之法理、各国行政法学发展方向》，元照出版社2009年版，第124页。

履行要求政府有充裕的财政实力、专业的行业技能和高超的政府治理能力，而福利国家时代，公民对公共服务的需要日益增多，政府在财力和专业技术上无力完成诸多的任务。为减轻压力，政府奉行服务型政府建构的理念，做"导航式的政府"，而非"亲自操匠"①，在公共服务领域实行民营化，由私人参与给付行政，或公私合作提供公共服务。

政府购买公共服务是对社会法治国家理论的践行。社会法治国是与警察国家相对立的概念，警察国家强调秩序行政，社会法治国强调给付行政。社会法治国家的特征在于"形成和维护实质的法治状态，共同体所有成员的财产权益都可能与其他不确定的人的权益发生冲突，但重要的生存权益必须予以保障。"② 社会法治国家致力于公共福祉的实现，行政不仅仅是国家法律和权力运行的工具，更是保障公共福利实现的工具。正如福斯多夫所言，"生存照顾乃现代行政之任务"。③ 社会法治国家并不限于金钱和物质的给付，而是总体上承担服务性的功能，行政的任务和职责是促进基本人权的实现和保障。为促使公民生存权和社会权的实现，政府积极主动提供公共服务，为减轻财政压力及克服技术局限，政府由自己生产提供服务转变为向社会组织购买公共服务。

由自由主义法治国过渡到社会法治国的过程中，公法与私法的界分渐趋模糊。为实现公共福利，公私协力的方式在执行行政任务时被普遍采用。"行政并不一定非采用行政法来规范不可，也可以选择私法的法律方式，而让'私法自治'之原则得以适用。"④ 政府购买公共服务是公私协力的行政给付行为，一般通过签订行政合同完成，是将传统上政府为服务对象（消费者）提供的服务设施或项目交给非营利机构去做，而不是政府直接提供服务。其优点在于：第一，在公共领域引入市场竞争机制，发挥市场的资源配置作用，弥补政府作为公法主体在服务绩效上的劣势；第二，利用社会组织的资金投入，减轻政府财政的负担；第三，利用私人的灵活性，提高效率，并具有革新的潜力；第四，最重要的是机关瘦身，通过私有化建立"苗条国家"，即将行政活动压缩到核心领域。政府购买公共服务并非是公共服务领域完全的"去行政化"或"私有化"，而是公权力在公共服务领域所有权与经营权的分

---

① 翁岳生：《行政法》，中国民主法制出版社 2009 年版，第 97 页。
② ［德］汉斯·J. 沃尔夫等：《行政法·第一卷》高家伟译，商务印书馆 2007 年版，第 145 页。
③ 陈新民：《公法学札记》，中国政法大学出版社 2001 年版，第 48 页。
④ 同上书，第 102 页。

离。政府由直接的给付者变成担保者，并非意味着政府责任在公共服务领域的逃遁，恰恰相反，政府要承担明确的行政担保责任。

三　政府对公共福利负第一位的行政担保责任：公私协力的起点

政府的行政担保责任是指政府作为担保人，担保公私合作中的私人行政所追求的公共利益目标最终实现的一种责任类型。行政担保责任产生于作为服务消费方的公民的基本权利，公民基本生存权及社会权的实现要求国家给付义务的履行，对于政府购买公共服务合同而言，国家直接给付义务转化为间接的给付义务，即体现在政府担保责任的履行。

行政担保责任是德国行政法中最早发展出来的理论，"担保行政通常亦与多元利益结构、基本权保障同时具备防御性功能以及国家保护功能、第三人保护问题以及综合性行政决定等议题相关。不过对于担保责任而言，至为关键者乃是公私协力共同实现公共福祉。"① 由于公私协力的存在与发展，行政法律关系由传统的公私二元对立迈向公私多元合作关系。在法治国原则下，处理公私多元合作有两种治理模式，一种是直接的给付行政模式，强调基于生存照顾的国家义务的履行，即国家直接给予一定条件的公民以物质帮助。我国宪法第四十五条规定了公民在年老、疾病或丧失劳动能力时有获得物质帮助权，体现在行政法领域就是给付行政，如行政给付、行政奖励等行政行为的履行。另一种是间接的给付行政模式，即"担保给付"，指除了直接给付外，"国家通过授权、委托、经济刺激、私有化等各种形式，保证公民能够从特定的途径，以特定的形式得到相应的给付服务"。② 担保给付强调政府成为购买公共服务的规制者和担保者，一方面，政府通过签订合同等方式规制其与社会组织之间的关系，另一方面，政府对公共服务消费者承担担保责任。政府由直接给付者变为间接的给付者（行政担保者），通过履行行政担保责任，实现给付义务。政府虽然不承担自行提供公共服务的行政责任，但是政府仍有担保社会组织提供符合公共利益且合法的公共服务的责任。政府购买

---

① ［德］施密特·阿斯曼：《秩序理念下的行政法体系建构》，林明锵等译，北京大学出版社2012年版，第164页。

② ［德］汉斯·J.沃尔夫等：《行政法·第三卷》高家伟译，商务印书馆2007年版，前言第3页。

公共服务，并非意味着行政权力的"完全私有化"，也不意味着政府在公共服务提供领域的逃遁。只是强调政府由直接的给付者转换为担保者，有利于充分发挥市场的配置作用，减轻财政压力，提供行政效率，也符合"苗条国家"的现代国家治理理念。

在政府购买公共服务合同中，有三方主体，即政府（购买方）、社会组织（服务提供方）、消费方（公民），其中，政府与公民之间的法律关系是公法关系，即行政给付。政府与社会组织之间的法律关系是行政合同关系，而社会组织与公民之间是间接的关系，公民作为公共服务的消费方，是公共利益的享有者。其中，政府对于公共福利所负的担保责任是第一位的。社会组织对公共福利所负的责任是基于公私合作中责任分配，即基于行政合同或法律规定由政府转移到社会组织的责任，这种责任是第二位的。

"行政活动利用私法自治及私经济行为，用以促进公共目的之达成，而担保责任为此提供一个起始点"。① 随着政府购买公共服务后在服务供给领域的退出，公共服务维护的公共利益实现的程度就取决于服务提供者，而服务提供者能否提供高品质的服务往往受到行业道德、专业技能、商誉及利润追求等诸多因素的影响，面对诸多不确定因素及利益衡量，公共利益的实现很难得到切实保障，为避免公共服务消费者权益因社会组织对利润的追求而受到损害，政府仍应承担公益维护的义务，通过相关管制与规制措施，保障公众在公共服务领域的需求，使其取得符合人性尊严的最低限度的生存照顾。"当行政—通常在法律赋予的空间里为促进公共福祉而致力于将公共任务交由私人来承担时，即产生担保责任。它是由国家与社会共同将公共福祉加以实现的过程。"② 因此，政府的行政担保责任不能随着政府购买公共服务合同的签订而退出行政合同的运作过程。

四 行政担保责任的内容及履行：公私协力的实现

（一）行政担保责任的内容

台湾学者许宗力认为，民营化后的国家管制义务包括：给付不中断的担

---

① ［德］施密特·阿斯曼《秩序理念下的行政法体系建构》林明锵等译，北京大学出版社2012年版，第164页。
② 同上书，第163页。

保义务、维持与促进竞争的担保义务、持续性的合理价格与一定给付品质的担保义务、既有员工的安置担保义务，人权保障义务与国家赔偿责任之承担。① 萧文生认为，国家在私人参与公共行政任务执行时的担保责任包括：合格私人之挑选、监督责任、第三人权益之保障、评估及学习责任、国家有效的其他选择。② 本文认为在政府购买公共服务合同中，政府需要承担的行政担保责任有以下内容：

第一，挑选合格且有能力的公共服务提供者。政府购买公共服务是公法行为，社会组织基于政府委托提供公共服务，必须具备公法上所要求的资格能力，即社会组织是合格的且有能力的被委托主体。和政府签订公共服务购买合同的社会组织的主要目的是通过提供公共服务取得利润，企业逐利的本性导致企业在履行合同的过程中有可能损害被给付者的利益，因此，这时就需要政府对服务提供者的资格依法进行审核和考量，挑选出信誉好、有给付能力的、专业水准在行业中较高的服务提供者。挑选合格的服务提供者既是政府的权利也是政府的义务，是政府履行一定给付品质的担保义务之所在。"在一个合作体制下，政府的作用从管制者和控制者改变为促进者。"③ 在确定了合格的服务提供者后，政府负有维持与促进竞争的义务，为增加竞争、避免垄断，确保商品或服务的提供。政府应尽量将欲购买的公共服务交给不同的人分别承接并最终能参与市场经营。

第二，给付不中断的监督义务。政府有义务担保对民生攸关的公共服务的提供不间断，特别是担保水、电、天然气等基本公共服务持续供给，使公民生活不至于遭受侵害。"若合同的服务提供方违约，则基本公共服务的连续性供应就受到危害，因此政府有义务预先决定合同当事人的资格并掌控公共服务的运行。"④ 政府除了挑选合格的社会组织外，重要的是对公共服务的运行过程予以监督。不同于一般的民事合同，政府购买公共服务合同是公私协力的公法行为，由此可推导出政府在公法上的监督义务。政府的监督力度影响甚至决定了社会组织能否持续提供公共服务。

① 许宗力：《论行政任务的民营化》，翁岳生教授祝寿论文编辑委员会，《当代公法新论·中》，元照出版公司 2002 年版，第 607—609 页。
② 萧文生：《国家·地方自治·行政秩序》，元照出版公司 2009 年版，第 191—195 页。
③ Orly Lobel. New Governance as Regulatory Governance. David Levi-Faur（ed），The Oxford Handbook of Governance. Oxford University Press，2012，p. 105.
④ Anne CL Davies. Eenglish Law's Treatment Government Contracts. Mark Freedland（ed），The Public Law/ Private Law Divide. Hart Publishing，2006，p. 113.

第三，人权保障义务与国家赔偿责任之承担。公共服务购买合同的最终目的是公共福利的实现，即作为合同第三人的消费者的公民个体之整体利益的实现，购买公共服务的合同双方着力于合同的履行，在合同履行过程中，应尊重公民财产权等权益，积极履行人权保障义务。政府对于社会组织的违法行为承担国家赔偿责任。

第四，政府承担最终履行责任。在社会组织实施不当行为或者提供不合格的公共服务时，政府就应承担直接履行责任。政府购买公共服务说到底是社会组织协助政府完成行政任务，可以视为行政主体委托社会组织生产或提供公共服务，并没有发生职责的转移，政府对其任务履行仍承担最终责任。

（二）行政担保责任的履行

1. 管制：利用法律强制性规定

从理论上看，政府购买是政府采购的一种形式，但 2003 年 1 月 1 日实施的《政府采购法》对政府采购界定为使用财政性资金采购货物、工程和服务的行为。但对"服务"并未明确规定是公共服务，根据该法的实施规则，列入政府采购目录范围的一般是政府采购办公用品等自用产品的服务，实践中亦是如此，故政府购买公共服务不能适用《政府采购法》。目前还没有一部法律或行政法规来规范全国范围内的政府购买公共服务活动，国务院部门和一些地方政府制定了有关的指导意见和实施办法，但这些规定的性质是行政规章，其效力低于法律和法规，且规范缺乏明确性和具体性。各地政府购买公共服务所依据的都是一些地方性的规范性文化和指导意见，法律依据的缺乏导致各地政府在实践中缺乏统一的技术标准、价格规定和统一的程序性规定。因此，应修改政府采购法，把对公共服务的购买纳入其中，通过立法明确规范政府购买公共服务的主体、范围，使政府购买公共服务的行为有具体的法律依据。

国务院《关于政府向社会力量购买服务的指导意见》将公共服务的购买主体限定在具有行政主体资格的机关和组织，强调购买主体的广泛性，而不管购买主体的资格是基于行政授权还是行政委托。据此，公共服务的购买主体主要有各级行政机关、具有行政管理职能的事业单位、具有行政编制且由财政拨付经费的社团组织。同时，该指导意见要求加大政府向社会购买公共服务的力度，即明确了购买范围的广泛性，包括教育、就业、社保、卫生、体育、残疾人服务、住房保障等基本公共服务领域。对于非基本公共服务领域，则要求"要更多更好地发挥社会力量的作用，凡适合社会力量承担的，都可以通过委托、承包采购等方式交给社会力量承担。"体现了社会依法治国理念下政府作为给付供给者和担保者的双重身份定位。当然，福利供给只是政府职能的一部分，除此之外，政府还承担秩序行政的职能，即政府通过行政处罚、行政强制、行政征收、行政命令等强制行政行为维护社会秩序的稳定和发展。秩序行政的行使必须以政府的行政职权为前提，这些领域不能实行服务外包，应排除在政府购买公共服务的范围外。例如，《宁波市政府服务外包暂行办法》第9条规定，"行政处罚、行政许可、行政检查、行政收费、行政确认、行政征收征用、行政强制执行等政务行为，不得实行服务外包。"

2. 规制：通过行政契约的实现

社会组织在公共服务提供中的作用至关重要，为追求利益可能会滥用其基于授权或者委托取得的权力，而政府限于技能和专业知识的隔膜，对社会组织履行合同的行为不容易加以制约。而在一个外包的年代，契约成为越来越重要的权力运作机制和管制工具。① 因此，作为规制工具的可强制执行契约就是政府提供公共服务的重要担保方式。

政府与提供服务的社会组织达成契约，明确该社会组织完成行政任务的条件及权利义务的承担，双方根据契约履行行政任务。作为服务购买者的政府，要监督社会组织的履约状况，如果公共利益受到侵犯时，应惩罚该组织或终止合同。契约中双方权利义务的规定和相关惩罚措施都有助于政府购买公共服务后监督责任的履行。政府依据行政契约行使职权并履行对社会组织的监督义务，可进一步规制社会组织的履约行为，进而完成政府对公共福利的提供任务，为政府在购买公共服务后的担保责任提供规范依据，特别是公共服务的特许经营（BOT）契约在行政规制的作用日益凸显。

实现政府行政担保责任的重要工具是公私双方签订的合作契约。虽然政府购买公共服务合同建立在双方合意的基础上，但在行政合同中，政府占据主导地位，有特别的指示权。因此，政府应充分发挥其引导作用，在契约中规定有关公共服务的具体内容、社会组织应遵守的法律规则及义务、社会组织在不能履行合同时的责任承担。

首先，在契约中规定社会组织提供公共服务的具体内容。确保合同的明晰化，尽可能把公共服务的价格、质量、数量等进行量化、细化，以便于购买公共服务后对合同的履行进行有效监督。其次，在契约中规范其遵守有关

---

① ［美］朱迪·弗里德曼：《合作治理与新行政法》，毕洪海等译，商务印书馆2010年版，第320页。

法律规则。一方面，应遵守的约束公权力的有关公法规则，如公开、透明、接受监督，以防止社会组织滥权和侵犯相对人权益。另一方面，在契约明确规定公共服务的提供者应遵守最低限度的行政程序，诸如公告与听证的要求。最后，在契约中规范当社会组织不能或不愿意继续履行合同时应承担的担保责任。社会组织中止履行合同一般有两种情况，违约不能履行和遇有风险、不可预料的不能履行，对这两种情形在行政合同中应予分别规范。在社会组织违约不能履行时政府应负最终履行的担保责任，在社会组织遇有风险不能履行时，政府应提供有关的资金支持，协助社会组织履行合同。

政府履行行政担保责任，要求政府不能滥用行政契约中的权力，如政府不能随意解除购买公共服务合同。政府的履约责任通过契约中对社会组织的权利规范予以规制。当然，通过契约的规制履行行政担保责任也有一定限度，因为行政机关对契约机制运行的利益不会总是与消费者的利益保持一致。行政机关可能更关心的是向社会组织购买公共服务"可以节省预算而同时转移财政风险并且将缩减支出的政治诘责转移给私人机关"[1]，与提供服务的质量相比，行政机关或许更关心与社会组织长期合作的伙伴关系，而非短期性的个案公正和消费者的利益。

3. 协商：通过行政程序的实现

首先，应注重行政机关与社会组织之间的协商。"行政就是协商性的事业"[2]，社会公共服务的供给是通过一系列行政契约实现的，在以管制和契约的混合为特征的行政合同中，行政机关与服务购买者（社会组织）就行政合同的条款进行协商，服务的最终消费者是社会公众。

其次，应注重公民参与协商。在政府购买公共服务中，公共利益是至关重要的，也是最容易被忽视的，政府购买公共服务的行为往往通过特许经营的方式进行，而作为消费者的普通公民对此根本无从了解，更无法参与合同的签订。根据社会心理学的知识，当事人若参与制定决定，他们就更容易认为结果是正当的。在政府购买公共服务过程中，若作为第三方的消费者参与行政合同的制定，在参与过程中争取自己的权益，进行协商，他们就更容易满足。因此，在政府购买公共服务中应充分发挥行政协商的作用。在行政合同的制定过程中，行政机关可以召集作为合同第三方的消费者参与合同的拟

---

① ［美］朱迪·弗里德曼：《合作治理与新行政法》，毕洪海等译，商务印书馆 2010 年版，第 398 页。

② 同上书，第 388 页。

定，就购买公共服务的内容达成合意。在标准设定中，应发挥作为服务提供者的企业的专家作用，还要利用行业协会予以专业技术的咨询和参与，同时，政府应承担标准设定的监督作用。公民参与协商还体现在听证制度的运行上。听证制度能将相关信息公开，公民参与听证，有利于行政主体公正决策。诸多有关公共服务的立法，如《铁路法》《公路法》《义务教育法》《邮政法》都没有规范听证制度。即使立法已确立听证的公共服务领域，在实践中也未得到行政机关的有效执行。如根据《价格法》第23条的规定，公共服务商品的价格确定应进行听证，即在政府主管部门的主持下，听取经营者、消费者等相关利益关系人的意见，论证价格制定的必要性和可行性。但在实践中，多数公共服务价格的确定没有采取听证，即使是举行了听证会，也往往流于形式。

最后，行政程序还要求公开政府购买公共服务活动的行为。公共服务涉及的财政性资金主要来自税收，对其支配应听取纳税人的建议。因此，政府应向公众公开其资金使用情况，并建立社会组织信息披露制度，运用电子政务，建构购买公共服务的网络平台，公开购买公共服务的活动。

4. 评估：政府担保责任的增强

政府承担行政担保责任可以通过签订合同后的第三方鉴证制度的构建实现。在签订政府购买合同后，政府退出公共服务直接供给过程，但是政府的担保责任并没有隐退。由独立的非营利或行业组织对公共服务的提供者进行评估及私人鉴证是增强责任性的一种方式，鉴证结果应广泛公布，有助于消费者在不同的公共服务提供者之间进行选择。政府可制定购买服务资质评判标准，委托第三方对社会组织的能力和绩效进行评估，目前广东省珠海市在制定的《2013年珠海市政府向社会组织购买服务年度目录》及《关于做好政府向社会组织购买服务工作的通知》中，已经引入了第三方评估机制。

当然，第三方评估机制的引入可能会遭遇政府的冷处理，对社会组织的严格审查可能会导致社会组织灵活性和创新能力的丧失，加大政府支出。因此，政府在进行第三者评估或私人鉴证时，往往会持一定的保留态度。但是，制度总是在运行中逐渐得以完善，第三方评估机制的引入对于政府承担行政担保责任不失为一种有效方式。

作者简介：张敏，河南大学法学院讲师。

论股权多元化背景下国有资本
退出市场法律制度的完善

徐晓松

摘要： 如何正确处理政府与市场的关系是中国未来经济体制改革的核心问题。股权多元化是国企改革的关键，也是改革政府与市场关系的重要环节。部分国有资本退出市场已成为当下国企股权多元化改革的重要内容，然而在法律制度层面，依然面临着许多问题。本文简要分析了国有资本退出市场所面临的问题，并提出下一阶段改革的具体建议。

关键词： 股权多样化；国企改革；国有资本

一 国有企业股权多元化是改革政府与市场关系的重要环节

党的第十八届三中全会《关于全面深化改革的若干重大问题的决定》（以下简称《决定》）明确指出：要紧紧围绕使市场在资源配置中起决定性作用深化经济体制改革。这表明，如何处理政府与市场的关系是中国未来经济体制改革的核心问题。就一般而言，政府在经济中的作用被定位于弥补市场失灵。而对处于经济体制转型时期的中国而言，政府对市场的直接干预还太多。其中，国有企业在占有资源、价格形成以及替代政府监管方面，将政府直接干预经济推到极致。因此，《决定》在将混合所有制经济作为基本经济制度重要实现形式的基础上，提出积极发展混合所有制经济。以此为指引，在对国有企业功能进行准确定位的基础上，股权多元化改革无疑对减少政府对资源的直接配置，对形成我国新型的政府与市场关系，促进我国民营经济的发展、使国有企业公司治理走向市场化具有重要意义。

二 部分国有资本退出市场是当下国有企业股权多元化改革的重要内容

2006 年前后的股权分置改革及国有企业整体上市，已经实际上开启了国有企业股权多元化改革的大门。但迄今为止，国有企业基本保持了"一股独大"的股权格局，不仅影响了国有企业治理水平的提高，而且使民营企业的生存空间受到一定挤压。因此，加快股权多元化改革的核心问题是加大国有企业中非公资本的占比，或者说减少国有资本在部分国有企业中的占比。改革首先涉及国有企业的定位问题。关于国有资本应当存在的领域，实践中的基本共识是：基于公共利益，在涉及国家安全、国民经济命脉、支柱产业和高新技术产业等领域的国有企业中，国有资本应当通过独资和控股的方式进行控制，而对其他国有资本不需要控制的领域，国有资本可以参股或者完全退出。因此可以肯定，在不需要国家控制的领域中，国有资本退出是国有企业股权多元化改革的重要内容。

三 当下国有资本退出市场面临的主要问题

在 20 世纪末，国有企业曾经历了一次退出的改革。当时国有资本退出主要集中于效益较差甚至长期亏损的小型国有企业。改革中出现的主要问题一是出现国有资产流失，二是企业职工安置费用的筹措。而今天国有公司（企业）股权多元化改革中的国有资本退出市场，国有企业的情况已经发生了翻天覆地的变化：现存国有企业在多年改革之后大都"做大做强"，不仅规模扩大，效益也有了很大提高，这必然导致国有资本退出市场所涉及的利益关系主体有了新的变化，即：尽管国有资本的公共权利属性不变，但由于其数量和价值的变化，当国有资本以国有股权（产权）出让方式退出时，所涉利益关系主体不仅有股权转让交易双方的当事人、国有企业职工，而且还包括全体人民。基于此，协调平衡各方利益关系，完善国有股权转让制度，以应对可能出现的问题，成为制度设计的当务之急。

四　法律制度改革建议

（一）　以平衡协调各方利益关系为核心改革和完善现行国有股权转让制度

在法律层面上，国有企业股权多元化改革中国有资本退出制度的核心是国有股权出让制度。基于股权设置目标的公共性，国有股转让权行使将涉及包括国家股东（政府）、企业经营者、职工以及全民之间的利益冲突。这些利益冲突源于各方对股权转让过程控制力的不对等，而这种控制力的差异又源于渐进式改革赋予政府的权力以及企业经营者占据的信息以及管理上的优势。在上述层面上反思现行国有产权转让规则，可以发现将国有产权交易仅看作交易双方关系，只考虑转让对价的实现，对国有股权出让中利益冲突的形成有一定的负面作用。因此，当下的法律制度改革必须突破只考虑交易双方利益的局限，在更大的公共利益层面上以诸主体间利益平衡为核心，来调整股权转让所涉及的一系列利益冲突关系。

（二）　建立公平有序的国有股权（产权）出让制度

面对政府在国有股权转让过程中的强势地位以及经营者对企业的支配地位，国有资本退出市场时最应当受到关注、也最应当解决的问题是如何保证股权出让的公平性。因此，国有股权（产权）出让法律制度的构建必须确立和贯彻公平原则。只有这样，才能确保所涉各利益主体都有平等表达意志的机会和途径，才能通过对决策主体的行为施加必要的监督和制约，实现转让中所涉各方利益的协调平衡，进而保障国有股权转让公共利益目标的最终实现。

1. 将重大国有股权出让交给人大以专门立法进行规制

考察发达市场经济国家国有股权出让的立法实践，由于重大国有资本退出市场涉及全民利益，往往以一案一立法的方式，对此类股权出让从决策到实施全过程进行严格规制，以实现转让决策过程中的全民参与，避免政府在转让决策过程中的独断行为导致利益分配不公现象，最终将重大国有资本退出市场对各方的负面影响降低到最小，使得各方更加容易接受国有资本退出的后果。笔者认为，考虑到中国目前在利益分配中存在的不公平问题，这一经验的借鉴可以最大限度地减少重大国有股权（产权）出让引发的不稳定因素。至于重大国有股权的界定，可以从出让股权所在的行业以及出让的数量等方面来考虑；立法规制的内容尤其应当包括国有股权出让收益的分配和使用。

2. 建立完善的国有股权（产权）转让信息披露制度

在国有资本退出所涉及的国有股权（产权）转让中，各利益主体者之间对信息占有的不平衡，决定了一个公正有序的国有股权出让制度，首先必须通过有效的信息披露使大众准确获取股权转让的基本信息，在保障全民受让国有股权的基本权利的同时，对股权出让过程进行监督。因此，必须下大力气建立完善的国有股权（产权）转让信息披露制度。

3. 改革和完善现行产权转让规则

针对现行国有股权（产权）转让规则中政府行政干预过多的缺陷。笔者认为，在由人大立法控制重大国有产权转让、建立完善的信息披露制度的前提下，可以适当放松管制。（1）考虑到不同受让方对国有企业经营的影响，可以根据出让企业及其所在行业的实际情况，确定受让方的范围，但必须履行严格的程序，并按规定进行充分的信息披露。（2）根据对交易公平的追求以及避免国有资产流失的需要，可以针对不同受让对象选择不同的国有股权转让方式，但必须履行必要的批准程序，并按规定进行充分的信息披露。（3）适当放开股权（产权）转让定价制度。只要转让过程中严格遵守交易的程序性规定，不存在舞弊、欺诈等情况，就应当认可以该种交易方式形成的转让价格。（4）完善国有股权（产权）转让的资产评估制度。应当改变现有的资产评估方式，由国资监管机构和评估机构明确资产评估时适用的具体评估方式；由于选择不同的资产评估方式会对结果产生较大影响，因此为保证国有资产评估的公正性，应当规定资产评估程序，以程序的公正保证结果的可接受性。

作者简介：徐晓松，中国政法大学民商经济法学院教授。

民商合一：我国商事立法的务实选择

樊　涛

摘要：商事关系是客观存在的，商事关系与民事关系系共性与个性的辩证统一。我国现行民商立法不区分民事关系和商事关系，"混淆的立法"导致法律规则的混乱。与制定《商法通则》的路径相比，将商事规范内置于民法典中的"民商合一"，系我国商事立法的务实选择。

关键词：商事关系；民商合一；商法通则

一　关于商事关系的争论

我国现实中，是否存在有别于民事关系之外的商事关系，我国学术界存在不同的观点：商法学者认为客观上存在商事关系，商法部门能区别于其他部门法而独立存在，在于它有其自己的调整对象——商事关系。并且，商事关系有其独有的特点。民法学者认为不存在商事关系，民法和商法在法律性质和属性上具有相同性，民法和商法在性质上都属于私法范畴，在调整对象上都是平等主体之间的财产关系和人身关系，所谓商事关系实际上是民事关系的组成部分。经济法学者认为，商法所调整的商事关系实际上是一种经济关系，此种经济关系由民法和经济法来调整，商法在西方社会也从来没有形成一个独立的法律部们。

笔者认为，我国学界在商事关系的定位上均有一定的偏颇之处，商法学者过于强调商事关系的个性，忽略了商事关系与民事关系具有相容性和类同的社会性质。民法学者将商人之间形成的商事关系等同于普通人之间的民事关系，这种做法漠视了商事关系的特殊性。经济法学者认为商事关系因受到国家的干预，就认为商事关系已"经济法化"的观点，或许是出于"门派之争"，更是错误的。

二 商事关系与民事关系：共性与个性的辩证统一

（一）商事关系与民事关系的共性

商事关系与民事关系具有相容性和类同的社会性质，商事关系不可能脱离民事关系而存在：在主体制度上，商主体属广义的民事主体；在客体层面，商事关系的客体也是物、行为、智力成果和人格利益，这与民事法律关系的客体一致；在行为方面，民事法律行为的基本原理对商行为基本适用；在责任承担上，民事权利保护手段也适用于商事权利的保护；在诉讼程序上也基本适用民事诉讼规则。

（二）商事关系的特殊性

1. 商事关系具有独特的价值与功能

民法具有深厚的社会内涵，承载着巨大的社会功能。民法肩负着完成从封建社会至资本主义生产关系的转变。与此相反，商法则是适应商业和贸易发展在商人之间独立发展起来的规则。商事规范只是操作性的规范，具有深厚的功利色彩。

2. 商事关系规范对象的二元性

商事关系是围绕着营业的开展而生成的各种社会关系。以营业为基点，商事关系分为两部分：商人人格（产生、变更和消灭）关系和商事营业关系，前者体现着交易安全的价值，后者蕴含的是交易自由的价值理念。

3. 商事关系的内容是义务和责任

民法以维护私人利益为中心，在当事人之间建立的关系方式，并不是以约束为中心，而是以设定权利为中心。把所有的民事关系用"权利"来进行表示，是近代民法的思考方式。对于商人参与的法律关系而言，商人应当承担更多的义务与责任。在有关商事关系适用中，义务与责任常常成为解释涉及商人一方法律制度或做法的主要内容，权利与利益则往往退居其次甚至被忽略。

三 我国现行商事立法之评析

我国民商立法采用民商合一体制，在主体制度上，不区分民事主体和商主体，在法律行为体系上，不区分民事行为和商行为。"混淆的立法"导致法律规则的混乱、导致"民法不当商法化"和"商法不当民法化"。实践表明，由于规则的"整齐划一"，不分青红皂白，不加甄别地将民事关系与商事关系混于一处，其缺陷是显而易见的，一方面将严格的高标准义务强加于普通的民事主体，有失公平；同时，致使本应承担谨慎责任的商主体，却人为地适用了比较温和的民事规则，必然会导致商主体疏于对商业风险的评估与防范。

四　我国商事立法应注意的几个问题

1. 商事关系、商法规范是客观存在的

哪里有贸易，哪里就有法律。我国选择了社会主义市场经济，就必然要选择调整发生在市场经济之中的商事关系的商法规范。民法商法的称谓本身就意味着在私法关系上，存在着双层法律秩序：一是商法秩序，即基于商法规范调整而形成的商事关系；二是民法秩序，即通过民法规范加以调整而形成的狭义的民事关系。

2. 商法系特别私法，民法系一般私法

民法作为私法领域的一般法，商法系私法的特别法，这是人们考察民法现象、商法现象之后得出的科学结论，无论采用民商分立的体制，还是采用民商合一的体制，都是如此。法律关系的适用上，商事关系首先适用商法，商法未能规范或者未能完全规范者则以民法相应规范为补充。商事关系的法律调整离不开民事规范。

3. 现实决定立法，而非立法改变现实

立法趋势上，各国普遍倾向于废除商法，至少在形式上取消商法，将以前属于商法典的内容并入到民法典中。新中国成立后，我国立法一直采纳的也是民商合一体制，《民法通则》《合同法》《物权法》《侵权责任法》等并未根据主体或行为的性质来区分民事主体和商主体，并在此基础上规定不同的行为规则。因此，基于我国将商法内置于民法的立法现状，该种立法模式已被我国的企业和司法机关所接受，且平稳运行了这么多年。我们没有必要打破现有的立法格局，人为地制造混乱。

五　民商合一：我国商事立法的应然选择

当前，国内学者围绕商事的立法例主要形成了两种不同的观点：一是主张民商合一，制定民法典，统一调整民商事关系，将部分商事关系的规范分别编纂为单行的商事法律；二是超越民商合一与民商分立，主张在制定民法典的同时，制定商法通则和调整商事关系的商事单行法。

我国的商事立法，现实的做法是"民商合一"，即将商事通则内置于民法。具体表现为：一方面在继续维持《民法典》作为民商事制度的一般规则的前提下，通过"但书"的立法技术，或者增设，或者变更民事规范的一般规则，从而形成商事规范的规则。另一方面把商事规则中具有个性的内容仍制定（保留）为单行法，如公司法、证券法、海商法等。

六　我国商事规范的应然性设计

结合商法学界所创设的《商法通则》专家建议稿及《深圳经济特区商事条例》的结构，商法规范的框架与结构，大体上由以下主要内容组成：商法的宗旨及商法基本原则、商人、商事登记、营业的转让及租赁、商事账簿、商行为、商事责任等。在此，本文拟对商法规范的具体规定的应然体例安排加以阐述：

1. 商法的宗旨和商法基本原则。在我国，民法的基本原则自然应当成为商法的基本原则。我国商法学者对于商法的基本原则的研究，重点不应当在于创设或者提出不同于民法基本原则的所谓商法原则，而应当实事求是地关注和研究民法基本原则在商法上的变化，以充分发挥这些原则对于商法规范和制度的指导作用。

2. 商人制度。我国应当在《民法典》总则中的民事主体部分规定"商人（经营者）"的概念。具体的商人制度只能留给公司法、合伙企业法及个人独资企业法等商事特别法去分别规定。

3. 商事登记制度。鉴于我国分别制定"企业法"和"商事管理法"的传统，我国将来宜采取分别立法的方式，即制定《中华人民共和国企业登记条例》规定商事登记的程序性规定和行政责任，有关商事登记的私法上的效力宜规定在"企业法"中。

4. 商事账簿。商事账簿制度本质上属于公法的范畴，在规范属性上并不属于私法。因此，商事账簿制度最为理想的归属地应当是《会计法》第三章：公司、企业会计核算的特别规定。

5. 商号权。商号权属人格权的范畴。《民法通则》第99条关于"姓名权、名称权"的规定，已包含了民事法律规范与商事法律规范的分立。实践表明，该种"民商合一"的立法技术是成功的。因此，有关商号权制度的立法将来仍应置于《民法典》中，具体来说，应将商号权制度规定在即将出台的《中华人民共和国人格权法》。

6. 营业制度。完善我国的营业制度，宜在民法典和商事单行法（企业法）中分别规定。具体来说，在《合同法》中增设"营业转让与营业租赁"，在企业法中规定营业转让与营业租赁对第三人的效力。

7. 商行为制度。商行为的立法宜采取多元化的商行为立法模式。针对商事契约行为应采取特别民法的立法模式进行规范，在《合同法》中通过但书或专章的方式体现商事契约行为的特殊性；关于资本经营等商行为，宜通过单行法的方式加以调整；对于组织性的商行为的调整应由商事组织法，即公司法、合伙企业法和个人独资企业法等调整。

8. 商事代理。商事代理主要包括经理人和代理商。完善我国经理人制度的立法，宜继续规定在公司法、合伙企业法和个人独资企业法等企业法中。我国代理商制度的重构，比较务实的做法是，在民法典中系统、全面规定民事代理与商事代理（代理商），即在民法典总则编规定代理商的资格要件及对外效力，在《合同法》编的"委托合同"中规定代理商与委托人的内部关系，强化代理商合法权益的保护。

9. 商事责任。商事领域的法律责任均可直接适用民事责任的规定，具体的商事责任宜分别规定在各商事单行法中。

10. 商事诉讼。鉴于民事诉讼法只宜规定基本的诉讼制度，针对性较差，难以涵盖所有的特殊诉讼机制。相比之下，宜在我国单行的商事实体法中规定具体类型案件的商事诉讼机制。

作者简介：樊涛，河南大学法学院副教授。

健全以公平为核心原则的
农地产权保护制度

丁同民

　　摘要： 随着目前我国城市化进程的日益加快，农村的土地产权保护问题成为理论界关注的热点。但是在改革过程中，并没有将公平原则置于核心地位，致使农地改革进程并不理想。本文从国家土地所有权和农村集体土地所有权的保护；耕地"红线"和农民土地权益的保护；农地资源价值和农地资产价值的保护；农地承包经营权和农地发展权的保护；国家土地利益和其他利益主体土地利益的保护；农民公平分享农地非农化收益和农地资源的可持续发展的保护；加快城镇化进程与农地适度非农化等方面，结合大量数据，提出了"七个并重"原则，以实现在农地产权保护制度改革过程中的公平原则。

　　关键词： 农地产权保护；公平原则；城镇化；可持续发展

　　党的十八届四中全会报告指出，要健全以公平为核心原则的产权保护制度，切实加快完善体现权利公平、机会公平、规则公平的法律制度。农村集体土地产权制度是我国土地制度改革的重点和难点。在立法层面，国家对土地管理法规进行过多次修改；在实践层面，各地也进行了积极探索，并且取得了明显成效。但由于在农地产权保护制度改革过程中没有体现以公平为核心原则，致使农村集体土地产权制度改革进程并不很理想。本文认为，要在农地产权保护制度改革过程中切实体现以公平为核心原则，就要做到"七个并重"。

一　保护国家土地所有权和农村集体土地所有权要并重

　　我国首部《物权法》第一次明确确立了"物权平等保护"的原则。而"物权平等保护"原则的核心要义在于，《物权法》要对"同类物权"进行同等保护。本文认为，"同类物权"就是要对包括"土地"这一大类的不同所有制性质土地，赋予相同的法律地位，不同所有制性质的土地要有相同的法律效力，并适用相同的法律法规。目前，就我国现行的土地管理法律法规而言，所谓"国家的土地所有权"分为"国家土地所有权和农村集体土地所有权"。按照我国《物权法》的规定，农村集体土地所有权作为一项独立的民事权利，与国家土地所有权"同类"，理应具有平等的法律地位。但我国现行《土地管理法》明文规定，农民集体的土地使用权，更不包括所有权不得用于非农业建设，包括出让、转让或者出租等形式，除非依法取得建设用地的企业，在破产、兼并等情形下才可以使土地使用权依法发生转移，并且是在符合土地利用总体规划的前提下。这就意味着，我国集体土地所有权的权能是不完全的。为此，本文结合中国社科院农村发展研究所的《农村土地制度改革：国际比较研究》一书的有关内容，梳理并总结了国家土地所有权和农村集体土地所有权的差异（详见下表）。

国家土地所有权和农村集体土地所有权比较分析

所有权类别	农村土地所有权	国家土地所有权
所有权	集体所有	国家所有
所有权流转方向	流转给国家（征收）	不可流转
土地使用权者	集体＋私人	国家＋集体＋个人
使用权获取方式	协议、出租、合资经营	"招拍挂"、协议、行政划拨、出租
土地市场	有限：农业用途＋合资经营	完整：仅受制于城市规划
征地补偿	由集体所有权主体向使用权主体发放	直接补偿给房主，但是没有直接的土地使用权补偿
补偿标准	严格规定（前3年平均产值）	可谈判的基准价格
补偿争议	民事＋行政诉讼	民事诉讼
征地合法性审查	程序错误（许可）＋侵权	程序错误
救济程序	修补程序	修补程序

通过上述表格对国家土地所有权和农村集体土地所有权差异性的比较分析，本文认为，要按照我国《物权法》规定的"同类物权"平等原则对农村集体土地所有权进行保护。如，"国家土地所有权"可以依法流转，"农村集体土地所有权"也应该在同等条件下依法有序流转。但是，我国现行的土地管理法律法规和《物权法》的有关规定之间存在一定法律法规冲突，从而致使"农村集体土地所有权"的实现难以得到法治的支撑。为此，要确立"国家土地所有权和农村集体土地所有权"一体化保障的理念，积极探索建立国

家土地所有权与农村集体土地所有权并重的土地政策，并在条件允许的情况下，积极开展集体建设用地使用权有条件地入市的试点工作，以最大程度的保障和实现农民公平分享农地非农化收益。

二　确保国家耕地"红线"与保障农民土地权益要并重

为确保国家耕地"红线"不动摇，进而为保障国家的粮食安全，我国现行的土地管理法律法规和有关政策，都明确规定了 18 亿亩的耕地"红线"，尤其是对于"土地利用总体规划、建设用地计划、耕地保有量、基本农田面积"等四条"红线"绝对不能突破，这是国家的底线。这一要求是符合我国经济社会发展大势的，也是符合整个社会和谐稳定的需要，但是由于当前我国关于耕地保护的体制机制有问题，致使相关的利益主体对耕地保护的态度各不相同，其背后是利益主体的诉求和价值取向不同。因此，就耕地保护而就耕地保护，实践证明是保护不好耕地的。如，2006 年，新增建设用地 493.5 万亩中占用耕地 387.8 万亩，全年耕地净减少 460.2 万亩。[1] 更为可气的是，一些地方政府为了区域经济发展的"小算盘"，结果是堂而皇之地"主导"了一些耕地占用的违法违规行为。同时，广大农民出于周边一些地区靠"卖地"致富的实际对比情况，也不再坚守"保护子孙田"的理念，有时还有了坚守耕地就是在维持贫穷、保护贫穷的想法。地方政府和广大农民的两大耕地保护主体的做法，致使国家关于耕地"红线"的宏观调控政策很难落实。

实事求是讲，国家耕地"红线"得不到有效保护的一个根本原因在于国家没有确立"国家耕地'红线'与保障农民土地权益"一体化保障的理念。殊不知，耕地保护直接涉及农民的切身利益，理应把保障农民土地权益作为耕地保护的前提，也就是说农民的土地权益实现不了，地方政府就不能征地。因为，农民的土地在实践中一直发挥着农民生活保障的作用。如果农民土地权益保障不好的话，从表面上看是明目张胆地侵犯农民的土地财产权，但如从社会发展的角度还可能带来更多复杂的社会后续问题。因此，必须坚持修订土地管理法律法规的关键，就要确立"国家耕地'红线'与保障农民土地权益"一体化保障的理念，尽快采取可行的土地管理监督与督察等措施来切实维护失地农民的各种合法权益。

---

① 孙洁：《地方政府土地违法违规行为治理研究》，山东大学 2012 年硕士学位论文。

三　实现农地资源价值和农地资产价值要并重

　　土地资源是人类最重要的资源之一，尤其是农地资源更是人类赖以生存和发展的基本保障要素。农地资源生产出的粮食不但养活了人类和世界万物，如作为生命的物质基础的蛋白质95%以上来自土地，而且为人类生存提供了生态层面的保障。因此，拥有政治经济学之父称号的威廉·配第就有了"劳动是财富之父、土地是财富之母"的名言。单就农地资源保护来说，我国现行的土地管理法律法规，大多数把农村土地资源尤其把耕地单单的看作资源，仅仅把农村土地资源停留在"资源属性"层面，基本上没有考虑农村土地的"资产属性"。如，我国现行的《土地管理法》只对改变土地用途和农民集体所有土地用于非农建设分别进行了原则性规定和禁止性规定。但通观相关土地法律法规条文，给人最深的印象是极少有条款论及农村土地资产的管理。即使在为数不多的涉农土地管理法律法规中，一些规范土地资产管理的条款，也多是禁止性规定，即不允许农民对土地作出相应处置，等等。随着社会主义市场经济的快速发展和新型城镇化的快速推进，无论是国有所有的土地还是农村集体所有的土地，其"资产属性"会越来越彰显。如，有专家估计，我国20.25亿亩耕地的资产价值在7000亿美元左右，2.1亿农户对其耕地的资产价值应该在5000亿—6000亿美元左右。[1]

　　作为农村集体所有土地产权的重要主体之一，农民是拥有人数最多的群体，也是相对弱势的群体。对于他们来说，土地还有另一种属性，即生活保障属性。因此，从农民的立场出发，修订土地管理法律法规的重点，确立"集约节约现有农地资源与实现农地资产价值"一体化保障的理念，在对我国涉农土地管理法规进行修订时，应该更多地考虑农民群众的利益。农村土地具有双重属性，它既是一种资源，更是一种资产。事实证明，为了更好地保护农村集体土地资源，更需要强化对农村集体土地的"资产属性"管理。

四　保障农地承包经营权和农地发展权要并重

　　当前，我国土地管理法律法规大多规定了农民的土地承包经营权，并要

---

① 张立伟：《中国耕地估值了7000亿美元土地征用制度急待修改》，载《财经时报》2003年9月27日。

求对其进行法律保护，这是农民在征地过程中对土地承包经营权享有实体性权利的法律依据。也是基于同样的道理，土地管理法律法规大多规定了享有承包经营权的农民对自己承包土地被征用的相关程序具有最基本的知情权，以及充分参与的权利。但据中国改革发展研究院对涉及东部地区、中部地区和西部地区 13 省、291 户的调查表明，土地承包经营的期限经常被调整。有的地方甚至在承包合同和土地使用权证书中明确规定，承包双方可以在土地承包期限内调整土地承包期限，并规定了调整的程序。调查还显示，50.5% 的农户认为土地承包期限会调整，13.7% 的农户认为土地承包期限不会调整。[①] 专家研究表明，土地经营规模化、集约化的拐点就会在人均 GDP 达到 1000 美元时出现，而我国到 2013 年人均 GDP 已经超过 6000 美元。因此，我国的土地经营正处在由"小块经营"向"大块经营"的加速转变之中，土地的"碎片化"经营正在向"规模化、集中化"转变之中。在这一阶段，保护农民的土地承包经营权及其对其进行公平的补偿是《农村土地承包法》的本质要求。但我国现行的征地补偿安置标准没有充分考虑到，农村土地是农民的生产生活资料，更是其享受"天伦之乐"社会保障的重要价值，更没考虑农民基于自己的农地权利而应该享受到的自身发展权利，而不是土地被征收了之。

事实上，根据我国现行的农地征收补偿与测算办法，农村土地的潜在价值和实际价值是难以准确地测算出来的，尤其在农村土地利用方式多样、种植制度各异、市场情况变化等不确定的因素下。农村土地的潜在价值和实际价值难以测算的背后，有一个基本的事实，那就是在我国现阶段没有考虑和设立农村土地的发展权。课题组认为，农村土地的发展权主要是指土地产权主体在法律法规范围内变更农地现有用途，将其转为建设用地后而获得的土地增值的权利。由于农村土地的发展权的缺位，一方面是广大农民不可能公平分享农地非农化增值收益，另一方面，导致农民缺乏行使的土地权利的能力和水平。因此，如果在征地过程中对土地承包经营权进行实体性权利保护的同时，如果对农民的土地发展权不进行保护的话，所谓保护农民的合法土地权益就是本末倒置。目前，我国现行的土地法律法规不但对农民的土地发展权没有明确规定，并且在土地管理运行过程中存在许多制约农民的土地发展权的多种因素。因此，修订土地管理法律法规，就要确立"农地承包经营

---

① 张红宇等：《农村土地使用制度变迁：阶段性、多样性与政策调整》，载《农业经济问题》2002 年第 3 期。

权和农地发展权"一体化保护的理念，土地管理法规既保护农民的土地承包权和经营权，又要保护农民的土地发展权，尤其要把保护农民的土地发展权放在首位，这也是最大程度的保障和实现广大农民公平分享农地非农化收益的本质所在。

五　维护国家的土地利益与其他利益主体的土地利益要并重

目前，我国现行的法律法规都确立了"国家利益至上"的立法理念，表现在土地管理法律法规上更是如此。如，我国现行的《土地管理法》明文规定，任何市场主体进行建设申请用地，都必须依法申请国有土地，言外之意就是集体土地不能作为任何市场主体进行建设的用地。很显然，国家以立法的方式将集体土地排除在市场交易之外。因此，我国的土地法律法规大都在法律条文设置上更多地关注的是国家的土地利益。本来这是无可厚非的，但是对于农民以及其他主体的土地利益，法律法规往往重视不够，甚至可以说是漠视。这就导致了围绕土地利益分配，不同利益主体之间的利益分配存在失衡现象。如果将这些法律条文进行深度解读，那就是国家垄断了建设用地土地使用权交易市场。一般情况下，在土地交易中，地方政府往往代表国家行使对建设用地的垄断权。这种垄断权的行使过程就是：地方政府以"国家公共利益"的名义将集体土地征收为国有建设用地，再将国有建设用地以"招拍挂"的方式出让土地使用权，这一过程的实质就是"低价买进、高价抛出"。在这"一低一高"之间，各级政府获取了大额土地增值收益。然而，如果认真分析这些土地增值收益的来源，那就是农民集体和农民个体对承包土地的财产权没有得到应有的补偿。土地利益分配失衡的受损方往往是失地农民，失地农民为了找回本该属于自己的土地增值利益，一些农民倾向于采取群体维权的方式。这也是近年来涉及农村征地群体性事件易发多发的一个重要原因。

为此，这几年关于修改《土地管理法》的声音不绝于耳，专家学者热烈讨论，社会各界关注，决策层也非常重视。如，有的专家提议，应取消《土地管理法》第47条关于土地征收30倍补偿上限的规定；有的专家认为，关键是要设立"公平补偿"的原则；有的则认为，由于区域及其土地稀缺程度较大的差异性，取消《土地管理法》关于土地征收30倍补偿上限的规定，至于某个具体区域的补偿标准很难确定，等等。但修订土地管理法律法规的趋势，就要确立"国家的土地利益与其他主体的土地利益"一体化保护的理念是对的。因此，要兼顾多方利益主体的土地利益，既要保护国家的土地利益，又要保护其他主体的土地利益，这是实现社会主义公平正义原则的基本要求，也是最大程度的保护失地农民合法土地权益的必然选择。

六　农民公平分享农地非农化收益与实现农地资源的可持续发展要并重

当前我国现行的土地管理法律法规，既带有中华人民共和国成立初期土地改革制度的烙印，更有对家庭联产承包责任制实施后集体土地所有制度的继承发展。从表面上看，当前涉农土地存在的最大问题之一就是农地征收补偿问题。而在实际上，涉农土地问题它涉及我国关于农村集体土地管理的各个方面。一般而言，农村集体土地的征收过程之一，就要用征地补偿费最大程度的补偿农民的土地损失，而把农地资源的可持续发展放在了脑后。在此逻辑的推理下，修订土地管理法律法规的目的就是保护农民公平分享农地非农化收益。再加上这几年一些地方没有完全兑付农民的土地补偿款，以至于失地农民形成了"手中有地，就是受穷；手中无地，就是脱穷"的观念，结果导致农民自己也没有保护农村集体土地的意识，确保农地资源的可持续发展没有形成良好的社会氛围。

专家预测，2020年我国的城镇化率将达到58%。这就意味着城市建设和工业发展对土地的需求将是持久的，甚至可以说是刚性的。但是，由于中国人口众多，山地多、平原少，土地又是不可再生资源，可用于新增建设用地的土地资源很少。这就产生了供需不平衡的矛盾。但是，城镇化的进程不可阻挡。因此农地资源的可持续发展面临着很大的压力。为此，要在保护失地农民土地利益的前提下，采取建立国家、集体、个人之间的土地利益均衡机制，逐步消除"囚徒困境博弈"的土地利益诱因；以保护生态环境，保持土地生产力的持久性和土地利用的持续性为出发点，运用市场手段优化农村土地资源配置；从我国国情国策出发，引用市场机制、价格机制、储备机制和外部补偿机制，建立土地资源可持续利用机制；加强农村土地利用的规划和管理，各项建设用地要得到严格控制；加大土地监察力度，加强对土地违法行为的打击，尤其要加大对乱占耕地、滥用土地、破坏耕地资源等行为的惩治力度。

七 加快工业化城镇化进程与实现农地适度非农化要并重

当前乃至今后一个较长的时期，我国的工业化、城镇化发展空间还很大，与此相适应，它们对土地的需求是有刚性的。从对我国 50 多年土地制度改革与演变的轨迹来看，政府始终把土地作为推动发展的"工具和筹码"。从社会发展的一般规律看，伴随着工业化、城镇化程度的提升，必然会有一个工业化、城镇化加速的过程。这就理所当然的使农地的非农化成为经济社会发展的主要推手。另外，相对农地转变为建设用地而言，农用地的经济效益相对较低，这也驱使着农民追逐农业用地向非农用途转移。如，我国每公顷土地的年产值，城镇工矿用地是 116236.05 元，交通用地是 18214.35 元；耕地是 3115.05 元，淡水养殖是 6682.35 元，林地是 260.40 元，牧草是 174.30 元。[①] 按照马克思主义的观点，市场经济体制下，资源的流动由市场决定。由于农业用地的产出效益较低，而非农用地收益甚至是农业用地的几倍或更多，因此土地用处转换的冲动相当强烈。但是，人多地少的基本国情决定着耕地在我国是一种严重稀缺的资源，粗放式的征地模式又导致了各种建设用地的利用效率很低。如，1992—2003 年，某区域 70 多个开发区，包括各类科技园区、产业集聚区等的实际占地面积达到 70.2 万亩。经过综合测算，每亩累计总产值 4 万多元、税收不足 4000 元。[②] 另外，实事求是讲，我国城市建设人均用地指标大大低于农村居民点人均用地，这也是城镇化发展的空间所在。现在，我国城市建设人均用地指标约 100 平方米，而农村居民点人均用地指标在 150 平方米以上；同时，城市人均居住用地面积只是农村居民居住用地面积的 1/5。再加上农民的"市民化"，预计到 2050 年，农村可以腾出耕地约 1 亿亩。当然，我国城镇化的快速发展，城镇占地规模必然加大。这就会造成更大规模的变更农业用地用处的结果。当前，国家倡导集约节约利用土地资源，很大程度上是基于这种原因。尽管，在发展过程中不得不占用土地资源，但也应该以采取将非耕地用于建设的方式为主。因此，我国的城镇化和农民的"市民化"都可以为各类建设用地腾出空间。为此，必须清醒地认识到，耕地是一种不可替代、不能再生的自然资源。作为基础生产资料，耕地具有

---

① 吴传均、郭焕成：《中国土地利用》，科学出版社 1994 年版，第 117 页。

② 张启生：《河南省征地补偿安置的实践及其制度性研究》，河南人民出版社 2009 年版，第 162 页。

很高的的经济价值。从我国人多地少的国情出发，耕地还发挥着保障粮食安全、涵养生态环境的作用。要想保持经济社会全面协调可持续发展，就必须保有足够数量的农地资源。因此，修订土地管理法律法规的目的，就要确立工业化城镇化进程与农地适度非农化一体化促进的理念，综合运用法治、经济、行政、教育等多种手段实现农地适度非农化，旨在实现加快工业化城镇化进程与推进农地适度非农化协调发展。

作者简介：丁同民，河南省社会科学院副院长，研究员。

地方法治

河南省食品安全立法保障问题研究

娄丙录

摘要： 法治化是国家治理能力现代化的关键，食品安全立法是基础性和起始性的食品安全工作。本文集中分析了 2012 年以来河南省食品安全立法保障供给的总体情况，归纳了其食品安全立法存在的主要问题，最后从监管体制、初级农产品监管、地方立法等方面提出了完善立法的思路，从多元监督主体、监管机构立法、食品安全宣传教育、行业准入、食品召回、转基因食品、外部保障等方面提出了立法建议。

关键词： 河南省食品安全；地方立法；食品安全法

近些年来，尤其是 2012 年以来，面对食品安全这一关系国民身体健康和安全的重大民生问题，河南省委、省政府深入贯彻科学发展观，根据中央立法和政策精神，制定了一系列规范性文件，从总体上提升了全省食品安全立法保障水平，推进了食品安全领域的法律和政策的完善，有效遏制了重特大食品安全事件的发生。但从未来食品安全工作的大局着眼，必须深入总结食品安全问题治理过程中已经取得的成功经验，认真分析食品安全领域的立法缺陷和不足，为食品安全保障的总体水平得到较大幅度提升奠定坚实的基础，并对全国食品安全立法保障水平和国家治理食品安全问题能力的提升产生积极作用。

一 2012 年以来河南省食品安全立法 保障供给的总体分析

（一）河南省食品安全规范性文件的渊源分析

2012 年以来，河南省人大、省政府、省政府食品安全委员会办公室（以下简称食安办）共制定食品安全方面的规范性文件32个。其中，省人大常委会通过的地方性法规1部，即《河南省食品生产加工小作坊和食品摊贩管理办法》，占总数量的3.1%；省政府办公厅关于食品安全的通知或意见共7个，占总数量的21.9%；省政府食安办发布通知共16个，占总数量的50%；省政府以通知形式发布的内部明电共8个，占总数量的25%。

从河南省2012年制定和发布的规范文件的数量和渊源及其对应的内容分析看，食品生产、加工小作坊和食品摊贩在本省属于影响食品安全的总体水平的重要领域，由省人大常委会专门制定管理办法是较为妥当的；省政府办公厅发布的关于食品安全的通知和意见是为了落实国务院办公厅和省人大常委会文件精神，在全省加强食品安全工作；省政府食安办发布的食品安全规范性文件，是落实国务院食安办、省政府办公厅文件精神以及指导全省食品安全具体工作；省政府食安办发布的内部明电是根据国务院食安办、有关食品监督部门和省委、省政府有关文件精神，具体落实全省食品安全监督或考核工作的具体体现。

总体来看，2012年以来河南省食品安全规范性立法文件层级分明，共分三个层级，即省人大常委会、省政府办公厅、省食安办，体现了不同法律文件调整对象的重要性程度差异。从这三个层次来看呈现出两个特点：1. 比重合理，尤其是负责全省食品安全综合协调具体工作的省食安办发布了24个规范性文件，充分发挥了其所具体承担的食品安全综合协调职能；2. 覆盖面广，32个规范性文件包含了食品安全领域的诸多事项，小作坊和食品摊贩管理、举报奖励、食品安全事故应急预案、食品安全四大放心工程、食品生产企业质量管理模式、食品质量日常和特殊时期的监管和督导检查、食品安全工作考核、食品安全办事机构的健全、科普宣传、道德诚信建设等方面，基本实现了食品安全领域的全覆盖。

（二）河南省食品安全规范性文件的内容分析

1. 食品生产加工小作坊和食品摊贩管理立法

2012年7月27日，河南省第十一届人民代表大会常务委员会第28次会议通过了《河南省食品生产加工小作坊和食品摊贩管理办法》（以下简称《管理办法》），对全省食品生产加工小作坊和食品摊贩的生产经营活动及其监督管理予以规范。2012年12月5日，河南省政府办公厅印发《河南省人民政府办公厅关于贯彻落实〈河南省食品生产加工小作坊和食品摊贩管理办法〉的通知》，提出了明确监管职责、加大监管力度、坚持服务发展、加强制度建设和强化责任落实，确保《管理办法》的贯彻到位和执行到位的目标。

《管理办法》的出台，一方面是基于现实需要，另一方面是立法授权。我国作为发展中国家，食品摊贩历史悠久。食品摊贩凭借其食品价格低廉、供货便捷、形式灵活等特点，在工作节奏日益加快的城市生活中，拥有较大的消费群体，成为大众餐饮的重要组成部分。然而，食品摊贩卫生状况相对较差，具有发生全体性食源性疾病的高危因素，成为各地食品安全监督管理工作的重点和难点。①《食品安全法》第 29 条第 3 款规定，"食品生产加工小作坊和食品摊贩从事食品生产经营活动，应当符合本法规定的与其生产经营规模、条件相适应的食品安全要求，保证所经营的食品卫生、无毒、无害，有关部门应当对其加强监督管理，具体管理办法由省、自治区、直辖市人民代表大会常务委员会依照本法制定。"《食品安全法》对此采取授权立法方式，赋予省级人大常委会制定地方性法规的立法权限。

《管理办法》共分六章，分别是总则、食品生产加工小作坊管理、食品摊贩管理、监督管理、法律责任和附则，共 49 条。这里着重对《管理办法》中较有特色的两项制度进行分析。一是食品生产加工小作坊禁止生产加工的食品范围。凡是涉及容易造成污染、食品标准有特殊要求、专供特定人群食用的食品，一律属于禁止范围。《管理办法》明确禁止食品生产加工小作坊生产加工的食品包括：乳制品、白酒、罐头制品、果冻等食品；专供婴幼儿、老年人、病人、孕产妇等其他特定人群的食品；声称具有特定保健功能的食品；省人民政府规定的禁止生产的其他食品。这样的规定具有对营业自由进行限制的属性，体现了在食品经营领域公共利益保护的优先性。二是对食品摊贩固定经营地点和时间。《管理办法》对食品摊贩固定经营地点和时间做了详细的规定，通过各种措施予以保障。市、县人民政府征求社会公众意见后确定并公布临时经营地点和时间；食品摊贩向拟经营地的乡镇政府、街道办事处申请经营地点；食品摊贩将经营地点向管理部门备案；食品摊贩在批准的地点和规定的时间从事经营活动；食品摊贩在规定经营时间结束后应当及时清理场地和保持环境卫生整洁；市、县人民政府划定辖区内的空闲地和适宜食品摊贩集中经营的街区开办夜市；商场（店）、超市、食品集中交易市场经营食品的，开办者应到工商部门办理手续；经营甜品站的，开办者应到食药监部门办理手续。食品摊贩固定经营地点和时间，既可以方便群众生活，实现

---

① 谢敏强、许瑾等：《上海市食品摊贩抽样调查结果及监管对策研究》，《食品药品安全与监管政策研究报告（2011）》，社会科学文献出版社 2011 年版，第 68 页。

城镇功能区的合理布局，又可以加强食品监督管理，最大限度地确保食品供应安全。

2. 食品安全举报奖励立法

2012 年 2 月 10 日，河南省人民政府办公厅经省政府同意，印发了《河南省食品安全举报奖励办法（试行）》。该办法对食品安全违法行为的举报受理部门、举报奖励范围、举报方式、保密制度、奖励额度、奖励程序等事项做了较为详细的规定。河南省的食品安全举报奖励规定是在 2011 年 7 月国务院食品安全委员会办公室《关于建立食品安全有奖举报制度的指导意见》的基础上制定的。食品安全举报奖励制度从本质上讲是食品安全监管机关和公民个人之间的一种信息交易制度。在实践中，违法者的违法信息总会被人知晓，让知情者把信息提供给执法机构是一种有效的促进法律实施的路径，而对信息提供者的利益激励可以使更多的知情者主动与执法机构进行信息交易，因此有利于增强执法机构的执法能力，增加潜在违法者的防御成本，提高违法者之间的合作难度。① 河南省食品安全举报奖励制度作为食品安全立法的一个组成部分，通过全省食品安全工作考核评价的相关法律文件得到强化落实。食品安全有奖举报工作列入专门的考评内容，设置明确的考评指标和考评方法，对于激发公众的举报积极性，提高公众的食品安全意识和社会责任意识具有重要意义。

3. 食品安全事故应急预案立法

2012 年 3 月 21 日，河南省人民政府办公厅经省政府同意，印发了《河南省食品安全事故应急预案》。该规定初步建立了全省食品安全预警体系和事故应急处理机制，其内容涵盖了事故处置原则、适用范围、事故分级，明确了事故应急组织机构及其职责，规定了包括信息、医疗卫生、应急队伍、技术、物资与经费、治安、社会力量等保障条件，建立了监测预警机制，细化了信息举报、报告、通报与评估程序，制定了应急响应机制，也涵盖了后期处置的措施。这种具有针对性的食品安全事故应急预案制度的建立，为实现省、市、县（区）层次的分级食品安全突发事件应急预案体系的建立和运行提供了基本的规范依据。

4. 食品安全道德诚信建设立法

加强食品企业的道德诚信建设对于保障食品安全意义重大，因为食品经营企业唯利是图、诚信缺失、道德沦丧是造成食品安全问题泛滥以及食品安

---

① 应飞虎：《食品安全有奖举报制度研究》，载《社会科学》2013 年第 3 期。

全法治不彰、监管不力的根源，是食品消费信任缺失的根源，食品安全问题也成为危害食品企业发展的最大潜在问题之一。[①] 加强食品企业道德诚信建设，对于有效实施食品安全法律规范，对于食品安全法治建设，能够起到基础性的保障作用。为此，2012 年 12 月 25 日，河南省人民政府食安办转发国务院食安办等八部门《关于印发〈关于进一步加强道德诚信建设推进食品安全工作的意见〉的通知》，通知中提出了很多具有可行性和创新性的工作思路和具体举措，包括食品安全道德诚信体系建设的常态化、"道德讲堂"的经验推广、掌握微博等新型传媒载体的使用方法和应用技巧、梳理诚信缺失的行业共性隐患和"潜规则"问题、建立健全外部联动奖惩机制、加强道德诚信建设考核测评、引导社会参与诚信体系建设、加强统筹协调和组织保障等诸多方面。

5. 食品安全专项工程立法

根据食品安全问题关系民生的重要性程度，与老百姓日常生活关联最密切的肉、蛋、奶、豆制品应当作为食品安全重点领域。河南省在 2012 年围绕着"四大放心工程"作为食品安全专项活动，进行了相关工作。立法也对这些领域予以重点规范，河南省在 2012 年相继出台了相应立法文件，推进"四大放心"专项工程的工作。第一，6 月 8 日，河南省政府办公厅印发《河南省实施食品安全"四大放心"工程工作方案》通知，在全省实施食品安全"四大放心"（放心奶、放心肉、放心菜、放心豆制品）工程，提出了具体的合格率指标，规定了相应的工作重点，按照治理整顿和达标创优两大主题、四个阶段组织推进，明确了工作要求和保障措施。第二，6 月 11 日，河南省政府食安办发布《关于成立河南省食品安全四大放心工程领导小组的通知》，成立了"四大放心"工程领导小组，统一组织领导食品安全"四大放心"工程实施工作，做到了有组织、有领导、有分工、有协调，组织健全、人员明确、分工合理。第三，9 月 13 日，河南省政府食安办发布《关于开展 2012 年质量月活动深化四大放心工程整治工作的通知》，进一步深化对放心奶、放心肉、放心菜、放心豆制品的整治。

6. 食品安全宣传教育立法

食品安全宣传教育，主要是为了解决食品安全领域的信息不对称问题。信息不对称是指信息在监督主体和被监督主体之间分布不均匀，这种状况会直接影响到监督的效果和效率。监督机制的有效性取决于监督主体对被监督

---

① 王辉霞：《食品安全多元治理法律机制研究》，知识产权出版社 2012 年版，第 110 页。

主体的信息掌握程度，被监督主体往往拥有垄断性信息而使监督主体无法进行有效监督，所以法律必须解决信息不对称问题。[①] 2012 年，河南省食品安全宣传教育的立法包括对领导干部食品安全工作的专题培训班的文件、面向社会公众的科普宣传工作方案的文件以及学习借鉴食品安全先进经验做法的文件等三个方面。

第一，河南省先后对全省市厅级领导干部和县处级领导干部进行食品安全专题培训。4 月 26 日，中共河南省委组织部、省政府食安办发布《关于举办全省市厅级领导干部食品安全专题培训班的通知》，于 5 月 13 日至 18 日在省委党校举办全省市厅级领导干部食品安全专题培训班。10 月 10 日，省政府食安办发布《关于举办县处级领导干部食品安全专题培训班的通知》，于 10 月 22 日至 11 月 1 日在省委党校举办全省县处级领导干部食品安全专题培训班。

第二，5 月 14 日，省政府食安办、省科学技术协会印发了《2012 年河南省食品安全科普宣传工作方案的通知》，提出了做好《食品安全宣传大纲》的科普宣传工作，开展"食品安全宣传周"科普宣传活动，开展"食品安全与公众健康"全国科普日活动，加强与媒体合作，加大食品安全科普宣传力度，推动食品安全科普宣传深入基层。6 月 1 日，省政府食安办发布《关于开展 2012 年食品安全宣传周暨四大放心工程活动的通知》，于 6 月 11 日至 20 日举办 2012 年食品安全宣传周系列活动。

第三，5 月 4 日，省政府食安办发布《关于学习借鉴焦作市食品安全工作经验做法的通知》。该通知的背景是国务院领导和省委、省政府主要领导对新华社内参《焦作市变分段监管为统筹监管 密织食品安全网》作出重要批示，要求认真总结推广焦作市的实践经验和成功做法。

二 河南省食品安全立法存在的主要问题

居民的健康状况是衡量一个国家或地区发展水平和文明程度的重要标志，而安全的食品是人类获得健康的一个基本保证。[②] 河南省作为中国人口的第一大省，作为人均 GDP 和人均收入较为落后的省份，食品安全问题是最重要和

---

① 应飞虎：《完善我国食品质量信息传导机制应对食品安全问题》，载《政治与法律》2007 年第 5 期。
② 涂永前：《食品安全的国际规制与法律保障》，载《中国法学》2013 年第 4 期。

需要花大力气保障的基本民生问题之一，这既是社会公众生命健康权的必然要求，也是发展权的应有内涵。食品安全立法保障是否存在问题和不足，是由食品安全的现实社会需求和立法现状的差距所决定的。在社会主义初级阶段，人民日益增长的物质文化需求和有限的社会资源供给之间必然存在着矛盾，社会公众在解决了温饱问题之后，对食品安全的进一步要求能否得到有效满足、立法保障是否有力，必然成为衡量食品安全法律制度是否完善的基本标准。

就河南省来讲，从 2012 年以来制定的法律规范分析，尽管取得了明显的成绩，但食品安全立法保障仍然存在一些问题。这些问题需要通过进一步的改革和完善予以解决。

1. 食品安全的社会监督作用发挥不够

从 2012 以来年河南省食品安全立法文件的数量来看，其中涉及社会监督的仅有省政府办公厅《关于印发河南省食品安全举报奖励办法（试行）的通知》是直接针对社会监督的规定，其他法律文件主要体现了政府监督的特色。诚然，在食品安全领域，因为食品经营者的"投机"行为使得"市场失灵"在所难免，但是完全依赖政府监管也存在诸如"政府被俘获"的"政府失灵"风险。在市场经济条件下，一个国家或地区的食品安全水平是由政府、企业和消费者三种力量的共同作用决定的。[①] 充分发挥企业和消费者的作用，通过食品行业协会、社会团体、群众自治性组织、新闻媒体等多种渠道，以广播电视、报纸期刊、互联网等多种方式，引导和加强整个社会对食品安全的关注和监督，是今后立法应该着力解决的问题。

2. 食品安全的政策性规定过多

国家政策和法律之间存在密切关系。政策可以引导法律，补足法律规范的不足，可以发挥法律对社会关系强制性调整之外的"柔化"作用。但是，政策毕竟不能代替法律，从食品安全领域的诸多社会问题的解决来看，更应当把法律的规范性规定放在首位，政策性规定仅仅起辅助作用。以省政府办公厅《关于在全省食品生产企业全面推行先进质量管理模式的意见》为例，该文件规定了在全省食品企业全面推进危害分析和关键控制点管理体系（HACCP）、食品安全管理体系（ISO22000）、卓越绩效管理模式（PEM）等先进质量管理模式，对该政策的重要意义、指导思想、基本原则和总体目标、

<hr>

① 刘录民：《我国食品安全监管体系研究》，中国质检出版社和中国标准出版社 2013 年版，第71 页。

工作任务、保障措施作了概括规定，但所规定的内容中涉及食品安全的监管部门的具体职权和职责、食品企业的权利义务、具体的法律标准、违法责任等方面均付阙如。与此类似，食品安全领域的规范性文件中也存在着大量政策性内容，这就可能形成所谓的"政府部门忙于传达红头文件""企业忙于应付检查评比"的形式化做法。

3. 食品安全的政府职责和法律责任不够细化

在我国，食品安全的监督主体比较广泛，包括政府、第三部门、大众传媒等，但是食品安全的管理主体则只有政府，政府的强制性、公共性与合法性决定了其管理主体的地位是无法替代的。[①] 与政府对食品安全的唯一管理主体地位相应，政府负有明确的管理职责，政府机关及其工作人员在没有履行其法律职责时应承担明确的法律责任，这一点应该在食品安全立法中作出明确规定。从河南省 2012 年制定和发布的法律文件看，所涉及政府职责的规定大多数是仅在质监局、工商局、食品药品监管局等政府管理部门之间做相应的分工，但是对各具体管理部门承担的具体职责，尤其是管理部门及其工作人员不履行职责的法律责任，往往较为薄弱或者处于缺失状态。这样的后果是，负有监管职责的政府部门可能消极履行食品安全的监管职责，如果出现了食品安全事故则推诿扯皮，这就必然降低政府部门的社会公信力。

4. 食品安全监管体制改革还不到位

按照我国《食品安全法》所设计的食品安全监管体制，食品安全监管主要是由卫生、农业、质检、工商、食品药品监管这五个部门行使，另外，工业和信息化部、商务部、环保部、科技部等部门也行使着部分的食品安全监管权。河南省食品安全监管体制亦如此。在食品安全的规范性文件中，这些监管部门往往按照各自职责的分工负责本部门管辖范围内的事务，在涉及职责交叉或者不易划定职责范围的事项时，立法的薄弱性不可避免。从其他发达国家食品安全监管体制的经验看，日本、加拿大等国实行单一部门监管的模式，食品安全监管由一个部门专门负责；美国尽管也是多部门监管模式，但不同部门之间对食品安全的监管权划分主要是根据食品本身的种类和范围（美国农业部食品安全检验署 FSIS 负责肉、禽、蛋类食品，美国食品药品监督管理局 FDA 负责其他食品），而不是根据部门监管的不同阶段。我国这种分阶段、分部门、"碎片化"的监管体制，是造成食品安全监管不力、监管成

---

① 韩彬：《中国食品安全监管机制中的政府责任研究》，东北师范大学出版社 2010 年版，第 2 页。

本过高的"罪魁祸首"之一。从地方改革的成功经验看,上海市和深圳市都先后采取了将食品安全监管从质检、工商、卫生、食药监分散监管的职权合并到一家监管机构的改革,都积累了较为成熟的经验。监管部门的单一化和职能的统一化在2013年3月十二届全国人大一次会议采纳的国务院机构合并方案中也得到充分体现,原质检总局负责的食品生产监管、原工商总局负责的食品流通监管合并到食品药品监督管理总局。因此,我省应当按照中央部署,尽快完成食品监管体制的改革,以尽快适应新形势下食品安全监管的需要。

5. 初级农产品安全监管薄弱

我国是人多地少、农业产业化程度低、城镇化亟待推进的发展中国家,初级农产品的监管面临着农户分散种植、自耕自种个体化劳动、农村土地承包到户的现有困难。如何保证初级农产品的安全,严格管理农药、化肥等农业投入品的使用使其符合法律标准,是食品安全领域的难题。河南省作为我国的农业大省和人口第一大省,初级农产品安全监管的困难更为突出。2012年河南省发布的食品安全规范性文件中,只是在关于"四大放心"工程的通知中,"放心菜"工程政策性地提及检查农业投入品使用,重点查处和纠正违规使用农药行为,除此以外没有专门规范初级农产品安全的规定。作为"从农田到餐桌"的全程监管来说,没有合格的农产品,就不可能保证食品生产、流通、消费的产业链条的安全,对初级农产品安全监管的薄弱格局必须改变,尽快建立起科学、规范、有效的初级农产品安全监管专门制度。

6. 缺乏食品安全专门性制度的规范性文件

2009年《食品安全法》确立了我国食品安全的基本法律制度,其中包括食品安全风险监测和评估制度、食品安全标准制度、食品生产企业先进管理制度、食品标记、溯源和召回制度、食品检验制度、食品安全事故应急预案制度、食品信息发布制度、食品责任制度等方面。从河南省现有的食品安全规范性文件看,目前还缺乏本地区范围专门性的食品安全制度的规范性文件。虽然全国性法律法规对食品安全专门性制度作了相应规定,在食品安全执法活动中也并非无法可依,但是结合本地现实条件,制定符合当地要求的专门的规范性文件,对食品安全领域的专门制度作出细化规定仍然是有必要的。

三 河南省食品安全立法完善的思路和对策

（一）河南省食品安全立法完善的思路

发达国家无论是对食品安全监管机构的重组，还是监管权力的重配，都严格奉行"立法先行"的原则。① 食品安全立法是基础性和起始性的食品安全工作。在未来的食品安全工作中，首先要给予食品安全立法足够的重视，真正将立法工作放在食品安全工作的首要位置。基于全国和河南省的实际情况，针对 2012 年以来的食品安全地方立法的现状，提出如下的完善思路。

1. 建立单一化的监管体制

适应食品监管体制单一化的改革方向要求，食品药品监督管理局将作为未来对食品监管的专门机构。在河南省范围内，省质量技术监督局生产环节食品安全监督管理的职责划入省食品药品监督管理局，省工商行政管理局流通环节食品安全监督管理的职责划入省食品药品监督管理局。伴随着监管职责的合并统一，食品安全监测的技术资源也应做相应合并统一。应尽快整合省质量技术监督局、省食品药品监督管理局所属食品安全检验检测职能、机构和设备，推进管办分离，实现资源共享，建立法人治理结构，形成统一的食品安全检验检测技术支撑体系。对省级以下的改革，包括地级市、县（区）应依次展开食品安全监管体制的合并统一工作。在食品安全监管体制向单一化方向改革后，相应地，食品药品监督管理局将承担更为重要、更为集中的食品安全监督管理职能，具体包括食品稽查制度的制定和实施，食品违法行为的查处、不安全食品的召回和处置，建设食品安全事故应急处理机制、组织和指导对食品安全事故的处理、监督事故处置情况，建设统一的食品安全检验体系、食品安全追溯体系及其信息化，食品安全诚信制度建设等。

2. 积极探索和及时制定初级农产品监督管理规定

初级农产品安全的监管是整个食品安全领域中最基础、最重要也是最困难的环节。初级农产品安全与否关系到整个食品供应链的安全，初级农产品往往是由分散的农户通过农业个体劳动提供的，初级农产品的安全和农民收入以及农业政策密切联系在一起，对初级农产品安全的监管应当成为食品安

① 颜海娜：《食品安全监管部门间关系研究——交易费用理论的视角》，中国社会科学出版社 2010 年版，第 290 页。

全这一重要民生问题的重中之重。对初级农产品的有效监管进行探索，应该处理好以下关系。第一，初级农产品安全供应和农业发展、农民利益保护的关系。在保证农民收入稳定提升基础上，逐渐提高初级农产品价格，保证农民利益不受到损害。第二，初级农产品安全供应和农产品产量的关系。应该在确保农产品产量不断提高基础上，使农产品安全符合相应标准，尤其将农业投入品的残留量控制在法律规定的限量之下。第三，初级农产品安全和农产品市场机制完善的关系。要根据当时和当地条件逐渐推进农业产业化经营，通过农产品追溯制度的建立和完善，确保初级农产品的质量和价格挂钩，实现优质优价，通过市场机制引导农产品质量不断提升。第四，初级农产品安全保障和监督、检验检测成本的关系。在初级农产品的市场竞争中，当提供安全食品的生产者被提供不安全食品的生产者"搭便车"，而市场缺乏有效且成本低廉的监督和检验检测手段时，初级农产品的安全是无法得到保障的。对于河南这样一个农业大省，应该花大力气加强初级农产品农残含量检验检测的技术水平，尤其是进一步加大对快速检测技术的投入。对初级农产品的种养殖来说，不同于食品的工业化生产和流通的监管，需要及时总结和借鉴好的经验，在有效降低监管成本的同时提高监管效率。

3. 加强食品安全地方立法

基于 2012 年以来河南省食品安全规范性文件的总体情形的分析，政策性规定过多，可能导致这些规范性文件的执行和实施效力被"软化"。从食品安全工作考核评价方面看，很多考核指标的设定是通过对各地食品安全文件的制定、会议的召开、临时抽查等形式化做法的量化打分，最终可能形成食品安全工作政策化，政策性做法形式化，形式化的食品安全工作成为"人人喊高调，处处难落实"的尴尬局面。在食品安全规范性文件的制定中，不应绝对摒弃政策要求，而应更加强调和突出法律的地位和特色，具体来说，要做好以下几方面工作。第一，对法律规范食品安全的重要性认识的深化。通过法律规范食品安全社会关系，不仅是解决现实问题的要求，更是法律与秩序的互动关系所决定的。食品安全法律是调整食品安全社会秩序的基本工具，没有合适的法律，就不会有合理的秩序。只有将食品安全领域分散的、孤立的、投机的、危害性的行为纳入法律调整范围之内，才可能树立食品安全乃至公众营养健康领域的良好社会秩序。第二，法律规范的完整性。如果以权利作为发生之起点，规范体系的完整性包括：权利规范与义务规范的对应，权利规范与救济规范的对应；调整性规范与保护性规范的对应；实体规范与程序规范的对应。① 在食品安全规范性文件中，应尽可能完整地包括社会公众（消费者）所享有的食品安全权利、食品生产经营者所承担的法定义务、政府监管部门所负有的监管职责、违法责任、保障权利实现的程序规范等方面内容。第三，要确保食品安全立法的权威性。食品安全立法的权威性既来自法律规范本身的科学性和社会公众利益的体现，也来自政府财政预算对食品安全工作充分的公共投资支持，还受到法律明确规定和严格执行的食品安全奖惩后果影响。因此，食品安全领域既要做到科学立法，又要注重法律的执行和法律实施的人、财、物支持。

（二）河南省食品安全立法完善的具体对策

针对全省食品安全法律规范性文件存在的主要问题，基于未来食品安全立法的思路，笔者认为应从以下几个方面加强食品安全地方立法，以解决现行立法存在的问题。

1. 食品安全多元监督主体立法

除了以农业部门对初级农产品、食品药品监督管理部门对食品进行监督管理作为食品安全政府监管的主渠道之外，应当充分发挥社会多元主体的监督作用。相对于政府监管而言，社会多元主体的监管具有成本低、机制灵活、信息来源广、社会影响大等特点，是现阶段食品安全监管应当着力加强的领域。除了食品安全举报奖励制度的立法外，在食品安全放心工程、食品生产企业先进质量管理模式、特殊时段食品安全督导检查、食品安全考核评比等制度中应该更加突出有关的食品行业协会、消费者权益保护组织、报纸、广播电台、电视台、网站等大众传播媒介等的地位和作用，赋予这些社会主体在食品安全监督中独立的法律地位，明确规定其享有的社会监督的权利，通过合理的法律程序保障其能够充分行使监督权利和参与到食品安全监督活动中，发挥其特长，补足政府监管的"短板"。

2. 维护监管机构统一性、权威性立法

国务院机构改革方案已经确立了食品药品监管体制的改革方案，组建国家食品药品监督管理总局，统一履行食品药品监管职责。十八届三中全会通过的《中共中央关于全面深化改革若干重大问题的决定》也指出，"建立统一权威的食品药品安全监管机构，建立最严格的覆盖全过程的监管制度，建立食品原产地可追溯制度和质量标示制度，保障食品药品安全。"因此，河南省

---

① 黄建武：《法律调整社会关系的机制与科学立法》，载《法治论坛》2011 年第 4 期。

也应适应中央要求，结合河南实际，在全面改革原有监管体制的同时，以地方立法形式对新的监管体制予以确认，以确保新体制下监管机构的统一性和权威性。

3. 食品安全宣传教育立法

在以往的市厅级、县处级领导干部食品安全专题培训班基础上，进一步将食品安全培训扩展到与食品安全直接相关的主体，包括食品安全监督管理部门工作人员、食品生产经营者和从业者等，以及对食品安全感兴趣的社会公众，最终目标是推行食品安全的全民教育。培训工作除了采取直接上课和面授方式外，还可以通过互联网、报刊、广播电视等媒体渠道，向社会公众普及食品安全知识。对于食品安全的专门宣传活动，重要的宣传活动可以仍采取具体工作方案的通知方式，由政府有关部门举办；对于一般性的宣传活动，可以采取社会组织、企业赞助、个人参与等多种方式，同时应当加强立法的规范和引导作用，对食品安全宣传活动予以倡导和必要的管理，避免假借食品安全宣传变相进行商品广告或从事违法活动。

4. 食品生产经营企业的行业准入立法

相比于普通企业设立的行业准入逐渐放宽标准趋势，食品生产经营企业应当进一步严格行业准入资格和条件。地方立法应当规定明确的食品生产经营企业必须具备的条件，由食品药品监督管理部门批准后，方可进行工商登记，从事食品生产经营活动。食品生产经营的许可条件包括从业人员的身体健康要求、食品生产环境、生产条件、产品标准、技术检验检测能力、食品标识、食品安全保障制度等方面，不符合条件的不允许设立。对于已经许可的食品生产经营企业，要进行严格的长效监管，违反食品生产经营许可条件的，应依法予以取缔，强制其退出食品生产经营市场。

5. 食品召回制度立法

除了全国食品召回立法工作之外，河南省食品召回的立法应当做好以下准备工作，并在此基础上及时出台地方法规。第一，完善食品安全的地方标准，在全国标准缺失的领域，通过省、市、县级立法机关制定地方性法规的方式，将食品标准尤其是地方性特色食品的安全标准及时加以明确。第二，作为全国食品安全追溯体系的组成部分，省、市、县应当抓紧建设食品信息追溯体系，政府通过专项资金的投入，支持农户和食品生产经营企业采用食品生产、加工、销售各环节的食品来源可追溯性标识，并通过食品安全网络信息平台建立可查询、可验证的追溯系统。第三，加强食品召回信息公开系统建设。学习美国 FDA、FSIS 等先进经验，建立食品药品监督管理部门的食品召回信息网络公开制度，将食品召回信息向全社会公布。

6. 转基因食品安全的单独立法

除前述初级农产品的单独立法外，还应对转基因食品安全加强立法。鉴于目前国家层面的转基因食品安全立法相对较为薄弱，社会公众对转基因食品的安全保持高度关注，河南省可以先试先行，制定转基因食品的地方性法律文件。该文件应考虑从以下几方面予以规定。第一，建立统一的转基因食品安全测试和安全评价机制，做到机构和标准的统一和公开。第二，规范转基因食品标识制度，对所有的转基因食品强制性地要求作出明确标识，标识范围包括转基因的成分、转基因成分的来源、添加转基因材料的环节、过敏性特征和安全等级等方面，标识是否达到标准以保障消费者的知情权来衡量。第三，规定转基因食品的召回制度。凡是违反食品安全法律法规，可能导致食品安全事故、隐患或者有其他违法行为的，一律属于召回范围。第四，严格转基因食品经营的法律责任。转基因食品的生产经营者违反法律规定，根据其违法行为的危害程度，承担相应的民事、行政和刑事责任。

7. 食品安全立法工作的外部保障

十八届三中全会通过的《中共中央关于全面深化改革若干重大问题的决定》要求全面落实行政执法责任制和执法经费由财政保障制度。因此，从完善立法的外部条件看，应进一步加强食品安全的机构、人员、经费、物质条件等的保障。机构、人员和物质条件的保障，主要是通过食品药品监督管理部门的统一监管和职能强化来实现。经费保障方面，省、市、县各级政府应将本地区食品安全工作所需要的资金投入作为专项开支明确列入年度财政预算范围，明确其预算资金额度，保证食品安全预算资金落实到位，不得挪作他用，确保食品安全预算项目占总预算比例逐年增加。

作者简介：娄丙录，河南大学法学院党委书记，教授。

晋陕豫黄河金三角区域民事
诉讼合作问题研究

党立新

摘要： 晋陕豫黄河金三角经济协作区在改革的带动下，实现区域经济一体化，各方面合作不断加强，在司法工作方面的交流和协作也日益密切。但在诉讼业务上，协作的范围仍较窄，长此以往，将使得三省的司法资源难以发挥最大效能，恐直接影响区域合作的进程。本文通过借鉴长三角地区的司法协作经验，提出在晋陕豫地区建立民事诉讼活动的司法协作的观点，并结合晋陕豫的区域特点从四方面详细论述了民事诉讼的合作范围和机制建设。

关键词： 区域合作；民事诉讼；司法协作

一 问题的提出

随着我国各项改革的深入和对外开放的扩大，国内、国际市场竞争日益加剧。加强区域内的分工与合作，发挥区域优势，促进区域经济的协调发展，实现区域经济一体化，提升区域竞争力，已日益成为社会有识之士和各级政府的共识。党的十八大提出，要"适应经济全球化新形势，必须实行更加积极主动的开放战略，完善互利共赢、多元平衡、安全高效的开放型经济体系"。"创新开放模式，促进沿海内陆沿边开放优势互补，形成引领国际经济合作和竞争的开放区域，培育带动区域发展的开放高地"。山西省的临汾市、运城市，陕西省的渭南市和河南省的三门峡市，自1986年成立晋陕豫黄河金三角经济协作区以来，在我国经济一体化和合作区域化进程加快的大趋势下，合作领域不断拓展，合作水平不断提高，实质性合作持续推进，区域联动发展、一体化发展成效显著，随着2014年3月31日国务院《关于晋陕豫黄河金三角区域合作规划的批复》，金三角的区域合作已上升为国家战略。

在加强区域经济合作的同时，近年来三省四市在政法工作中的交流和协作也日益密切，一些领域如刑侦警务、法律服务、司法行政等方面的合作成果颇丰，与政法实务协作相适应，学术合作也十分活跃，2010年来，三省四市共同举办了五届法学研讨会开展经验交流。相对来说，四市在诉讼业务特别是民事诉讼方面的协作范围较为狭窄，仍囿于委托送达和协助执行等方面，不仅缺乏合作的深度和广度，而且不够系统和规范。如若长期这样下去，不仅使得这一领域的司法资源难以发挥更大的效能，甚至可能直接影响到四市区域经济合作进程，成为黄河金三角地区经济和社会进一步发展的羁绊。因此，探究三省四市民事诉讼合作问题，不仅具有理论和学术价值，更具有实践意义。

二 必要性及法理学基础

区域经济协作是一个复杂的系统工程。实现区域经济的全面有效协作，需要市场的因素，离不开政府的积极引导和公开服务，唯有市场调节的动力和政府主导的合力，才能推动区域经济协作的纵深发展，并最终形成生产要素和产品市场、产业结构和产业布局、基础设施和环境保护、信息和信用、城市建设规划、经济运行和管理机制、制度构架与法律政策措施的一体化。实现区域经济的全面有效协作，也需要全方位高质量的司法保障服务跟进。"公平正义比太阳还要有光辉"，司法是维护社会公平正义的最后防线。加强司法合作是司法机关"推动科学发展、维护社会和谐"的职责所在，构建黄河金三角三省四市司法协作机制是深化该区域经济合作、实现区域经济一体化的法治要求。

笔者认为，我们讨论的区域民事诉讼合作从法理上讲，应源自并隶属于司法协作，是同一主权国家和同一法律体系之下的域内民事诉讼合作，是司法协作的一分子，是域内司法协作的重要组成部分。

司法协作也称司法协助，最初是作为国际法和国际私法上的概念出现的，是指一个国家或（内部高度自治）地区（如我国的台、港、澳地区，丹麦的法罗群岛、格陵兰地区等）的司法机关应另一个国家或地区的司法机关或者有关当事人的请求，代为履行司法行为，或者在司法方面提供其他的协助。一般地，司法协作主要从两个层面提及：一是各国司法部门之间的司法协作，即国际司法协作，这类协作一般基于条约的约定，如我国与其他国家签订的刑事、民事、商事司法协助的条约或协定；二是一国国内各法域间的司法协作，即区际司法协作。仍以目前我国内地与台港澳地区的司法合作为例：如从冲突法的角度看，内地、香港、澳门和台湾都是并存于一个中国之内的不同法域（内地、澳门和台湾属大陆法系，香港属英美法系，即使内地、澳门和台湾，其法律传统也不尽相同，如我们内地深受苏联法律影响，澳门受罗马法律和葡国法律影响较大，台湾则带有很深的德日法律痕迹），任何一地的法院在审理涉及区际案件时，往往需要得到另外一地甚至更多地区司法机关的协作。

后来，理论和实务界又将司法协作的外延扩大到了同一法域内，并称之"域内司法协作"或"域内司法合作"，有人还将其界定为"一个法域内管辖不同区域的法院间的司法协作"。司法实践中也有了域内合作的范例，如苏浙沪长三角地区的司法协作等。

理论上，在一个法域内谈司法合作（协作）问题似有不妥，因为我国是一个单一制的主权国家，执行的是同一部法律（港澳台除外），司法工作是在同一法律体系下运行，相同条件下，无论哪一级、哪一个司法机关，执行的都是同一法律，应该没有法律实施的障碍，也不应存在司法合作（协作）的问题。但事实上，由于长期以来受到行政区划限制和区域经济发展观的影响，在地方保护主义还远远没有绝迹的情况下，我们现在仍然存在着法律实施不统一或者说不完全统一的问题。在经济领域，一些行政区缺乏统一市场观念、区域协调观念，为追求地方利益最大化，突出发展本地经济，往往出现一些不利于法治统一和谐的现象。在立法领域，制定地方性法律规范和政策时存在着"大而全"、"小而全"、重复立法、互相抄袭；竞相制定优惠政策、恶性竞争、设置法律壁垒、搞地方保护主义；对同一立法事项制定的法规，不同地区之间存在互相冲突或者不协调。

司法领域也是如此。由于我国司法管辖区域与行政区域完全重合，现行司法体制下地方司法机关在人事任免和财政经费上受当地政府制约，司法行政化、地方化的现象较为突出。一些地方的司法机关为了地方的局部利益，通过立案、审理、执行等环节给外地当事人设置程序障碍，如有些中级法院、基层法院基于地方利益的考虑，突破现行法律规定，发布内部文件规定或者内部"口头招呼"某类案件不得受理等，剥夺或限制当事人诉讼权利。司法工作中的地方保护主义带来的消极后果是十分严重的，它不仅损害了社会主义法制的统一和法律的尊严，损害了司法机关的形象和声誉，同时不利于形成健康规范的经济秩序，阻碍区域合作的深入开展和经济一体化的进程。

结合近年来三省四市的司法合作和民事诉讼合作状况，虽然近年来加强了一些合作和交流，解决了一些问题，但毋庸讳言，四地的司法机关之间特别是不同地区的法院之间，由于在司法理念、法律适用、业务水平等方面存在或多或少的差异，同样存在着"裁决标准不统一、同案不同判"等域内司法冲突问题，这与四市日益密切的经济合作趋势不相适应。此外，随着我国社会主义市场经济体制的不断深入和完善，区际法律纠纷不断增多，特别是民商事纠纷在一地法院裁决后，到另一地执行，阻力和障碍重重，更需要四市司法机关在民事诉讼方面进一步强化相互的配合和协作。

因此，为了依法维护黄河金三角区域经济合作成果，为三省四市继续深化区域经济合作提供良好司法环境，金三角地区三省四市各级司法机关之间特别是人民法院之间，应当树立法制统一观念、服务全局意识和区域发展"一盘棋"思想，大胆借鉴其他区域内司法合作的成功经验，进一步加强民事诉讼方面的司法合作，并致力于建立制度化的协作沟通机制和合作模式，逐步消除区域内在民事诉讼方面的冲突、壁垒和差异，从而建立有利于"健全区域统一市场规则，维护区域内市场有序竞争秩序，促进区域经济合作共赢共同发展"的法治软环境。

三 他山之石

在司法协作方面，我国一些发达地区已经开展了许多创造性的工作，取得了一些成果，这对我们三省四市加强民事诉讼合作不无借鉴意义。下面，笔者重点以苏浙沪长三角地区的司法协作为例，对外地的成功经验予以介绍。

位于长江三角地区的江苏、浙江和上海两省一市的司法协作起始于2008年，近年来，三地高院联合签署了《长江三角洲地区人民法院司法工作协作交流协议》，多次举办"长三角地区人民法院司法协作和发展论坛"，出台了总称为《长三角地区人民法院司法协作工作规则》的十三项司法协作工作规则。这些工作规则涵盖了法院工作的方方面面，既有协作交流联席会议及其联络组议事规则、审判执行业务部门协作交流工作规则、审判管理协作交流、规范性文件协调等涉及法院全局内容的，又有行政审判、知识产权审判、执行工作协作交流等单业务内容的，还有涉诉信访案件协作、跨地区案件审理协调交流等难点内容的，甚至还包括司法动态信息和司法协作交流网络、人才培养协作交流等。限于论题和篇幅，本文重点对其审判执行业务部门协作交流工作规则、执行工作协作交流机制、跨地区案件审理协调交流机制等3个工作规则做简要介绍。

《审判执行业务部门协作交流工作规则》规定，建立三地法院审判执行业务协作交流联络员制度，协作交流联络员"负责全面准确落实联席会议确定的协作交流事项"，"针对具体协作项目及相关事宜，及时组织商讨和制定详细协作交流计划与工作措施""维护相关司法信息平台，及时发布三地法院相关司法信息"，"定期或不定期组织开展相关审判执行业务交流研讨活动，推动实现三地法院审判执行经验的及时交流与推广"，"及时通报三地法院重大案件、跨地区案件审理执行信息，积极组织实施必要的协助、协调事宜"，"及时发现和拓展三地法院不同审判执行业务领域协作交流的新事宜"，"积极推进相关审判执行业务条线中、基层法院间开展经常性的协作交流活动"。

《执行工作协作交流机制（试行）》规定了执行工作的协作范围，包括执行案件的管辖、委托、协助、协调，重大案件通报，执行人才培养，工作经验交流，信息资源共享。确定了执行工作的协作方式，包括召开年度例会、列席会议制度、专题研讨制度、定期交流刊物、建立交流平台等。

《跨地区案件审理协调交流机制（试行）》的主要内容包括：一是统一司法标准，建立三个机制即"司法适用标准协调机制，司法适用信息共享机制，区域司法鉴定机构共享协作机制"。二是加强司法协助，规范了"司法文书送达、执行工作、案件调查取证、案件管辖、区域法律服务"等五个方面的协助行为。三是排除不当干扰，要求三地法院"遵循公平、公开与非歧视原则，对本地、外地当事人平等对待，做到一视同仁、公正司法，维护社会诚信，增强司法公信力"，提出"对跨区域案件，可以组成联合调查与执行机构，协同办案，以减少干扰，排除阻力。对跨区域的涉诉案件及执行案件中当事人的基本情况、履行能力等及时调查，互相公布，克服信息不对称现象，为异地法院提供便利"，"加强沟通协调，营造良好司法环境。对跨区域案件，所在区域法院接到异地法院协助通知后，需要向当地党委、纪检监察、人大等汇报的，应当及时汇报，取得他们对异地法院的理解、信任和支持。同时，加强与所在地新闻媒体的联系，坚持正确的舆论监督导向"等。四是明确了"上报、通报、备案、协商、执行"的协调工作程序。

除了长三角地区的司法协作外，其他地区也不乏创新之举。早在2007年12月，渝西、川东九县（区）就签订了《司法协作协议》，开了不同省（市）之间基层法院司法协作之先河。协议签署后，四川省内江市东兴区法院针对性采取了"完善司法协作机制、落实司法协助事项、强化司法交流力度、坚持信息资源共享"等四项举措，是落实基层法院区域司法协作成果的范例。2009年7月，广东省广州、佛山两地中院在即签署全国首个省内区域性司法协作协议——《广州佛山两地法院同城化建设司法协作框架协议》。根据协议，两地法院将在审判执行、服务广佛同城、统一两地司法标准、司法信息共享、经验文化交流、人才互动培等六大领域展开协作。近年来，双方从在文书送达、调查取证、财产保全、执行协助进行了广泛、深入合作。2014 年10 月底，广西西林县法院，云南省罗平县法院、师宗县法院、丘北县法院、广南县法院、富宁县法院，贵州兴义市法院签署了桂滇黔三省（区）六县一市刑事审判司法协作合作协议，探索建立了以委托送达、代为调查取证、参与社区矫正、案件信息共享和片区量刑规范化标准研讨等三类、十一项内容的刑事司法协作模式。

四 合作范围和机制探析

根据民事诉讼业务实际，借鉴外地司法协作成功做法，结合晋陕豫三省四市的区域特点，笔者认为，三省四市在民事诉讼方面的合作范围和机制可以考虑以下几个方面：

1. 统一民事诉讼司法标准

经济发展的地区差异可能造成不同地区之间民事案件立案标准认识上的不同，由此个别实务界人士对"同案不同判"的负面影响认识不足。实际上，"同案不同判"危害十分严重，它不仅容易引发当事人对司法不公或司法腐败的合理怀疑，造成缠诉、申诉以及上访，而且严重损害司法权威，降低司法公信力。统一司法标准，就是旨在解决区域法院之间民事案件立案标准不一、民事裁判"同案不同判"问题。统一司法标准，首先，要加强法律适用标准协调，加强四地法院民商事立案、审判和执行领域的协作交流，各地法院可定期或不定期地通过座谈研讨、信函交流等方式，共同探讨民事诉讼与执行实践中带有共性的疑难、复杂和新类型案件法律适用问题，提高案件裁判质量。其次，要实现法律适用信息的共享。适时交流四地法院审判委员会讨论通过的法律适用规范性文件；定期传递四市所属省高院审判委员会讨论通过并发布的指导性案例，指导案件审判工作，实现区域司法裁判尺度的统一；四地发生的重大影响案件、关联案件及时相互通报，加强对案例的分析利用，解决案件审理中带有一定普遍性的问题，统一法官在法律适用方面的认识差异，统一裁判标准，实现同案同判。

2. 加强民事诉讼司法协助

这方面以前虽然做了一些工作，但大多属于"被动、机械、自发"性质，且不尽统一、系统和规范，应进一步强化。一是加强案件管辖协助。四地法院可对区域内案件管辖权问题达成协议。比如，由最先收到申请材料的法院进行初步审查，并作出相应处理。如果经审查发现案件涉及共同管辖问题的，通知共同管辖法院协商确定管辖法院；发现自己对本案无管辖权的，直接将案件移送有管辖权的法院。二是加强司法文书送达协助。建立司法文书异地委托送达机制，对四地法院需异地送达的司法文书，协商采取委托转送，并规定相应的送达时效和协助责任。三是加强案件调查取证协助。建立四地法院委托调查取证制度，对需要异地调查取证的案件，可协商确定由当地法院代为完成，并对委托调查取证的一般时限、取证情况反馈、证据移交等具体事项作出规定。四是加强诉前、诉讼财产保全和证据保全协助。四地法院跨区域进行诉前、诉讼财产保全和证据保全时，财产所在地或证据所在地法院应提供必要的支持与配合。

3. 强化民商事执行协作

针对民商事案件的"执行难"问题，三省四市政法委和法院可通过内外协作，构建"纵横联动"的执行协作新机制，协作范围主要包括：一是执行案件管辖。申请执行人根据我国《民事诉讼法》第201条的规定选择执行法院的，四市相关法院应当依法受理。申请执行人同时向四地两个或两个以上法院申请执行的，受理在后的法院应当裁定将案件及时移送首先受理的法院。第一审人民法院受理后，发现被执行的财产在四市其他两地法院的，可以按规定委托执行；二是执行案件委托。被执行人或被执行财产在四市其他两地法院内的案件的执行，应当采取以"委托执行为主、自行执行为辅"的方式执行。对于被执行人查无下落或仅有部分财产在异地的案件，可采取查询、查控等事项委托。委托执行原则上应当在同级法院之间直接进行。四市中级人民法院应当依照《最高人民法院关于适用〈中华人民共和国民事诉讼法〉若干问题的意见》、《最高人民法院关于人民法院执行工作若干问题的规定（试行）》和《最高人民法院关于加强和改进委托执行工作的若干规定》等，监督本市基层法院执行受托案件；三是执行案件协助。四地法院到四市其他两地法院异地执行需要协助时，执行法院应当主动将案情和执行方案等向当地法院通报，当地法院应当指派专人、提供所需的交通工具和装备积极协助。执行法院在异地执行遇当地有关部门或人员不予协助或阻挠执行的，当地法院应当全力协助确保执行措施有效实施，并保证执行人员的人身安全和执行装备、执行标的物不受侵害；四是执行案件协调。四市法院对执行争议案件应当"平等协商、有理有节"协调。坚持逐级协商协调原则，可采取发函书面协商与面对面协商相结合的方式。充分发挥中院的协调作用。上级法院协调下级法院执行案件所作出的处理决定，有关法院应当执行。

4. 建立民事诉讼合作机制

机制建设带有根本性、全局性。根据时间顺序，诉讼合作机制有事先和事后之分，即所谓的事先协调机制和事后冲突解决机制。从促进黄河金三角三省四市区域经济协作的目标出发，事后冲突解决机制只能作为一种必要的补充，更重要的是事先进行协调。因此，事先的诉讼合作机制应当成为我们的"首选"和侧重点。

合作机制建设可以考虑以下因素：

（1）组织机构。参照外地做法，我们也可以成立四市民事诉讼合作联席会议组织，作为四市合作的最高协调机构，联席会议由四市轮流支持召开，并由四市的政法委分管书记和法院主管院长负责召集，同时成立合作联络组，作为日常合作的具体办事机构。合作组织成立后，还要制订联席会议和联络组议事规则，规范合作组织行为。

（2）工作规则。规则应明确民事诉讼合作交流的工作原则、内容、方式、程序等。

（3）信息交流。明确民事诉讼合作交流的形式、内容、责任，以及信息发布和交流平台等。

（4）人才培养合作。规定民事审判人才培养合作的原则、重点、形式、载体等。

（5）其他。

五　结束语

笔者相信，随着三省四市司法协作关系的不断深入和规范，在四市各级政法委的领导下，四市各级司法机关特别是各级法院一定能够建立并竭诚维护已经建立的良好的民事诉讼合作关系，积极主动地做好各项合作工作，并能在不远的将来，创设出独具黄河金三角区域特色的民事诉讼合作模式，从而进一步推动三省四市经济社会的持续健康发展。

作者简介：党立新，河南省渑池县人民法院院长、党组书记。

论法学与经济法学的研究规范

刘少军

摘要：本文从法学研究对象问题、认识论问题、方法论问题、法学体系的划分标准问题、法学体系的构成要素问题、法学规范的构成要素问题、本体法规范的构成要素问题、法学规范与法的边际均衡点的问题等八个方面，论证了法学研究和法学实践都必须遵守的基本规范。这些法学研究规范适用于所有法学，也同样适用于经济法学的研究。

关键词：法学；经济法学；研究规范

我国的经济法学研究已经历了30余年的时间，在广大经济法专家学者们的努力下，经济法理论研究取得了许多重要成果。但是，由于缺少法哲学的指导，在对法与法学、法学与经济法学的许多研究中还存在许多误区，使经济法理论难以同整个法学理论体系的研究相一致，总是难以形成能够在经济法内部自圆其说，以及在整个法学理论体系中自圆其说的经济法理论。本文是笔者研究法学与经济法学的一点体会，借本次会议之机把它整理出来，以供学界同人分享，也更想得到同人们的指导。

法学研究首先需要解决的是研究对象问题，即我们研究的是法还是法律的问题。对这个问题应该说世界法学界已有定论，即我们研究的是法而不是法律。法律是法律文件中的具体规定，它是法的基本构成要素，但它不等于法的全部构成要素。如果我们以法律为研究对象，那么法学研究充其量也只是进行法律规范的编辑，不可能有其他作为，甚至不能进行法律规范的解释。因为，解释是有指导方向的，没有方向不可能实施除字面解释之外的行为。事实上，我们在法学研究中，都自觉不自觉地加入了非法律的因素，只是大家都没有清楚地认识到这一点。法不同于法律，它是法官在具体的司法裁判中寻找到的答案。法学研究的目的就是为法官在具体裁决中找到现实生活中的法提供指导思想、理论依据和普遍规则。如果将法等同于法律，也就没有进行法学理论研究的必要。

法学研究其次需要解决的是认识论问题，即什么是法的问题，这是进行任何法学研究的基础条件。法的认识论是几千年来法哲学一直在研究的问题，并形成了许多学派。笔者认为，在认识论上，法的本质是人类社会共同的基本价值追求，它是法所要核心保护的对象。总结几千年来的法哲学思想，法的基本价值追求已经非常明确，它们分别是自然法学派的道义价值追求，功利法学派的功利价值追求和实证法学派的实证价值追求，其他学派主张的价值追求都是上述三种价值追求的某个分支或某种融合。因此，从法学认识论上讲，法的本质就是其道义价值追求、功利价值追求和实证价值追求的边际均衡。其中，均衡论是认识论、边际论是方法论。均衡论表明，人类社会的基本价值追求是多方面的，这些价值追求是我们同时需要的，我们不可能长期完全放弃某种价值追求。

法学研究第三个需要解决的是方法论问题，即如何找到法的问题，也就是如何找到法的道义价值、功利价值和实证价值的最佳边际均衡点的问题，这是进行法学研究的具体问题，也是技术问题。在现实生活中，它具体表现为立法边际均衡、补法边际均衡、弃法边际均衡和修法边际均衡。在立法时我们应尽量使其达到最佳的边际均衡点，充分满足社会的共同价值追求。但是，通过立法制定出来的法律难以保证其正确性、完整性和准确性，这是由我们认识能力的有限性决定的；同时，它又是静止的、抽象的和普遍的规范，不可能适应不断变化的、具体的和特殊的纠纷解决需要。因此，在具体的司法实践中必须进行必要的补充和放弃。其中，它的补充方法包括解释和续造，法律的解释包括文法解释、逻辑解释、历史解释、体系解释、目的解释、合宪解释等，以满足使其达到最佳边际均衡点的需要；它的续造方法包括法规范内的续造和法体系内的续造，以弥补法律中的漏洞或称边际均衡点的缺失。它的放弃方法包括隐性放弃和显性放弃，以不再使用已经成为"恶法"的法律规范。这里需要特别强调的是方法论是以认识论为基础的，方法论是要实现认识论。

法学研究第四个需要解决的是法学体系的划分标准问题，即整个法学体系以什么标准划分成具体的法学体系问题。在以法律或法律文件为研究对象的条件下，法学体系可以进行任意划分，任何一个法律文件，甚至是法律规范都是综合的，我们没有能力对其进行科学而严谨的体系划分。并且，这种划分对法学研究也都没有多少帮助。只有在以法为研究对象的条件下，法学体系的划分才有实际意义。并且，它的基本划分标准只能是法的价值追求，价值追求是法的本质。同时，必须将法的价值追求转化成为价值目标，这是由于法的价值追求是人类社会自始至终的追求，法的价值目标是价值追求在当今社会的具体表现，当今社会的法只能追求当前社会条件下的具体目标。就目前人类社会而言，我们只有三个基本的价值目标，即个体利益保护目标、整体行政利益目标和整体经济利益目标，其他目标都是这三个目标的分支或融合。因此，目前社会的基本法学体系只能包括民商法学、行政法学和经济法学，其他分支性和融合性的目标不可能构成基本的法学体系，但它们可以构成一个法学学科，如宪法学、环境法学、刑法学、刑事诉讼法学和国际法学等。当然，从法学教育、法学研究和司法实践来看，法学体系的划分也应照顾到法律文件的完整性，只是必须明确这会使法学体系的划分失去纯粹性和严谨性，不应该再过分强调其绝对性。

法学研究第五个需要解决的是法学体系的构成要素问题，即一个完整的法学体系由哪些要素构成的问题。如果以法律为研究对象，法律体系由主体、客体和内容构成；如果以法为研究对象，则法学体系由价值目标、基本原则和法学规范构成，以法律为研究对象必须排除法学中的价值因素，它是不可能把价值目标和基本原则作为法学构成要素的。但是，当代社会的法律文件中，由于人们已经认识到了所谓"纯粹法学"存在的问题，都已经包含了价值目标和基本原则的内容。因此，即使从法律文件出发进行研究，也必须把价值目标和基本原则作为研究内容。既然必须承认法学体系由价值目标、基本原则和法学规范构成，就必然存在它们之间的效力等级问题。笔者认为价值目标应具有最高效力，基本原则应具有第二级效力，法学规范应具有第三级效力。因为，法的本质是价值追求，价值目标是总体价值追求，基本原则是分支价值追求，法学规范是具体价值追求。同时，这里的价值目标、基本原则和法学规范并不完全等同于法律文件中的相应规定，法律文件中的规定具有其必然的缺陷，在司法实践中，必须通过专家学者和法官的智慧来弥补这些缺陷。否则，法学的存在和法官的存在就没有实际意义，我们完全可以用机械手段取代他们的工作。

法学研究第六个需要解决的是法学规范的构成要素问题，即一个完整的法学规范体系由哪些要素构成的问题。既然法的本质是价值追求，法学规范就不同于法律规范，它必须在法律规范的基础上包含内在的和外在的价值追求，它的划分也必须以是否有独立或相对独立的价值追求为基本依据。按照这一标准，法学规范体系可以进一步划分为本体法体系、责任法体系和程序法体系。这里将传统的实体法体系划分为本体法体系和责任法体系，是由于本体法和责任法各自具有不同的法学价值追求。本体法追求的是社会关系的应然状态，本体法的核心是界定合法与非法的标准；责任法追求的是要使社会所有理性人守法必须对违法行为施加的责任，包括这些责任的性质、内容和程度，并恢复被违法行为破坏的社会关系。由于本体法与责任法的价值追求具有本质区别，必须进行分别研究。否则，就不能从法和法学的意义上寻找它们在具体案件中的边际均衡点，也就不可能找到具体的本体法和责任法。这是由法学的认识论决定的，不同的认识论就有不同的方法论。

法学研究第七个需要解决的是本体法规范的构成要素问题，即一个完整的本体法体系由哪些要素构成的问题。从本体法规范的内容上来看，一个完整的本体法体系应由主体规范、客体规范和行为规范构成。法所要研究的是主体与主体之间的关系，没有两个以上的主体就不可能构成法学，没有特殊类型的主体就不可能形成特殊类型的社会关系，也不会有特殊的法学价值追求，更不可能形成特殊的法学体系。因此，任何特定的法学体系都必须有其特殊类型的法学主体。虽然，不是任何一种法学关系中都必须包括客体即财产，但是，财产关系是主体与主体之间的重要关系。因此，客体规范是法学规范体系中的重要内容，也是具有相对独立性的内容。客体的客观性决定了其规范的独立性，客体权利的主观性决定了其法学价值属性。因此，客体规范既独立于主体规范，又与主体规范具有价值上的联系；客体法既可以是相对独立的法学体系，又可以从主体财产权利性质上进行划分。主体规范和客体规范都是静态的法学规范，行为规范则是它们的动态法学规范。法学的最终目的在于规范主体的行为，行为规范是法学规范的核心。但是，有些法学体系强调意思自治，行为规范的内容较少；有些法学体系强调行为控制，行为规范的内容比较多。因此，不同的主体性质、财产权性质直接决定着其行为的性质，决定着行为在法学体系中的划分。

法学研究第八个需要解决的是法学规范与法的边际均衡点的问题，即法学研究中"线"与"点"的关系问题。法学规范是在法律规范的基础上，经过专家学者的总结与归纳形成的法学规则。但是，无论是法律规范还是法学规范，它们都是主体的行为规则、都是"线"性的规则，这些"线"性的规则都是抽象性和普遍性的，不可能直接应用于具体的司法实践。在具体的司法实践中，必须结合纠纷的情况具体地、特殊地进行裁判。因此，法学规范并不能解决具体的司法裁判问题，它只能为具体的司法裁判提供基础性依据。在现实的司法实践中，法官必须以法学规范为基本依据，按照法的价值目标和基本原则指引的方向，去寻找某案件处理中具体的法，即最佳的边际均衡点，这个边际均衡点才是现实中实际发挥作用的法。法不是事先存在的，它是法官在具体的案件裁判中找到的。因此，法学家研究和学生学习的只能是作为司法基础的法学规范，以及依据这些法学规范找到现实生活中的法的方法，任何一部法律文件、法律规范、法学著作都不可能告诉法官某个案件的具体裁判结果，它们能够提供的只能是法学规范和据此找到现实生活中法的方法。

以上八点是任何法学研究和法学实践都必须遵守的基本规范，如果不清楚这些法学研究规范，他的法学研究就会失去方向，也难以取得有价值的研究成果；如果偏离了这些研究规范，或者会导致学者之间无真正学术价值的争论，或者导致的研究成果严重脱离实际，甚至直接导致司法裁判严重偏离目前社会公认的价值目标，使司法机关成为阻碍社会正常发展和人民需求得到正常满足的工具。令人担心的是，我国目前能够遵守这些法学研究规范的法学理论并不多，特别是在所谓"部门法"理论研究中，清楚这些法学规范的"专家学者"并不多，这些法学研究规范还没有成为我国法学研究中的共识性规范。更为严重的是，在我国的多数法学教材中，占主导地位的还仅仅是实证法学思想，还仅仅是法律文件的汇编或对法律规范进行无明确价值目标的解释。按照这样的法学研究规范编写出来的法学教材，必然会导致法学教育偏离正确的轨道；在这种法学理论教育下培养的学生也难以符合司法实践的需要，所幸的是我国许多法官都能够自觉不自觉地应用这些规范。

这些法学研究规范适用于所有法学，也同样适用于经济法学的研究。在经济法学研究中，第一，我们必须明确它的本质价值追求是整体经济利益，它是研究经济法学的前提。第二，必须明确经济法学的基本原则，它是整体经济利益在其不同构成要素体系中的具体价值目标，是指导该要素构建的最高价值追求。第三，必须明确经济法的主体规范体系，作为一个基本的法学体系，经济法必须有自己特殊的主体。否则，这一法学体系是难以成立的。第四，必须明确经济法的客体规范体系，虽然财产客体不可能直接归属于某个法学体系，但不同法学体系的财产权内容是应该有本质区别的。否则，该法学体系是难以独立的。第五，必须明确经济法的行为规范体系，没有独立的行为规范体系，也不可能形成一个独立的法学体系。第六，必须明确经济法的责任规范体系，虽然责任类型不可能绝对独立，但由于本体法的价值目标不同，它们的归责原则、责任程度必须具有本质区别。第七，必须明确经济法的程序规范体系，虽然裁判程序是具有共性的，但经济法的裁判程序也必须与其他程序有本质区别。否则，经济法也同样不能成为独立或相对独立的法学体系。按照法学研究的规范，任何法学体系的独立或相对独立都不是任意的，它必须满足基本的独立条件。

我国的法学与经济法学研究之所以一直存在争议，主要是由于目前的所谓"部门法"研究并没有基本的规范。第一，法学体系的研究没有明确的法学研究对象。各法学体系之间都不区分法与法律，基本上进行的都是法律研究。第二，没有正确的法学认识论，当然也就不可能有正确的经济法学认识论。不清楚法的本质是其价值追求，也就不可能以法的价值目标作为划分法学体系的标准，就更不可能清楚地区分民商法学、行政法学和经济法学，也就会将其他法学与这三个法学体系混为一谈。第三，没有正确的法学方法论。没有正确的认识论就不可能有正确的方法论，虽然实践中存在方法论，但由于没有明确的认识论，这些法学方法都是无目的的，或没有明确目的的。第四，没有明确的法学体系构成要素。我国法学界基本上不清楚一个完整的法学体系必须包括价值目标、基本原则和法学规范三项基本要素，法学规范必须包括主体规范、客体规范、行为规范、责任规范和程序规范。不具备这些条件就不可能构成一个基本的法学体系，如果经济法学没有完整的这些构成要素体系，它就不具备成为一个独立或相对独立的法学体系的条件，我们也就没有理由主张经济法学的独立。法学研究首先应明确研究规范，否则就没有清楚的研究方向，也就不可能构建起一个完整的法学体系，这是经济法学研究一直难以达成共识的原因所在。

希望能够通过本文促进我国法学与经济法学研究的规范化！

作者简介：刘少军，中国政法大学教授、博士生导师，现任中国政法大学财税金融法研究所所长、金融法研究中心主任。

以法律实务技术思维推动
经济法教学改革

杨　颖

摘要：法治建设，教育先行。经济法教学可以视为一门工匠的技术，本文提出了技术产品的概念，并详细阐述了其教学目标与学科特色。就软件而言，随着大数据、互联网的普及，对于经济法教育而言，也应与时俱进，更多把教学图表化、案例系统化和操作课堂化等理念带入课堂。就硬件而言，教学技术产品的配套措施也应从学生和教师两个群体进行进一步的升级，从教与学双方面共同促进经济法教学的进步。

关键词：经济法；教学改革；技术产品

刚刚过去的十八届四中全会审议通过了《中共中央关于全面推进依法治国若干重大问题的决定》（以下简称《决定》），《决定》明确提出要"创新法治人才培养机制"，法治建设必先以法律教育先行，如何为市场经济量身打造及培养一批校园后备力量，是经济法教育改革面临的一项重大研究课题。

一　法律实务技术思维催生经济法教学技术产品

（一）经济法教学与人才培养的目标

作为一位年轻的经济法教师，笔者与经济法之间有着深厚的感情，在西南政法大学从本科、硕士和博士一路走来，经济法的精神与理念已经在我心底扎了根。从一名经济法资深学生到一名经济法教师，我深刻体会到经济法教、学、用三者相互结合的困难。

在理论界，经济法独立学科的地位虽已基本确立，但是在我看来，还有更多法律学者和法律实务工作者打从心底并不认可经济法。当然，我们无须对任何一种反对声音都给予回应，但是，我们需要反思，是否我们沉迷于经济法已经取得独立学术地位的成就中太久，反而忘了，取得独立学术地位只是一个基础，打造和培养一批能够为市场经济发展切实解决法律问题的经济与法律的复合型人才才是经济法教学和人才培养的目标。

教育与培养务实的经济法人才，要求经济法教师在教学中以法律实务技术思维为指导，进行教学技术产品的研究与创新，这也是社会科学赋予经济法这个新兴学科人才培养的重任。

（二）经济法的经济技术性学科特色

技术性强是经济法最大的学科特色。这里谈到的技术性不仅仅是通常所讲的法律技术，与其他部门法学相比，一方面，它体现为金融学、财政学、会计学等多学科的技术含量综合聚集于经济法一身，另一方面，经济法的教学必须落脚到经济发展中来，否则，象牙塔中的学生在课堂上听"天书"的感觉尤其明显。

从现有经济法的体系结构来看，经济法的核心是国家在尊重市场经济自由运行前提下的对经济的适度监管与调控，经济问题本身就是技术问题，以我所任教的两门经济法分论课程为例。第一个是金融法上的问题，2014 年 11 月 21 日，中国人民银行意外宣布，自 2014 年 11 月 22 日起下调金融机构人民币贷款和存款基准利率，这是 2012 年以来的首次降息，虽然符合市场逻辑，但背后的原理却是综合了目前社会发展中多方面的经济问题而采取的一项自上而下的政府调控措施。

对这个问题的理解和运用，显然不能仅仅依靠传统纯粹法律的知识进行解释，而务实性在此问题中体现为，近年来，伴随中国经济增长放缓，利率市场化的呼声越来越高，国务院一再要求降低融资成本，中国银行业监督管理委员会和中国证券业监督管理委员会分别表态改革资产证券化备案制和新股发行注册制，一系列技术数据促使央行进行本次非对称降息，降息进而引发澳元、黄金、标普 500 指数期货市场大幅波动，从长远看，其又将对以地产为代表的多个行业产生深远影响，可谓牵一发而动全身，充分体现出，经济法的掌握和运用以及其中的经济技术含量远非其他法学学科能够比拟。

第二个是税法上的例子，自 1994 年第一次分税制改革以来，我国税种的划分和适用愈加显现出与市场经济发展相脱节的一面，2012 年，营业税改增值税正式在上海启动试点，以上海的交通运输业作为切入点，现在改革的范围已逐渐发展到全国范围的交通运输业、邮政业、电信业以及部分现代服务业。营改增的目的是为减轻市场经济主体的税收负担，增强经济活力，但是，这场改革看似是一场税收法律的改革，实则其经济技术含量与操作难度已经远远超出以民法、刑法为代表的传统法律能够掌控的程度，例如，一位交通运输公司的老板曾经询问一位知名高校的法学专业学生，为什么营改增之前他的税负是3%，而改革之后会变成11%，税负不降反增，结果这位学生发现，穷极他所有法学的基本知识，甚至无法"搪塞性"地回答这个问题。毕竟，作为经济法重要分支的税法，其背后的财政学、政治学、会计学的专业技术知识是在税法的教与学中令人不容小觑的组成部分。

正是因为经济法在所有法学学科中存在经济经济技术性强的特点，其教学想要取得较好的效果以及未来得到社会各界的更多认同，便更需要在课堂教学产品的研发上多下功夫。

（三）经济法教学技术产品的概念

技术产品这个词，乍一听似乎有拉低一直处于云端中包装精美的高等教育的嫌疑，但是，法律不是一门艺术，法律教学是一门工匠的技术，它的技术不在于用固定的思维禁锢学生的头脑，而在于教会学生如何运用法律适应澎湃的经济发展，而经济法正是技术性教学的个中代表，对其学生的教育便更加不能泛泛而言，一切落实不到实务技术上的经济法教学，都会收效甚微。

在我看来，经济法教学技术产品，指高等院校经济法教师运用法律实务技术的思维，结合经济法学当中的知识点，将实务经济案例收集提炼、加工改造，根据经济法具体开设课程，打造出来的一种能让学生即便处在课堂也能感同身受各种经济问题的一种教学模式。它之所以区别于模拟法庭等一般意义上的实务教学，在于经济法不是为了经济诉讼而是为了避免经济诉讼而生，因此它的技术不是诉讼技术，而是灵活运用法律、操作各种经济模式的技术，我更愿意称它为非诉讼的技术。

二 经济法教学技术产品的形态

近两年来，大数据、互联网思维一步步地走进我们的视野，由微博到微信，"法律技术""知识管理"已经被法律实务界耳熟能详。而我在此提出的经济法教学技术产品秉持经济法知识是核心，学生深刻理解是表现，学生灵活操作是目标，教学契合社会就业需求是结果。现有能够取得较好效果的经济法教学技术产品主要包括教学图表化、案例系统化和操作课堂化。

（一）教学图表化

1. 人类主要依靠眼睛来获取信息，从传播学的角度来说，眼睛更喜欢"挑肥拣瘦"，比起文字，它更容易理解和接受的则是图形。PPT 虽然已经在教学领域中推广开来，但是，由于一个经济法事件常常涉及主体多样、关系复杂，仅仅将语言和文字搬到 PPT 上来显然已经不能满足学生的理解需要，图形化的教学显然能够更直观地展示信息、达到更好的课堂效果。通常来说，我更喜欢"两张图"的教学模式，一张显示"经济事实"，一张显示"法律关系"，经过我的实践，这种用"图表说话"的教学方式，使学生不仅能从教材中读到相关概念、从教师嘴里听到相关知识，还能够"看"到事件背后的经济法原理，很大程度上化解了经济法课堂上对数据问题和法律问题分析的枯燥和死板。

2. 怎样实现图表化的经济法教学？

经济法教师要熟练使用图表，除了需要熟练使用 PPT，还要配合一定的方法。在此，我将它称之为"三步法"。

第一步是拆分要素。每一个重要的经济法知识点都能拆分出经济法基本原理、经济学基本原理、法律规定、经济事实、处理习惯、实务争议和经典案例（公报案例）等内容，这些信息是零散且相互独立的，需要有选择地转化为构图要素，也就是主体、关系、背景、目的、发展和结果。通过拆分和选择经济与法律要素，可以明确图表展示的核心内容。

第二步是搭建结构。以我的经验，在经济法的教学中最常用的图表结构主要有三种，分别是结构图、流程图和时间图，教师可以根据对知识点的把握和拆分，选择其中之一或者综合使用三种图表。例如，在税法中讲到虚开增值税发票的问题时，如果教师在课堂上一句话带过，学生仅仅会知道有这么一个违法行为，但是，对于培养经济法的人才来讲，上述教学效果是远远不够的，如果选择用一个图表来展示什么样的主体会选择什么样的方式虚开增值税发票，虚开一方在什么时间点以何种模式虚开可以解决其因虚开行为而产生的增值税销项税额问题，通常你会看到，在座的学生脸上常常浮现出讶异和恍然大悟的神情，这远比麻木地接受枯燥的增值税法教学有趣得多。

第三步是修改加工。通常教师完成一个草图后，还要进行润色：一是内容修改，突出经济监管和调控类的重点、剔除无用的信息；二是图形修改，调整图形线段的大小、位置，增加图表的适读性；三是结构调整，是图表在整体上更接近完美。

图表可视化直观、简单、易用，符合每个人的接受外来事物的习惯，学生在课堂上接受这样的教育后，以后不但在实务工作中使用起来过往学习的经济法知识更加得心应手，而且还会将这种图表化的方式在自己的工作圈子中广为流传，当一项技术成为围绕法学教师、学生和其他法律实务工作者共同使用的技术，职业共同体的氛围将越来越浓厚，理论与实务的对接也将变得越来越容易。

（二）案例系统化

应当说，经济数据和法条总是僵硬的，你需要通过理解去解读，而你我都可能有不同的理解，经常很难说我对你错，这就是在法律实务中的"认识不同"。但判例是鲜活的，困难的是从浩若烟海的判例中寻找合适的判决，且要将判决中的审判要旨正确地提炼出来，帮助学生理解。我们看到很多网络中总结提炼的审判要旨，以为很简单，只要有时间即可，其实不然，教师需要看懂判决背后的隐含原则及其普遍适用的意义，我们要按照经济法的逻辑寻找、提炼、编排，捅破这层纸是一个庞大的工程，需要教师的专业水平和能力作为保障。

对相关案例的总结，使得学生完全可以更快适应实务性的法律工作，如我前些日子不断寻找判例进行比对研究，其实就是为了解决一个经济法问题，即"限制或禁止股权转让的效力及股东救济途径"，这是我在为在职研究生上课涉及公司章程教学时做的准备工作。我们都知道，我们的学生未来在为他人提供咨询服务、合同审查、裁判断案时，根本不能局限在对法条的认识，必须通过案例来判断事情该怎么做、条款该怎么写，而单一的案例裁判效果单薄也不足以完全支撑相关的实务操作。因此，教学课堂需要引入以案例系统化的知识管理为代表的法律技术。

我们希望做到的是，每讲到一个相对重要的知识点，教师应当组织学生收集最高法院公报案例、最高法院指导性判例、最高法院生效判决和裁定、河南高院生效判决和裁定、京沪粤浙苏等主要高院生效判决和裁定、若干主要中级人民法院生效判决以及国内外经济学的相关前沿研究成果；按照确定的分类，将相应法律、法规、司法解释、批复、指导性意见等司法文件的相应条款，以及前述判例，归类整理，分不同类别，总结裁判要旨，为教学提供技术支持。

（三）操作课堂化

我发现，除了个别学生外，大部分学生大都在"偷偷摸摸"地学习、成长。要么自己看书，但不去听课；要么开始去听课，但不发言；要么摸索解决问题的方法，但不进行讨论；要么开展讨论，但不准备、不深究、不总结，随兴而至。

如果之前所谈到的教学图表化是知识的初步灌输，教学案例化的知识管理和大数据是知识的进一步理解，那么课堂上的转化模拟操作则是为相关知识在学生的心中找到了一个归宿。我发现，如果仅仅做到前述两个技术产品的使用，学生也顶多是比起一般法学学生理解得更深刻了一些，离我们想要培养的经济法人才还有一段不短的距离。只有学会操作，变被动接受为主动适用，学生才能灵活适用经济法解决相关的经济问题。以我所承担的金融法为例，在我讲到存贷款的种类与利率设计和计算一部分时，我通常会选择一位有女朋友的男同学，为他量身设计一个情景：一个社会新鲜人，拿着有限的工资，父母安好，无房无车。然后将他置于这个场景之中，由他或者他挑选的几个同学与他一起设计一套年轻人的金融理财方案，当然，还是以 PPT 的方式在课堂上进行展示和讲解，一来，坐在下边的同龄人会心有戚戚焉，二来，大家也会更加灵活的使用经济法中的各项经济工具。在我看来，也只有进行到这一步，才算完成了经济法在教学中的基本任务。

当然，这种教学产品的设计并不具有通适性，需要任课教师根据自己教学的课程量身打造，表现形式也会随着市场监管法、宏观调控法的特色而发生不同的变化，但是核心只有一个，就是这种教学产品必须是为学生量身打造并引入学生的参与和主导机制才能发挥理想中的效果。

三　以法律实务技术思维重新定位教学技术产品配套措施

经济法教学技术产品的研发和使用，离不开相应的配套措施作为有力支撑，我姑且将它总结为认清经济法学生群体的定位、组建专业务实的经济法教师团队和教与学共同推进技术产品研发与适用。

（一）经济法学生群体的定位

在经济法的教学中，通过跟学生的接触，我发现现在学法学尤其是学经济法学的学生或多或少出现了一些毛病，我姑且总结称之为经济法学学习中的"七宗罪"：1. 习惯了读读背背，畏惧数据计算与分析；2. 只会使用知网，不会运用以北大法宝为代表的实务检索工具；3. 因教育制度的影响和生活经历少，经济意识薄弱；4. 跟随老师的节奏，缺乏自主学习计划；5. 学习习惯单兵作战，缺乏团队协作能力；6. 过分注重细节的理解，缺乏知识管理总结；7. 课上喜欢口头问答，缺乏书面学习习惯。

在我的经济法课堂上，我曾跟学生沟通，学生反馈，他们心中期望的经济法应当是能够学习到一定经济学知识的法学学科，通过经济法的专业学习应该能够让他们在未来的就业中拥有更为强大的竞争力，但是，他们听到"经济"两个字又会觉得很困难。通过这样的对话，我认为学习经济法的学生群体本身是已经做好了进行一门综合性法学学科学习的心理准备的，只是对于广大经济法教师而言，面对以上形形色色的学生，正如我在本文第一部分中所谈及的经济法人才培养目标，只有改变现有的经济法教学模式，才能吸引更多的学生主动选择经济法的课程进行修习，改变大学生一旦听到税法、金融法的名字就直觉地产生畏难情绪，进而举足不前的现状。

（二）经济法教师团队的组建

一个经济法教学的精英团队，是教学改革的基础。精英团队，除了应当具有学科深厚的理论功底，在我看来，还应当具有设计师的设计能力和分析师的总结提炼能力。

1. 深厚的经济法学功底。在经济法教师自己的学习经历中，经济学的专业学习是非常必要的，这如同医学专业一样，专攻方向是大学老师教学成果的基础，一个主要研究方向是宪法或刑法的教师，将经济法课程讲解下来没有问题，但是从其对经济法专业的感知、理解和热情上，或多或少都还是存在一定的局限性，更不会愿意花费大量的精力在大批量经济案例的收集和提炼等教学产品的研发上。

2. 丰富的实务类经验。社会科学的一个最大特色在于与社会的对接而非埋头苦读。当然，创作具有一定高度的学术成果也是高校教师的工作之一，但是碍于本文是从经济法教学角度进行的探讨，姑且在此先将"埋头做研究"的问题放一放，从我自身的经验来看，实务类的经验可以在以下几个方面推动教学的改革和发挥教学的成效：第一，课堂上涉及的经济法实例可以来源于一手材料，未经他人加工，原汁原味更能与经济法基础知识相互配合，不至于出现学生一旦工作后发现，课堂上学的经济法知识完全运用不到实务中去；第二，来源于生活中的例子更能引起学生的听课兴趣，辅之以多种教学技术产品，更能够达到理想的效果；第三，对于经济法教师而言，也能够快速更新知识系统，提升解答学生问题的能力，及时将过时和陈旧的知识从课堂剔除，毕竟经济法与其他部门法相比，其时常处于一种与经济发展同步的快速变动中。

（三）从教与学的角度共同推动经济法教学技术产品的研发

前文提及的三种经济法教学技术产品形态，尤其是以整理提炼案例为代表的知识管理和大数据，有时候并不是教师一人就可以完成的，毕竟备课的时间有限，而任何一个基础知识点的案例都可能浩如烟海，因此，调动学生的主动精神，将学生分组进行安排，以小团体合作的方式，与教师共同打造教学产品，一来解决了教师精力有限的问题，二来学生通过案例资料的搜索，不但可以掌握实务搜索方式，而且可以对相关问题有更进一步的认识。

总之，实务思维推动下诞生的经济法教学技术产品，这个看似"小"的"技巧"，正因为它能够契合经济法本身的技术特性，因而成为教学改革中的一个巧妙的工具和经济法理论与经济实务无缝对接的一个关键环节，它的打造和使用过程无处不体现出经济法中教与学的互动性和趣味性，能够将一系列枯燥的经济数据变为经济法学生生活中的美妙音符。这样的教学，使得他们对经济技术与经济法的掌握足够纯熟，才能使得精通经济法的学生能够在众多法科生中脱颖而出。

作者简介：杨颖，河南大学法学院讲师。

学 科 前 沿

我国地方政府债券的发展
及其立法跟进

席月民

摘要： 地方政府债券已经成为地方政府一种重要的融资方式，但随之也带来了庞大债务以及诸多风险。科学建构我国地方政府债券法律制度体系仍面临诸多挑战，相应的立法跟进需要尽快提速。本文分析了我国当前地方政府债券的发展状况，探讨地方政府债券的风险评估机制及其风险控制，并从法律检讨、政策指引、制度建构三个方面提出了自己的见解和建议。

关键词： 地方政府债券；预算法；公债法

当前，地方政府的债务规模已相当庞大，并呈现出继续攀升的发展趋势。由于我国地方政府债券法律制度尚未健全和统一，其地位尚未摆脱法律上的尴尬，因此，随着各地偿债期限的陆续到来，投资人对地方政府偿债风险的种种担忧已经波及地方政府债券，有效防范和控制地方政府债券的各类风险日益紧迫。问题在于，科学建构我国地方政府债券法律制度体系仍面临诸多挑战，相应的立法跟进需要尽快提速。只有抓紧时间修改和完善《预算法》，并通过制定《公债法》来科学构建我国地方政府债券制度，才能使地方政府依法举债，依法使用债务资金，依法筹措还债资金，依法接受公众监督，依法保护投资人利益，真正实现地方政府债券管理的规范化、透明化与法治化。

一　当前我国地方政府债券的发展状况

（一）审计结果

近年来，为摆脱美国金融危机所带来的不利影响，地方政府债券作为地方政府融资中新的工具选择，在国家积极财政政策的催生下获得了快速发展。为彻底摸清当前政府债务的总体规模，尤其是地方政府债务规模，国家审计署从去年 8 月起，组织实施了第二次全国政府性债务审计工作，审计的债务范围涵盖中央、省级、市级、县级和乡镇等现有的五级政府，并在 2013 年 12 月 30 日公开了审计结果。①

本次审计备受各方关注，是目前为止审计覆盖范围最广，同时也是最为严厉的一次政府性债务审计。《人民日报》评论员撰文称，这次审计全面摸清了我国政府性债务底数，反映了客观存在的问题，并提出了有效防范风险的对策建议，从而为今后的科学决策、深化改革和完善制度提供了重要参考依据。②

这些年来，地方政府的债务资金主要投向了市政建设、土地收储、交通运输、保障性住房、教科文卫、农林水利、生态建设等基础性、公益性项目。从审计结果看，地方政府债务规模和债务结构已逐渐清晰，截至 2013 年 6 月底，四级地方政府负有偿还责任的债务为 108859.17 亿元，虽然银行贷款和 BT 仍是各地政府举债的主要方式，但不难看出发行债券正在成为新的融资选择。经过审计，各地政府通过发行债券所负担的债务总额已经达到了 11658.67 亿元，尤其是地方政府债券总额为 6146.28 亿元，占地方政府债券类债务总额的 52.72%。审计结果显示，我国地方政府负有偿还责任的债务近年来增长较快，部分地方债务负担较重，其中部分地方和单位还存在着违规融资、违规使用政府性债务资金的现象。需要引起重视的问题是，地方政府的还债压力仍然很大。从偿债年度看，2013 年 7—12 月、2014 年到期的地方政府负有偿还责任债务分别占 22.92% 和 21.89%，2015 年、2016 年和 2017 年到期需偿还的分别占 17.06%、11.58% 和 7.79%，2018 年及以后到期需偿还的占 18.76%。

（二）原因分析

事实上，地方政府债券的走宠，与分税制后地方政府财政状况的恶化不无关系。中央和地方政府之间在分税制改革中虽然重新划分了事权和财权，但在事权重心下移而财权重心上移后，现实中留给地方政府的预算内主要财源却是有限的，主要是一些收入来源不稳定、税源分散、征管难度大、增收

---

① 参见国家审计署 2013 年第 32 号审计结果公告《全国政府性债务审计结果》。国家审计署：http://www.audit.gov.cn/n1992130/n1992150/n1992500/3432077.html，2014 年 4 月 20 日访问。

② 参见《人民日报》评论员文章：《让"阳光"照向政府性债务》，载《人民日报》2013 年 12 月 31 日第 2 版。

效益小、征收成本高的中小税种，而且省级以下的地方政府中越往下越无税可分，从而造成了地方政府收不抵支、入不敷出的财政困局，许多地方财政收入结构脆弱，被迫依赖于"土地财政"维持生计。然而，在房地产市场的一轮轮调控中，"土地财政"的不可持续性已经逐步显现出来，在造成经济结构失衡加剧的同时，土地腐败和违法案件增多，耕地流失严重，房地产业的高速增长并未带来民生福祉的相应增进。

实践中，部分地方政府在城镇化建设中债台高筑，债务规模相当惊人，一些基层地方政府甚至出现了大面积的财政缺口，直接影响到基层公共产品的正常供给。另外，"土地财政"的成本尽管看似不计入国民经济核算体系，但它作为真实的负担，却已实际损害到了整个经济体系的健康发展。而且长期以来，这些成本被转移、隐匿起来，不仅没有得到很好的消化，反而随着GDP 和国家财政收入的高速增长而不断累积。为解决财政收支矛盾，各级地方政府一方面求助于中央对地方的财政性转移支付，导致"跑部钱进"成为地方政府间争夺中央财政资金的一道非正常风景线；另一方面，地方又以各种名义大量举借债务，负债运营已经成为多地政府财政运行的显著特征和官员任内常态。其中，地方政府债券的出现表明，在显性债务和隐性债务的双重压力下，受国家耕地红线的制约以及楼市日益严峻的"空城化"和"空房化"现象，"土地财政"在全球性金融危机面前已难以为继，地方政府债券正在成为政绩驱动下地方政府实行赤字财政的新型工具。

其实，地方政府债券也是顺应"权利证券化"发展趋势，适应财政分权后地方政府融资需求，提高金融市场交易效率和交易安全的信用工具选择。从人类社会和市场经济发展的客观历史看，法律对财产权利的确认和保障已经快步进入"权利证券化"时代，权利主体对财产权利的表述和证明，在技术上通常要以某种可为其他社会成员识别的信息载体呈现出来，而不再单纯依靠权利主体的自我内心确认。[①] 地方政府债券作为证券的一种形式，在权利表示的明确化、权利内容的标准化、权利转让的便捷化、权利实现的简约化、权利关系的规模化等方面功能突出，政府信用进一步增强了其在金融市场上的投资吸引力。不容否认，地方政府发行债券已经成为其市场融资活动中深受投资者青睐的不可或缺的工具或手段。

正因为如此，地方政府债券成为"银边证券"，一直被看作解决地方政府财政收支矛盾、弥补地方财政赤字以及发展地方新型城镇化建设项目的一项

---

① 　参见陈甦主编《证券法专题研究》，高等教育出版社 2006 年版，第 1—2 页。

重要制度，在税收收入、转移支付收入以及非税收入等难以满足财政资金支出要求的情况下，其为地方政府提供了一种替代性的筹资工具。通过发行地方政府债券，一方面降低了地方政府在市政建设等基础性和公益性项目上的融资成本，另一方面也进一步发展和完善了资本市场结构，为投资者提供了更多的投资品种选择，并通过改善地方财政和公共服务，吸引投资，增加就业，带动了地方经济发展。更重要的是，对地方政府而言，发行地方政府债券属于典型的市场行为，由该行为所形成的市场约束和监督机制，有利于促进地方政府治理能力的提升，并最终形成推动我国财政体制变革的新动力。[①]

二　地方政府债券的风险评估

（一）中央代理发债与试点自行发债

在我国，地方政府债券只是以地方政府为发债主体，其本质属于公债，在新中国成立初期就已经存在。严格意义上讲，公债不同于国债，国债通常指的是中央债，而公债不仅包含了国债，而且也包含了地方债在内。1981年我国恢复公债发行后，所发行的政府债券仅限于中央政府债券（主要为国库券），后来有些地方政府为了筹集资金修路建桥，也曾发行过地方政府债券，但到1993年，地方政府债券被国务院叫停，原因是中央政府对地方政府还本付息的能力表示怀疑。就地方政府债券而言，其再次发行则始于2009年，而且是以中央代理发债的形式出现。当年2月，十一届全国人大常委会第18次委员长会议听取审议了《国务院关于安排发行2009年地方政府债券的报告》，经国务院批准，由财政部以记账式国债发行方式代理发行地方政府债券，并实行年度发行额管理。省、自治区、直辖市和计划单列市政府为发行主体和偿债主体，承担还本付息责任，而支付发行费和还本付息等具体事务由财政部代办，所筹资金主要用于中央投资地方配套的及其他难以吸引社会投资的公益性建设项目，不得安排用于经常性支出。为此，财政部专门制定了《2009年地方政府债券预算管理办法》。改革开放以来，除中央发行国债转贷给地方用于地方项目建设，以及根据国家统一安排由地方政府举借的外债外，实践中我国并没有法律意义上的地方政府债券，充其量是以企业债券的形式

---

① 参见华东政法大学经济法律研究院《中国地方政府债券制度比较研究：类型和模式》，载《经济法律研究报告》2013年第1号。

发行地方政府债券，所筹资金用于桥梁、公路、隧道、供水、供气等地方基础设施建设。不过，我国债券业通常也把地方政府控制的企业所发行的企业债券列为地方债券范畴，其主要原因是，市场普遍认为对于这些地方企业所发行的企业债券，其不但在资金使用范围上与地方政府债券有"异曲同工"之处，而且地方政府会对之进行担保。目前，地方政府通过各类国有投资公司的融资平台所发行的企业债券仍然大量存在，从而形成了不容小觑的地方政府隐性债务。根据前述国家审计署的审计结果，截至 2013 年 6 月底，我国地方政府所负担的偿还性债务中，企业债券共有 4590.09 亿元，占地方政府债券类债务总额的 39.37%，仅次于典型意义上的地方政府债券。

2009 年地方政府债券的开闸放行，表明当时地方财政收支紧张状况已然十分突出，因此地方政府债券遂成为应对国际金融危机、扩内需保增长的特殊政策措施。2009 年至 2011 年，国务院批准的地方政府债券规模均为 2000 亿元。在中央代理发债的同时，2011 年，上海、浙江、广东和深圳等四省市按照经国务院批准的财政部《2011 年地方政府自行发债试点办法》，开始试点地方自行发债。2013 年，试点省市再次扩围，江苏和山东也加入其中。按照《2013 年地方政府自行发债试点办法》的规定，试点省市发行政府债券实行年度发行额管理，全年发债总额不得超过国务院批准的当年发债规模限额，而且 2013 年度发债规模限额当年有效，不得结转下年。试点省市的自行发债，虽受制于国务院批准的发债规模限额，但却建立了自行组织发行本省市政府债券的发债机制。从这两年的具体情况看，地方政府债券的发行规模正在逐年提高，2012 年从过去的 2000 亿元增加到了 2500 亿元，2013 年进一步增加到了 3500 亿元。今年是落实党的十八届三中全会决定、全面深化改革的第一年，也是实现"十二五"规划目标的重要一年。今年 3 月全国人大通过的 2014 年中央和地方预算案显示，地方财政收支差额 4000 亿元，比 2013 年增加 500 亿元，国务院同意由财政部代理发行或继续试点由地方政府自行发行地方政府债券弥补，并列入省级预算管理。①

值得一提的是，今年地方政府债券的试点取得了新的突破。经国务院批准，今年上海、浙江、广东、深圳、江苏、山东、北京、江西、宁夏、青岛开始试点地方政府债券自发自还，试点地区在国务院批准的发债规模限额内，

---

① 财政部：《关于 2013 年中央和地方预算执行情况与 2014 年中央和地方预算草案的报告——2014 年 3 月 5 日在第十二届全国人民代表大会第二次会议上》，载中国人大网：http：//www.npc.gov.cn/npc/xinwen/2014－03/16/content_ 1855947.htm，2014 年 4 月 20 日访问。

自行组织本地区政府债券发行、支付利息和偿还本金。① 同时，财政部进一步强调了地方政府债券自发自还试点中信用评级的市场性和规范性②，突出了信息披露的真实性、准确性、及时性以及合规性③。通过自发自还试点的信用评级和信息披露，试图将公众监督引入地方政府举债的制度体系，这标志着我国地方政府债券的发行和管理正在进一步完善之中。

从近年来试点自行发债的规模看，2011 年、2012 年、2013 年地方政府自行发债规模分别为 229 亿元、289 亿元和 700 亿元，占当年地方政府发债总额的比例分别为 11.45%、11.56% 和 20%。无论是试点地方自行发债，还是由财政部代理发债，通过地方政府债券所筹资金的使用与偿还都是由地方政府负责。由此前的国债转贷变为中央代理发债，再到地方政府自行发债以及自行还债，这一系列变化描绘出了地方政府举债融资发展的方向，体现的是中央政府角色和地方政府责任的变化。中央政府对地方政府债券的政策从"围堵"转为"疏导"，或者说，由中央主导逐步向地方主导进行转变，强调的是项目自主、发债规模自主、用途自定、偿债自负，这使地方政府变成了"真正的债务人"或"显性的债务人"。④

截至目前，各地政府仍未获得自主发行政府债券的权力。除试点省市外，国家虽然禁止地方政府自行发债，但并未禁止由中央政府代为发债的地方政府融资模式，这种由中央兜底、"父爱主义"式的偿债模式必将固化地方债使用上的无效率状态。从市场反应来看，我国试点发行地方债的总体规模并不大，由于是地方政府自主发行，规模要比财政部代发的小，因此虽然流动性稍弱，但一些省市的融资成本目前可能还略低于财政部代理发行的成本。当然，相比之下，中央代发地方政府债券在规范化方面表现出了一种进步。由于国债转贷地方是中央发债，地方使用，不列中央赤字，因此，转贷资金既不在中央预算反映，也不在地方预算反映，只在往来科目中进行列示，这显然不利于实施监督。同时，由于举借债务与资金使用的主体脱节，因此导致

---

① 财政部：《关于印发〈2014 年地方政府债券自发自还试点办法〉的通知》（财库〔2014〕57 号），载财政部网站：http://gks.mof.gov.cn/redianzhuanti/guozaiguanli/difangzhengfuzhaiquan/201405/t20140521_1082114.html，2014 年 5 月 30 日访问。

② 财政部：《关于 2014 年地方政府债券自发自还试点信用评级工作的指导意见》（财库〔2014〕70 号），载中国债券信息网：http://www.chinabond.com.cn/Info/18392601，2014 年 6 月 15 日访问。

③ 财政部：《关于 2014 年地方政府债券自发自还试点信息披露工作的指导意见》（财库〔2014〕69 号），载中国债券信息网：http://www.chinabond.com.cn/Info/18392649，2014 年 6 月 15 日访问。

④ 参见马洪范《中央代发地方政府债券的历史使命与战略意义》，载《中国金融》2009 年第 5 期。

责权不清，最终增加了中央财政的负担和风险。

（二）风险控制

从当前情况看，有效克服部门主义和地方主义，避免治理规则出现短期化和碎片化，是摆脱我国现行国家治理体制和公共政策的致命弱点，提升国家治理能力的关键。在现行分税制下，地方政府财政吃紧的状况短期内恐怕难以得到有效改观，有条件地适度允许地方政府自主发债，是解决这一问题的重要选择。当然，从中央代发地方政府债券到地方全面实行自主发行尚需时日，在此期间中央"代理"发行地方政府债券同样存在着风险。

地方政府债券的发行，一方面作为地方政府的融资工具，另一方面又是金融市场的投资产品，同时联结财政和金融领域，有着独特的风险特征，如信用风险、市场风险、财政风险、操作风险以及公共风险等。① 笔者认为，目前我国地方政府债券的风险主要以规模风险、结构风险和管理风险等形式呈现出来，在债券发行和流通、资金使用和偿还等环节还存在市场风险、操作风险和信用风险等。中央对地方政府债券年度额度的控制，虽在一定程度上可以防止地方政府过度举债，但目前看来，我国的经济发展仍面临着改革开放以来前所未有的挑战，通货膨胀一直在高位徘徊，内需依然不足，政绩工程屡见不鲜，盲目举债所导致的地方政府隐性债务规模越来越大，地方政府债务预警机制尚未全面建立，只有对地方政府债券的风险作出合理评估并提前做好制度安排，才能避免诱发各种社会危机。

从发债程序上看，现有地方政府债券发行审批程序被简化为仅需国务院批准，这种程序上的简化一定程度上激发了地方政府的发债热情。如果对地方政府发行债券过于严苛，地方政府部分职能的执行则会转向依靠转移支付来实现，由于转移支付具有无偿性，债券使用具有有偿性，因此有意发行债券的地方政府或将出现逆向选择，地方政府债券的功能或被削弱。令人担心的是，如若不能对地方政府发债条件进行有效约束，将地方政府利益诉求法制化，那么转移支付下的隐形博弈不免会在地方政府发债过程中反复重现，即利益主体往往以非规范、非程序、试探性和模糊性等行为方式追求实现自身的利益诉求。在当前的试点阶段，偿债风险和道德风险是共生的，严格的审批程序应当是有效防范地方政府债券违约风险的前提。只有建立地方政府

---

① 参见王劲松《地方政府债券发行中的风险及防范措施》，载《经济研究参考》2009 年第 25 期。

债券风险的控制指标体系，建立地方政府债券风险的监测预警系统，才能有效控制地方政府债券发行和违约风险。但与此同时，也必须通过市场化手段约束地方政府的举债行为，让市场决定地方政府的举债能力，在信息披露、信用增进、信用评级等环节加大规范力度，以提高市场对地方政府发债的认可度，这是设置"防火墙"、控制地方政府债券风险的必然选择。

三　地方政府债券的制度建构

（一）法律检讨

毫无疑问，发行地方政府债券有利于改变地方政府传统融资的路径依赖，改善分税制下中央和地方的关系，缓解地方政府的财政困境。然而，问题的关键在于，公众并不担心因此所产生的债务压力，相反担心的则是地方政府发债本身缺乏应有的规范和有效监管。在探讨地方政府债券的规范化、透明化和法治化发展时，切忌"妖魔化"地方政府债券。

虽然财政部自 2009 年开始制定下发了《关于做好发行 2009 年地方政府债券有关工作的通知》《2009 年地方政府债券预算管理办法》《财政部代理发行 2009 年地方政府债券发行兑付办法》《财政部代理发行地方政府债券财政总预算会计核算办法》《2009 年地方政府债券资金项目安排管理办法》《财政部代理发行 2009 年地方政府债券招投标和考核规则》等制度性文件，对地方政府债券的发行、使用、监督等工作作出了明确具体规定，而且每年还会总结经验教训出台一些新的规定，但就建立一套包括规模控制、风险预警、债务预算、债务审批、债务发行和流通、资金使用与偿还等在内的基本法律制度体系而言，仍然有待立法的扎实跟进。

多年来，我国地方政府债券的发行受到了 1994 年《预算法》的严格限制。该法第 28 条明确规定："地方各级预算按照量入为出、收支平衡的原则编制，不列赤字。除法律和国务院另有规定外，地方政府不得发行地方政府债券。"目前看来，虽然地方政府债券的规模在不断扩大，但其地位尚未摆脱法律上的尴尬。按照这一规定，只有经过特别立法和国务院的批准，地方政府才可以发行地方政府债券。从实践看，2011 年以来国务院有关部门和地方政府虽然出台了多项制度，旨在规范和加强政府性债务管理，包括财政部在完善国债和地方政府债券发行相关管理办法，组织清理规范地方政府融资平台公司，建立地方政府性债务统计报告制度，动态监控地方政府性债务情况，以及金融监管部门通过加强对地方政府及融资平台公司的信贷管理，使贷款规模得到有效控制，同时地方各级政府也相继出台债务举借、偿还、使用和管理等方面制度 2793 项。但从统计数字看，截至 2013 年 6 月底，全国也只有 23 个省级、298 个市级、1736 个县级出台了综合性的政府性债务管理制度，分别占省级、市级、县级总个数的 63.89%、76.21% 和 62.49%。① 今年政府预算报告中财政政策工作重点中提到，要赋予地方政府依法适度举债融资权限，建立以政府债券为主体的地方政府举债融资机制，这和预算法修改方向基本一致。地方政府债券的制度建设仍不尽如人意，多头立法所形成的碎片化与立法层级低所导致的短期化，不但未能克服《预算法》的消极限制，而且直接削弱了法律制度应有的执行力。

（二）政策指引

众所周知，推进国家治理体系和治理能力的现代化，必须完整理解和把握全面深化改革的总目标，进一步深刻学习贯彻党的十八届三中全会精神。十八届三中全会所作出的《中共中央关于全面深化改革若干重大问题的决定》提出，要"建立透明规范的城市建设投融资机制，允许地方政府通过发债等多种方式拓宽城市建设融资渠道"，这为建立权责明晰、多元化的城市建设投融资体制指明了方向。

美国的市政债即属于地方政府债券。其主要分为两类：一类是一般责任的政府债券，其以政府的全部收入作为债务的抵押；另一类就是收入保障型的债券，仅以发债项目所产生的收入作为偿还债券本金和到期利息的保障。② 由于美国的地方政府债券市场规模和交易量最大，因此不少发展中国家在发展本国地方政府债券时都以美国的分类标准作为参照。我国的"十二五"规划把地方债和市政债作为两类产品进行了描述，其中，地方债强调的是发行主体，而市政债则强调的是资金使用范围。但通常情况下，二者其实是重合的。从我国情况看，各地政府既可以通过混合使用市政债券和资产证券化，实现基础设施产权向社会资本的转让，也可以将城镇化项目的未来收益作为支撑，通过项目收益债券，积极探索多样化的市政项目发债模式。这里的区

---

① 参见国家审计署 2013 年第 32 号审计结果公告《全国政府性债务审计结果》。国家审计署：http://www.audit.gov.cn/n1992130/n1992150/n1992500/3432077.html，2014 年 4 月 20 日访问。

② 美国把市政债（Municipal bonds）分为一般责任的政府债券（General obligation bonds）和收入保障型的债券（Revenue bonds），关于美国地方债的分类和介绍，可以参见美国证监会网站：http://www.sec.gov/investor/alerts/municipalbonds.htm，2014 年 4 月 20 日访问。

别主要在于，项目本身收益是否具有完全偿债能力，如天然气、自来水、高速公路等，该类项目可以通过收费获取稳定收益，实现还本付息。只要以项目收入作为偿债来源，就可以发行项目收益债券。但如果项目自身收益不能完全偿还债务，而加上其附加价值可满足偿债要求，对于这类项目，国际上一般混合使用市政债券和资产证券化。但如果项目自身收益加上其附加价值不足以完全满足偿债要求，偿债缺口还需要用地方政府财税收入予以弥补，则这类项目的偿债就需要综合项目收益、土地增值收益和财政补贴等因素共同搭建其偿债结构。① 目前市场上已经看到了资产支持票据类产品，其运作模式与收入保障型地方债类似，也没有制度障碍。这其中需要引起重视的问题是，当项目收费期满，就必须严格依照招募说明书以及法律规定对项目善后事项进行合理处理，而不能出现类似郑州黄河大桥那样的"无限期"收费。当然，如果以资产支持票据为起点，那么我国收入保障型地方政府债券的发展或将提速。

今年全国人大财经委在针对 2013 年中央和地方预算执行情况与 2014 年中央和地方预算草案的审议意见中提出，要研究出台统一、全面、规范的地方政府性债务管理办法，严格控制新增地方政府性债务，将地方政府性债务分类纳入预算管理，明确管理职责和偿还责任，严肃责任追究。这种意见很务实，但却缺乏治理地方政府债券的顶层设计，并未突破既有的政府治理思路。

（三）制度建构

目前看来，坚持公共财政基本理念，及时修订《预算法》，并制定一部符合国情的《公债法》已成为当务之急。笔者认为，《公债法》应涵盖公债的发行、流通、转让、使用、偿还以及管理、监督等诸多内容，并坚持适度、规范、公开、高效原则；在针对地方政府债券的立法进行设计时，应重点建立以下三项制度：②

一是建立地方政府发债约束制度。要把地方政府的偿债能力，作为确定发债主体资格的首要因素。借鉴国外地方政府债券的管理经验，把负债率、

---

① 参见刘煜辉《地方政府债务风险可控 城建投融资机制亟待改革》，载《金融时报》2014 年 5 月 1 日第 2 版。

② 席月民：《地方政府债券亟待预算法国债法规范》，载《经济参考报》2013 年 8 月 13 日第 A08 版。

新增债务率、偿债率、逾期债务率、利息支出率等一系列数值，作为判断其偿债能力的参照指标。对地方政府发债的必要性、发债规模、偿债能力、违约风险等进行全面评估，并作出详尽的评估报告。同时，逐步实行地方政府发债听证制度，使潜在的投资者对拟发债政府的债务情况得到及时了解，并参与发债决策。同时，加强发债审批和债务资金监督，强化对地方领导干部的离任审计，对其违规、盲目的举债行为依法追究责任。这样做的目的在于，通过对发债资格、发债规模、发债风险以及发债程序的严格规范，实现对地方政府赤字规模、债券额度及占 GDP 的比重、债务收入比例等指标以及债务资金用途、偿还机制、审批管理等方面的制度化管理，逐步在更大的范围内确立更具地方自主权的债券发行方式，有效制约地方政府的滥发债行为，增强防范和化解债务危机的能力。

二是建立地方政府信用评级制度。对地方政府实行信用评级，是评级机构对债券发行人按时、足额偿还债务的能力和意愿的具体意见，是投资者分析债券发行人和债券信用的重要参考，也是投资者提前预测地方政府违约风险的重要步骤，可以防范地方政府发债中的道德风险。由于地方利益容易诱发地方政府的发债冲动，因此一旦有条件地放开地方政府自行发债，即应当重新审视信用评级在地方政府债券发行中的科学定位。信用评级并非地方政府获得发债资格的前提，而是在通过其他指标体系评判获得发债资格后，把其信用评级等级作为发债规模的一个判定指标，借以剔除其中的道德风险，建设信用政府，避免和减少资金浪费，防止地方政府将风险向上转嫁。目前，试点省市在自发自还试点宣传中，正在逐步推进建立地方债信用评级制度。

三是建立地方政府债务信息披露制度。地方政府债务信息公开化是当务之急。我国地方政府举债的相关信息仍局限在政府体系之内，政府之外的投资主体处于信息劣势地位，很难全面准确地衡量地方政府的风险状况，从而基于信息上的不对称，造成投资决策的偏差。这既不利于投资者对债券市场做出及时、客观、正确的投资判断，也不利于投资者提高自身资金的使用效率，并从资金筹集和使用等方面监督地方政府。由此，有必要建立和完善地方政府债务信息披露制度，公开地方政府的债务预算或债务收支计划，让社会公众对政府投资建设项目发表意见和建议。虽然今年试点自发自还地方政府债券的信息披露要求已经明确，试点地方在发行地方政府债券时需要公布地方经济状况、财政收支状况和地方政府债务状况，但从制度建设层面看，仍需要逐步细化地方债券信息披露标准，并扩大信息披露内容范围，从而强化对地方政府举债行为的外部监督。

公共财政是推进国家治理体系和治理能力现代化的重要基础和支柱，进一步理顺中央和地方的财政关系直接关系到政府治理体系的制度化、规范化、科学化与程序化，关系到不同治理主体之间能否实现良性互动的"善治"效果。在中央和地方的关系方面，厘清地方政府事权，进一步明确中央和地方的事权和支出责任划分，并以事权为中心合理分配中央与地方的财权，是今后分税制改革所面临的核心问题。明确、合理的事权和支出责任的划分，既是确保地方政府职能"不越位、不错位、不缺位"的基础，同时也是配置相应财权和财力的重要依据。地方政府债券的发行主体以及最终承担还本付息责任的应当是地方政府。地方政府发债权的核心是重新确立中央政府与地方政府之间的权力与责任划分，这不仅需要立法的扎实跟进，也需要依赖"财政紧急状态应对制度"和"政府破产制度"的配合。①

作者简介：席月民，中国社会科学院法学研究所经济法室主任、法学系副主任兼法硕办主任，副研究员。

（本文发表在《中国法律评论》2014 年第 3 期，全文转载于中国人民大学报刊复印资料《经济法学 劳动法学》2014 年第 12 期）

---

① 有关"财政紧急状态应对制度"和"政府破产制度"的论述，参见岳彩申、王旭坤《规制地方政府发债权的几点立法建议》，载《法学》2011 年第 11 期。

反垄断行政解释的反思与完善

金善明

摘要： 行政解释是我国反垄断执法机构适用《反垄断法》的逻辑前提和工具选择，承载着消弭文本规范与垄断规制间紧张状态的功能。但由于我国现行法律解释体制束缚和反垄断执法经验不足，实际操作中反垄断执法机构通常以原文照搬、语词替换等方式简单处理，继而诱发解释规范低效或无效、同一条文解释的不统一、效力位阶不明确等问题，致使行政解释规范虚化或泛化，难以发挥其预期效用。为矫正行政解释中存有的问题、提高行政解释规范的质量，结合我国当前反垄断执法水平和市场经济现状，从积极重塑解释机制、转变解释方式、增设解释监督机制等方面着手，优化我国反垄断行政解释机制和体制、增强解释规范的自洽性和合理性。

关键词： 反垄断行政解释；法律解释；垄断规制；市场竞争

法律必须经由解释，始能适用。[1] 作为市场经济之高级法[2]，反垄断法是合理性、正当性与合法性高度统一并充分讲"理"之法，但其法条难以直接套用于实际案例而只是为判断某一行为是否合乎市场经济要求提供一种分析框架或方法，因而解释之于反垄断法适用尤显必要。我国现行法律解释体制下，反垄断执法模式[3]促使行政解释成为《反垄断法》适用的逻辑前提和工

---

① 王泽鉴：《民法实例研习、基础理论》，三民书局1987年版，第125页。

② 史际春：《〈反垄断法〉与社会主义市场经济》，载《法学家》2008第1期。

③ 《反垄断法》确立了目前的"双层次、三合一"执法模式，即反垄断委员会与反垄断执法机构两个层次，国家工商总局、商务部与发改委三家行政机关共同执行反垄断法。[参见李剑《如何制约反垄断执法机构——反垄断执法机构的独立性与程序性制约机制》，载《南京师大学报》（社会科学版）2010年第5期，第18页；时建中主编：《反垄断法——法典释评与学理探源》，中国人民大学出版社2008年版，第110页。]实际来看，我国反垄断法采取了行政执法模式，即"执行反垄断法的行政机构不仅有权对案件进行调查和审理，而且有权像法官那样对案件做出裁决，包括在被告不执行裁决时有权实施行政制裁"，"这些行政机关在反垄断法的执行中同时充当了检察官和法官的双重角色"。（参见王晓晔《王晓晔论反垄断法》，社会科学文献出版社2010年版，第403页。）

具选择。与发达市场经济国家相比，我国反垄断法实践经验不足，而且经济生活又具有多样性、多变性、复杂性的特点，反垄断执法与行政解释更是须臾不可分离，反垄断执法机构在《反垄断法》适用中对法的理解和解释发挥着不可或缺的作用："一方面斟酌法律之目的，另一方面斟酌具体状况，就个案寻求最妥当的答案"。① 我国反垄断执法机构在《反垄断法》实施伊始便积极通过各种形式和方法对《反垄断法》作相应解读和解释，试图细化、明确文本规范的内涵和法律意义。但由于我国反垄断执法机构依"规范—规范"式的惯性思维对《反垄断法》予以解释，实际并未解决反垄断执法中规范不明确或不确定的问题即未达到反垄断行政解释之目标。因此，本文拟基于我国市场经济发展水平和反垄断执法情况，对既有的反垄断行政解释进行检讨与反思，并力求从多维度优化我国反垄断行政解释机制、进一步推进反垄断行政解释的合理化，从而明确《反垄断法》规范内涵和意义、确保《反垄断法》得以有效实施。

一　反垄断执法的逻辑起点：行政解释

解释对反垄断法适用来说至关重要，承载着消弭文本规范与垄断规制间紧张状态的功能。我国《反垄断法》实施虽五年有余，但有关反垄断法解释方面的研究却显得单薄，不仅未能明确需解释什么，更未阐明如何解释等问题。而实践中，我国反垄断执法机构亦未曾停止过对《反垄断法》进行解读或解释，因而需从理论上对反垄断执法机构的《反垄断法》解释活动予以剖析和廓清，同时更需明确执法中所应解释的范畴。

（一）行政解释：连接文本与市场的纽带

现代社会里，伴随国家调控管理职能的加强，越来越多的法都直接面向行政机关或者由他们负责实施，行政机关的大量解释也是必然的。② 反垄断法是保护市场竞争、维护市场竞争秩序、充分发挥市场配置资源基础性作用的重要法律制度，也是市场经济国家调控经济的重要政策工具。③ 国家借由反垄

---

① 林锡尧：《行政法要义》，三民书局1998年版，第231页。

② Stephen G. Breyer, Richard B. Stewart, Cass R. Sunstein & Matthew I. Spitzer, Administrative Law and Regulatory Policy: Problems, Text and Cases〔M〕. New York: Aspen Publisher Inc., 2002. p. 272.

③ 安建：《中华人民共和国反垄断法释义》，法律出版社2007年版，第136页。

断法"预防和制止垄断行为，保护市场公平竞争"，旨在提高经济效益的同时能够促进社会福利的最大化。基于传统的部门设置和权力分配，我国《反垄断法》创设了现行的反垄断执法模式，以期完成并实现上述目的，因而行政机关对《反垄断法》予以解释便成为反垄断执法工作的重要环节。

反垄断行政解释，顾名思义，就是指享有解释权的行政机关依法对《反垄断法》所作的解释。法律是被解释而理解，被理解而适用，被适用而存在的。① 基于执法模式的不同，反垄断法的解释方式和机制也各异。在采取反垄断司法模式的美国，国会"把如何解释法律禁止范围这一关键性权力交给了联邦法院"②，即"基于但不限于先前普通法的一般目的，联邦法院可以创造出联邦反垄断普通法"③；而在采取行政执法模式的国家，则由反垄断行政执法机关对反垄断法作预设性的规范性解释并依据积累的执法经验进行适时修订，以细化和完善反垄断法体系。在行政执法模式之下，无论欧盟抑或日本、韩国等市场经济国家，皆通过反垄断执法机构出台相应的规则对反垄断法文本作先验性或经验性的规范解释。

我国反垄断立法在借鉴和吸收具有相似法系渊源的欧盟、日本等反垄断法制度与实践经验的基础上，沿袭了《反垄断法》出台前的权力格局和执法机制，继而创设了现行的执法模式，行政成为反垄断法实施的关键力量。"解释是行政必不可少的部分，因为行政资源中的语言内涵经常是模糊的、不确定的或抽象的。行政机关的首长与职员为工作便利，必须弥补这些漏洞，解决这些不确定性因素，以及减少抽象而尽量具体化。"④ 反垄断法涉及的范围相当广，内容相当多，概念的定义和行为或结构的违法性难以确定。⑤ 因此，当行政与反垄断相结合时便催生和发展了反垄断行政解释，在法治框架下行政解释则成为市场经济国家开展反垄断执法工作的逻辑前提和关键环节。

在我国，反垄断行政解释理论上包括两种情形：一是享有解释权的行政机关对具体应用《反垄断法》问题所作的具有普遍约束力的规范性解释，其主要依据是1981年全国人大常委会通过的《关于加强法律解释工作的决议》相关规定，即国务院及其主管部门对不属于审判和检察工作中的其他法律、

① 陈兴良：《法的解释与解释的法》，载《法律科学》1997年第4期。

② Ernest Gellhorn, William E. Kovacic, Stephen Calins, Antitrust Law and Economics. Minnesota: Thomson West, 2004. p. 39.

③ Ibid., p. 25.

④ Michael Asimow, Nonlegislative Rulemaking and Regulatory Reform. 1985 Duke Law Journal. p. 385.

⑤ 沈敏荣：《法律的不确定性——反垄断法规则分析》，法律出版社2001年版，第73页。

法令如何具体应用的问题所进行的解释；二是享有反垄断执法权的行政机关在具体执法中就具体垄断案件对《反垄断法》所进行的个别性解释，这种解释法律上并无明确规定却是反垄断执法中执法机关理解和掌握法律规范并将案件事实涵摄于法律规范的具体保障。前者通常被称为规范性解释，后者则被称为个别性解释，反垄断行政解释从广义上来说包括规范性解释和个别性解释，而狭义上仅为规范性解释。反垄断执法实践中，我国反垄断执法机构所进行的个别性解释很大程度上是依赖于规范性解释所作的二次解释，或者说，我国反垄断执法工作实际是依据反垄断行政规范性解释来适用《反垄断法》并对垄断案件作出相应裁判。因此，在现行法律解释体制和法治语境下，我国反垄断行政解释实际是指狭义层面上的规范性解释。

而实际执法中，规范性解释又易与行政立法相混淆。"由于行政解释的形式、名称等方面缺乏规范，在实践中又极少采用司法解释常用的'对×××××的解释'或'解答'一类称谓，因而单纯通过名称而不看内容，很难鉴别行政解释与行政立法。"① 行政立法成为现代国家法治生活的重要组成部分，是"一种具有立法特征的行政活动。……（现代社会，）议会不得不将涉及各种具体事务的广泛立法权授予行政机关，而其自身仅限于提供一个或多或少具有永久性的法律框架"。② 可见，两者的区别在于是依法律授权而制定还是对法律规范的内涵或概念进行解释。就《反垄断法》来说，国务院及其反垄断执法机构为使其得以有效实施而作出相应的解释性规范，尽管其名称与行政法规、部门规章相似，但从性质与内容来看仍应属于反垄断行政解释而非行政立法，因为这些规定旨在对《反垄断法》相关规范中的名词、术语、概念以及相关逻辑等内容作出相应的解释，以消除文本规范本身的模糊性和不确定性、便于执法。

反垄断攸关市场经济运行中竞争格局和竞争环境的维系，反垄断构建的法治化则是实现这一使命的保障。反垄断法文本自身属性以及文本与事实间的距离，要求反垄断执法机构在执法中能够正确、合理地把握文本规范的内涵和法律意义，反垄断行政解释恰是这一过程的表现机制。我国《反垄断法》不仅依传统规制了经济性垄断，而且根据中国特色规制了行政性垄断，更容纳了域外先进的反垄断执法机制，从而凸显了文本规范的原则性和抽象性亦缺乏可操作性，因而解释之于我国反垄断执法愈显重要。反垄断行政解释的

---

① 陶凯元：《中国法律解释制度现状之剖析》，载《法律科学》1999 年第 6 期。
② H. W. R. Wade. Administrative Law. Oxford：Clarendon Press，1989. p. 847.

生成与运行不仅是我国《反垄断法》赋予反垄断执法机构的权力，更是现代行政国家在经济社会发展中所应承担的职责。

（二）行政解释的范畴：规范与事实之间

反垄断行政解释作为现代行政国家有效执行反垄断法的前置性条件，实践中不仅要求反垄断执法机构解释反垄断法时须契合特定场景，更要求反垄断执法机构明确解释对象、把握解释权的边界，以厘清反垄断法文本内涵、消弭文本规范与垄断规制间的紧张状态。"解释就是阐述含义的过程，理解和表达文本含义的一个重要而且基本途径就是将其变得明确而具体。"[1] 法律解释所直接针对的法律文本或法律条文，是狭义的法律解释对象，而法律条文与各种相关的语境材料一道构成广义的解释对象。[2] 但由于相关语境材料并非法律组成部分，不具有法律效力而只是解释时的参考资料，因此法律解释对象不包括这些语境材料。就反垄断法而言，其行政解释的对象便是《反垄断法》文本，即反垄断行政解释需解决的是反垄断执法中反垄断法文本模糊、不确定的问题。依据我国《反垄断法》文本和市场经济现状来看，反垄断执法机构应就以下内容予以着重关注和解释：

1. 《反垄断法》规范内涵。法律文本是法律规范的载体和体现，法律解释就是发掘和明确文本规范的内涵和法律意义。由于我国反垄断立法"选择了较为原则性的立法模式"[3]，同时为能够及时应对瞬息万变的市场垄断行为，《反垄断法》文本修辞呈现出抽象性、模糊性甚至不确定性。因此，反垄断执法中判断是否构成垄断行为等关键问题时，《反垄断法》文本的规范供给便显得捉襟见肘，难以满足执法需求，从而为反垄断法解释预留了制度空间。就我国《反垄断法》规制对象和文本特质来看，需要进一步明确和解释的概念和规范内涵包括：（1）立法宗旨中宏观而抽象的用语有待通过解释予以具体化，如第 1 条所关涉的"社会公共利益"如何解释，及其与第 28 条中所提及的"社会公共利益"内涵与外延是否一致等问题需要予以明确；（2）所规制的垄断行为界定标准不明确，如第 13 条中所规定的"协同行为"应如何界定即其构成要件是什么、第 17 条中所提及的"正当理由"具体包括哪些情形或

---

① ［美］欧文·费斯：《如法所能》，师帅译，中国政法大学出版社 2008 年版，第 198 页。

② 张志铭：《法律解释原理（上）》，载《国家检察官学院学报》2007 年第 6 期。

③ 时建中：《反垄断法——法典释评与学理探源》，中国人民大学出版社 2008 年版，前言第 1 页。

者说如何判定、经营者集中规制方面所涉及的"控制权"内涵和外延等问题，皆需通过解释予以进一步明确和细化，以增强其可操作性。

2.《反垄断法》内部逻辑。反垄断法是遵循逻辑的法，在其适用中强调价值、规范与事实的逻辑一致性。但因反垄断法的文本宽泛、语言模糊易引发反垄断执法中的逻辑不周甚至不一致，因而需通过解释对文本中所蕴含的逻辑关系进行厘定和解释。就我国《反垄断法》文本来看，反垄断执法中有待通过行政解释予以厘清和确定的逻辑关系主要包括：（1）立法宗旨中所蕴含的利益保护逻辑关系不明确，即反垄断执法中竞争者利益、消费者利益和社会公共利益之间的价值次序、效率与公平之间先后次序等优先关系有待明确和协调；（2）规制范畴的界定，即第8条所规定的"行政垄断"是否属于《反垄断法》所规制的垄断行为，其与第3条关系如何，以及对涉嫌"行政垄断"的调查是否适用第六章所规定的程序；（3）适用原则的不明确，即反垄断执法机构对涉嫌垄断行为采用什么原则予以规制和处罚，即合理原则或本身违法原则的选择适用问题，如第14条所规定的"纵向垄断协议"是否可通过适用第15条的规定而引申出我国《反垄断法》对"纵向垄断协议"的规制采取合理原则等诸如此类的问题。事实上，反垄断执法机构在厘清规范内涵的基础上欲更准确地适用法律，理顺规范内部逻辑关系则愈发显得重要。

3. 文本规范与垄断事实的关系。《反垄断法》因简约型立法而呈现出不可避免的原则性与抽象性，从宏观上看虽能涵盖概念层面的垄断行为，但实际无法应对现实市场中层出不穷的垄断行为，因而需由反垄断执法机构对《反垄断法》适用于垄断规制时作进一步阐释，以化解和弥合规范文本因自身的模糊性以及适用于垄断事实过程中所产生的制度供给不足而导致的冲突或空隙。法治原则要求人们根据法律进行思考，但事实的特殊性总是要求人们从实际出发来解释法律的意义。法律文本是用语言表达的，文本构成了对解释者理解过程的约束，无视这种约束就是对法治的反叛，因而反垄断法文本和现代法治国理念要求执法机构必须在尊重市场机制的基础上合理解释反垄断法。在文本规范供给不足而垄断行为需要规制时，反垄断执法机构通过对《反垄断法》的解释以明确文本规范内涵和发现法律意义并形成相应的反垄断行政解释，便成为反垄断执法的关键环节。

"立法是有位阶的，执法是有层级的。要将具有高度普遍性、抽象性、原则性的法律规范适用于特定时间、特定场合的特定人、特定事，必须有一个将法律规范具体化、特定化的过程。"① 就《反垄断法》来说，这个过程就是行政解释，通过行政解释将《反垄断法》细化，从而使得文本中所蕴含的概念与法律意义得以呈现，为反垄断执法提供规范准备和制度依据。

二 对反垄断行政解释的检讨：问题与原因

反垄断执法中，行政解释在反垄断法文本与垄断行为规制间发挥着桥梁作用，为文本的细化和适用提供制度准备与规范素材。我国反垄断法因其简约型立法导致条文概括且抽象，反垄断执法机构在《反垄断法》实施伊始便着手对其进行了大量解释。这些解释在反垄断执法中效果如何，值得从制度和理论层面进行检讨和反思。

（一） 行政解释的实践：形式与问题

我国反垄断法只有 57 条，内容非常原则。② 但从制度外延角度来看，《反垄断法》可规制市场运行中所出现的各类垄断行为，而从具体操作层面来说制度供给则难符现实之需。因而，《反垄断法》颁布后，探寻文本规范的内涵和法律意义便成为反垄断执法机构的首要工作，国家工商总局、国家发改委和商务部分享反垄断执法权并在各自管辖范围内依据自身执法逻辑需要先后对《反垄断法》中非价格垄断、价格垄断以及经营者集中三类行为（这与我国《反垄断法》内部结构并不完全一致）的相关规定作先验性的解释。

依我国既有的行政解释实践来看，反垄断执法机构分别从实体和程序两个层面就《反垄断法》具体应用中的问题作出规范性解释并形成相应的规范性文件，主要体现在三个方面：（1）非价格垄断方面，国家工商局先后出台了《工商行政管理机关禁止垄断协议行为的规定》《工商行政管理机关禁止滥用市场支配地位行为的规定》《工商行政机关制止滥用行政权力排除、限制竞争行为的规定》《工商行政管理机关查处垄断协议、滥用市场支配地位案件程序规定》和《工商行政管理机关制止滥用行政权力排除、限制竞争行为程序规定》等 5 部规范；（2）价格垄断方面，国家发改委出台了《反价格垄断规定》和《反价格垄断行政执法程序规定》等 2 部规范；（3）经营者集中规制方面，商务部则先后出台了《经营者集中申报办法》《经营者集中审查办法》

① 姜明安：《行政执法研究》，北京大学出版社 2004 年版，第 16 页。
② 王晓晔：《〈中华人民共和国反垄断法〉评析》，载《法学研究》2008 年第 4 期。

《关于实施经营者集中资产或业务剥离的暂行规定》《关于评估经营者集中竞争影响的暂行规定》和《未依法申报经营者集中调查处理暂行办法》等 5 部规范。三家执法机构在各自管辖范围内依据《反垄断法》作出相应的解释，虽一定程度上缓解了文本与事实间的紧张状态，但通过文本比对和实践检验发现，仍存有诸多问题，主要表现为：

1. 行政解释的低效率甚至无效率。反垄断行政解释原本为了解决规范模糊或不确定性问题，但因先验性思维和解释文本的虚化不仅降低了《反垄断法》自身的权威性而且增加了无谓的解释成本和执法成本。例如，《反价格垄断规定》是国家发改委就《反垄断法》中关涉价格垄断方面的规定所作的实体性解释，全文共 29 个条文（详见表一），但仅以原文照搬和语词替换两种方式所作的解释条款就达到 20 个，而剩下的 9 个条款中除去 2 个解释权归属和废止条款外便是以"规范 - 规范"的解释方式展开的条款，且主要集中在对"协同行为"、"正当理由"等概念的抽象描述，而实际可操作性仍须由反垄断执法机构的自由裁量得以实现和维系。因此，从解释文本来看，所谓行政解释基本是重复或简单替换《反垄断法》文本中的词汇，并无实质性的解释规范出现却假以解释之名予以公布并实施，在实际执法中行政解释的作用和效果究竟如何仍值得期待和检验。①

《反价格垄断规定》比对

	规定条文（29 条）	对应法条	所占比例
原文照搬 （5 + 1/3 条）	第 4 条、第 8 条、第 17 条第 1 款、第 18 条、第 19 条、第 20 条	第 7 条、第 14 条、第 17 条第 2 款、第 18 条、第 19 条、第 33 条（一）	18.39%
语词替换 （14 条）	第 1 条、第 2 条、第 3 条、第 5 条、第 10 条、第 15 条、第 16 条、第 21 条、第 22 条、第 23 条、第 24 条、第 25 条、第 26 条、第 27 条	第 1 条、第 2 条、第 3 条、第 13 条第 2 款、第 15 条第 1 款、第 17 条（五）、第 17 条（六）、第 36 条、第 37 条、第 46 条、第 47 条、第 49 条、第 51 条、第 52 条、第 55 条、第 56 条	48.27%

① 如，对于负责查处价格垄断行为的国家发改委及其授权的省级机构来说，目前公布的几起案件都是认为其违反了《价格法》和《反垄断法》并主要是依据《价格法》和《价格违法行为行政处罚规定》进行处罚的，似乎还没有哪个案件完全是依据《反垄断法》认定并处理的；负责垄断协议、滥用市场支配地位、滥用行政权力排除限制竞争的反垄断执法（价格垄断行为除外）的国家工商总局及其授权的省级机构也受理和调查了不少相关的案件，但目前正式公布的依据《反垄断法》进行处罚的案件似乎还只有一起（参见王先林主编《中国反垄断法实施热点问题研究》，法律出版社 2011 年版，代前言第 I 页）。

	规定条文（29 条）	对应法条	所占比例
语义解释 （7＋2/3 条）	第 6 条、第 7 条、第 9 条、第 11 条、第 12 条、第 13 条、第 14 条、第 17 条第 2、3 款	第 13 条第 2 款、第 13 条第 1 款、第 16 条、第 17 条（一）、第 17 条（二）、第 17 条（三）、第 17 条（四）、第 17 条第 2 款	26.44%
解释权归属 （1 条）	第 28 条	—	3.45%
废止条款 （1 条）	第 29 条	—	3.45%

2. 同一文本规范的解释差异客观存在。囿于我国反垄断执法权的配置，《反垄断法》规制对象除了经营者集中外皆由国家发改委和工商总局两机构分别从价格和非价格两个领域予以执行。依此执法模式，我国反垄断行政解释权也因执法权的分散而归属于相应的执法机构，从而使得同一条文由不同执法机构从价格与非价格角度作割裂解释而导致相同的概念或规范表达的解释不同。《反垄断法》中有关垄断协议、滥用市场支配地位和行政垄断等行为的规定，分别由国家发改委和工商总局从价格和非价格角度作出各自的解释，其中引人关注的概念或规范便因解释机构的不同而有所差异。如《反垄断法》第 13 条中所规定的"协同行为"、第 46 条所设置的"宽免制度"等界定和适用范围在《反价格垄断规定》和《禁止垄断协议行为的规定》中的解释不尽相同，实践中是否引发冲突，同样值得关注和思考。

3. 解释规范本身存有不确定性。法律未经应用，就不会有真实的而非想象的解释问题出现。[①] 我国没有反垄断传统亦鲜有反垄断执法实践，对《反垄断法》的认识通常是先验性或借鉴性的，有关其行政解释更是如此。反垄断执法机构例行公事式地对《反垄断法》作"规范－规范"式解释时亦仅能尽其所能地照搬原文或对原文进行语词替换，而非基于实践需要对《反垄断法》进行经验性或回应型的解释。"正当理由"作为判定是否构成滥用市场支配地位行为的关键术语，在《反垄断法》第 17 条中仅简单提及，《反价格垄断规定》和《工商行政管理机关禁止滥用市场支配地位行为的规定》对此作了相应的解释，但其修辞和用语同样抽象而缺乏可操作性。如后一规定第 8 条指出判定是否构成"正当理由"，应当综合考虑下列因素："（一）有关行为是否为经营者给予自身正常经营活动及正常效益而采取；（二）有关行为对经济

---

① 张志铭：《关于中国法律解释体制的思考》，载《中国社会科学》1997 年第 2 期。

运行效率、社会公共利益及经济发展的影响"。这一解释，相较于法本身的规范而言又有多少明确性，同样值得期待。可见，反垄断执法机构虽相继出台了解释性规范，但实际执法中仍难以达到预期效应，因而值得我国实务界或学界的注意和反省。

4. 行政解释规范效力不明确。反垄断执法机构通过对《反垄断法》的解释以明确文本规范内涵和发现法律意义，在反垄断执法中不仅有利于进一步明确反垄断执法的依据和裁判标准，而且有利于为相关当事人提供明确的行为准则和行动指南。这是反垄断行政解释的应然追求，但在实际中行政解释处于何种地位，即在现行法律体系之下是否具有法律效力以及相应位阶如何，则关涉反垄断执法机构的权力范围和当事人权利保障与救济。就我国法律体系和现行解释体制来说，行政解释的效力如何并未明确或并无法律明确规定，因而实践中行政机关时常会无限扩张自己的规制范围，借解释法律的名义，创制新的规范而侵犯相对人的合法权益，亦极大地冲击着法治行政。反垄断行政解释也存在同样风险，反垄断执法机构基于自身解决问题的逻辑需要而对《反垄断法》作扩张或限制解释，超越或违背文本承载范畴。因此，在法治原则下，为确保反垄断行政解释的妥当性和自洽性，不仅需要反垄断执法机构进一步提升自身解释能力和水平，更需完善反垄断行政解释机制、增加解释监督，以确保行政解释的质量。

由于我国《反垄断法》文本规范的原则性和抽象性，反垄断执法机构对其作相应的解释便成为《反垄断法》得以有效实施的重要环节。但三家执法机构在各自管辖范围内对《反垄断法》予以解释，不仅人为地割裂了《反垄断法》的完整性和一致性，更因以原文照搬、语词替换等简单操作方式导致反垄断行政解释的重复性和低效性，因而不能不引发我们对既有行政解释的规范文本和实践予以检讨和反思。

（二）对既有问题的成因追寻

作为反垄断执法活动的前置性条件，行政解释成为《反垄断法》出台后反垄断执法机构工作的首要内容。这些解释规范在反垄断执法中确实发挥了积极作用，尤其是商务部所作的相关解释规定或办法为我国经营者集中规制细化了规则、提供了相关依据、缓解了文本与市场间的紧张关系，但如上所述其所存问题亦是显而易见的。因此，为进一步推进我国行政解释的合理性，从理论和制度层面对上述问题的成因予以探究实乃必要：

1. 解释目标不明确。法律之解释者，乃澄清法律之疑义，以期适用正确之谓。① 解释原初目的在于细化和明确规范内涵，将《反垄断法》所蕴含和承载的使命通过解释得以精细化、明朗化，从而为反垄断执法活动提供明确的规范依据。但从既有解释规范来看，反垄断执法机构更多地通过原文照搬、语词替换等方式对《反垄断法》文本作简单重复而导致执法资源浪费、解释效率低下等问题。例如，作为各国反垄断法重要规制对象的"纵向垄断协议"体现在我国《反垄断法》第 14 条之中，由于第 14 条并未明确其界定标准和适用原则因此在执法中需要进一步予以明确，但国家发改委从价格反垄断执法角度对其所作的解释却让人忍俊不禁——直接将《反垄断法》第 14 条规定原封不动地搬到其所颁布的《反价格垄断规定》之中（该规定第 8 条），既未明确文本规范所承载的内涵更未明确有关纵向垄断协议规制的适用原则，因而也未达到反垄断行政解释之初衷。当然诸如此类的解释方法和规范并非独此一处，这实际是模糊甚至忽视了行政解释的初衷之所在，退化成"为了解释而解释"而忘乎了"为什么要解释以及解释什么"的问题，迷失了解释目标、解释规范自身也显得乏力。

2. 解释场景假借。凡法律均需解释，盖法律用语多取诸日常生活，须加阐明；不确定之法律概念，须加具体化；法规之冲突，更须加以调和。② 特定场景是有效解释法律的基础，解释是消解特定场景下文本规范与规制需要间冲突的逻辑工具。我国虽在 1992 年就已确立社会主义市场经济体制发展目标，但直至 2007 年《反垄断法》出台，我国政治经济体制仍处于转型之中，不仅竞争机制尚未在市场经济体制下得以完全确立和充分应用，而且市场经济法治亟待进一步推进，因而《反垄断法》解释和适用缺乏相应的体制环境和制度保证。同时，由于我国反垄断传统缺失、反垄断执法经验不足，难以为《反垄断法》解释提供充分而健全的信息。因此，反垄断执法机构在对《反垄断法》作具有普遍适用效力的规范性解释时，通常以场景假想或移植为依托试图穷尽我国反垄断执法中可能遇到的场景，以期消解反垄断执法中文本与市场间的距离。例如，我国《反垄断法》第 45 条所规定的"承诺制度"和第 46 条所规定的"宽免制度"是反垄断法适用中较为先进的实施机制，对反垄断执法工作刚起步的中国来说更是如此，因而在具体执法中不仅要借鉴域外经验更要结合中国实际，但既有解释规范似乎更多地借鉴域外如何运用此类机制而并未针对中国当前是否需要以及如何适用好这些实施机制等问题

---

① 袁坤祥：《法学绪论》，三民书局 1980 年版，第 67 页。

② 王泽鉴：《民法实例研习、基础理论》，三民书局 1987 年版，第 125 页。

作出有效解释。当然，这种问题预设性的解释思维本无可厚非，但忽视了反垄断执法需解决的是"中国"市场运行中的垄断问题，导致文本及其解释游离于我国垄断规制和反垄断执法需要，则需要具有解释权的机构予以注意和改进。

3. 以解释代立法。《反垄断法》简约而抽象的修辞表达，不仅不利于当事人预测自身竞争行为或权利救济，也不利于反垄断执法机构的执法活动，因而客观上需要执法机构对其进行解释同时也为解释预留了制度空间。实践操作中，反垄断执法机构往往基于各自执法便利的逻辑需要而以"规范－规范"式的解释路径探求和发现文本规范的内涵和法律意义，并形成先验性的规范性解释。这些解释规范虽一定程度上有助于缓解或消除文本规范与垄断规制间的紧张状态，却使反垄断执法机构僭越了现代法治意义上的职能边界同时也侵蚀了立法权、解释权与行政权分离并制衡的原理。严格来说，这不是"解释"，因为解释的目的在于使法律规范所蕴含的内涵和法律意义呈现，而反垄断执法机构的"解释"活动实际在创制或试图创制新规则，继而演变成了执法机构的"立法式"解释活动。这形式上为反垄断行政解释而实为反垄断立法，诱发了反垄断执法机构集立法、解释与行政等职能于一身，显然与现代国家法治精神、权力制衡理念相悖，更导致执法机构权力扩张或滥用、当事人救济无门或无效。

反垄断行政解释原初目的在于明确法律规范内涵和发现法律意义，但因解释目的不明确、解释场景缺失而促使执法机构在借鉴和吸收域外制度与经验的基础上作出先验性的规范性解释，但实际已演变成了执法机构的"立法活动"，因而这不仅有违现代法治精神而且有悖于国家职能分工与制衡理念。因此，在我国反垄断执法尚离不开行政解释的情势下，应针对当前反垄断行政解释中存有的问题和不足进行检讨与反思，以寻求进一步优化反垄断行政解释的机制与路径。

三　反垄断行政解释的优化：思维与路径

反垄断法是深化我国经济体制改革的推进器。[①] 目前，我国政治经济仍处于转型之中，政府与市场、企业之间的关系有待进一步厘清，加之我国《反垄断法》过于原则以及反垄断传统缺失等问题的客观存在，《反垄断法》的有

---

① 　王晓晔：《反垄断法与我国经济体制改革》，载《东方法学》2009 年第 3 期。

效实施尚离不开反垄断执法机构的解释。因此，为确保我国反垄断执法的有效开展，有待从以下几方面有针对性地探求反垄断行政解释优化的维度和路径、推进解释规范的合理性。

1. 解释机制的重塑。基于我国反垄断执法模式和反垄断执法权分配的特殊性，行政解释由三家执法机构依据我国法律适用传统和各自推理动因而启动，并由此生成相应的解释规范。恰如上文分析，解释规范本身存有诸多问题，因而亟待通过改善相关机制从而力促行政解释的自洽性和高效性：（1）尽快统一反垄断执法机构，确保行政解释的整体性，"法律的整体性解释是法律解释的根本原则"①。通过机构的整合保证解释规范出自同一部门，避免同一规范因解释主体的不同而导致解释规范的差异，从而消除执法上的争论；（2）应针对市场经济运行中"中国反垄断问题"予以解释。"一个社会的法律的全部合法性最终必须而且只能基于这个社会的认可，而不是任何外国的做法或抽象的原则。"② 法律解释也是如此，作为维护中国市场竞争的反垄断法解释自然应立足"中国"市场经济运行中垄断行为对法律规范进行解释，而非基于自身逻辑推理或场景假借生成解释；（3）逐渐导入案例指导制度。案例指导制度虽是我国推行不久的"具有我国特色的判例制度"③，将其导入反垄断法领域旨在逐步形成"法律－行政解释－案例指导规则"多元规则体系，从而将宏观抽象规则在典型案例中得以诠释并予以示范，以明确《反垄断法》文本规范的内涵和法律意义。依此，力求完善反垄断行政解释机制，确保反垄断行政解释自身的统一性以及与反垄断法的一致性，在明确反垄断法文本规范的基础上有效实施反垄断法。

2. 解释方式的转型。"社会的需要和社会的意见常常是或多或少地走在'法律'的前面的。我们可能非常接近地达到它们之间缺口的接合处，但永远存在的趋向是要把这缺口重新打开来。"④ 解释成为文本规范应对瞬息万变的垄断行为的有效机制，反垄断执法机构更多地习惯于依赖具有普遍规范性的解释进行执法。但因我国反垄断行政解释生成于反垄断执法机构自身逻辑推理而非执法经验需求，继而导致"规范－规范"式的解释规范虚化或泛化，在实际执法中并未能发挥解释功能。如《反价格垄断规定》对《反垄断法》

① 沈敏荣：《论法律的解释》，载《求索》2000 年第 1 期。

② 苏力：《道路通向城市——转型中国的法治》，法律出版社 2004 年版，第 298 页。

③ 陈兴良：《案例指导制度的规范考察》，载《法学评论》2012 年第 3 期。

④ ［英］梅因：《古代法》，沈景一译，商务印书馆 1959 年版，第 15 页。

第 14 条解释的做法，不仅造成执法资源浪费，在实际案件中更是显得蹩脚。[①]
针对当前解释机制和解释规范，反垄断执法机构在作规范性解释前应对现行
反垄断法律规范进行评估，以确定对某项规定进行解释的必要性和可行性，
从而避免"为了解释而解释"的现象出现；与此同时，反垄断执法机构亦应
转变自身解释思维，将当前宏大抽象式的规范性解释更多（或逐渐）地转向
将宏观要旨体现在个案审查处理之中的个别性解释。"一个法律术语只有在它
适用于特定案件中的事实时才有意义。意义在适用中获得生命。抽象地确定
法定术语的意义就是在学究活动中绕圈子。只有当我们把如此确定的意义适
用于手头的案件时，此法才真正得到解释。"[②] 因此，反垄断行政解释应逐渐
由普遍性的立法式解释转为个案中的具体法律应用问题的解释，将当前以规
范性解释呈现的"立法"归还于权力机关，将反垄断行政解释复归于反垄断
执法机构在处理个案中对反垄断法规范内涵和法律意义的阐释和追求，逐渐
减少和杜绝执法机构以解释代立法现象的出现，确保反垄断行政解释的恰当
性、提高反垄断执法的合理性。

3. 解释监督的确立。随着行政国家的崛起，行政实现了对社会从"摇
篮"到"坟墓"的全面干预[③]，法律实施中行政解释的兴起和运用是现代行
政发达的体现。由于我国历史上长期是一个行政权力支配的国家，对政府理
性的信仰浓厚。市场经济建设中，行政依然发挥着不容忽视的作用，我国反
垄断执法由政府主导并由执法机构作相应的行政解释便是对市场现实需求的
回应。但行政解释虽有创制的制度依据却缺乏相应的监督机制，加之我国司
法权在行政权威面前显得极为谦抑[④]，行政解释往往披着抽象行政行为的外衣
而逃避司法机关的审查。反垄断行政解释处于监督的盲区之中，实践操作中
易诱发执法机构的扩权或擅权、当事人陷入救济无效或无门的境地，因而亟
待在现代法治国理念下确立和完善司法对行政解释的监督和矫正。但"最令

---

① 《反垄断法》第 14 条就纵向垄断协议作出了规定，《反价格垄断规定》则将第 14 条内容原封
不动地照搬至第 8 条，除了搬运之外毫无解释之意；而在 2013 年"五粮液"和"茅台"规定全国经
销商向第三人转售的最低价格案中，四川和贵州省发改委依据《反垄断法》第 14 条规定对"五粮液"
和"茅台"分别处罚 2.02 亿元和 2.47 亿元的罚单，在实务界和学界引起轩然大波，即维持转售价格
是否可以适用合理原则存有诸多争议，因为我国《反垄断法》自身规定并未明确而随后的《反价格垄
断规定》亦未明确。

② ［美］唐纳德·施瓦茨：《行政法》，徐炳译，群众出版社 1986 年版，第 605 页。

③ More details see Lief H. Carter & Christine B. Harrington, *Administrative Law and Politics*, Addison
Wesley Longman, Inc., 2000.

④ 参见最高人民法院《关于审理行政案件适用法律规范问题的座谈会纪要》。

人困惑的问题之一乃为如何确定行政机关和法院在规制法律的解释中的不同角色"①；美国司法实践主张"对行政机关政策决定的审查程序是要受到限制的"②；而德国学者则认为，"在审理案件过程中，法院可以全面审查行政机关的法律解释，法院的法律解释是决定性的，尤其是最高法院解释具有最终的法律效力（解释特权）。"③ 就有效保障当事人权益和市场秩序角度来说，行政解释应接受司法监督，以免执法机构以解释之法行立法之实而侵害当事人权益、替代市场功能，违背《反垄断法》实施初衷和泯灭市场经济优势。因此，在统一执法机构的基础上，由该执法机构出台反垄断法解释规则，同时应修法赋予抽象行政行为以可诉性，以使行政解释规范接受法院的司法审查，从而保障反垄断行政解释的合法性、合宪性和合理性。

行政解释是现行反垄断执法模式下《反垄断法》得以有效实施不可或缺的组成部分，但因反垄断传统的缺失和既有司法机制的束缚，反垄断行政解释为执法机构独享而缺乏相应的监督机制，易滋生专权或滥权倾向、损害当事人利益和扰乱竞争秩序。因此，客观上要求在提高反垄断执法机构自身解释水平的同时，更应完善反垄断行政解释体系和机制，接受司法监督，以维护反垄断行政解释与《反垄断法》之间的完整性和一致性、实现反垄断之初衷。

结语：对待行政解释的态度

由于我国反垄断立法的简约性，行政解释仍是我国当前反垄断执法不可或缺的逻辑工具，以消弭执法中文本规范的供给不足与垄断规制的制度需求之间的矛盾。但因我国反垄断执法经验的不足和其他体制、机制方面的因素，我国反垄断行政解释尚待完善。依据我国当前经济法治水平和现行解释体制，应有条不紊地优化反垄断行政解释体制和机制，即：（1）对我国目前分散的反垄断执法权进行整合，以统合反垄断行政解释权；（2）积极调整既有解释方式——将当前宏大抽象式的规范性解释转变为将宏观要旨蕴含在个案审查处理之中的个别性解释；（3）创设行政解释的监督机制，赋予抽象行政行为

---

① Cynthia R. Farina, *Statutory Interpretation and the Balance of Power in the Administrative State*, 89 Columia Law Review, p. 452.

② Pauly v. Bethenergy Mines, Inc., 111 S. Ct. 2534（1991）.

③ ［德］汉斯·J. 沃尔夫等：《行政法（第一卷）》，高家伟译，商务印书馆 2003 年版，第 312—313 页。

以可诉性，使得行政解释能够接受司法审查的监督。当然，推进行政解释的优化和完善是项系统而复杂的工程，不仅要求对反垄断法适用体制和机制进行改善，更有待于整个法治环境和制度水平的提高，因而并非一蹴而就之事。因此，反垄断执法中，应逐渐地将行政解释由先验性的规范性解释回归于反垄断执法机构在《反垄断法》应用中具体问题的解释，将具有普遍性的问题通过修法的方式予以解决，从而逐渐减少甚至杜绝行政立法性解释的存在。当然，这是个过程。在当前反垄断执法尚离不开行政解释的情形下，"我们应当防止行政机关不遵循解释规则的话语强权，警惕它们以政治需要、领导讲话为依据的从法律以外的视角进行的法律政策学解释，让行政解释回归其本来的位置。"①

作者简介：金善明，中国社会科学院法学研究所副研究员。
（本文发表于《法律科学》2014 年第 1 期）

---

① 赵德铸：《关于行政解释的几个问题》，载《山东社会科学》2011 年第 10 期。

国际生态法发展的几个理论问题

刘洪岩

摘要：环境问题全球性的凸显已将人类置身于空前的生态风险窘境之中。当下，无论各国发展程度如何，解决和保障生态安全都是其面临的一项至关重要的任务。正是由于环境问题的全球渗透，促使生态保护的国际合作实践成为可能，并促成了国际生态法律规范遵循着国际合作面向实践的纬度发展。国际生态法律规范编撰的"逐渐发展"、国际生态"软法"规范在国际生态保护国际合作方面对传统国际生态"硬法"的修正和补充，以及应对环境问题国际生态标准的制定等理论问题，一方面，构成了对传统的国际法理论及实践的挑战和修正，另一方面为国际生态法独立的法律部门的确立建构了实践理性的前提。

关键词：国际生态法渊源；"软法"规范；生态标准；生态安全

一 问题的提出

现代国际生态法学说对国际生态法律规范分类的根据和方法的考察作为整合该国际法部门体系和结构的必要步骤，是该学说值得关注的现象之一。除了利用对习惯规范、公认的原则、双边和多边性质的条约规范、国际组织的强制性决定和建议性决定、国际司法机构的裁决的传统分类法之外，近年来根据国际生态关系法律调整实践的特点，国际生态法领域还就规范性文件某些方面的分类展开了深入研究。其中受到重点关注的内容有：

——全球性和区域性国际生态法规范划分的根据和条件；

——全球性和区域性国际生态法领域议定书和其他辅助性协定中框架性规范和详细规范之间相互关系的确定；

——对建议性规范即所谓"软法"规范（这类规范主要是在确定对国际生态关系进行法律调整的原则、战略以及长期规划过程中形成的）作用的评估；

——对生态关系法律调整机制中国际生态标准的实质和意义的理解。①

此外，根据国际生态法的发展情况来研究其法源有助于弄清国际法律部门形成的规律及其下一步发展的趋势。

二　国际生态法的渊源的"逐渐发展"

联合国大会有关国际法问题的决议经常不断地使用"编纂"和"国际法的逐渐发展"这两个概念来描述国际法活动。②在国际法学科中不存在完全固定不变的编纂定义。"逐渐发展"概念有含义是由《联合国国际法委员会规约》第15条来阐述的，"逐渐发展"一词是指对尚未为国际法所调整的或在各国实践中法律尚未充分发展的问题拟订公约草案。

国际法规范生成是一个复杂过程，可划分为主要过程和辅助过程：主要过程包括规范形成条件，这些过程完成后产生国际法律规范；辅助过程是国际法律规范形成过程的重要阶段，但尚未完成这一过程。③

值得注意的一个与此相关的情况是，国内法律文献实际上将法律规范和条约规范等量齐观，认为条约也是一种法律形式，条约（一种法律形式）是借以表现法律规范的形式。实际上，从形式法律的观点来看，法律规范具备某种法律形式，其中包含规制主体行为的规则，而主体又将这种规则视为其自身的法律义务，这种法律规范就是法的渊源。但是，国际法规范结构不仅包含规范的形式，也包含规范的内容。抽象法律关系是规范的内容，之所以称为抽象法律关系，是因为这种法律关系对其中涉及的全部主体和所有事件均发生效力。而具体的条约则是客观存在的规范的一部分，具体的主体针对这个"部分"商定把其中包含的行为规则视为对各自具有强制力的行为规范。④

对具体问题上的法律关系调整，主体没有必要在形式上体现全部规范内容。这就是具体的规范具有多种形式的原因所在。各国相互签订条约，只从规范中选取符合当时具体法律关系上各自对外政策需要的内容。正因为如此，

---

① O. C. 科尔巴索夫：《临近21世纪的国际生态法》，载《俄罗斯全球国际法学会首次会议·1997》，1999年版，第131页。

② M. H. 科比洛夫、C. M. 科比洛夫、Э. Ю. 库吉明科：《国际生态法的逐渐发展与编纂》，2007年版，第12—13页。

③ Г. И. 图恩金：《国际法理论》，1970年版，第101页。

④ В. И. 库兹涅佐夫主编：《国际法》，2001年版，第76页。

必须对国际法规范与条约形式加以区分。

国际法规范是现存法律意识的客观表现形式，而并非产生于"合意"之结果。

在国际生态法形成过程中，也利用了一般国际法中设定调整各国生态保护合作规范的法律方式。同时，某些法源及其层级和相互关系的特点是相应的国际法调整范围所特有的。国际生态法渊源体系的独特性不仅决定于单独调整对象的作用，而且也反映了产生一整套全新的国际法规范的发展阶段。

国际条约和国际惯例是国际生态法的主要渊源。对于该国际法部门形成的不同阶段而言，国际条约和国际惯例的意义及其相互关系的性质是各不相同的。国家之间环境关系形成的最初阶段的特征表现为缺少调整这类关系的国际条约的分支系统，作为结果还表现为相对广泛地应用国际法普遍原则和国际习惯规范，以此来确定各国在环境领域的行为是否合法。正是这些通常表现为国际惯例的国际法基本原则成为那些著名的解决国家间环境损害争议仲裁和司法裁决的基础。后来这些原则在具体化的同时又在以条约形式调整国家间环境关系过程中得到了发展。

国际习惯规范的重要品质在于其有能力平衡公约规范效力之外的不同国家在保护自然领域的利益，但对这种利益的调整则是由一定的公共需要决定的。况且，国际惯例总是先于详尽化的条约规则出现，国际惯例还是该国际法律关系领域普遍法制原则形成的重要阶段。

联合国副秘书长汉斯·克莱尔对此公正地指出，尽管条约中确定下来的国际法律非常重要，但"在解决普遍关切的问题上起主要作用的还是国际习惯法"。①

生态保护国际合作的实践清楚地表明，国际生态法主要是按照条约规制的路径发展的。国际条约仍然是国际生态法的主要渊源。生态的国际保护的特殊性在于，其效果与国际法调整的精准和具体程度成正比。

基于同环境保护问题相关联的程度，可将现有的全部国际条约相对划分为三类：

1. 调整有别于环境保护的自然资源客体保护关系的条约。这些条约不包含环境保护的规范，但确认自然客体的法律地位（如水域法律制度），对实施一系列自然保护措施发生着间接影响。各国保护自然生态系统免受污染的义务不仅为维护和平、国际安全和裁军领域一系列现行多边条约所确认，也为

① 汉斯·克莱尔：《国际法的意义和联合国的作用》，载《国际生活》2000年第12期。

其他国家间合作领域的许多现行多边条约［1985 年《南太平洋无核区条约》
（《拉罗通加条约》），等等］所认可。

2. 调整自然资源客体利用关系的条约，其中含有为数不多的保护自然资
源规范（1982 年《联合国海洋法公约》）。

3. 完全针对环境保护国际法律关系规制的条约（1973 年《保护白熊协
定》、2003 年《非洲自然与自然资源保护公约》，等等）。

上述条约中，有的国际协定专门用于规制环境保护，有的只是内含部分
自然资源保护的条款。原则上国际自然资源保护规范的作用和意义不取决于
这种规范是否属于条约的组成部分，或者该规范是否融入环境保护领域的特
别协定。

按主体构成（区域范围）划分，环境保护国际条约可分为全球性条约、
区域条约、次区域条约和双边条约。这里的区域协定体系补充、发展和强化
了全球性协定。① 相对于国际生态法渊源而言，这个结论意味着，全部国际自
然资源保护条约的总和，不论其所涉及的地理范围和条约参与国有多少，都
是国际生态法的主要渊源。完善条约基础、签订（每一类）新条约，这是国
际生态法逐渐发展的最为重要的任务。

就目前的情况而言，各国在实践中已制定了能够切实解决生态问题的三
类国际条约。②

第一类条约称为"预防性"条约，这种条约主要是为了在做出专门的生
态决定时消除国家边界障碍（1974 年《保护环境北方公约》就是实例，丹
麦、芬兰、挪威和瑞典加入该条约）。

第二类条约的实质在于，通过具有超国家直接效力的决定，法律上对各
国均具强制性（以欧盟的实践为例）。

最后，第三类为维也纳类型条约，以 1985 年《保护臭氧层维也纳公约》
为基础，提出制定并通过国际协定保护下的框架协定。这方面的实例还有
1992 年《生物多样化公约》和 1992 年《联合国气候变化框架公约》，前者尽
管未称为框架公约，但实际上是这类公约。

在不同国家看来，这三类条约各有所长。例如，第一类条约更容易为次
区域国家接受，它可以使经受类似或相同生态困境的有限国家的力量聚合起

---

① O. C. 科尔巴索夫：《环境的国际法保护》，1982 年版，第 216 页。

② M. H. 科比洛夫、C. M. 科比洛夫：《论国际生态法的渊源体系》，载《国际法》2007 年第
4 期。

来；第二类要求制定对各国行为具有法律强制力的规则和规范，但这不应理解为对国家主权的限制。实施这一步骤，各国在实际行使主权的同时，把各自部分主权让渡给一个超国家机构，这就如同这些国家在加入国际政府间组织情况下的行为一样。同时，这就使各国凭借作为这些机构和组织成员国的其他国家的类似行动而扩大了主权范围。最后，第三类条约最大限度地契合了那些愿意最大限度地保持主权的国家的利益。在此情况下，所谓国际利益由某种国际组织来代表，这种国际组织具备举行相关谈判的论坛功能。借助于相对宽泛的表述和条款，"框架"协定为数量众多的各种政治和经济制度国家之间互助合作提供了必要基础。作为各方力量合作的第一步，各国会立即着手研究并进行极具重要意义的监测，因为有关那些生态现象和生态后果的详细科学资料将有助于各国接受具体的和更为详细的义务。科技合作所取得的成果能够突出合作中的迫切问题，以便通过附件和议定书（框架协定不可分割的部分）详细制定出解决这些问题的办法。

第三类条约主要是为"管控"正在消失的自然资源，而不在于制定普遍的国际法原则，这是该类条约的特征。换言之，这种条约更具实用主义性质，它要求各国不是在口头上坚持环境保护的一般国际原则，而是采取具体措施来恢复并保持自然资源的可持续利用。

三 国际生态法的"软法"规范

当今，国际生态法之所以能够积极快速发展，在很大程度上靠的是"软法"规范的增加。国际生态法中的这类规范在数量上早已超过了所谓"硬法"规范。所以，明确这些"软法"规范在国际生态法渊源体系中的地位和作用，对于说明国际生态法这一现代国际法律部门的特征，具有重要意义。

确定行为规则的"软法"规范可以成为把这些规则转变为条约规范或国际习惯法规范的起点。正如俄罗斯国际生态法学家 H. A. 索洛科娃在谈到这一点时所指出的，可以从"理想法"（de lege ferenda）的视角来说明环境保护领域中的"软法"规范向条约规范或习惯法规范以及建议性规范的转化。

各国甚至还赋予某些不具法律强制力的"软法"规范以政治和道德性质的强制力。

各国采取这类措施是值得关注的，因为这是指导原则转变或确立的标志，而这些指导原则终将成为具有法律强制力的规范。这些指导原则非常重要，其影响是实质性的，但其本身不构成法律规范。[1]

"软法"国际生态法律规范是客观现实，必须承认其存在。这一事实可从1995 年联合国国际公法纪念大会的文件中得到证实。大会与会人员指出，条约不是国际法律创制的对等工具，条约的起草过程是复杂的，参与度极低。因此建议加强多边论坛决议的作用。建议以"某种准法律程序"来补充国际生态法的传统渊源，这种程序用于通过原则宣言、行为法典、指导原则和示范规范等文件。"软法"规范内涵的特殊决定了这些规范作用机理的特点。这些规范所确定的不是各主体的具体权利与义务，而是各主体相互合作的一般内容。

在国际生态法律关系的调整中出现"软法"规范与其说是偶然的，不如说是必然的。环境保护领域尽管看似不问政治，一些外国学者试图以此解释20 世纪 70 年代初在制定国际生态法规范上的"突破"，而实际上各国根本不愿意暴露各自众多的"生态秘密"，特别是军事领域的生态秘密，由此可以看出，1972 年人类环境问题斯德哥尔摩会议与会者何以会做出设立联合国环境署并赋予其联合国大会辅助机构地位这样的模棱两可的决定。后来在 1977 年联合国环境署机构中撤销了协调委员会。如果让国际生态关系的当事人自由选择调整这类关系以及解决生态风险的手段，他们就会有意识地选择"软法"国际生态法律规范。

20 世纪 70 年代，在环境保护领域产生了建立新的合作体系基础的需要。利用国际法这一工具来实现这一目标需要十年时间，所以就采用了国际会议决议这种形式的"软法"规范，这种法律规范能够更迅速地适应变化中的国家政治现实，确定"硬法"国际生态法规范可能的内容以及行为主体自由的许可界限。

作为 1972 年联合国人类环境问题斯德哥尔摩会议的成果，通过了所谓《原则宣言》和《人类环境行动计划》（《行动计划》）。这个经验以后为里约热内卢联合国环境与发展会议（1992 年）和约翰内斯堡可持续发展全球峰会（2002 年）所接受。这类生态保护国际实践展示了"软法"规范自身的生命力，有力地证明国际生态法"软法"规范有能力解决"硬法"规范无法解决的生态保护国际合作高效达成共识的现实问题。

1994 年 12 月 19 日联合国大会通过 49/113 号决议《〈里约热内卢环境与发展宣言〉各项原则的传播》，这不是偶然的。决议指出，《里约宣言》提出

---

[1] *Shaw M. N.* International Law. 6th ed. Cambridge，2010，p. 118.

以新型和公正的全球伙伴关系为基础实现可持续发展的基本原则，各国政府正积极促进《里约宣言》精神在各个层面上广泛传播。

国际生态法"软法"规范还可以解决其他一些特殊问题，例如调整国家法律主体参与的国际关系。经济、文化和科学技术上的联系基本上由私人和组织来实施，私人和组织不能以国家身份从事相应的活动。这样的实证可以援引1995年10月粮农组织第28届会议通过的《负责任渔业守则》（以下简称《守则》）中的"软法"规范作为例子。

《守则》并非国际条约，相应地也就不存在以条约形式规定的参与国清单，对参与国而言，《守则》的规范具有强制性。《守则》中没有以1969年《维也纳条约法公约》第11—15条规定的方式来表示认同其规范的强制性。相反，《守则》的第1条特别关注各国履行其条款的自愿性质。尽管大多数国家应当强制履行写入《守则》的规范，但是，这种强制性来自这些规范本身的国际法律性质，而非来自《守则》这类文件。1982年《联合国海洋法公约》和1993年《促进公海渔船遵守国际养护与管理措施的协定》的相关条款就属于这类规范。此外，《守则》无须在联合国秘书处登记。①

1999年在汉城召开的国际奥林匹克委员会（奥委会）六月会议上通过的《奥林匹克运动21世纪议程》，对1992年联合国里约热内卢环境与发展会议的号召做出了回应，成为调整国内法主体参与的特别领域关系的又一实例。里约会议号召全球、区域和次区域国际政府间组织和非政府组织分别制定类似《21世纪议程》的相应文件。②后来，该《议程》在1999年10月里约热内卢第三届全球运动与环境会议上得到了整个奥林匹克运动的赞同。

作为奥林匹克运动和联合国环境署成员之间密切合作的政治基础，《奥林匹克21世纪议程》获得了广泛的支持和联合国环境署的赞同。联合国环境署执行主任指出："《奥林匹克运动21世纪议程》应成为各类体育组织保护环境和实现可持续发展的良好范本……这份文件……所包含的重要条款，可积极争取体育组织投身保护和保持环境的事业之中。……一些主要的体育组织和运动产业对实现这些目标的支持不可低估。它们不仅关心保持环境质量，而且可以在它们各自的国家对许多人的思想和行为产生影响"。

---

① А. Н. 维列格让宁、С. А. 古列耶夫、Г. Г. 伊万诺夫：《国际海洋法》（教学参考书），2003年版，第368—373页；А. Н. 维列格让宁、В. К. 吉达诺夫：《海洋动物资源管理的国际法基础：理论与文件》2000年版，第537—569页。

② М. Н. 科比洛夫：《举办体育竞赛的生态法律视角》，载《俄罗斯法杂志》2005年第6期；М. Н. 科比洛夫：《国际体育运动中的生态准则》，载《莫斯科国际法杂志》2005年第1期。

奥委会运动与环境委员会主席认为，《奥林匹克运动 21 世纪议程》"向体育运动领导机构提出了将可持续发展纳入其政治战略的方案，阐述了人人积极参与推进体育等事业可持续发展措施"。《奥林匹克 21 世纪议程》应作为工作文件，每个人都应结合自身情况加以运用。

《奥林匹克 21 世纪议程》与《21 世纪议程》类似，也包含四个主要部分，但不应理解为对环境与发展会议某一文件的盲目仿制。这份文件的制定者从《21 世纪议程》所包含的问题中划分出这样一些领域和问题：在这些领域，奥林匹克运动及其制度机制以其全球性对达成和实现生态安全发展事业提供最大限度的帮助。

《奥林匹克 21 世纪议程》有时又称为保护环境奥林匹克行动计划，涉及下列三个问题：改善社会经济条件；保护和管理自然资源，促进可持续发展；加强主要组织的作用。

对于国际奥委会、各项目国际联合会、各国奥委会、举办奥运会的各国组委会等奥林匹克运动的全体成员和运动员，对于各俱乐部、教练员以及与体育相关的工作人员和企业，《奥林匹克 21 世纪议程》是理论和实践指南，应本着尊重体现奥林匹克运动多样性的经济、地理、气候、文化和宗教的特点来实施该议程。文件的主旨在于：鼓励奥林匹克运动成员在可持续发展中发挥积极作用；确定基本构想，为实现这些目标协调所有必要力量；向该领域那些把可持续发展纳入其政策的领导机构提出建议；指导个人从运动到整个生活如何才能做到保障可持续发展。

最后，"软法"规范也为国家（国内）法律规范体系所接受。这样的实证可以拿俄罗斯联邦生态学说作为例证，该学说由俄联邦政府 2002 年 8 月 31 日第 1225 - p 号命令批准。①

俄联邦生态学说确定了俄罗斯联邦国家统一生态政策的长期目标、方向、任务和原则。这一政策建立在保护环境和合理利用自然资源领域俄联邦规范性法律文件、俄联邦签署的国际条约基础上，同时考虑到里约会议及后来环境问题与保障可持续发展方面的国际会议提出的建议。

以下事实恰好说明了前述情况：俄联邦生态学说的文本吸收了俄联邦法律、俄联邦签署的国际条约、国际生态法"软法"规范普遍性文件所确立的法律原则和准则。例如，俄联邦生态学说的规定了这样一些条款："生态信息公开"，"保障环境处于良好状态作为改善生活质量和居民健康的必要条件"，

---

① M. H. 科比洛夫：《国际生态法引论》，2007 年版，第 164—165 页。

"民间社会、自治机构和实业界对筹备、讨论、通过和实施保护环境和合理利益自然领域决策的参与"，等等。

上述所考察的法律文件包含着非法律规范的强制性规范，我们谈及的生态"软法"规范即属于此类规范。"软法"既是国家（国内）法律规范体系中的特殊规范现象，也是国际法规范体系中的特殊规范现象。"硬""软"两种法律因不拘泥于严格的形式限制，均可调整最复杂的"微妙"关系。对国际生态关系的调整常常引发诸多规范之间出现不协调现象。国际生态法"硬法"规范克服规范之间的冲突是复杂的，而具有灵活性的国际生态法"软法"规范克服这种冲突则很容易。

生态保护国际合作的实践表明，对国际生态关系的调整只有在援用全部类型的规范工具才是可能的，在这些规范工具当中，"非法律"规范起着至关重要的作用，特别是在创建那种可以普遍接受的"硬法"规范的概率不大的时候。国际生态法"软法"规范的概念，一方面反映了构建国际生态法体系遇到的现实困境，另一方面也反映了近年来属于国际生态法的建议性规范的数量和法律意义在不断增加。

国际法研究院报告指出，确切意义上的"软法"规范并非法的渊源，但可对国际环境规范的形成产生深刻的影响，在研究国际生态法渊源时至少应把这些规范作为促进国际生态法的发展的重要因素加以考虑。

四 国际生态标准的制定和适用

制定生态标准是国际政府间组织的单方面行为，是它们为行使规范创制和调整职能所采取的措施。可以把这种行为视为创制法律规范的准备阶段，看成一种法律规范的半成品。

国际组织的执行机构一般有权在其组织内采用相关标准。例如，国际原子能机构和国际民航组织、粮农组织、世界卫生组织、世界气象组织等许多联合国机构的情况就是这样，这些组织是在其基本职业活动背景下通过这些生态标准的。根据1948年《政府间海事协商组织公约》第15条的规定，协商组织大会赋予国际关系研究院制定防止海洋染污建议的特别权限。

我们可以以国际民航组织为例来说明国际生态标准的通过程序问题。

1944年《芝加哥国际民用航空公约》文本没有"国际标准"的定义。这个定义首次见诸国际民航组织1947年第一届大会决议，后几届大会的决议复述了这个定义而未作重要更改。

国际民航组织规定的标准是"对物理特征、配置、材料、飞行特征、机组人员和程序的特殊要求,统一采用这些要求对于国际导航的安全和规律性是必要的,缔约国应根据《公约》遵守这些要求"。根据《芝加哥公约》第38条的规定可以得出这样的结论,无论是标准还是建议性措施都不是规定国际民航组织成员国强制履行某种规则的规范。各国应在一定期限内将国内措施和标准之间的差异信息通知国际民航组织理事会。各国若完全同意这些标准,则意味着一国国内措施与具体标准不存在冲突(以下情况除外:各国在应用标准开始日期之前拟采取必要措施使国内措施达到国际标准水平)。而且,任何国家在任何时间可宣布因国内措施发生变化(或根本不说明理由)而不再遵守某一标准、建议措施或《芝加哥公约》某一整个附件。

目前,在国际民航组织范围内,按着两个方向制定调整航空设备利用的自然保护规范:保护环境免受航空噪声和航空发动机排放物的影响。1971年通过了附件16,该附件分析了各个方面的航空噪声问题。根据1971年国际民航组织大会通过的《民用航空与人类环境》决议,针对航空发动机排放物采取了一些具体措施,起草了国际民航组织规范一些类型航空发动机排放物的标准。这些标准于1981年通过,规定了烟和某些气体污染物排放限度,同时禁止抛弃未消耗的燃料。附件16的效力范围因列入有关航空发动机排放条款而得以扩大,该文件也称为"环境保护"。修订后的附件16第一部分加入了有关飞行噪声条款,第二部分则包含有关航空发动机的条款。

以2001年航空环境保护委员会的建议为基础,国际民航组织理事会批准了新的噪声标准(第4章),新标准要比第3章的标准严格得多。从2006年1月起,新的标准将适用于新获合格审定的飞机和要求根据第4章重新进行合格审定的第3章的飞机。在通过新标准的同时,国际民航组织大会认可了由航空环境保护委员会制定的"噪声管理平衡做法"的概念。这一概念包括4项要素,即从源头上降低噪声、土地使用规划、运行措施和运行限制。附件16第二部分规定了禁止全部装有1982年2月18日之后制造的燃气涡轮发动机的航空器故意向大气抛弃燃料。

该部分还包含1983年1月1日后制造的拟达到亚音速的涡轮喷气式发动机和涡轮风扇发动机烟排放限制标准。对1982年2月18日后制造的拟以超音速飞行的发动机也作了类似限制。附件16还包含限制1986年1月1日后制造拟以亚音速飞行的大型涡轮喷气式发动机和涡轮风扇发动机一氧化碳、碳氢化合物和氧化氮排放标准。

1993年和1999年,在航空环境保护委员会的建议基础上,国际民航组织理事会通过了更为严厉的标准，其中规定了氧化氮排放量限制。

国际民航组织目前正在谋求最大限度地保证实现民用航空安全有序发展与保持人类环境的质量二者协调发展。这一立场完全符合国际民航组织在A33－7号决议中所阐述的环保常规政策与实践的总结性声明的观点。在1992年联合国环境与发展会议召开之后，这份文件根据国际自然保护合作的实践而经常更新和完善。文件的变更包括：承认预防原则作为国际民航组织政策原则之一，承认这样的事实，即交换排放配额可能成为解决二氧化碳排放问题的有效的经济手段。①

近来从国际生态法的生态标准中划分出应有的审慎标准。这项标准取决于活动范围、气候条件、实施活动的地点、活动中使用的材料等一系列因素。因此，在每一个具体场合，对确定应有的审慎标准的个别观点以及认真研究影响这项标准的全部因素都是必要的。

这一观点为1992年《环境与发展宣言》原则11所确认："各国应制定有效的环境立法。生态标准、管理目标和重点应反映应用这些标准的生态条件和发展条件。某些国家应用的标准也许对其他国家，尤其是发展中国家不合适，对它们造成不必要的经济和社会损失。"《斯德哥尔摩宣言》原则23强调，一国决定的标准应"尊重国际社会一致同意的标准"。

有关生态标准的观点通过《环境与发展国际公约草案》（2010年9月修订）第43条得到了进一步发展。该条由两款组成，其主旨无疑指明国内生态标准应建立在国际规范基础之上，而在制定这些规范时应考虑那些没有强制力的建议和其他类似文件。

与1982年《联合国海洋法公约》（第197条）、1976年《地中海防污巴塞罗娜公约》（第4条第2款）、《东北大西洋海洋环境保护公约》（第2条第1和2款）相类似，《环境与发展国际公约草案》第43条第1款要求各方保证在制定国际规则和标准时进行合作。同时指出，在解决涉及共同利益问题时，特别是在保护共同财富问题上需要进行协商和协调，这样才能避免冲突和损害竞争，从而减少和消除贸易壁垒。在制定实施一致同意的国际生态标准的灵活措施时，应特别注重发展中国家的利益，这样才符合有责任分担的共同责任原则。

国际生态标准的目标是最大限度高水平地保护环境。考虑到各国生态、

① M.H.科比洛夫：《国际民用航空组织活动的自然保护视角——纪念国际民航组织成立60周年》，载《生态法》2008年第3期。

社会和经济特点，各国有权规定比国际标准更为严格的国内生态标准，只是这些标准不应成为隐含的贸易壁垒。

《草案》第 43 条第 2 款规定的国内生态标准应具有预防和补救性质。这些标准目的在于消除环境恶化的原因，保证环境得到应有的保护水平。

和平、安全、良好环境、发展、人权和民主是人类基本价值，在 21 世纪初，实现这些基本价值成为国际社会的普遍共识，实践中需要从国际法和国家（国内）法两个层面加以有效解决和实现上述人类追求的共同目标。这些价值对解决许多问题特别是可持续发展问题有着直接影响，遵循这些价值，就意味着保护自然资源和生态环境是造福当代和子孙后代的前提基础，同时也是实现人与自然和谐发展的必要条件。近年来，作为国家（国内）法的重要组成部分的一国生态法与作为国际法重要法律部门的国际生态法呈现出趋同化的发展趋向，一方面说明了在应对共同的生态危机国际合作的必要性；另一方面随着国际生态法实践理性的跨越发展使得制定统一的《地球生态宪法》① 成为现实可能。

作者简介：刘洪岩，中国社会科学院法学研究所经济法室副主任，研究员。

（本文发表于《求是学刊》2014 年第 6 期）

---

① 2009 年 9 月时任乌克兰总统 B. A. 尤先科在气候变化问题会议上谈到制定并通过《全球生态宪法》的必要性。同年 12 月在利沃夫召开题为"全球气候变化：对人类的威胁与预防机制"的国际学术实践会议，与会专家再次讨论制定《地球生态宪法》的可能性问题。

税收法定主义发展之三阶段

丁　一

摘要：从近代到现代，税收法定主义大致经历了国民主权的形式法
定主义到税收正义的实质法定主义的升华。在当代，税收法定主义继续
迈向税的征收与使用一并贯通、全面保障纳税者基本权的税收法定主义。
本文考察域外税收法定主义的发展，意在为当前我国"落实税收法定原
则"的改革实践提供激励与思考。

关键词：税收法定主义；税收法定原则；纳税人权利

税收法定主义发轫于英国 1215 年的《自由大宪章》，确立于近代资产阶
级革命宪法，之后随着民主宪政的发展而不断前行、深化。从近代到现代，
税收法定主义大致经历了国民主权的形式法定到税收正义的实质法定的升华。
本文考察域外税收法定主义的发展，意在为当前我国"落实税收法定原则"
的改革实践提供激励与思考。

第一阶段：国民主权与形式的税收法定主义

"法治国家之发展史莫不显示，先形式而后实质"[①]。税收法定主义原则也
是如此。当近代资产阶级民主革命成功后将税收法定主义写入宪法时，其主要
表现为形式意义的税收法定——国民依照法律方有纳税的义务，而法律只能由
民选的国会制定，税的行政与裁判只能依据法律进行。如此，国民通过自己选
举的代表决定自己的税收负担问题，由此实践古老的"征税同意权"[②] 以及

---

① 黄茂荣：《税法总论：法学方法与现代税法》，台湾植根法学丛书编辑室 2012 年版，第 158 页。

② 征税同意权为中世纪欧洲封建贵族根据封建契约所享有的古老的习俗权利。意即在领土分封
制下，封臣有缴纳赋税、提供骑士兵役的封建义务，领主则有保障封臣领地上自由、财产与安全的保
护义务。除此之外，如若领主要额外征税，必须征得封臣同意，否则即是不义，可能遭到封臣的反叛、
驱逐甚至杀害。君王当时是最大的封建主，因为王权的专制倾向，使得封建贵族一再迫使君王认可征
税同意权、人身自由权等古老的习俗权利，直至 1215 年自由大宪章首次以成文法的形式明定"设无全
国公意许可，将不征收任何免役税和贡金"。参见丁一《纳税人权利研究》，中国社会科学出版社 2013
年版，第 59 页。

"无代表则无税"① 的税收民主主义理想。

形式的税收法定主义包含三个子原则，即课税要件法定原则、课税要件明确原则和税务合法性原则。课税要件法定是指有关纳税主体、征税对象、征税对象的归属、税基、税率、纳税方法、纳税期限以及税收减免及加重事项等课税要件，均由国会自己制定的法律加以规定（即国会保留原则）；课税要件明确要求课税要件的规定应力求明确、特定，以便纳税人可以大致预测其税收负担并具有计算可能性②；税务合法性原则意指税务机关必须严格按照税法的规定进行税收的核定与征收，而不能根据恣意的判断来解释与适用税法，对于满足构成要件的税收债权必须严格、公平地执法，不允许选择执法、税收协议并排除行政裁量。③ 三项子原则中前两项体现了税收法定主义在立法方面的要求，后一项则是执法方面的要求。④

除上述三个核心子原则外，由形式的税收法定主义衍生出溯及效力禁止原则和类推适用及其他法律补充之禁止原则。因为法律的溯及效力必然使法律保留的要求在时空上实质被挖空，即便按照法律明文规定有溯及效力的法律，也仅限于对纳税人有利的变更，而不允许做不利的变更。⑤ 与民法领域不同，税法领域应严格解释和适用税法规定，不允许进行所谓的法规的类推以及扩大性解释与适用。⑥ 此外，行政机关若要制定法规性命令，必须有法律授权，且这种授权不能是概括性的、一般性的授权，应尽可能符合个别的、具体性的要求。还有一个常见的问题是税务通告是否具有法源性质。尽管税务通告在实践中具有相当的意义，在现实中往往发挥与法律相同的作用，但其性质属于行政内部规定，对纳税人及法院不具有法律上的约束力。因此，在

---

① 贵族的征税同意权逐渐发展为有骑士、市民广泛参与的议会征税同意权。而在北美殖民地时期，与英国的抗税斗争，使得殖民地人民打出 "无代表则无税" 的口号，重申古老的征税同意权。参见丁一《纳税人权利研究》，第 100—101 页。

② 税法领域原则上不允许使用不确定的法律概念、概括性条款以及自由裁量的规定。北野教授认为，从法理上讲，在税法领域根本就不存在所谓税务机关原本的自由裁量权。参见北野弘久《税法学原论》，陈刚等译，中国检察出版社 2001 年版，第 65 页及脚注 1。当然，不确定的法律概念并不能完全排除使用，这在后文实质税收法定主义发展阶段还会谈到。

③ 参见陈清秀《税法总论》，元照出版有限公司 2012 年版，第 48—50 页。

④ ［日］北野弘久：《税法学原论》，陈刚等译，中国检察出版社 2001 年版，第 65 页。

⑤ 参见黄茂荣《税法总论：法学方法与现代税法》，台湾植根法学丛书编辑室 2012 年版，第 158 页；北野弘久《税法学原论》，陈刚等译，中国检察出版社 2001 年版；《税法学原论》，陈刚等译，中国检察出版社 2001 年版，第 68 页。

⑥ 北野弘久：《税法学原论》，陈刚等译，中国检察出版社 2001 年版，第 67 页。

税收法定主义原则下，应彻底否定通告具有法律渊源的性质。[①]

形式的税收法定主义是与形式的依法治国同步发展的。如同形式的依法治国原则具有民主保障功能与法的安定性功能一样，形式的税收法定主义也具有两大主要功能：一是践行税收民主主义原则，二是给予纳税人法安定性及税负可预测性利益。回顾税收法定主义的发轫，可以看到未经纳税人同意的征税往往是苛捐杂税，不受法律约束的君王总趋于横征暴敛，只有纳税人自己决定自己的税负，才能平衡国家的财政汲取权与国民的财产权，才能免于税收不义和真正维护纳税人的自由、平等与尊严。[②] 这就是为何民主法治国家一定要将课税权保留给国会行使，且征税议案首先由众议院提出的原因。国家的存在使得税收必然介入国民的财产自由权，必须以法的形式安定性来保障纳税人对自己税收负担的可预测性，从而可以从容安排治产与生活。

总之，处于第一阶段、按传统观点理解的税收法定主义，"是被简单地归结为一种确保税收领域中法的安定性、法的预测性的法律手段"，它重点不在于制约立法，而是"通过阻止在税法执行过程（行政和裁判过程）中滥用权力的方式，以发挥维护纳税人权利和保障自由权的作用"。[③]

第二阶段：税收正义与实质的税收法定主义

形式的税收法定主义基于对于民主宪政的信赖，也因为经验幼稚，尚未设防由民选产生的国会可能制定出不符合实质正义的税法。所以第一阶段的税收法定原则，对于国家的课税权，往往只是从人民有依法律纳税的义务出发，只要满足于依法课征的形式要件即可，对于不合理的税收负担或课征方法，"了无戒心"。[④] 然而民主代议制的缺陷，使得民选代表不一定真正代表民意，形式法律的内容可能自始即不符合税收的实质正义标准。"如果在立法过程中炮制了不合理的税法，而在执行过程中因遵从租税法律主义法理而被

---

① 参见北野弘久《税法学原论》，陈刚等译，中国检察出版社 2001 年版，第 66 页。当然，从实质的税收法定主义来看，鉴于通告的实际功能，为了使通告的内容更趋于合理，有必要准用立法过程制定重要的通告，将"正当程序"及"程序上的公正"引入重要通告的制定过程。另外，应准用税法解释、适用的标准对通告的内容是否适当作出客观的评价。同见北野书第 66 页。

② 如同古老的法谚所言，"谁来同意、便不会不义于谁"（Volenti non fitinjuria-Latin："to a willing person, injury is not done"）。

③ 北野弘久：《税法学原论》，陈刚等译，中国检察出版社 2001 年版，第 70—71 页。

④ 黄茂荣：《税法总论：法学方法与现代税法》，台湾植根法学丛书编辑室 2012 年版，第 162、158 页。

迫得以严格执行，其结果将是有害无益的。"因此，"作为二十世纪宪法的一个重要任务，就是要通过制约立法过程中的滥用权力现象，以构塑'租税法律主义'"。① 第二次世界大战后发展出来的实质税收法定主义原则主要表现为运用实体宪法原理，包括平等原则、比例原则以及财产权、生存权等基本权保障，制约议会课税立法权，实现税收正义。

一 量能课税原则

所谓实质的税收法定主义，意即税法不仅仅是遵守国会保留原则制定出的法律，而且是符合宪法秩序的法、契合宪法法理的法、保障纳税人基本权的法。这首先表现为宪法中的平等原则在税法中的贯彻与执行。由于税收是无对待给付的强制公课，所以只能按照国民的税收负担能力平等分摊，这凝练为税法上特有的原则，也是体现税负分配正义的税法建制原则——量能课税原则。尽管此项原则早在第一阶段的税收法定主义中即已确立②，但其内容在立法乃至行政、司法中得到深入贯彻执行，则属第二阶段的开展。

德国联邦宪法法院裁判直接从宪法的平等原则导出量能课税原则，将此项基础课税原则定位于宪法位阶。其典型的见解是"是否以及在何种范围内，立法者在宪法上负有义务缓和或除去此种不平等的情形，乃是应依据从基本法第 3 条第 1 项（指平等权规定）所导出税捐正义的要求的基准（立法者应受此基准的拘束），加以审查，因此，课税应取向于其经济上的给付能力……"〔BVerfGE 67，S. 290（297）〕。量能课税原则比平等原则更具可操作性，要求税收负担的衡量应就个人为之（人税），应负担的对象为供私人使用的经济财（税收客体），所课者应为收益部分而不及于财产本体，税后仍留有可供私人使用的经济财（税基）。换言之，量能课税原则在宪法上的任务，是负担的衡量应以个人为准，课税时应保障财产权且平等课征。③

量能课税原则不仅具有分配正义功能，而且具有纳税人权益保障功能，

---

① 北野弘久：《税法学原论》，陈刚等译，中国检察出版社 2001 年版，第 76 页。

② 例如法国《人权和公民权利宣言》第 3 条规定，"为了维持军警力量和行政费用，公共捐税是不可少的，此项捐税应当在全体公民中按照他们的能力平等的分摊"。

③ 参见陈清秀《税法总论》，元照出版有限公司 2012 年版，第 28—29 页。

能保护纳税人免于超过给付（负担）能力的负担，并确保最低限度的生存，且顾虑到营业支出以及不可避免的私人支出可以从所得额的计算基础上扣除（净利原则），它尤其要求适当的课税计算基础。① 此外，它并非仅为立法所应坚守，也是税法解释适用中不可轻忽的原则，解释适用税法时应斟酌税法规定的经济上的意义及实质课税的公平原则进行。② 在解释适用有疑义时，既不应一概为"有利于国库之解释"，也不应一概为"有利于纳税人之解释"，而应取向涵摄税收正义的"量能课税的公平负担原则"，衡平考量征纳双方的利益。③ 如若欠缺正当理由，仅为一群人或某些个人的缘故，而给予税收优惠利益，则构成税捐特权，违背平等原则和量能课税原则，属不正当的税捐利益以及税源的不合法赠予。④

"在税制的建立与实行上，量能课税原则的要求不仅表现在个别纳税义务人的层次，用以选择税捐客体，规范税基之计算，衡量纳税义务人及其受抚养亲属或家属之最低生活需要，以确保只对于有负担税捐之能力者，并按其能力大小定其税捐义务的有无及数额"。"此外，在纳税义务人全体的层次，用以厘定国家税入占国内生产毛额的最适比例。此即国家税入的最适规模的问题。"⑤ 由此，量能课税原则不仅决定国民之间如何公平分担税负的问题，而且是国民全体对国家履行纳税义务的限度问题。超过国民能力的负担即是不正义的税收负担，国家无权要求。这一点在后面的财产权保障以及第三阶段税收法定主义的开展中还会提及。

二　比例原则

进入 20 世纪下半叶的国家，因应职能的扩张而广泛运用税收作为财政收入目的以外的政策工具，以推动经济、社会或文化目的，由此推动了宪法上

---

① 此为台北高等行政法院九十年度诉字第四七九六号判决见解，该判决得到台湾地区"最高行政法院"九三年度判字第五九号判决的支持。参见陈清秀《税法总论》，元照出版有限公司 2012 年版，第 29 页。

② 实质课税原则实为量能课税原则在税法解释适用中的运用与要求。

③ 参见陈清秀《税法总论》，元照出版有限公司 2012 年版，第 34 页。若一概考虑纳税人利益，可能会偏于个别纳税人利益而罔顾整体纳税人利益。

④ 陈清秀：《税法总论》，元照出版有限公司 2012 年版，第 38 页。

⑤ 黄茂荣：《税法总论：法学方法与现代税法》，台湾植根法学丛书编辑室 2012 年版，第 137—139 页。

比例原则①在税法中的适用。虽然为增进公共利益，以法律或其明确授权的命令，设例外或特别规定，给予特定范围纳税人减轻或免除税收的优惠措施，并非为宪法平等原则所不许；但这种差别待遇必须有正当理由②，即必须经由另一个合乎事理的原则加以正当化，如公益原则（Gemeinwohlprinzip）、需要原则（Bedürfnisprinzip）或者功绩原则（Verdienstprinzip）③，同时还必须接受宪法的检验。检验的要点为三方面：其一，是否为经济、社会、文化政策目的所必需；其二，其手段是否有效、经济且必要；其三，是否有法律为其课征的规范基础。其中，第二项就是比例原则。

比例原则也称禁止过分原则，在此是指税法或税务行政（在其裁量的范围内）不得过分地进行不必要的规定或指令，而应满足下列三项要求：1）为达成目标所必要（必要性要求）；2）有达成相同效果的多个手段可供选择时，选择对于人民基本权利最少侵害的手段（适当性要求）；3）对于关系人或第三人产生的不利益，与所追求的利益成比例（相当性要求）。税法的规定如果属于财政收入目的以外的政策目的规范，则必须接受比例原则的合宪性检验。④ 立法者对此类税收经济法的制定有说明义务，税收课征是否逾越必要的限度，虽然不是立法机关必须说明的事项，但却是事后重要的司法审查事项。⑤

比例原则在稽征程序中也有广泛运用，是保护纳税人权益的重要检验标

---

① 比例原则在台湾地区被肯认为宪法上的原则。台湾地区宪法第23条规定，"以上各条列举的自由权利，除为防止妨碍他人自由，避免紧急危难，维持社会秩序或增进公共利益所必要者外，不得以法律限制之"。此为国家权力滥用的禁止规定，同时重申限制人民的基本权利必须有法律为其依据，且限制不得逾越必要的程度，此即比例原则在宪法上的明文规定。参见黄茂荣《税法总论：法学方法与现代税法》，台湾植根法学丛书编辑室2012年版，第133页。

② 黄茂荣：《税法总论：法学方法与现代税法》，台湾植根法学丛书编辑室2012年版，第134—135页脚注8。

③ 公益原则、需要原则以及功绩原则是在衡量税法上有关经济、社会、文化目的规范（或统称为税收经济法）的合宪性而发展出的原则。其中，公益原则即一般的公共利益原则，有关税收优惠或者税负加重（如课征环保税收、烟酒税等）的规定，必须经由维护或增进公共利益加以正当化。需要原则是考虑经济上的需要而给予税收优惠。例如为促进家庭利益、鼓励结婚及生育而给予税收优惠，或者为了劳资双方地位平衡而对劳工的所得给予税收优惠，均属于需要原则的表现。功绩原则则是对于增进公共利益的特定行为给予酬谢性优惠。例如立法者对于发明或公益捐赠给予税收优惠，或奖励投资于经济弱势领域，或为公益目的，如环境保护或文化历史建筑的保护，而给予税收优惠。参见陈清秀《税法总论》，元照出版有限公司2012年版，第38—39页。究其实质，这三种原则均为增进公共利益的具体考量，可统合于公益原则之下。

④ 参见陈清秀《税法总论》，元照出版有限公司2012年版，第59—60页。

⑤ 参见黄茂荣《税法总论：法学方法与现代税法》，台湾植根法学丛书编辑室2012年版，第133—134页。

准。稽征经济的考量常常被立法或税务行政机关引来说明，对于某一课税事实所以不全然遵守量能课税原则，是因为财务行政上的技术困境（即可行性问题）。由此，纳税义务人可提出的经济性要求是：比例原则，该原则要求手段与目的之间在经济上具有必要性与相当性。①

三　基本权保障

宪法对课税的限制除了平等原则、比例原则外，还有人民基本权保障，或者说纳税者基本权保障。这突出表现为生存权保障、财产权保障、婚姻及家庭保障三个方面。

生存权保障。生存权是最基本也是最为重要的一项人权，它要求税收上的给付能力应远离生存的最低限度，对纳税义务人及其家庭的社会、文化的生存的最低限度应予保障。② 德国基本法将其提高到人性尊严的高度，《基本法》第 1 条第 1 项规定："人性的尊严不得侵害。尊重并保护人性的尊严是所有国家机关的义务。"德国联邦宪法法院据此导出："人民之所得中，在其为得到符合人性尊严之生活最低条件所需的限度，应予保留免税。"（BVerfGE 82，60）德国学说与实务进一步在该原则下，具体化为个人所得税法中的主观净额原则。依该观点，个人综合所得净额计算上的免税额及各种属人为因素的扣除，属于不应计入所得税税基的所得，而非来自于国家所得税的优惠。③ 所得税扣除中下列项目最具最低生活保障的意义：免税额、扣除额中的标准扣除额或列举扣除额中的保险费、医药费及生育费、灾害损失，特别扣除额中的残障特别扣除及教育学费特别扣除等。④

财产权保障。由于课税必然减少纳税人的财产，所以传统认为，只要有税法作为课征的依据，其课征便无侵害宪法所保障的财产权的问题。直到 20 世纪 70 年代，德国学者才开始从德国基本法第 14 条关于所有权与继承权的保障，亦即财产权的保障出发，探讨过度课税的问题，包括综合所得税的累

---

① 参见黄茂荣《税法总论：法学方法与现代税法》，台湾植根法学丛书编辑室 2012 年版，第 135—137 页。

② 参见陈清秀《税法总论》，元照出版有限公司 2012 年版，第 32 页。

③ 参见黄茂荣《税法总论：法学方法与现代税法》，台湾植根法学丛书编辑室 2012 年版，第 145—146 页。

④ 同上书，第 146 页脚注 25。

进课征的界限、财产税法上税负与法定当有孳息间的适当关系等。① 依量能课税原则，财产当有的孳息应足以支应其税负。否则，纳税人为缴纳财产税，势必支用其他来源的资金（含借贷或处分财产），这已与财产税的建制原则相违。财产税的课征基于这样一个假定：孳息所得为劳务所得上的上层所得，理当有高于劳务所得的负税能力。其建制本来仅在于对非劳务所得，在所得税税前加征一定比例的孳息税。因此，其增加的负税能力至多只能以其孳息的全额为上限。② 德国联邦宪法法院（BVerfGE 93，121，Leitsatz 3）因此认为：财产税与所得税两者相加，不得超过通常自该财产可取得的孳息的一半，此即税不过半原则（der Halbteilungs-grundsatz）。③ 其法理在于，宪法保障人民的私有财产权，财产权虽然负有社会义务（即应同时为私人的利用及有利于公共福祉），但不能反客为主，负担税收的社会义务，不应超过应有及实有收益的半数（BVerfGE 93，138）。④ 关于税收课征是否因为过重而侵害到所有权或财产权的问题，近年也常常在遗产税的税制上受到讨论。⑤

婚姻及家庭保障。宪法对于婚姻及家庭保障，体现在税法上主要是禁止对家庭不利的税收待遇。这主要表现在下列事项上：一是对于纳税人及其家庭基本生存所需的费用不予课税（私人的净额所得原则）；二是对于强制性的抚养义务必须符合实际地加以考虑（家庭所得分配原则）。例如小孩的抚养费用，与纳税人的一般生活费支出不同，是为了小孩本身的利益且不可避免，因此不具有可税性。德国联邦宪法法院1998年裁判认为，小孩的照顾需要属于家庭基本生存权的一环，其照顾费用在所得税法上应予扣除，所得税法第32条第33项c规定未准予扣除，抵触了基本法第6条第1项、第2项关于婚姻及家庭应予保障的规定（BVerfGE 99，216，245f）。⑥ 另外，我国台湾地区对夫妻间所得合并计算并适用累进税率课税，也被认定违宪，理由是"按婚姻与家庭根基于人格自由，为社会形成与发展之基础，受宪法制度性保障。如因婚姻关系之有无而为税捐负担之差别待遇，致加重夫妻之经济负担，则

---

① 参见黄茂荣《税法总论：法学方法与现代税法》，台湾植根法学丛书编辑室2012年版，第141页脚注17。

② 同上。

③ 同上。

④ 参见陈清秀《税法总论》，元照出版有限公司2012年版，第66页。

⑤ 参见黄茂荣《税法总论：法学方法与现代税法》，台湾植根法学丛书编辑室2012年版，第145页脚注22。

⑥ 参见陈清秀《税法总论》，元照出版有限公司2012年版，第67页。

形同对婚姻之惩罚，而有违宪法保障婚姻与家庭制度之本旨"①。

依德国经验来看，第一阶段与第二阶段的税收法定主义有不同的关注重点：形式的税收法定主义主要关注实体法上的依法课税原则、法律构成要件理论、程序法上的税收秘密、救济保障及依法听审；第二次世界大战后发展出来的实质税收法定主义原则则将税收正义、课税的正当性、量能平等课税原则，以及自由权的课税界限等问题作为关注的重心，这极大地丰富了税法学的实质正义内容，使之不再只是研究课税技术的形式法学。② 日本的经验则是，税收法律主义发展的第一阶段主要是通过阻止行政过程、裁判过程中发生的权力滥用现象来消极保护纳税人的自由权，第二阶段则是通过制约立法过程中的权力滥用现象，积极维护纳税人的自由权，从而使纳税人基本权的保障在税收法律主义的发展下贯穿立法、行政和司法全过程。③

第三阶段：税的征收与使用一并贯通的税收法定主义

如同形式的税收法定主义并未在实质的税收法定主义发展阶段消失一样，第三阶段仍是实质的税收法定主义继续深化的过程，也是形式的税收法定主义与实质的税收法定主义更为交融的时期。④ 以授权立法为例，形式的税收法定主义是排除税收领域有授权立法存在的，但是实质的税收法定主义因应变化了的形势需要而有限、谨慎地允许授权立法，这包括重要的税收构成要件禁止授权立法，授权应遵循明确性要求并接受比例原则的审查，加强国会与司法对授权立法的监督。⑤ 对于不确定的法律概念也不是绝对禁止，而是鉴于税法复杂的规范对象，且可能对纳税人更有利而允许部分使用。例如所得税法规定，"依规定记账""超过通常水准以上的负担""必要及合理的支出"等即属之，若经由法官的宣示可能更适合于个别案件的特殊性，并因此满足

---

① 参见台湾地区"司法院"大法官释字第 696 号解释理由书，转引自陈清秀《税法总论》，元照出版有限公司 2012 年版，第 68 页。

② Lang, in: Tipke/Lang, aaO.（Fn. 2），§ 4 Rz. 52。另参见黄茂荣：《税法总论：法学方法与现代税法》，台湾植根法学丛书编辑室 2012 年版，第 158 页。

③ 参见北野弘久《税法学原论》，陈刚等译，中国检察出版社 2001 年版，第 75—77 页。

④ 上述两阶段的划分并非绝对，只是对税收法定主义随着民主宪政的发展而不断开展的一个概要观察。在时间上也大致以第二次世界大战为分水岭。第三阶段以笔者的观察宜以 20 世纪末期为起点。

⑤ 参见丁一《德国税收授权立法的学理与实务》，《税务研究》2013 年第 6 期。

法治国家税法的另一需要——个别案件正义与具体妥当性。①

　　然而，第三阶段关注的更为尖锐也更为关键的问题，则是国家课税权与税入的最适规模问题。这是国家财政汲取权与国民财产自由权之间合理配置的宪政问题。如同前述量能课税原则中提及的，在纳税义务人全体层次上，量能课税原则要求厘定国家税入占国内生产总额的最适比例。国家机关在经济资源的使用上由于不负盈亏的财务责任而不接受市场监督，因此容易趋于无效率。然因有一些服务非国家不得（例如国防、检警调等）、不能（如防疫）或不愿（例如装设灯塔、路灯、造桥、铺路）提供，也因市场也有失效的内在因素（优势企业的市场力量及外部性），因此还是有一定的事务应由国家处理。两相推移的结果决定国家机能及其必要的税入的最适规模。我国台湾地区"司法院"大法官黄茂荣先生对此建议，关于国家税入最适规模的探讨，首先应由国际比较出发，一方面在全球范围认识一个经济体的负担能力的极限，以避免超过负荷的课征规划；另一方面避免税收负担影响产业的国际竞争力。同时税入规模也不能孤立地从税收负担论断，还必须考量其财政支出的项目及效率。因此，追求实质正义的第三阶段税收法定主义所面临的挑战在于，政府与民间都必须认识到，参酌资金利用效率，税入有其最适规模的问题，由此开启关于税制与税政的理性对话。否则，关于税收，政府与民间的关系必然紧张，难以协力促其正常发展。② 与此密切相关的一个问题，还有政府分级管理以及地方自治的情况下，如何合理划分中央与地方各级政府的课税权以及用税权问题。

　　以上是第三阶段延续第二阶段实质税收法定主义的深化而面临的艰巨任务。如果从更高广的视野看第三阶段区别于前两个阶段的特点，则在于打通税的征收与使用，使税收法定主义不再局限于税的征收面，而延伸至税的使用面，由此彻底实现税收法定主义的原旨——纳税人自己决定自己的税收负担及用益。这一点为日本税法学者北野弘久教授所提出并倡导。在他看来，在现代资本主义条件下，无论如何努力在立法、行政、裁判这三个过程中来维护纳税者的人权，它都是有一定限度的，因为税的征收方面的合理化并不意味着不会在税的使用方面给纳税者的人权、生活带来压迫。因此从真正、彻底维护纳税者的人权立场出发，有必要在宪法理论中立足于纳税者的立场

---

① 参见陈清秀《税法总论》，元照出版有限公司 2012 年版，第46—47 页。
② 参见黄茂荣《税法总论：法学方法与现代税法》，台湾植根法学丛书编辑室 2012 年版，第139 页。

对税收概念的含义进行扩充并作重新解释。

这是极富逻辑性和前瞻性的提议，因为没有理由认为税法应该仅仅关注税的征收而置税的使用于不顾，也没有理由认为税收法定主义只规范税的征纳而不及税的用益。传统的法律学观点认为，税收的用途问题不是税法的问题而是岁出预算的问题。例如宪法学认为，税的征收问题是税法问题以及税收法律主义问题，而税的使用是岁出预算问题，不是税收法律主义的问题。行政学则认为，税的征收属财政权力作用法的问题，税的使用应属财政管理作用法的问题。总之，在传统的法律学领域，以区别、割裂税的征收与使用的方式支配着自己的理论。但北野弘久教授认为，应从纳税者的立场立足于两方面统一的观念来把握税收概念的含义，今后的租税法律主义理论必须要以广义的税概念（税的征收与使用相统一的概念）为前提，并以它作为广义的财政民主主义的一环来构成和展开。现代税收国家体制下，税的征收与支出都必须符合宪法规定的保障人民基本权利的目的，作为纳税者的人民享有对符合宪法目的的税的征收与支出而承担纳税义务的权利。这一由宪法直接引导出来的新人权被称作纳税者基本权，它是以宪法法理为依据构建的、纳税者享有的各种权利的集合概念，包括有关纳税者的自由权和社会权等内容。按照纳税者基本权原理，税收法律主义是维护纳税者人权的最根本表现，人民不仅对税的课征享有民主管理的权利，而且对税的支出也享有民主管理的权利。①

尽管以预算法为龙头的财政法也在研究财政民主、财政公平以及预算法定等问题，但是从税收法律主义理论出发研究的税的使用问题，必然会给传统财政法学引入新的研究视角。例如，如果从宪法理论上确定纳税者基本权所包含的权利，那么纳税者就可以广泛地对税的征收与使用的方法加以争执，这样就比较容易地引入"纳税者诉讼"。② 还有，税收构成要件法定也能启发税收支出要件法定的探讨，当然，这些尚有待全球税法学界与实务界同人共同努力。

结　　语

域外税收法定主义的发展，之所以会由一而再再而三地发展，在于其所

① 参见北野弘久《税法学原论》，陈刚等译，中国检察出版社 2001 年版，第 17、78—79 页。
② 同上书，第 79 页。

根植的民主宪政在不断地发展；只要民主、法治与人权保障的进程仍在继续，税收法定主义就不会停止它前进的步伐。当今的中国，与先进税收国家相比尚有明显的差距（实体税法仅三部，程序税法有一部），因此，落实形式的税收法定仍是现实第一要务，但这并不表示我们还可以留待将来逐渐发展实质的税收法定。形势逼人，民众的民主法治意识以及人权保障意识均在与日俱增，这呼唤着执政党在落实形式的税收法定的同时，深切关注实质的税收法定，也即纳税人自由权的积极保障；同时，对国家税入的超常增速必须有所警惕，提前设限。此外，尽早将税收法定与预算法定贯通一致地考虑，也是需要未雨绸缪的事情。如此，才不至于在 21 世纪继续落后……

作者简介：丁一，中国社会科学院法学研究所助理研究员。
（本文发表于《国际税收》2014 年第 5 期）

社 科 法 硕

论经济法的社会责任原则

冯万伟

摘要： 当前我国经济法基本原则确立方法和标准精彩纷呈，其多是源于计划经济的思维模式，并在此基础上演进发展，但是社会主义市场经济体制下经济法基本原则确立标准需重点突出经济法的发展性、经济法的经济性、经济法的社会性和经济法的现代性。基于此无论是从经济法的调整目标、调整方法、调整范围，经济法的价值、特征等角度进行分析，还是从经济法学理论创新、经济法律法规制度设计、经济法治实践等角度来探讨，将社会责任原则作为经济法的基本原则都有其科学性和合理性。

关键词： 社会本位；公共利益；社会责任原则；经济性

经济法从产生到现在，一直就以社会责任为其历史使命，以追求和保障社会公共利益为己任，就其本质而言，意在突出国家以国民利益、社会长远利益为重，通过经济法律对社会经济关系进行调整，进而促进市场经济社会的繁荣与发展。但是作为承载其使命的"社会责任原则"却一直没有被经济法理论确立为基本原则，甚至连经济法的原则都称不上。

党的十六届六中全会指出不仅要增强新闻媒体的社会责任，同样也要增强公民、企业和社会团体的社会责任。① 十七大报告再次强调引导公民自觉履行社会责任。② 第十七届五中全会通过的《"十二五"规划纲要》强调"'走出去'的企业和境外合作项目，要履行社会责任，造福当地人民。"党的十八

---

① 胡锦涛在《中共中央关于构建社会主义和谐社会若干重大问题的决定》一文提到"正确的思想舆论导向是促进社会和谐的重要因素。新闻出版、广播影视、文学艺术、社会科学，要坚持正确导向，唱响主旋律，为改革发展稳定营造良好思想舆论氛围。新闻媒体要增强社会责任感，宣传党的主张，弘扬社会正气，通达社情民意，引导社会热点，疏导公众情绪，搞好舆论监督。""广泛开展和谐创建活动，形成人人促进和谐的局面。着眼于增强公民、企业、各种组织的社会责任。"

② 《中国共产党第十七次全国代表大会报告》指出："大力弘扬爱国主义、集体主义、社会主义思想，以增强诚信意识为重点，加强社会公德、职业道德、家庭美德、个人品德建设，发挥道德模范榜样作用，引导人们自觉履行法定义务、社会责任、家庭责任。"

大报告同样也在经济发展和社会建设方面直接或是间接提到了"社会责任"。

从一年一度的企业社会责任国际论坛到媒体社会责任，再到网络名人社会责任论坛，可以说"社会责任"已经成为当前时代发展的标志。社会责任的承担主体也不仅包括企业、网络名人，还包括大学生等普通公民。

"社会责任原则"在我国其他部门法律中并不陌生，早在 2002 年制定的《科学技术普及法》就已经将"社会责任"写进我国立法，该法第三章即以"社会责任"为标题。将于 2014 年 3 月施行《公司法》第五条也规定"公司从事经营活动……承担社会责任"等，但这些法律并不属于严格意义上的经济法。换而言之，"社会责任原则"目前并没有出现在我国经济法律部门当中。[1]

目前经济法学界尚未将"社会责任原则"作为经济法基本原则来研究。社会主义市场经济是以共同富裕为指导、以不断缩小贫富差距为目标实现社会总体效益最大化的公平经济，经济法以"实现市场个体利益与社会整体利益的协调统一以及经济社会的可持续发展为目标"。[2] "社会责任原则"是公平正义的社会主义经济理念在法治实践中的集中体现，通过该原则来指导规范市场经济主体的行为，尤其是在现有经济法责任制度尚未健全的情况下，可以起到补充作用。

一　从法律原则到经济法基本原则

法律原则是经济法原则的基础，经济法原则首先应当具备法律原则的一般特点，同时还应有其自身特性。

（一）法律原则的考察

对于一部法律而言，原则是价值的具体体现，也是一个法律部门存在之根本，其又可被称为自然法或者理性法。[3] 法律原则又是法律原理的高度概括

---

　① 中国特色社会主义法律体系由宪法及宪法相关法、民法商法、行政法、经济法、社会法、刑法、诉讼与非诉讼程序法七个部分构成。民法商法部分主要由《民法通则》、《物权法》、《合同法》、《担保法》、《拍卖法》、《商标法》、《专利法》、《著作权法》、《婚姻法》、《继承法》、《收养法》、《公司法》、《保险法》、《票据法》、《证券法》等。参见国务院新闻办主编《中国特色社会主义法律体系（2011 年 10 月）》，人民出版社 2011 年 10 月第 1 版。

　② 席月民主编：《法律与经济——中国市场经济法治建设的反思与创新》（2013 年第 1 卷），中国社会科学出版社 2013 年 12 月第 1 版，序言第 1 页。

　③ 张文显主编：《法理学》，高等教育出版社、北京大学出版社 2007 年 2 月第 3 版，第 120 页。

和凝练，为法律行为、法律程序、法律决定提供决定性规则。① 哈特认为法律原则具有三大特征②：广泛性，其覆盖范围较宽；"非决断性"，它不像法律规则或者具体的法律条文那样可以"全有或全无"的适用；补充性，其运用具有模糊性，因此一般应遵循"穷尽规则方用原则"的规律。

法律原则一般而言是十分抽象的，但在某些情况下也可以很具体。法律原则的作用和功能无法为其他法律规范所替代，它的作用主要体现在三个方面：（1）为法律规则和概念提供基础或出发点，对法的制定、法的执行、法的实施和法的遵守都有指导意义，对法律人解读法律规则也有规范作用。（2）可以用于裁判案件，实践中有相当一部分法律原则可以用来作为审判依据，如美国的正当程序原则，我国的公序良俗原则等。（3）法律原则可以用来解决个别疑难案件，以实现个案平衡，如美国著名的黑格斯诉帕尔默案。

（二）经济法基本原则的内涵及其特征

"经济法基本原则"作为一个概念其既不同于法律原则，又有别于"经济法的原则"。经济法基本原则有自己的内涵和特征，其多是以抽象的形式展现出来的。

1. 经济法基本原则的内涵

法律原则包括一般原则和特有原则。一般法律原则不是某一法律部门所特有的，它可能是几个法律部门所共有的，甚至是法学与其他不同的学科乃至整个社会科学所共有的原则。经济法的发展，离不开法学与经济学的交融，也离不开经济法与其他法律部门的相互作用。因此社会的进步、经济的发展状况和不同的理论学说，都深刻地影响着经济法的历史和现实面貌。③ 经济法从中汲取营养，并结合法的特性继承和移植相关原则使之成为普通经济法原则。④ 同时，作为一个独立的法律部门，经济法又具备一些独特的原则。狭义上讲即经济法基本原则，是一种高度凝练的原则。

传统上认为经济法基本原则是贯穿经济法之中的，人们在经济活动过程中必须遵守的根本准则。⑤ 现代经济法理论认为，经济法基本原则，是贯穿经

---

① 张文显主编：《法理学》，高等教育出版社、北京大学出版社 2007 年 2 月第 3 版，第 122 页。

② 参见［英］H. L. A. 哈特《法律的概念》，许家馨、李冠宜译，法律出版社 2006 年 6 月第 1 版，第 240—244 页。

③ 史际春、邓峰：《经济法的价值和基本原则刍论》，《法商研究》1998 年第 6 期。

④ 史际春、邓峰：《经济法总论》，法律出版社 2008 年 9 月第 2 版，第 154 页。

⑤ 杨紫烜主编：《经济法原理》，北京大学出版社 1987 年 8 月第 1 版，第 46 页。

济法的法治建设各个环节的基本准则①，它反映着经济法的精神、经济法的价值，体现着经济法的宗旨和内涵②，是经济法的核心和灵魂所在。

2. 经济法基本原则的特征

经济法基本原则区别于经济法原则、经济法具体原则之处主要表现在四个方面：

首先，经济法基本原则是一个抽象的范畴，注重的是思维意识层面，是经济法具体原则的上位概念和集中体现，较经济法原则而言更为本源和基础。

其次，经济法基本原则是人们必须予以遵守的根本原则。它不仅是人们的行为准则，而且是具有根本性的，这是其区别于经济法的学说，经济法的作用，具体的经济法规范的重要依据。

再次，经济法基本原则是人们在经济法治建设各个环节所必须遵守的根本准则。它既指导经济立法，又指导经济法律关系主体的一系列经济活动，还培养人们的经济法律意识。

最后，经济法基本原则是贯穿于经济法之中的灵魂性准则。它既不是离开经济法而存在，又不是规定在个别经济法规之中，即经济法基本原则应该普遍适用于经济法的整个领域，而不是只适用于经济法的某个子部门。

（三）经济法基本原则评析

经济法的基本原则根据不同的理论学说有着不同的表述内容，下文将对这些不同的原则进行评述分析。

1. 现有经济法基本原则的梳理

经济法是一个新兴的法律部门，其产生于市场失灵和政府失灵，且随着社会、经济的发展而不断完善。我国经济法产生的比较晚，学界对经济法基本原则的研究还处于归纳探索阶段，不同的学者对于经济法基本原则的内容概括也不尽相同。归纳起来主要有：一元论者认为经济法基本原则只有一个：即"注重维护社会经济总体效益，兼顾各方经济利益公平"③；有学者认为有两个：即市场竞争原则、宏观调控原则④；有学者认为有三个：即平衡协调原

① 张守文：《经济法总论》，中国人民大学出版社 2009 年 2 月第 1 版，第 71 页。
② 潘静成、刘文华主编：《经济法》，中国人民大学出版社 2008 年 4 月第 3 版，第 64 页。
③ 漆多俊主编：《经济法学》，高等教育出版社 2007 年 11 月第 1 版，第 67 页。
④ 邱本：《经济法研究（上卷：经济法原理研究）》，中国人民大学出版社 2008 年 8 月第 1 版，第 94 页。

则、维护公平竞争原则、责权利效相统一原则①……还有学者认为经济法基本
原则包括社会本位原则等八个原则。②

在目前现行的论著中讲到的不同的经济法基本原则有 21 个，如果加上
1996 年以来的其他经济法论著和 1996 年以前的经济法论著中所谈到的不同的
经济法基本原则，共有 40 多个。③ 其中比较有影响力的基本原则有：社会本
位原则、平衡协调原则、调制三原则④、责权利效相统一原则等。

2. 现有基本原则的不足

上述经济法的基本原则都考虑到了经济法不同于其他部门法的地方，也
在一定程度上彰显了经济法的特征、价值目标、作用，但是又都有一些不完
善的地方。这里以社会本位原则和责权利效相统一原则为例来以点代面进行
探讨分析。

（1）对于社会本位原则不足的探讨

前文提到的诸多学者在其著作中所探讨的社会本位原则，主要有两点原
因：第一，法律本位思想的变化；第二，公共利益至上，任何利益都必须服
从、服务于社会公共利益。但这些研究大多是属于描述性的，即将经济法的
理念、价值、特征梳理得出经济法的本质属性和法律的社会本位思想进行比
较，发现二者有相通、相容之处⑤，然后将"本位思想"与社会公共利益相
结合，以社会公共利益为视角进行分析，将其作为经济法的基本原则。目前
看来，这些研究并没有对"究竟何为社会本位原则"进行直接回答，很大程
度上可以说只是一种理念或者说是一种意识，这就使该原则变得高度泛化，
对经济法的制定和实施来说在实践操作中缺乏明确的指导性。

此外，社会本位原则的出发点则是"社会本位""国家本位""个体本
位"三者本质的一致性⑥、利益的统一性⑦和相互依赖性⑧，而忽略了市场经

---

① 史际春、邓峰：《经济法总论》，法律出版社 2008 年 9 月第 2 版，第 156 页。
② 八个原则依次为："资源优化配置原则、国家适度干预原则、社会本位原则、经济民主原则、经济公平原则、经济效益原则、经济安全原则、可持续发展原则。"参见李昌麒主编《经济法学》，法律出版社 2008 年 10 月第 2 版，第 76、78—80、82、83 页。
③ 杨紫烜主编：《经济法》，北京大学出版社、高等教育出版社 2008 年第 3 版，第 67 页。
④ "调制三原则"即张守文教授所提出是调制法定原则、调制适度原则和调制绩效原则。参见张守文《经济法理论的重构》，人民出版社 2004 年 4 月第 1 版。
⑤ 参见黄河、王兴运主编《经济法学》，中国政法大学出版社 2008 年 3 月第 1 版，第 27 页。
⑥ 黄河、王兴运主编：《经济法学》，中国政法大学出版社 2008 年 3 月第 1 版，第 27 页。
⑦ 李昌麒主编：《经济法学》，法律出版社 2008 年 10 月第 2 版，第 80 页。
⑧ 黄河、王兴运主编：《经济法学》，中国政法大学出版社 2008 年 3 月第 1 版，第 27 页。

济主体的地位和能动性，即"主体欲何为与主体能何为"这一问题。

（2）对责权利效相统一原则不足的探讨

一些学者提出的责权利效相统一原则表面上看有一定的道理。其中的"责"是指法律要求经济主体必须履行相应的义务，以及不履行的法律后果，包括法律关系中的义务和社会转化的责任①。这里的"责"更多地被理解为一种经济责任制。该原则的具体内容是指在经济法律关系中各管理主体和各经营主体所承受的权力（权利）、利益、义务和责任必须一致，不能有脱节、错位、不对等、不平衡的现象出现。②

但问题在于，该原则提出市场管理主体、经营主体应做到责权利效相统一，而对于消费者，交易中介组织要不要做到责权利效相统一并没有回答，其还停留在 20 世纪 80 年代消费者作为弱势群体应一直处于被保护的意识层面，无须权责。

经济法作为"公法与私法渗透融合的、崭新的第三类"③，当今社会不再是"小国寡民、老死不相往来"，随着经济全球化的发展，每个经济主体的一言一行都将对他人、对经济市场甚至是社会产生重大影响。在市场经济中，无论是享有市场调控监管权力的政府主体，还是承担社会服务职能的社会中间层主体，或是市场主体，他们在行使有相关经济权力（权利）的同时，就必须承担相应的责任、履行相应义务，且责任和义务也应当具有社会性。

3. 现有基本原则表述各异的原因

当前经济法学界对经济法基本原则的归纳比较混乱，究其原因有以下四个：

（1）一些原则太过于宽泛和宏观④，如"社会主义法制原则"等，这些原则可以说是将社会主义法的原则直接安插为经济法的原则，其并不具有经济法的特有性。

（2）将一些经济规律直接借用为经济法的基本原则。在当前科学的不断发展，学科间的交叉研究日益盛行中，经济法中难免会有将经济规律不假思索转化而来的原则。如"遵循客观经济规律原则"等，作为调整公共经济管理关系、维护公平竞争关系和组织管理性的流转协作等经济关系的法律规范

---

① 李曙光主编：《经济法学》，中国政法大学出版社 2007 年 10 月第 1 版，第 52 页。
② 史际春主编：《经济法》，中国法制出版社 2011 年 11 月第 2 版，第 32 页。
③ 姚海放：《经济法主体理论研究》，中国法制出版社 2011 年 6 月第 1 版，第 1 页。
④ 李昌麒主编：《经济法学》，法律出版社 2008 年 10 月第 2 版，第 71 页。

总称的经济法，其本身必然要受到客观经济规律的约束和指导，如若按照这种思路来考察经济法基本原则，势必会导致法律原则丧失其应具备的最本质的、最独特的属性。

（3）将其他部门法基本原则，尤其是宪法基本原则和民法基本原则作为经济法基本原则，如"保护多种经济成分原则""诚实信用原则"等，这些原则在经济法中也有体现，尤其是在我国经济法作为一个独立的法律部门之前的"大经济法"中较为突出，但是随着中国特色社会主义法律体系的形成，这些原则已难以体现经济法原则的基本属性。

（4）确立经济法基本原则所依据的标准和方法目前仍然没有达成共识，尚未形成统一的标准和方法。现在虽然一个原则被确立为经济法的基本原则，也获得了其他学者的支持和认可，但是很大程度上是一种权宜之计。

二　经济法基本原则确立标准的重新界定和确立方法的重构

经济法基本原则，作为连接经济法主旨与经济法具体规范的桥梁，是体现经济法价值的重要环节，研究经济法的基本原则，无论是对完善经济法的价值论，还是对整个经济法理论都有重要的意义。因此现时期确立一套标准和方法，① 进而根据方法和标准来考察、分析和判断经济法的基本原则就显得尤为重要。

（一）确立标准的重新界定

重新界定经济的基本原则的确立标准，应首先明白确立的原因、影响标准确立的因素以及重新确立的标准。

1. 重新确立的原因

基于经济法发展的视角而言表现在三方面：首先，世界上各个国家的根本制度不同，不仅决定了经济发展模式的不同、经济发展水平的不平衡，还影响着不同国家和地区的经济法学研究；同时这些诸多的不同也在启示我们对于经济法原则的研究可能无法像民法、刑法、诉讼法等部门法那样有相关的确立标准可供借鉴参考。其次，作为新兴部门法的经济法，其并不具备民

---

① 张守文教授已经在其著作中给出了一套标准和方法。参见张守文《经济法理论的重构》，人民出版社 2004 年 4 月第 1 版，第 329—337 页。

法、刑法等悠久的历史和丰富的研究史料，因此其也无法像那些传统部门法那样有经典原则可以进行法律移植。最后，由于经济发展阶段的不同，同一个国家的不同时期的学者在经济法的基本原则上亦是仁者见仁智者见智，良莠不齐。

基于法学研究范式转型的视角而言，要确立经济法的基本原则，必须要明确现时期法学，尤其是经济法学的研究范式和方法，从 1978 年是改革开放到 1992 年我国社会主义市场经济的确立，再到 2010 年我国社会主义法律体系的形成，在这 32 年里我国的法律可以说是经历了大繁荣大发展时期，其间法学研究的模式主要为"立法中心主义"。在法律框架结构完善、体系健全的新时期，以"中国问题中心主义"① 的研究范式已经成为当前法学研究的必然趋势。经济法学作为社会主义法律体系中的一个重要部门法，其研究范式也应当在传统的"立法中心主义"下有所转型和改变。其确立标准在兼顾传统标准的前提下亦应当有所突破和创新。

2. 基本原则确立标准应符合的传统因素

经济法基本原则是经济法的灵魂和建构经济法体系的依据，也是经济法的基本原则的统帅，基本原则的确立标准应首先遵循两个方面②：第一，经济法的基本原则是"经济法基本原则"的具体体现（这在前文已经论述），因此该标准应当符合经济法基本原则的要求；第二，经济法的基本原则是一种法律原则，其要体现法律原则的基本内涵。

3. 新时期经济法基本原则确立标准的必备要素

在符合上述因素的基础上也要考虑到经济法学不同于其他部门法、不同于历史时期的一些特性，笔者认为要界定确立基本原则的标准就必须重新认识并重视以下四个方面的因素③：

---

① 陈甦：《体系前研究到体系后研究的范式转型》，《法学研究》2011 年第 5 期。

② 张守文：《经济法理论的重构》，人民出版社 2004 年 4 月第 1 版，第 329—330 页。作者认为，确立标准应当遵循以下三个方面：（1）经济法基本原则既然是"法律原则"，就应当有自己的"高度"或"位阶"，即坚持其位阶性。（2）经济法基本原则既然是"基本原则"，就应当具有基础性地位，即坚持其普遍性或普适性。（3）经济法基本原则既然是"经济法"的基本原则，就应当具有其他法律部门不具备的独特性，即坚持其"经济法特色"。

③ 虽然这些因素我们也一直都在提及，并认为它们理所当然的包含在经济法中，但是在探讨经济法的基本理论时往往又很容易将其忽略或是没有考虑到其真正价值，笔者在这里重新将其整合，并结合我国当前的发展状况以及未来发展趋势来重新审视其重要性，尤其是在基础理论层面上这些因素的作用。

(1) 经济法的发展性

经济法的发展性又称经济法的与时俱进性，即经济法的发展与经济发展相一致。马克思主义经典理论指出"经济基础决定上层建筑"①。据此，作为上层建筑组成部分的经济法其发展也应受到经济基础的影响和制约，因此我们在研究经济法的时候必须充分考虑这一看似普遍但又较为容易忽略的因素。新中国成立以来我们国家经历了从计划经济到社会主义市场经济的过渡，2001 年又加入了世界贸易组织，不同的历史时期我们国家的经济政策在坚持大政方针的基础上又具有一定变动性，与之相对应的经济法概念的界定、内容的涵盖、主体的范围等都有一定的变化。这种变化一方面说明了我们的法律具有与时俱进、不断完善的一面，我们的法学研究也逐步成熟、日臻完备。另一方面也反映了我们以往在确立一个法律原则，尤其是经济法的基本原则时的一些不足之处——缺乏前瞻性和预测性。因此在探讨经济法基本原则的确立标准时应当将稳定性与可预测性结合起来，使二者平衡兼顾恰到好处。可预测性主要体现在与经济基础相一致，这样才可以有效地实现上层建筑对经济基础的反作用，更好地发挥经济法为社会主义市场经济法服务功能，从而实现法治经济。

(2) 经济法的经济性

通过与其他法律部门进行比较可知，经济性是经济法的一个极为重要的标志，这主要是由其调整对象所决定的。从某种意义上可以说离开了一定的经济领域，就没有经济法。经济法的"经济性"② 一般来说包括：第一，节约，即交易成本的节约，资源耗损的节约，环境污染的节约，权利和权力配置的节约，通过前述成本、费用、因素的节约来进一步增大经济效益。第二，通过较少的经济投入获得丰厚的利益回报（包括实体利益和虚拟利益，眼前利益和长远利益），其重心即效益。第三，通过不同于刑事、民事、行政手段的"经济手段"来调整和规范市场经济的发展，这些手段主要包括利率、税率、价格等，使理性经济人在"经济手段"的引导下来通过节约成本等方式来实现其内心期冀的效益最大化。因此，经济法还可以称之为"效益法"，不仅包括经济效益，还涵盖环境效益（社会效益）。

---

① 卡尔·马克思在《〈政治经济学批判〉序言》中经典地表述为："人们在自己生活的社会生产中发生一定的、必然的、不以他们的意志为转移的关系，即同他们的物质生产力的一定发展阶段相适应的生产关系。这种生产关系的总和构成经济结构，即具有法律的和政治的上层建筑竖立其上并有一定的社会意识形态与之相适应的现实基础。"

② 刘大洪：《法经济学视野中的经济法研究》，中国法制出版社 2008 年 6 月第 2 版，第 40 页。

（3）经济法的社会性①

经济法的社会性就其涵盖的范围而言包括市场经济以及市场经济环境下各种生物群体。社会性重点体现在两个方面：第一，与以公民私有财产、私有产权为调整对象的民事法律相比，其同时也对作为市场监管主体的政府及其特设机构和组织也同样进行规范和调整；与以公权力为核心的刑事法律、诉讼法律相比较，经济法又兼顾了私权利的保护，使二者处于一定的平衡状态。即经济法具有其社会性的一面，其调整的主体不仅仅局限于某一个范围，某一个领域，可以说具有一定的普世性。第二，经济法以社会整体利益为其赖以发展的基石。庞德认为利益由个体利益、公共利益和社会公众三部分组成。他基于政治组织社会生活的视角来判断公共利益，得出公共利益包括国家作为法人的利益和国家作为社会利益的保卫者的利益；基于社会生活角度的视角判断社会公众利益。通过前述我们不难发现公共利益与社会利益在很大程度上是重合的，社会功利主义把"公共利益"定义为这个社会中所有的个人利益之和。我们将其合称为广义的公共利益，即社会整体利益。社会整体利益与国家利益相比而言，其是多元化主体的共同利益所在，如使生产者、消费者、监管调控者的利益之和趋于最大化和最优化。

（4）经济法的现代性

经济法的现代性又称为经济法的时代性。经济法是伴随着市场经济的产生而逐步发展的。在奴隶社会、封建社会时期存在不同的法律体系，如以《唐律疏义》为代表的中华法系等。尽管在这些法系中也有零星的关于经济的规定，但其大多仅限于农耕业，并不能称为严格意义的经济法。在人类的法律史上法律的发展大致经历了"诸法合体—分立分化—分合并举"的一个过程，在封建社会无论是东方文明还是西方文明大多采取了诸法合体②、程序实体不分的法律形式，这在我国历史上更为明显；封建社会末期到资本主义形成时期，开始出现了部分法律从合体法律中分立分化的现象，如1804年法国民法典的颁布标志着民法分立的成功；现代社会日趋多元化，但又趋于集中化和网络化，这就为分立和综合并举提供了平台。上述有关法律的现代化过程同样也适用于经济法，在现代社会经济生活中社会分工日趋专业化和分散

---

① 有学者认为，经济法的法律关系主体已经从现代私法中抽象的"人"变为社会中具体存在的人，基于此经济法的社会性得到认可。参见丹宗昭信、厚谷襄儿主编《现代经济法入门》，谢次昌译，群众出版社1985年8月第1版，第50页。

② 曾尔恕主编：《外国法制史》，中国政法大学出版社2008年3月第1版，第49页。

化，但又渐渐趋于社会化，这就要求我们在研究经济法的基本原则确立标准时必须考虑到其现代性的因素。

因此要考察确立经济法基本原则的较为完备的标准应当充分兼顾法律的原则性和经济法的特殊性，同时还应平衡经济法的调控对象的一些特有性质。笔者认为经济法的基本原则确立应当遵循三个标准：第一，以经济法基本原则为蓝本，经济法基本原则是更为宏观抽象的，经济法的基本原则是其在经济法学研究中归纳总结的，经济法的基本原则不能脱离经济法基本原则的范畴；第二，原则性与灵活性相结合，即经济法的基本原则应当具备法律原则的抽象性、稳定性，也要突出经济法的发展性和可预测性；第三，社会效益性，作为经济法基本原则其不仅彰显经济法的经济性，还应兼顾到经济法的终极价值目标，实现社会效益的最大化。

（二）确立方法的重构

确立经济法的基本原则仅仅有确立标准是不够的，还需要与之相适应、相配套的确立方法。理论上来讲，确立经济法的基本原则，可以从不同视角、运用不同的标准和方法来确定。

1. 重构的原因

经济法是随着工业革命的兴起和资本主义经济的发展而产生的，其在不同的经济发展阶段亦有不同的内涵和要求，在过去学界确立经济法基本原则多运用传统的阶级分析法、历史分析方法、实证研究法为主的一系列方法。近年来有关经济法基本原则确立方法的论述主要是以北京大学法学院张守文教授的《经济法理论的重构》为代表，张教授基于"国家调制说"提出了系统网络分析法、结构行为绩效法。前者是把系统分析法与网络分析法进行结合整理而成，这种分析方法具有较强的"普适性"不仅可以用在经济法学的研究上，同时也可以用在其他部门法的研究上。张教授将后者又细分为结构分析、行为分析、绩效分析以及关联分析。虽然也涉及经济法的经济性、社会性①，但是其意在突出"法定、适度、效益"的精神，对社会性、与时俱进性考虑不是很完备。

笔者认为，在确立经济法基本原则方法时，不仅应考虑到传统的理论和方法，还应当坚持与时俱进，理论联系实际的方法，即在不同的社会发展阶段，不同的社会进程中应当有所侧重。党的十八大报告提出了形成"新的经

① 张守文：《经济法理论的重构》，人民出版社 2004 年 4 月第 1 版，第 337 页。

济发展方式"① 的要求，因此在"结构行为绩效法"的基础上，我们还应考虑到经济法成本分析法。

2. 重构的方法

经济成本分析法，即通过对立法成本、实施成本等进行价值分析，使效益理念、责任理念遍布于经济法各个部分理论之中。在借鉴经济学中成本概念的基础上可以将经济法成本界定为：经济法在向社会提供"公正""效益""秩序"等公共产品的运作过程中，国家和社会主体因此而投入的各种费用的总称②（物质的和非物质的）。具体可以从两个方面来讲。

（1）经济法的立法成本分析

经济法的立法成本指的是立法机关在经济法律法规制定过程中所支出的费用之和。不仅包括支付给立法者自身的工资、福利等必需的经费，也包括法律制定前期的调研费用，收集相关资料的费用，法律草案公布的费用，还包括进行相关的普法宣传和法律推广所支出的费用。实现社会总体效益的最大化，必须充分考虑经济法律成本。切实做到费用支出的合理性，明确费用所对应的责任和使命，通过对立法成本的分析，以增强立法者的成本意识，从而在兼顾到经济性的同时，又增强了立法者的责任意识，对法治经济起到正本清源的作用。

（2）经济法的实施成本分析

经济法的实施包括司法、执法、守法三个部分，对于任何一个部分的施行都要付出一定的代价，即对人、财、物的消耗。对任何一个经济法律关系主体而言，其必须充分考虑到成本问题。第一，对于宏观调控主体和监管主体的国家机关及其相关机构而言，应考虑在市场效益最优化的基础上通过"看得见的手"进行调控；第二，市场经营者和消费者同样需要权衡其行为与效益的关系，提高市场经济活动中的成本意识。合乎法律的行为将为其创造更多经济价值，否则不仅要承担法律责任，还应额外支付违反成本；第三，对于司法机关而言，以较小的成本支出来解决社会矛盾，化解社会纠纷，维

---

① 《中国共产党第十八次全国代表大会报告》指出："加快形成新的经济发展方式，把推动发展的立足点转到提高质量和效益上来，着力激发各类市场主体发展新活力，着力增强创新驱动发展新动力，着力构建现代产业发展新体系，着力培育开放型经济发展新优势，使经济发展更多依靠内需特别是消费需求拉动，更多依靠现代服务业和战略性新兴产业带动，更多依靠科技进步、劳动者素质提高、管理创新驱动，更多依靠节约资源和循环经济推动，更多依靠城乡区域发展协调互动，不断增强长期发展后劲。"

② 刘大洪：《法经济学视野中的经济法研究》，中国法制出版社 2008 年 6 月第 2 版，第 39—43 页。

护公平正义，是它们的使命，也是它们职责所在。

根据前述标准和方法，笔者认为经济法的基本原则应当包括经济效益、经济公平和社会责任原则。根据经济法的经济性和市场经济的基本规律，经济效益原则和经济公平原则较容易为人们理解和接受。但对于社会责任原则为何能够作为经济法的基本原则或许有人并不理解，后文将重点阐述。

三　从经济法的社会责任本位到经济法的社会责任原则

对于经济法而言，从社会责任本位到社会责任原则是一个从抽象到具体、从宏观到微观、从理论到实践的过程，是中国市场经济法治建设的需要。

（一）　社会责任的引入

责任首先是"分内应做的事"，其次是违反前者而应当承担的相应后果。前者从法律或法学上说就是义务，或者说广义的法律责任等同于法律义务[1]。但在社会利益的视角下，法律责任已经明显呈现出社会化倾向。由于社会关系错综复杂，当法律在调整某种社会关系时，就不能只关注内部各方当事人之间的利益冲突，还应当对当事人与利益关系人之间的利益进行保护。在此情况下，社会责任的介入无疑为保护当事人以外的相关利益主体合法权益提供了解决方案。

"社会责任"在学界多是以企业社会责任、媒体社会责任等形式出现的，"企业社会责任"一词最早出现在谢尔顿的《管理的哲学》一书中[2]，并从层级、社会契约、利益三个角度对其进行分类。[3] 1956 年日本经济法中正式出现"企业社会责任"，认为今天的企业早已不是私有领域的经济主体，而是"社会制度中的有力一环，其经营来自全社会的信托"。[4] 金泽良雄认为企业

---

① 史际春、姚海放：《再识"责任"与经济法》，《江苏行政学院学报》2004 年第 2 期。

② 参见赵斌主编《企业伦理与社会责任》，机械工业出版社 2011 年 9 月第 1 版，第 209 页。

③ 参见周登、齐广旭：《国内外企业社会责任研究现状》，《企业家天地》2011 年第 6 期。文章指出：企业社会责任（Corporate Social Responsibility, CSR）概念正式提出到今天，已过半个世纪，纵观国外 CSR 的定义，总体上可以分为三大类：层次责任观，即认为 CSR 是整个社会希望企业履行义务的总和，并提出包括经济责任、法律责任、伦理责任和慈善责任等四个抽象的范畴，并可以看成是一个"金字塔"结构；社会契约观，即认为 CSR 是指在企业社会责任原则、社会反应过程和社会政策相互联系下解决社会问题的结果；利益相关者观，即认为 CSR 就是企业管理和满足各个利益相关者（股东、客户、供应商等）的能力。

④ 金泽良雄：《当代经济法》，刘瑞复译，辽宁人民出版社 1988 年 11 月第 1 版，第 104 页。

社会责任至少应当包括五部分，即：参与社会调整；具有国民经济整体意识；参与革除社会弊病；与政府合作应对经济危机；将社会共同繁荣作为目标①。

社会责任包括法定责任、道德责任和责任主体自身认同的公益责任。具体到经济法学上应当包括三个方面：一是法律关系的主体必须遵守履行现行法律要求的义务，这是一种积极责任或是角色责任；二是由于法律关系主体不适当履行法定或约定义务而承担的不利后果或必须接受的否定性评价，这是一种消极责任②；三是法律关系主体在积极履行其法定或约定的义务后基于自然规律、社会正义、道德伦理等理念而承担的谦抑性后果，即含有社会利益内容的道德责任③，这种责任追求的不是个人利益最大化，而是社会整体利益的最优化。

（二）社会责任本位的内涵及其外延

对于一个部门法来讲，其本位思想是该部门法所立足的理念基础与价值追求，是其所定位的保护目标与中心导向，更是其解决纠纷的基本立足点和出发点。法律的演进与发展历程表征了其从义务本位到权利，再到社会本位的过程。在早期的阶级社会主要以"义务本位"为表现形式，强迫市民对国家的服从，对统治阶级的义务。资产阶级革命运动的兴起，人权保障得到重视，"权利本位"逐渐被重视，并得到法律保障。而经济的全球化推动了"社会本位"的产生，其强调人们的各种活动都应以社会发展为中心。

经济法社会责任本位是指经济法是一门以维护社会公共利益，体现社会责任为基点进行定位的学科。传统的经济法理论将经济法看作是社会本位法，以社会责任作为经济法的最高准则，任何经济法主体都应当对社会负责，并在此基础上协调关系。④

我国经济法自产生以来就秉承"社会责任本位"理念⑤，在突出社会整体利益和长远利益的同时又充分考虑经济法主体的基本利益，在确保我国经济又好又快发展的同时也丰富了我国经济法学理论。

---

① 金泽良雄：《当代经济法》，刘瑞复译，辽宁人民出版社 1988 年 11 月第 1 版，第 106 页。

② 徐孟洲：《经济法的理念和价值范畴探讨》，《社会科学》2011 年第 11 期。

③ 王玲：《经济法语境下的企业社会责任研究》，中国检察出版社 2008 年 10 月第 1 版，第 53 页。

④ 潘静成、刘文华主编：《中国经济法教程（修订本）》，中国人民大学出版社 1995 年 12 月第 2 版，第 45 页。

⑤ 闫翠翠：《经济法是社会责任本位法》，《国际商报》2009 年 8 月 6 日第 13 版。

（三） 经济法的社会责任原则的内涵

经济法的社会责任原则并不是单纯地将经济法与社会责任的糅合，其有自己的内涵和意义。作为基本原则的"社会责任"就其宏观内容而言，包括对经济安全、社会和谐、公平公正以及社会公益等价值目标的责任。经济法的社会责任原则指经济法的立法、执法、司法和经济法的遵守都要兼顾社会公共利益，承担社会责任，以实现社会整体利益的最大化。

政府、公民、法人和其他组织等经济法主体对社会所应承担的责任，其总是与社会利益，尤其是社会公共利益直接相联系的。因此，社会责任从某种角度上来看，其也是一种社会义务。

具体而言经济法的社会责任原则的内容应当包括以下两个方面：一是总体而言应当包括对经济社会发展的责任，即指导在经济立法、司法、执法和守法过程中以促进经济的发展为目标，兼顾生态环境的承载能力；二是确立经济法顾全"社会福利和社会公益"的价值理念，构建一套涵盖经济法律关系主体和相关利益主体的经济法律规范体系，保障社会主义法治市场经济的实现。

（四） 社会责任本位与社会责任原则的关系

基于前文对社会责任本位与社会责任原则的含义的分析不难发现，总体上二者是相互区别相互联系的，具体可以从以下两个方面进行辨析。

1. 二者之间的区别

根据前述对二者内涵的分析可知经济法的社会责任原则与社会责任本位的不同之处主要有三个方面：

（1） 二者的基本内涵不同

社会责任本位源于民商法上"个体本位""私权神圣不可侵犯"理念，经济法学上的社会责任本位是经济法的一个基本理念，其更多是思维意识层面的，是一种较原则更为抽象的范畴。社会责任原则相对于社会本位理念而言，较为具体。其不仅可以使抽象空泛的理念、意识显得明晰可见，同时还使其便于操作，使其更好地指导立法、司法、执法和守法。

（2） 二者的影响力范围不同

前者作为意识层面，其影响力范围不仅涉及经济法，还涉及刑法、民法等其他法律部门，是社会主义法律体系的一个基本理念，后者作为经济法的一个基本原则其适用范围要远小于前者，主要用来指导经济法的立法、司法、执法和守法。

（3）二者的可操作性程度不同

前者在具体实践中只能通过影响法律关系主体的思维来逐步显现出作用，无法直接进行应用，通常需要借助其他辅助性措施来实现。后者作为一个法律原则，其在必要时可以直接用来裁判相关案件，相对而言具备原则性和灵活性。

2. 二者之间的联系

根据前文阐述可知，经济法以社会为中心，保障和维护社会公共利益，社会责任原则是经济法基本原则的表征和体现。社会责任本位作为经济法的一种理念，贯穿经济法的各个方面，其对经济法基本原则有重要指导作用。因此，经济法的社会责任原则是社会责任本位理念下的一个基本原则，应当受到社会责任本位的指导和约束，其同时又是社会责任本位在经济法上的具体表现。

（五） 社会责任原则应为经济法基本原则的科学性研究

在商法学研究领域基于社会本位的理念，将社会责任转化为法定义务，转化为公共干预的法定目标，以保障社会责任的全面实现。[①] 经济法作为社会主义法律体系的重要组成部分，同样也应有引入社会责任原则的必要。

1. 基于利益主体视角的研究

如前所述，经济法的社会责任原则是以促进经济发展，兼顾生态平衡，维护市场经济公共利益为基本内涵的一项原则，这就使经济法能够最大限度地满足经济法主体的利益需求。经济法主体是经济法中的一个重要范畴，目前学界普遍认同的为三层主体框架理论，即"政府—社会中间层—市场"，基于该理论将经济法主体划分为三类[②]：政府主体、社会中间层主体和市场主体。

（1）政府主体

政府主体包括中央和地方政府及其所属部门或机构。这类主体在市场经济中大多以市场监管者的身份出现，我们也可以将其称为市场监管者。在现代市场经济国家政府角色正在从"全能政府""专断政府""权力政府"向

---

① 陈佳贵、黄群慧、彭华岗、钟宏武等：《中国企业社会责任研究报告（2011）》，社会科学文献出版社 2011 年 11 月第 1 版，第 1 页。

② 李昌麒主编：《经济法学》，法律出版社 2008 年 10 月第 2 版，第 120 页。

"有限政府""民主政府""法治政府"转变，向"守夜人"政府过渡。这都要求其在进行宏观调控和市场规制的同时也应承担起相应的责任。这里的政府社会责任不同于政府职责，后者是政府基于宪法、组织法的规定，行使权力进行社会管理的一种分内之事①；前者是基于经济法的规定，作为经济法律关系主体应当承担的一种责任。在当代社会，制约社会发展并对人类生产发展构成严重威胁的主要是环境污染、资源破坏和能源枯竭。这都需要政府在行使市场主体规制权、市场秩序规制权、宏观调控权和社会分配权的同时更加注重其社会责任的承担：为经济的发展提供一个良好的外部环境，充分保护市场经济发展的各类要素，实现充分就业，实现国民经济的可持续发展等。

（2）社会中间层主体

社会中间层主体主要包括社会共同体（如各种商会、消费者协会、企业工会等）、中介主体（如证券交易所、猎头公司等）、经济鉴证类主体（如会计事务所、公证处等）和宏观经济调节类主体（如中国农业发展银行、中国国家开发银行、中国进出口银行等）。这些主体存在于市场经济中，主要是为了发挥其在政府与市场主体之间沟通和协调的功能，更多行使的是"软法"②所赋予的权力。虽然大多数是非营利性的，但其也有自己的利益偏重，如行业协会的宗旨是促进本行业的集体性利益或是共通性利益，在利益的驱动下其公正性和中介性难免会出现偏颇，从而影响市场经济的健康有序发展。在社会责任的约束下其在保护本行业利益的同时也会兼顾其他行业甚至是其他主体的利益，切实发挥其在市场失灵和政府失败下的"第三只手"的功能：减少信息不对称造成的政府失败，推进政策的实施减小法律运行的成本；加强自律，确保完成其公正的完成其市场辅助功能，充分发挥自身价值；帮助市场中的弱势群体维护好自己的权利；协调化解不同主体之间的纷争。

---

① 政府职责包括政府的职能和责任；政府职能分为政府统治职能和社会管理职能，前者又细分为国防与外交职能、专政与治安职能、政策制定与执行职能、政务管理职能等，后者细分为宏观调控职能、经济管理职能、文化管理职能、公共事务管理职能和服务职能。因此相应的其责任范围远大于本文所指的社会责任，且其更多的是基于违反法律规定或是失职的不利后果。参见曹闻民《政府职能论》，人民出版社 2008 年 3 月第 1 版，第 57 页。

② 我国学界以"国家强制力"作为标准将调整社会关系的法规范分为硬法和软法。软法即立法者认为不能或者不必设定一套完整的逻辑结构的法规范，这些法规范尽管逻辑结构未必完整，但却能够产生预期实效，实现法治效力……他们由国家法中不能由国家强制力保障实施的法规范与所有得到国家社会法两部分构成，而后者又包括政府组织创制的规范和社会共同体创造的规范。参见罗豪才、宋功德《软法亦法》，法律出版社 2009 年 11 月第 1 版，第 296 页。

（3）市场主体

一般来说市场主体包括：投资经营者、消费者和劳动者。在这里我们主要考察的是经营者和消费者。经营者可以说是市场经济中必不可少的主体，其承担着为社会提供商品和服务的功能。一种商品从生产到消费的各个流通环节都离不开经营者的参与，产品和服务的流通使不同区域、不同民族、不同肤色、不同生活理念的群体联系更加紧密。产品和服务质量的好坏不仅影响到消费者的生活质量、生命健康，影响到其他相关群体的生存发展，影响我们赖以生存的环境，甚至会影响我们的民族凝聚力和自豪感，更有甚者影响国家形象和国际声誉。尤其是在当今网络消费盛行的时代，作为经营者，在虚拟的经营环境中其责任感尤为重要。通过社会责任原则的指导和约束可以使其在经营利益的同时能够考虑到其应有的社会责任和使命，降低社会成本（如其他群体的健康、环境污染等）的投入，以实现社会利益的最大化和可持续性。

对于为生活消费需要购买、使用商品或者接受服务的消费者而言，其一般在市场中处于相对弱势地位。社会责任原则通过对经济法的影响可以切实地保障其基本权利。其他主体承担着社会责任的意识下参与市场活动不仅可以使消费者放心消费、大胆消费，还保障消费者权利获得最大限度的实现。但是作为市场主体一部分的消费者同样也要承担相应的社会责任。从宏观方面来讲，当一个国家或是一个地区出现经济危机，需要消费进行刺激经济的时候，具有消费能力的消费者应当适当地配合调控主体（国家或政府）参与"救市"进行适时消费、合理消费，以帮助国家走出经济低谷，尽快恢复市场的繁荣景象。从微观方面而言，其在参与市场活动中应当诚实信用，减少对资源的浪费，如新修订的《消费者权益保护法》赋予了消费者七日内无理由退货的权利，消费者应当合理利用该权利而不能滥用造成运输等方面的资源浪费；同时消费者对其使用过的产品应当采取妥善的方式处理，如使用过的干电池不应随便丢弃以造成环境污染。基于此社会责任原则可以引导消费者理性消费。

2. 基于经济法核心范畴视角的研究

社会公共利益是经济法直接保护的利益，这一论断在我国学界早已为绝大多数学者所认同。王保树教授认为："经济法的法益目标应是经济法首先追逐和实现的利益，即社会公共利益。"① 将社会责任作为一项原则来引入经济

---

① 王保树：《论经济法的法益目标》，《清华大学学报》（哲学社会科学版）2001 年第 5 期。

法是成立一个完整法律关系的需要。

（1）从经济法调整目标的角度

经济法是对经济进行管理、维护、保障竞争、组织协调的法律①，这就使其较一般的法律部门具有更强的交互性，即私法与公法混杂一处的混杂状态②，而这种混杂性即是其社会性的体现，与此对应的法律后果或是法律责任当然具备社会性，那么社会责任原则自然应当成为经济法的一个基本原则。

（2）从经济法特征的角度

经济法的特征包括：①经济性或专业性；②政策性；③行政主导性；④综合性。③ 由其特征②和特征③可知经济法是以维护国家利益、社会利益为己任，以社会权利本位为其根本宗旨，进行调控经济、平衡利益、缓和矛盾。如同民商法以保护个人利益为本位一样，经济法旗帜鲜明地以保护社会利益为己任，即所谓的"社会（利益）本位"。④ 因此可以认为经济法的本质就是国家为了维护社会整体利益对经济生活进行干预的法律体现。我国学者大都认为社会整体利益的主体是"社会"或"社会公众"或"公共社会"，社会利益乃是绝大多数社会主体⑤。基于此提出经济法的社会责任原则亦是顺理成章的。经济法的社会责任原则要求国家、集体和个人均应负担相应的责任，就连在市场经济中一直处于较弱势状态下的消费者也不例外。

（3）从经济法价值的角度

经济法的价值主要包括两个方面，一方面是经济法的内在价值，即经济法作为一个法律部门，其自身具有的内在功用，这也称为"功用价值"或"客观价值"；另一个方面是经济法的外在价值，即社会公众及研究者所认同或期望的经济法具有或应当具有的价值，这也称为"评判价值"或"主观价值"。⑥ 经济法是在生产社会化背景下产生的，是社会性之法。所以无论是经济法的"功用价值"还是"评判价值"都强调其社会性。经济性和社会性是认识经济法价值特点的关键，在支撑其价值理念的基本原则当中也应当体现这一点，即确立经济法的社会责任原则。

3. 基于权义结构和责任制度视角的研究

① 史际春、邓峰：《经济法总论》，法律出版社 2008 年 9 月第 2 版，第 25 页。
② 姚海放：《经济法主体理论研究》，中国法制出版社 2011 年 6 月第 1 版，第 1 页。
③ 史际春、邓峰：《经济法总论》，法律出版社 2008 年 9 月第 2 版，第 59、62、64、67 页。
④ 吕忠梅、陈虹：《经济法原论》，法律出版社 2008 年 9 月第 2 版，第 21 页。
⑤ 兰芬：《我国经济法基本原则的新思考》，《四川理工学院报（社会科学版）》2007 年第 3 期。
⑥ 张守文：《经济法理论的重构》，人民出版社 2004 年 4 月第 1 版，第 292 页。

一个法律规范的完整解读不仅要关注主体以及主体所实施的法律行为，还应当充分考虑其权利义务关系、相关法律责任。法律责任是一个条文乃至一部法律有效实施的保障。

（1）基于权义结构的角度

权义结构即经济法上主体所享有的权利和应当承担的义务。权义结构构成了法律关系的框架，在一个部门法的内部其权利和义务在总量上是相等的，在经济法上也是如此。一个经济法律关系主体在享有一定权利（权力）的同时也承担着相应的义务。经济全球化也在一定程度上使权利受体、义务主体的范围扩大化，即逐步具有社会化趋势，这种扩大虽然通过传统的民事方式，如合同法、交易习惯等也可以调整，但这多是间接性的。社会责任原则就可以直接的引导权义主体规范的行使权利、履行义务。因此社会化的权义结构需要社会责任原则的引导规范。

（2）基于责任制度的角度

经济法律责任即经济法律关系主体违反经济法律规定的，应承担的带有否定性质的法律后果，其侧重于公平归责的原则[①]。这与社会责任原则目标之一的"社会公平"不谋而合。

当经济法律关系主体滥用权利（权力）或是不履行义务或是不能够合理履行其义务时应承担相应的责任。经济法在借鉴民事责任、刑事责任、行政责任的同时也有自己的"经济责任"，如惩罚性赔偿、产品召回、价格减免和信用降级等。由于经济法主体之间的不对称性，导致了不同主体之间只有责任的差异性（如民事责任、刑事责任的主体是否包括政府一直存在争议），没有责任的共同性，其责任制度根本无法完全建立起来。尤其对于政府应不应当承担经济法责任，政府的经济法责任是什么等并未达成共识。结合前文论述不难得出社会责任原则的确立可以弥补经济法责任制度的不足。

此外，在我国2012年8月修订的《民事诉讼法》第55条明确规定了公益诉讼制度，用于追究污染环境、侵害众多消费者权益等损害社会公益行为的责任，这也是从社会性的角度来完善我国经济法责任制度的一个体现。

（六）社会责任原则应为经济法的基本原则的合理性研究

一项法律原则被一个法律部门引入不仅仅要关注该原则的价值和作用，同时该部门法也应有适合被引入原则发展的基础，实现引入主体与引入受体

① 黄河、王兴运主编：《经济法学》，中国政法大学出版社2008年3月第1版，第85、86页。

的协调统一。

1. 在经济法学理论创新中的合理性

在法学理论上，1992 年社会主义市场经济的确立为我国经济法研究带来了肥沃的热土，在此后的二十多年中我国经济法学研究迎来了一个美好的春天，经济法理论日渐丰富和完善，正逐步实现从"政策决定立法"进而影响法学研究到"理论指导立法"的转变。在理论学说上，新时期比较流行的经济法学说理论主要有六种①：第一，以杨紫烜为代表的"国家协调说"；第二，以李昌麒为代表的"国家干预说"；第三，以漆多俊为代表的"国家调节说"；第四，以刘文华和史际春为代表的"纵横统一说"；第五，以张守文为代表"国家调制说"；第六，以王保树为代表的"社会公共性经济管理说"。

上述六种学说中都涉及社会公共利益问题，如杨紫烜教授之主张"经济法作为国家协调本国经济运行之法，以维护国家利益和社会公共利益为主"。同时也有学者提出了"社会本位原则"、"社会责任本位""经济法的社会责任"等观点。在研究方法上，学界展开了关于法学研究未来走向、法学研究的转型等命题②，这都为"经济法社会责任原则"提供了理论上的可能性。

在国家战略理论上，"可持续发展战略"和"科学发展观"是社会责任原则的理论依据。1997 年的中共十五大把可持续发展战略确定为我国"现代化建设中必须实施"的战略，兼顾当代与后代的发展需求。其内容包括生态的持续发展、生产力的持续发展和产业的持续发展。在 21 世纪初，党又提出以"坚持以人为本，树立全面、协调、可持续的发展观，促进经济社会和人的全面发展"，按照"五个统筹"为内容的科学发展观。科学发展观的第一要务是发展，核心是以人为本，基本要求是全面协调可持续发展，根本方法是统筹兼顾。而社会责任原则的立场是社会整体，前述理论毫无疑问成为经济法社会责任原则的理论基础和立法指导。

2. 在经济法律法规中制度设计的合理性

经济法由于其在我国的产生、发展相对于刑法等其他法律部门较晚，经济法的理论研究不够完备，经济法的立法技术不够精湛等一系列的原因，我

① 席月民：《中国经济法基础理论的变革与创新》，李昌麒、岳彩申主编：《经济法论坛》，群众出版社 2011 年 2 月第 1 版，第 18 页。

② 2011 年 8 月 13 日、14 日中南财经政法大学与《法学研究》编辑部在武汉联合举办了"中国法学研究之转型——法律学术与法治实践"的学术研讨会，参会学者围绕"法学研究与制度环境、法学研究与法治实践和法学教育、构建中国的法学理论体系、法学研究方法与材料更新"等议题进行探讨交流。

国目前尚未制定统一的经济法典。但这并不影响经济法的社会责任原则在经济法中的体现。如《食品安全法》第三条明确规定了食品生产经营者的社会责任，《消费者权益保护法》第六条规定"保护消费者的合法权益是全社会的共同责任"。同时社会责任原则在《商业银行法》第八条、《统计法》第四十九条和《反垄断法》第一条也有体现。这些零散的规定，一方面反映了以往立法者对社会责任原则的推崇，另一方面也说明了社会群体对社会责任原则的认可。这为经济法社会责任原则引入经济法，尤其是引入未来的经济法典中提供了法律法规制度设计的可能性。

此外，在传统的经济法体系下①，社会责任原则已经在法律条文中有明确的规定。传统学说将公司法作为经济法的一部分，《公司法》第五条规定，公司应承担社会责任。

3. 在经济法治实践中的合理性

改革开放以来，我国经济飞速发展，在短短的三十多年中跃居成为仅次于美国的全球第二大经济实体。由于国情的特殊性和市场经济配套机制的滞后性，经济快速发展的同时也带来了一系列的问题，如社会贫富差距的拉大，造成社会矛盾与不稳定隐患增大；资源消耗与生态的破坏，造成生活环境急剧恶化等。作为社会法主要组成部分的经济法，应肩负起在兼顾效率与公平、坚持经济发展和资源节约环境秀美的使命。这为"社会责任原则"引入经济法提供了法治需求层面的可能性。

前述问题的解决和责任的承担不能仅仅依靠政府或某一个企业、组织和社会团体，而应该是由全体人民共同努力解决。在经济活动中遵守法律，承担起社会责任。

党的十八大报告中指出，不管是初次分配还是再次分配都要兼顾效率和公平，尤其是再次分配，基于方式、目标等的特殊性来讲应更加注重公平。面对资源约束趋紧、环境污染严重、生态系统退化的严峻形势，必须树立尊重自然、顺应自然、保护自然的生态文明理念，把生态文明建设放在突出地位。这就要求政府主体在执法过程中应以社会整体效益为工作重心。公益诉讼制度的建立和不断完善，为保障社会责任原则落实提供了司法救济途径。因此社会责任原则是市场经济法治建设的重要组成部分。

---

① 参见王晓晔主编《经济法学》，中国社会科学出版社 2010 年 6 月第 1 版。该书即将公司企业作为经济法的一部分来论述。

四 经济法社会责任原则与其他基本原则的关系

前文已经提到经济法基本原则包括经济效益原则，经济公平原则和社会责任原则。总的来讲，其三者相互依存、相互支撑构成了经济法基本原则。对于经济法律关系主体而言，效益应当是必不可少的，不管是政府主体还是经营主体或是消费者都有趋利避害性，经济基础决定上层建筑，其有了经济基础才能更好参与市场经济公平竞争，更好地承担社会责任。具体而言可以从两个方面来说明。

（一）社会责任原则与经济效益原则

经济效益是一个社会制度生命力的具体体现，是判断生产力与生产关系协调与否的重要指标，也是检验一个国家经济政策、经济法律是否适应市场发展的标准。发展是解决中国问题的总钥匙，要实现高效发展必须重视经济效益，提高经济效益一直是我国经济工作的重心。经济效益原则侧重于追求经济发展，促使政府建立一套保障经济平稳发展的机制，把市场主体（尤其是企业）的利益放在首要位置，争取为社会创造更多的财富。为社会其他方面的发展提供基础和保障，经济效益原则是经济法经济性的集中体现。

社会责任原则重心在于对不同经济主体效益总和的优化，保障不同主体的利益，明晰不同主体的社会责任，从而纠正唯经济效益至上而忽略以人为本的观念。社会责任原则是经济法用以协调经济发展过程中经济利益、生态环境利益和社会利益冲突的保障，也是经济法社会性的表征。

综上可知，二者可以说是相辅相成的：经济效益增强了经济主体的生产创造动力，为承担社会责任提供了坚实的物质保障，社会责任又可以矫正追求经济效益过程中对社会公共利益的侵害。

（二）社会责任原则与经济公平原则

法律以公平、正义、秩序和效率为其基本价值目标。经济法上的公平是在承认经济主体的资源和个人禀赋等差异的前提下所追求的一种结果上的公平①，也即是实质公平。对于一个经济主体具体而言，包含以下几个方面：其应当受到平等的对待；有平等的机会参与市场竞争；资源平等的向其开放；

---

① 李昌麒主编：《经济法学》，法律出版社 2008 年 10 月第 2 版，第 82 页。

平等地享有经济发展的成果。经济公平原则侧重点在于，通过对意思自治的限制来实现结果的公平，即保障竞争公平、分配公平和正当的差别待遇。① 其在贫富差距不断加大的社会大环境下是经济法的应有之意。通过经济公平原则来指导初次分配和再次分配。

社会责任原则则是通过对经济主体思维的引导、责任意识的强化来推动经济发展和社会进步，如引导政府合理地进行资源配置、收入分配、社会保障建设等。更多注重具体的市场经济活动过程中主体的公平意识，通过过程的公平来最终实现社会公平。这种公平不仅体现在相同群体之间，还体现在不同群体，甚至代际之间。

综上可知，经济公平确保了市场经济主体能够平等的分享经济发展的成果，也为不同市场主体承担社会责任提供了依据和基础。社会责任又反过来更好地促进经济公平，尤其市场经济中的公平竞争等。

结　　语

基于前述探讨可知，将"社会责任原则"作为经济法的一个基本原则有其特殊意义的：可以丰富经济法理论，有利于经济法学研究从"立法中心主义"向"中国问题中心主义"转变；也可以引导经济法的各类主体做出更为合理的行为，为市场经济发展创造和谐的法治环境。

"我们建立这个国家的目标并不是为了某一个阶级的单独突出幸福，而是为了全体公民的最大幸福"②。经济法作为一个新兴法律学科，作为社会法③的主要代表，其社会责任原则是现代经济法基本原则的重要组成部分。无论是从经济法的定义上来看，还是从经济法的本质属性、价值和理念上来看，社会责任原则都应作为经济法的基本原则，否则，其他的基本原则都会成为一纸空谈。"我们生活在一个崭新的时代。经济力量与社会力量以一种人类以

---

① 李昌麒主编：《经济法学》，法律出版社 2008 年 10 月第 2 版，第 82 页。

② 柏拉图：《理想国》，杨林、宋森译，湖南文艺出版社 2011 年 7 月第 1 版，第 97 页。原文为："我们建立这个国家的目的是为了全体公民的最大幸福，而并不是为了某一个阶级的单独突出幸福。因为我们认为一个有序的，以全体公民最大幸福为目的的城邦里最有可能找到正义。"

③ 这里的社会法指的是独立于公法和私法之外的第三法域（也即"中义社会法"），它不同于我国法律体系中涵盖《劳动法》、《劳动合同法》、《社会保障法》等的"社会法"这一法律部门。"中义社会法"学说德国学者诺斯勒提出于 1870 年，此后德国学者基尔克、拉德布鲁赫、帕夫洛斯基，日本学者桥本文雄、加古佑二郎、沼田蹈次郎等人主张或赞同。参见赵红梅《私法与社会法：第三法域之社会法基本理论范式》，中国政法大学出版社 2009 年 5 月第 1 版，第 48 页。

前从未体验过的方式而聚合。"① 经济法的社会责任原则正是经济法在时代聚
合中产生的，社会责任原则作为经济法的基本原则，对我国践行经济法治、
丰富经济法学理论研究、完善社会主义法治体系都有重大意义。

作者简介：冯万伟，中国社会科学院研究生院法学系 2014 届法律硕士，
现任职于北京京银律师事务所。

---

① 蒋大兴：《公司社会责任如何成为"有牙的老虎"——董事会社会责任委员会之设计》，《清
华法学》2009 年第 4 期。

合营企业的反垄断规制研究

曾 雄

摘要：设立合营企业是企业合作的重要方式，合营企业具有双面效应，一方面合营企业是企业分散经营风险，扩大经营规模，实现强强联合的重要路径，能够实现经济效率，提升我国相关产业的竞争力；另一方面合营企业可能产生反竞争效果，就如美国学者 Brodley 所认为的"合营企业可能产生三种反竞争风险：一是共谋，二是排除潜在竞争，三是产生市场壁垒。"因此，如何对合营企业进行法律规制成为用好合营企业这把"双刃剑"的关键。

关键词：合营企业；反垄断；双面效应；反竞争效果

一 反垄断法语境下的合营企业

（一）合营企业的定义与类型

1. 国外对合营企业的定义

在各个反垄断司法辖区内，合营企业（Joint Venture）的定义不尽相同，并没有形成统一的标准。

OECD（经济合作与发展组织）对合营企业给出的定义为"两个或两个以上的企业以合同或除合并之外的其他方式联合重要的（有形或无形）的资产且并非临时性的合作。重要的是，参与企业并不仅是达成一个共同的商业决定而应使得成立的商业主体具备经营的功能。"①

2000 年美国联邦贸易委员会（FTC）和司法部（DoJ）联合发布《竞争者间合作的反托拉斯指南》（*Antitrust Guidelines for Collaborations Among*

---

① OECD, "Directorate for Financial, Fiscal and Enterprise Affairs：Committee on Competition Law and Policy, Competition Issues in Joint Ventures", DAFFE/CLP (2003) 33, p. 20.

Competitors），虽然这份官方文件没有直接采用 Joint Venture（合营企业）的表述，但是在实务操作中和学界讨论中，竞争者合作即指合营企业。《竞争者间合作的反托拉斯指南》指出"竞争者合作"包括除合并以外的，竞争者间进行经济活动的一项或多项协议，以及由此而产生的其他经济活动，包括研发、生产、营销、分销等。①

1998 年欧盟委员会发布的《关于全功能合营企业概念的通知》（*Commission Notice on the Concept of Full-function Joint Venture under Council Regulation*）首次对合营企业下定义，并对全功能的含义进行了释明。该文件认为合营企业是"两个或两个以上的经营者共同控制的经营者。"② 同时，《关于全功能合营企业概念的通知》对构成 Concentration（集中）而适用《集中控制条例》（《139/2004 号理事会条例》）的合营企业进行了更具体的规定，合营企业符合集中需满足三个条件：（a）合营企业导致两个或两个以上的经济实体获得"共同控制"；（b）达到共同体规模，即达到了《合并条例》的申报标准；（c）属于全功能合营企业，即建立在持续性基础上履行一个独立自主经济实体的所有功能。③

学术界对合营企业的概念也有不同看法，如有的学者认为合营企业是两个或两个以上独立的企业之间的联合经营，而且应该满足如下条件：首先，该企业受无关联控制关系的多个母公司的共同控制；其次，每个母公司对联合企业进行了充分的实质性量投入；再次，该企业是一个独立的经营实体；最后，合营企业在新生产力、新技术、新产品或进入新市场领域具备新的企业能力。④

由此可见，合营企业通常应当具备如下特征：首先，合营企业一般具有两个或两个以上的母公司，而且母公司之间必须相互独立。其次，合营企业的存在是以协议为基础。再次，合营企业受到共同控制，母公司或以购买股权或资产的投资形式，或以协议安排的形式实现对合营企业的共同控制。最后，合营企业相对独立且具备一定的经营功能。

---

① FTC&DoJ, Antitrust Guidelines for Collaborations Among Competitors, p. 2.

② Commission Notice on the Concept of Full-function Joint Venture under Council Regulation（EEC）NO4064/89 on the Control of Concentration between Undertakings, article 3.

③ Ibid. .

④ Joseph F. Brodley, Joint Venture and Antitrust Policy, Harvard Law Review, Vol. 95, No. 7, 1982, pp. 1521—1522.

2. Joint Venture 在反垄断法语境下的含义

目前国内反垄断法学界和实务界对 Joint Venture 有不同的称谓，如黄勇教授在《论中国企业联营的经营者集中控制》一文中，将 Joint Venture 称为企业联营；孟雁北教授翻译的《企业合营：竞争者之间合作行为的反垄断分析》一书中，将 Joint Venture 翻译为企业合营；商务部发布的公告中使用了合营企业。笔者以为将 Joint Venture 译为合营企业是一种较为容易接受且相对准确的翻译，但是在反垄断法语境下，合营企业（Joint Venture）与相关法律的近似概念却有一定差异。

（1） Joint Venture 在反垄断法语境下与我国《中外合资经营企业法》中的"合营企业"不同

根据《中外合资经营企业法》和《中外合资经营企业法实施条例》的相关规定，中外合资企业专指中国的公司、企业或其他经济组织与外国的公司、企业和其他经济组织或个人，在中国境内共同投资经营的企业，而且中外合资企业必须是有限责任公司。① 而反垄断法语境下的 Joint Venture 对法律形式没有严格要求，可以是一个具备法律实体的公司或者是受其他企业联合控制的非法人经济实体，可以说反垄断法所指的合营企业的概念范围大于中国《中外合资经营企业法》中的"合营企业"。②

（2） Joint Venture 与联营的概念也有区别

根据《中华人民共和国民法通则》的规定，联营存在三种形式，包括法人型联营、合伙型联营和合同型联营，其中合同型联营指"企业之间或者企业、事业单位之间联营，按照合同的约定各自独立经营，其权利与义务由合同约定，各自承担民事责任。"③ 可见，合同型联营仅仅是企业之间的一纸协议，各自独立经营，没有共同的投资和经营，不涉及一个新的经济实体。但是，反垄断法背景下的合营企业（Joint Venture）要求是新设立的一个实体。

---

① 《中外合资经营企业法》第 1 条规定："中华人民共和国为了扩大国际经济合作和技术交流，允许外国公司、企业和其他经济组织或个人（以下简称外国合营者），按照平等互利的原则，经中国政府批准，在中华人民共和国境内，同中国的公司、企业或其他经济组织（以下简称中国合营者）共同举办合营企业。"《中外合资经营企业法实施条例》第 2 条规定："依照《中外合资经营企业法》批准在中国境内设立的中外合资经营企业（以下简称合营企业）是中国的法人，受中国法律的管辖和保护。"

② 严明：《欧盟对合营企业的反垄断规制及其对我国的借鉴意义》，中国政法大学硕士论文，2011 年，第 2 页。

③ 《中华人民共和国民法通则》第 53 条规定："企业之间或者企业、事业单位之间联营，按照合同的约定各自独立经营的，它的权利和义务由合同约定，各自承担民事责任。"

可知，联营概念的外延应大于合营企业（Joint Venture）。①

3. 合营企业的类型

如今合营企业的类型和功能种类非常复杂而且呈现多样化趋势，合营企业依据其类型和功能的不同受到反垄断法关注及规制的程度也有所差异。因此，有必要了解主要的合营企业类型及其功能特征，为进一步分析其是否受反垄断法规制及受到反垄断法何种程度的规制奠定基础。

（1）美国反托拉斯法对合营企业的分类

美国反托拉斯法根据合营企业所追求的目标将其分为以下六种：

A. 完全整合的合营企业

完全整合的合营企业即指合营企业的当事方将特定业务的整合，包括生产、运输、市场销售等。对于完全整合的合营企业而言，基本上可以将之视为企业在相关市场中的集中行为。因此，根据美国反垄断法之规定，该种类型的合营企业一般将适用《克莱顿法》第 7 条之关于规范企业合并的相关规定。

B. 生产型合营企业

生产型合营企业是指合营当事方之间以生产为目的而进行合作。合营当事方可能各自投入拥有的生产设备、专业技术、资金等资源，而生产的产品则可能销售给第三方企业或者归各自使用。通常情况下，该种类型的合营企业将有助于企业提高产能、扩大规模经济，总体而言是有助于竞争的。但是，事实上在生产型合营企业的表象下，参与企业也可能在合营合约中约定固定价格或串通商业秘密等反竞争行为。

C. 销售和分销型合营企业

销售和分销型合营企业是由合营当事方为共同销售或推广特定产品或服务的合营企业。如果此种合营企业还包括了生产，则属于完全整合合营企业。销售型合营企业可以充分发挥合营方的市场优势及客户资源，扩大市场的同时降低单独扩宽市场的成本，并且更容易地进行合作开发新市场，因而，该种类型的合营企业是有利于竞争的。与此同时，销售型合营企业也可能出现比较严重的反竞争问题，因为这种类型的合营企业基本涉及两个竞争核心要素，即价格和客户，特别是在横向竞争者之间设立合营企业的情况下，反竞争问题更加明显。如果横向竞争者之间共同通过合营企业销售产品，尤其是

---

① 严明：《欧盟对合营企业的反垄断规制及其对我国的借鉴意义》，中国政法大学硕士论文，2011 年，第 2—3 页。

在销售相同产品时，合营方可能通过合营企业获得相关商品价格信息，甚至会为了减少彼此之间的竞争而进行固定价格或者划分市场的反竞争行为，这将严重触犯美国反托拉斯法。

D. 采购型合营企业

采购型合营企业，顾名思义即合营当事方为了共同采购而设立执行采购业务的合营企业。通常具有横向竞争关系的企业会采取这样的合营策略，因为横向竞争企业有相同的原料需求，通过合营企业的方式共同采购，一方面能够采购相当数量的原料，另一方面容易实现规模经济，从而降低采购成本。采购型合营企业也具有两面性，一般而言合营企业能够节省采购成本，如果企业将节省的采购成本通过商品价格反馈给消费者，这无疑是有利于消费者的。从另一方面考虑，设立采购型合营企业使得原料价格和原料采购数量等信息处于充分透明的状态下，合营当事方更容易达成非竞争的协议，最终形成共谋，这有悖于市场的竞争。

E. 研发型合营企业

研发型合营企业，即指企业之间为了共同研发技术，各自投入技术、资金、人才、设备等资源而成立的合营企业。任何一家企业都有自己的专业技术、专利和人才，如果企业之间能够整合各自的资源，这将有利于加速科技创新，丰富产品，降低生产成本，最终为市场提供价低质优的商品。但是，竞争企业之间成立合营企业有可能限制个别企业在研发方面的独立决定，降低通过竞争而产生的研发能力，甚至会出现竞争者以合营企业为工具交换相关信息而带来反竞争问题。在美国，研发型合营企业通常被认为是有助于竞争的，一般以合理原则予以分析。[①]

F. 网络型合营企业

网络型合营企业，所谓网络是指设施和规则的结合体，主要为竞争者交换或分享交易业务、物流、能源、电子资讯等。[②] 网络型合营企业可以视为一种将业务的部分或全部紧密结合成为可供消费者参与其中的商业合作模式。比如，通信、运输、电子银行等。网络型企业一般要求较高的固定成本，只有达到一定程度的规模经济，方能获利。交易越多，则网络成本越低，因此，

---

① U. S. Department of Justice and Federal Trade Commission, Antitrust Guidelines for Collaborations among Competitors, U. S. Department of Justice, 2000, p. 34.

② Donald I. Baker, Compulsory Access to network Joint Venture Under the Sherman Act: Rules or Roulette, Utah L. Rev. 999, 1993, p. 1002.

如果有太多的竞争者投入相同的市场建构网络，交易将因分散而造成所有投资者成本相对提高，无法为消费者提供满意的价格。所以，网络型企业可能因先天的环境限制而存在寡头垄断的情形。竞争者在原来就相对垄断的特定市场中成立合营企业，将可能使市场更倾向于集中而产生独占垄断的反竞争问题。美国反托拉斯法关注那些高度集中且现有的企业拒绝其他企业进入参与竞争的产业，当然，如果现有的企业通过鼓励其他企业设立网络并激励创新来获得收益，而不是通过强迫其他企业搭便车来分享收益，在这种情况下，网络型合营企业是有助于竞争的。①

（2）欧盟竞争法对合营企业的分类

A. 集中型合营企业与合作型合营企业

在《欧盟理事会关于企业集中控制的条例》（简称 139/2004 号条例）生效之前，欧盟执行的是 1989 年通过的《欧共体部长理事会关于企业集中控制的 4064/89 号条例》（简称 4064/89 号条例），根据该条例，欧盟存在合作型合营企业和集中型合营企业之分。

集中型合营企业是由两个以上的公司共同投资设立并从事长期经营的独立企业，该企业能够履行自主经济实体的全部职能，且可以独立作出自己的商业决策，而非以协调母公司之间的竞争行为为目标。② 合作型合营企业顾名思义，即指合营企业的设立目标在于协调母公司之间的以及母公司与合营企业之间的竞争行为。

根据 4064/89 号条例第 3 条第 2 款的规定，集中型合营企业与合作型合营企业的主要区分在于：具有协调各自独立企业之间竞争行为的目的或效果的交易行为，包括设立合营企业，不属于第 1 款 b 项规定的"集中"；设立的合营企业持续地履行独立经济实体的全部功能且没有导致母公司之间或母公司与合营企业之间产生反竞争的协同行为，则属于第 1 款 b 项规定的"集中"。1994 年欧盟发布《关于集中型和合作型合营企业区别的通知》，根据该通知之规定，合营企业如果满足以下三个方面的条件，将被认定为《合并条例》第 3 条规定的"集中"：（1）必须存在共同控制；（2）必须是一个全功能的

① Section of Antitrust Law of American Bar Association（ABA），Joint ventures：Antitrust Analysis of Collaborations Among Competitors，AMERICAN BAR ASSOCATION，2006，pp. 8—9.

② 王挺：《欧共体企业集中规制中的全功能合营企业》，《海南广播电视大学学报》2010 年第 2 期。

合营企业；以及（3）各母公司之间的竞争行为，必须不存在协同。①

最初，欧盟对合营企业的规制一般统一适用《欧洲共同体条约第81条》（简称第81条），有一个例外，即如果母公司完全退出合营企业所从事的经营活动，并放弃任何从事合营企业经营活动的计划。之后根据4064/89号条例，欧盟将合营企业分为合作型合营企业和集中型合营企业，合作型合营企业适用第81条的规定，而集中型合营企业适用《合并条例》，而且对于达到共同体规模的合作型合营企业，也需要适用《合并条例》予以反垄断审查。②

B. 全功能合营企业与非全功能合营企业

欧盟将合营企业区分为集中型和合作型的做法在实践中难以适用，关键的问题在于难以界定母公司之间协调行为的目的或协调行为的潜在效果，因为企业未来的经营行为具有不确定性。因此，1998年欧盟发布《欧共体理事会1310/97号关于修改4064/89号条例的条例》（简称1310/97号条例），该条例第3条第2款规定：设立的合营企业持续性地履行独立经济实体的全部功能，即构成第1款b项中的"集中"。因此，欧盟将合营企业分为全功能与非全功能，欧盟2004年发布的《关于企业集中控制的第139/2004号条例》（简称139/2004号条例）采用了全功能与非全功能合营企业的分类标准。

所谓全功能合营企业即指合营企业必须持续性地履行独立经济实体的所有功能，且必须满足两个重要的条件：独立性和持续性。合营企业的独立性包括两个方面的内容，首先，合营企业应具备独立的资源，包括如土地、工厂、人才、技术、资金等。只有具备一定的资源才能在市场上开展经营活动，并且能够独立和持续地进行竞争经营。其次，合营企业应该具备商业层面的独立性，即合营企业应以其自身的商业目的为基础，作为独立的买家和卖家在市场上从事交易活动。因此，合营企业必须获得必要的生产、组织管理和市场营销的资源，能够独立于母公司在市场中从事交易，具体体现在合营企业拥有决定产品产量、价格和选择消费者的自由。关于合营企业的持久性，合营企业的存续期限必须是无限期的，或者足够长，使得相关企业能够发生持续性的变化。③

---

① 安德雷斯·冯特·葛拉雷兹等：《欧盟企业合并控制制度—法律、经济与实践分析》（第二版），解琳、叶军译，法律出版社2009年版，第35页。

② 许光耀：《欧共体竞争法研究》，法律出版社2002年版，第106页。

③ 安德雷斯·冯特·葛拉雷兹等：《欧盟企业合并控制制度—法律、经济与实践分析》（第二版），解琳、叶军译，法律出版社2009年版，第45页。

（二） 与合营企业相关的限制竞争问题

纵观欧盟、美国等域外司法辖区的反垄断法对合营企业的规制模式，没有哪一个国家的反垄断法机械地单独将合营企业视为集中或垄断协议予以规制，合营企业受到集中和垄断协议相关法律规范的共同规制，这其实也是合营企业的内在特征所决定的。正如王晓晔教授对合营企业的评价那样 "合营企业将对市场竞争造成两种不同的影响。如果同类产品的企业设立合营企业的目的是销售产品，合营企业与母公司之间一定存在协调关系，或者说母公司之间成立一个销售卡特尔。如果母公司不参与合营企业的经营活动，而是作为没有任何关系的控股公司，则合营企业可能被视为合并。"①

合营企业与经营者集中、垄断协议有着密不可分的联系，而且它们之间极为容易产生混淆，其可能涉及经营者集中也可能涉及垄断协议，对合营企业规制模式的探讨有必要先对合营企业与经营者集中、垄断协议之间进行对比分析。

1. 合营企业与经营者集中

根据中国《反垄断法》第 20 条的规定，经营者集中包括三种形式即 "经营者合并；经营者通过取得股权或资产的方式取得对其他经营者的控制权；经营者通过合同等方式取得对其他经营者的控制权或者能够对其他经营者施加决定性影响"。虽然在《反垄断法》中没有将合营企业作为一种独立的经营者集中方式单独规定，但是第 20 条的一项兜底规定实际上已经将合营企业作为一种重要的经营者集中方式予以规定。

因为成立合营企业的出资方式灵活，造成出资和买卖界限的模糊，所以可以将合营企业看成是一种经营者集中的重要方式。成立合营企业时，经营者不但可以以现金出资，而且还可以以资产和股权出资。如果经营者将代表生产经营和市场的资产或者股权出资到新成立的合营企业中，则可能失去对这些资产和股权的控制。假如该出资者在新成立的合营企业中处于非控股地位，则该经营者对所出资的资产和股权的控制权实际上已经转移到新成立的合营企业的控股股东手中。因此，成立合营企业在很多立法中都被视为经营者集中的重要方式。②

---

① 王晓晔：《欧共体竞争法》，中国社会科学出版社 2007 年版，第 238 页。
② 商务部条法司编：《〈中华人民共和国反垄断法〉理解与适用》，法律出版社 2007 年版，第 175 页。

在司法实践中，欧盟在某些情况下将合营企业视为经营者集中予以监管，如在 Inco/Falconbridge 案中，欧盟竞争委员会认为："成立合营企业能够使合营双方获得与合并相当的效果，同时其反竞争的效果小于双方完全的集中。"[①]在中国，商务部依据《反垄断法》进行经营者集中反垄断审查涉及大量合营企业的案件，据商务部网站公开的《反垄断法》实施以来的所有经营者集中审查案件统计，合营企业的经营者集中案件占大约 20% 比例，可以说合营企业视为经营者集中予以反垄断审查已经占相当比重。[②]

2. 合营企业与垄断协议

根据《反垄断法》第 13 条规定，垄断协议是指排除、限制竞争的协议、决定或者其他协同行为。从法律层面看，垄断协议是一种协调行为，目的在于避免竞争，而不涉及企业之间的资源整合。垄断协议的核心是共谋，包括固定价格、限制产量、联合抵制交易等方面的协调行为。

设立合营企业可以说是一种企业之间的协调行为，但是与反垄断法意义上的垄断协议存在一些差异。首先，垄断协议不具有整合资源或促进生产效率提高的效果，但是合营企业能够实现资源共享、技术分享的效用，可以说合营企业由资源整合所带来的经济效率是单纯的限制竞争的垄断协议所无法实现的。其次，从反垄断法层面而言，合营企业具备行为性和结构性两大特征，如果合营企业的整合程度高，可能被视为合并，但是垄断协议只具备行为性特征，通常表现为协调竞争者之间的行为。最后，合营企业具有促进竞争，创造新的生产力的效果，而垄断协议通常被视为反竞争的违法行为，为反垄断法所禁止。

因此，垄断协议相较于合营企业而言，其对竞争的限制作用更为明显和直接。需要注意的是假如合营企业的设立表面上是进行整合资源实现共享，而实质上是为了实现共谋，那么合营企业应当受到反垄断法的规制。在此种意义上，这种合营企业可能被视为企业之间达成垄断协议的行为，如"两个母公司共同建立一个销售企业的情况下，这个合营企业的建立就可以被视为卡特尔，即可能依据垄断协议的规定进行审查"。[③]

---

① 严明：《欧盟对合营企业的反垄断规制及其对我国的借鉴意义》，中国政法法学硕士论文，2011 年，第 5 页。

② 笔者注：合营企业所占案件总量的比重是依据商务部反垄断局官方网站披露的案件数量的估算值，数据不精确，仅供参考。参见网址：http://fldj. mofcom. gov. cn/，2014 年 3 月 15 日访问。

③ 王晓晔：《反垄断法》，法律出版社 2011 年版，第 265 页。

（三）合营企业的双面效应及其受反垄断规制的必要性

1. 合营企业产生的双面效应

随着科技创新的发展，企业之间达成更多更复杂的合营协议。企业之间组建合营企业具有诸多促进竞争的效应，如降低成本、实现规模经济、提升生产效率、迅速进入新市场等。当然合营企业也具有反竞争效应，合营企业可能成为母公司之间共谋的工具，竞争企业之间以合营企业为平台达成固定价格避免竞争的卡特尔，或者利用合营企业实现排除第三方进入市场的目的。①

（1）合营企业促进竞争的效果

A. 实现资源互补

为了维持合营企业的经营，合营各方彼此将通力合作，通过利益共享及对合营企业的共同控制，合营各方得以实现经济利益。同时，合营各方投入合营企业的资本得以有效利用，经过合营企业而升值，因此减少合营各方投资损失的风险。② 通常在科技创造类企业之间，合营企业的设立助于科研活动的开展，毕竟高科技研发需要雄厚的资本为支撑，企业之间的合作将提高抵抗风险的能力，提高创新开发的能力。

B. 聚集资本

不管是小型企业、中型企业还是大型企业，在从事经营活动时都无法避免出现资金紧缺的情形。设立合营企业恰好可以作为企业融资的手段，通过合营各方的合作，共同聚集资金，便于推进企业业务的开展。特别是对于一些需要建造工厂、购买昂贵设备或者进入成本高昂的行业企业而言，如果单独经营，肯定困难重重，缺乏资金是一方面，另一方面是承担巨大的风险。但是如果通过设立合营企业，合营各方合作共同经营，能够较容易获得资本，同时分担风险。

C. 分散经营风险

如今企业的科技研发活动成本高昂，同时随时可能面对失败的风险，如果一家企业单独承担科研开发的成本和承担失败的巨大风险，一家企业可能

---

① Section of Antitrust Law of American Bar Association (ABA), Joint ventures: Antitrust Analysis of Collaborations Among Competitors, AMERICAN BAR ASSOCATION, 2006, p. 5.

② Joseph F. Brodley, Joint Venture and Antitrust Policy, Harvard Law Review, Vol. 95, 1982, pp. 1527—1529.

难以维持运营，甚至可能遭受破产的风险。巨大的风险和高昂的成本可能成为阻碍技术进步的绊脚石，如果几家母公司组建合营企业，共同分担研发和运营的风险，能够实现风险的分解和利益的共享。

D. 实现规模经济

大型企业具备强大的资金作后盾，能够及时更新设备并采用最新的技术，生产周期短，生产成本低，具备较强的竞争力。如果中小企业能够通过设立合营企业的方式联合起来，其相应的资金基础增强，在投入品购买市场和产品销售市场的议价能力增强，生产规模扩大的同时降低了生产成本，降低了商品的价格，对于消费者而言是有利的。

（2）合营企业的反竞争效果

A. 减少潜在竞争

如果合营企业各方在设立合营企业之前属于相关市场的横向竞争者，或合营方打算个别进入相关市场，但是又决定共同设立合营企业，在这种情形下，组建合营企业的行为对于竞争的损失可能性最大。因为市场上没有因组建合营企业而增加新的竞争者，反而两个实际或潜在竞争者被一个单一的合营企业所替代。合营企业各方依赖于合营企业共同控制、共享利益，降低进入市场的动力，因而造成潜在竞争的减少。另外一种情况是，合营企业的一方已经进入相关市场，另一个合营方随时可能进入该市场，如果此时双方设立合营企业，并约定其他企业不再进入该市场，此时合营企业同样排除了潜在竞争。

实际上，合营企业行为提高了市场的集中度，设立合营企业的实质是成立一个新的竞争实体取代原有的或潜在的多个竞争者，最终的后果是减少了相关市场中的竞争者数量，并提高了市场的集中度。①

B. 便于共谋

美国学者 Brodley 指出合营企业可能引起三种反竞争风险：包括共谋、失去潜在竞争和形成市场壁垒。母公司通过设立合营企业可以共同分享市场信息、控制竞争所必需的关键资产，甚至通过约定惩罚措施来限制合营企业方之间的竞争行为。新组建的合营企业可能成为一个"壳公司"，即成为母公司共谋固定价格、划分市场的平台和工具，这对竞争的损害是十分明显和巨大的。

C. 溢出效应

---

① 董灵：《论对合营企业的反垄断规制》，对外经济贸易大学硕士论文，2005 年，第 7 页。

溢出效应也称为团体效应（Group Effect），指除了在合营企业产品的生产领域里有限制竞争的效果外，可能这种限制竞争的影响将会扩散到其合营方所经营的其他产品的生产领域。尽管合营企业各方之间不存在主动协调行为，但是仍然有可能减少合营方的竞争程度。不论合营企业各方是否属于同一产品的相关市场中，都有可能产生溢出效应。尤其是在合营各方与合营企业属于同一产品市场中或处于上下游市场及相邻市场中时，溢出效应就愈加明显。[①]

D. 造成市场壁垒

合营企业各方设立合营企业将使其减少与其他企业合作的可能，因此排除对于市场上其他企业竞争的机会。对于其他企业进入市场的排除强度，将取决于市场集中度和合营企业各方在相关市场的地位。如果设立合营企业签订附随限制协议（Ancillary Restrictions），如独家授权协议或者独家购销协议，将强化排除竞争的效果，甚至出现封锁市场的现象，进而构筑起市场壁垒，阻碍第三方企业的进入。

2. 反垄断法规制合营企业的必要性

合营企业具有双面效应，在特定情形下合营企业将带来反竞争效果。为了保护自由竞争，反垄断法有必要对合营企业进行规制，不管是以经营者集中反垄断审查的事前监管模式，还是以事后消除其对竞争的负面效应的方式，反垄断法都有必要以适合的手段、合理的标准对合营企业进行适当地规范。

对待合营企业问题又不能"一刀切"，毕竟合营企业有其积极效应，如果依靠反垄断法过度规制，政府对市场干预就过于强烈，这有悖于市场经济的客观规律，不利于企业的发展壮大，特别是高科技领域的企业和中小型企业。反垄断执法机构在对合营企业进行监管的同时，也应正确区分合营企业的两种不同效应，使得促进竞争的合营企业发挥最大正面效应，同时规避合营企业的反竞争效应。

二　欧盟竞争法中的合营企业

由上文可知，合营企业比较复杂，具有两面性。对合营企业的反垄断规制应做到科学合理，否则不但不能促进竞争，甚至还将影响效率的提高。作为反垄断司法实践比较成熟的辖区，欧盟竞争法中对合营企业的规制模式值

---

① 阮方民：《欧盟竞争法》，中国政法大学出版社 1998 年版，第 334 页。

得中国学习和借鉴。笔者将在下文介绍欧盟竞争法如何对合营企业进行反垄断规制。

（一）合并控制

1. 相关立法文件的适用

2004 年欧盟公布《关于控制企业集中的第 139/2004 号理事会条例》（以下简称《139/2004 号条例》）。《139/2004 号条例》第 3 条规定如果一个合营企业符合如下条件，即包括：（a）两个或两个以上的母公司共同控制一个合营企业；（b）合营企业是作为自主经济实体从事经营活动；（c）合营企业的建立是永久性的，则该合营企业应属于集中。由此可见，如果建立的合营企业永久性地履行一个自主经济实体的所有功能，则被认为是企业集中。虽然《139/2004 号条例》取代了原来的企业集中控制条例《4064/89 号条例》，但是对于合营企业是否属于企业集中的判定依然结合了欧盟委员会于 1998 年发布的《根据控制企业集中的第 4064/89 号条例制定的对于全功能合营企业概念的通知》（以下简称《关于完全功能合营企业概念的通知》），而《139/2004 号条例》实际上是以全功能企业为衡量标准对合营企业进行分析的。

2. 将合营企业视为集中的三个条件

（1）取得共同控制

欧盟委员会《根据关于控制企业集中的第 4064/89 号理事会条例制定的关于集中概念的通知》（以下简称《关于集中概念的通知》）第 18 条和第 19 条对共同控制的概念及取得方式作出规定。第 18 条规定"如果股东（母公司）之间必须就控制企业（合营企业）的主要决策取得共识，则视为存在共同控制权。"第 19 条指出"如果两个或两个以上企业或个人可能对另一个企业施加决定性影响，则视为有共同控制权。"[①] 本条意义上的决定性影响通常指能够对企业是否实施某一战略性决策施加决定性影响的能力。与给予特定股东决定企业战略决策的单独控制权不同，共同控制权的特点在于由于两个或两个以上母公司具有否决拟议战略决策的权力而有可能出现僵局。因此，可以推断出这些股东在决定合营企业的商业政策时必须达成共识。[②]

[①] Commission Notice on the Concept of Concentration under Council Regulation（EEC）No. 4064/89 on the control of concentrationbetween undertakings，Para 18 &Para 19.

[②] 钟卫利：《反垄断法视野下合营的定位》，载《经济法研究》2012 年第 11 卷，第 374—375 页。

由此可见，共同控制的取得方式包括几家公司一起新设一家新的公司，或者几家公司共同取得另一家既存公司的控制权。此处所称的控制意指母公司能够在法律上或事实上对合营企业的事务可以施加决定性影响，如决定采纳一项企业战略投资或任命高管等。其中法律层面的共同控制常常体现为在投票权方面施加决定性影响，如两家企业对另一企业拥有相等的投票权；而事实上的共同控制是指两家企业之间有共同利益，如名义上的小股东享有大部分投票权且这些小股东通常集中行使投票权。①

（2）具备完全功能

全功能合营企业应满足两个关键条件：一是独立性，包括资源的自给自足及商业上的独立性；二是持久性。

A. 关于独立的资源

欧盟委员会《关于完全功能型企业概念的通知》第 12 条规定："合营企业必须有一个管理层负责日常经营，并拥有包括财务、员工和财产（包括有形的和无形的）等各种资源，以便在合营企业协议规定的领域内持续地开展商业活动。"② 由此可见，合营企业应该聘任另外的管理层对企业日常经营负责，而不是母公司的员工担任管理层。有的时候，虽然母公司向合营企业提供某种服务、设施、设备以及知识产权等，但是这些服务、设施或知识产权对于合营企业而言并不是正常经营中必不可少的，而且能够从第三方处获得，那么该合营企业仍被认为是完全功能的。

B. 关于商业上的独立性

如果合营企业只具备母公司业务领域中的某一特定功能，仅仅对母公司起一种辅助作用，而不进入相关市场，如仅仅承担 R&D 功能的合营企业，只负责生产的合营企业或者仅仅销售母公司的产品的合营企业。此外，如果一家具有独立资源的合营企业是由母公司专门为其提供产品或服务而设立的，那么该合营企业同样不被认为是全功能合营企业。

C. 关于持久性

合营企业的存续期限必须是无限期的或者至少足够长，使相关企业能够发生持续性变化。对于存续期限的具体标准，《关于完全功能型企业概念的通

---

① Dubois Sylvain, The approach adopted by the Commission regarding outsourcing transactions and whether they constitute concentrations for the purpose of Regulation 139/2004, European Competition Law Review, vol. 12, 2010, p. 497.

② Commission Notice on the concept of full-function joint ventures under Council Regulation (EEC) No 4064/89 on the control of concentrations between undertakings (98/C 66/01), Part II 2, para 12.

知》中并没有明确规定，在 British Airway/TAT① 一案中，委员会认为六年半的实践足以导致永久性市场结构变化，此案为判断全功能合营企业的长期经营提供标准。在实践中，对于合营企业的持久性通常理解为无期限的期间，或者初始阶段为五年的可续期的经营时间。

（3）具备共同体规模

一个合营企业被视为企业集中除了具备共同控制、完全功能两个条件之外，还必须达到共同体规模。《139/2004 号条例》第 1 条第 1 款规定："本条例适用于所有属于本条款所规定的具有共同体规模的企业集中。"其中第 2 款和第 3 款给出了共同体规模的具体条件，都是以营业额为标准来予以衡量。②

（二）垄断协议规制

1. 垄断协议规制的法律适用

对于非全功能合营企业及没有达到共同体规模的全功能合营企业，欧盟委员会将以《欧盟运行条约》第 101 条予以规制。③ 如果合营企业满足：（a）在市场上无经营活动，不具有同一市场上的经营者具有的全部功能；（b）只承担母公司经营活动中的某一特定的功能，且没有进入市场；（c）当母公司在合营企业的上游、下游市场时，合营企业与母公司之间的销售额占合营企业总销售额的很大比重；（d）合营企业在初创时无长久经营之目的，则该合营企业将被视为无全功能。

欧盟对垄断协议的规制主要集中在《欧盟运行条约》第 101 条中，根据该条第一款的规定：凡企业间的协议、企业集团的决议以及企业间相互协调的行为能够影响成员国之间的贸易，且以妨碍、限制或者歪曲欧盟市场内部的竞争为目的，或者能够产生这样的后果，得被视为与共同体市场相抵触，

---

① British Airway/TAT, Case No IV/M. 259 (27/11/1992).

② 一个具有共同体影响的合并应当符合下列条件：参与合并的企业在世界范围内的年销售额共同达到 50 亿欧元；并且参与合并的企业中至少有两个企业在共同体的年销售额达到 2.5 亿欧元；同时，参与合并的各企业在共同体市场年销售额的 2/3 以上不是来自一个和同一个成员国。如果达不到以上的标准，符合下列条件的也视为具有共同体意义的合并：1. 参与合并的企业在全球的年销售总额超过 25 亿欧元；2. 参与合并的企业至少在欧盟 3 个成员国的共同市场年销售额超过 1 亿欧元；3. 参与合并的企业中至少有 2 个企业各自在欧盟上述 3 个成员国的市场年销售额超过 2500 万欧元；4. 参与合并的企业中至少有 2 个企业各自在欧盟市场的年销售额超过了 1 亿欧元；5. 参与合并的各个企业在欧盟市场年销售额的 2/3 以上不是来自一个和同一个成员国。

③ 条约第 81 条即如今的《欧盟运行条约》第 101 条。

从而得予以禁止，具体包括如固定价格或划分市场协议。① 垄断协议不管是横向竞争者之间或者是纵向竞争者之间签订的，都违反欧盟竞争法，都应该被禁止。

除了《欧盟运行条约》第 101 条规定以外，对垄断协议规制的法律还包括 2006 年公布的《关于卡特尔案件减免罚款的通知》和《关于确定罚款方法的指南》以及 2008 年公布的《关于卡特尔案件和解程序的规定》。

2. 垄断协议规制需考虑的因素

欧盟委员会对合营企业适用《欧盟运行条约》第 101 条第 1 款时，通常考虑如下因素：（1）母公司之间是否存在竞争或潜在的竞争；（2）合营企业是否将与母公司在同一市场或相邻市场开展经营活动；（3）合营企业承担的功能是否属于局部性的，如仅仅负责研发或分销；（4）合营企业是否能够与母公司进行完全竞争；（5）合营企业经营过程中是否能够获得自主知识产权和专利权。若非全功能合营企业可能导致母公司之间或母公司与合营企业之间产生协作效应，则违反第 101 条。但是依第 3 款的规定，合营企业如果满足"有利于改进产品的生产或销售，或者利于技术进步和效率提高，且能够使得消费者获益，同时不对企业附加实现此目标无必要的限制，同时不会造成市场竞争的消除"。②

（三）对合并与垄断协议的双重规制

1. 合并和垄断协议双重规制的法律适用

《关于完全功能型企业概念的通知》第 16 条认为"建立完全功能型的合营企业可能会直接导致相互独立的企业对其竞争行为进行协调。在这种情况下，《合并条例》第 2 条（4）款规定，这些协调影响将在与评估集中相同的程序中进行评估。"同时《139/2004 号条例》第 2 条（4）款规定应根据条约第 81 条第（1）和第（3）款对该合营企业是否与共同体市场相容予以判断。因而可以说一个全功能合营企业如果可能导致协调效果，那么该合营企业将同时受《139/2004 号条例》和《欧盟运行条约》第 101 条第 1 款和第 3 款的规制。欧盟委员会将对可能具有协调效果的全功能合营企业以《欧盟运行条

---

① 《欧盟运行条约》第 101 条，参见孔祥俊《反垄断法原理》，中国法制出版社 2001 年版，第 446 页。

② Article 81 （3） of the EC Treaty，参见许光耀《"合理原则"及其立法模式比较》，《法学评论》2005 年第 2 期。

约》第 101 条第 1 款和第 3 款对其协调效果进行评估，以判断该合营企业是否与共同体市场相容，同时审查程序和审查时间适用《139/2004 号条例》。

2. 未来协同行为的评估及考虑因素

协同行为包括两个企业之间交换商业敏感信息，或者两家企业协作阻止第三方进入市场，或两家企业约定独家供货义务。[①] 评估协同行为的反竞争效应应该以个案分析为基础，重点审查母公司的市场地位，包括合营企业所在市场以及相邻市场。欧盟委员会对合营企业未来可能出现协同行为的预判将根据《139/2004 号条例》第 2 条第 4 款和第 5 款进行，评估因素包括：（a）合营企业所在市场或上下游市场或相邻市场是否存在两家以上母公司；（b）合营企业的设立所造成的协调效果是否将消除产品生产或服务提供方面的竞争。

3. 案例实践及分析方法

欧盟委员会在审查合营企业案件的实践中会采用一些分析合营企业的重要方法，如在 Telia/Telenor/Schibsted[②] 一案中，欧盟委员会首先分析相关市场上存在的市场主体及其市场份额，以此认定设立合营企业将不会建立或加强市场主导地位，且与共同体市场相容。其次，欧盟委员会认定合营企业在相关市场无协调之目的，但不能排除其可能产生的协调效果，因此有必要进一步分析市场结构和市场特征。最后，欧盟委员会认为在一个快速发展、进入门槛低、转换成本低的市场中，母公司与合营企业通常不会进行协同行为。[③]由此可见，欧盟委员会分析合营企业案件时通常重点考虑：（a）合营企业所在的产品市场或服务市场的大小（包括合营企业所在的市场同时包括母公司所在的市场）。一般而言，合营企业的目标市场越小，母公司协调的动机就越小；（b）市场特征及市场结构，合营企业是否依靠母公司的持续支持或技术及资金的投入；（c）母公司之间的关系，以及是否存在现有的合营企业或他们之间的重要商业关系。[④]

（四）欧盟规制合营企业的竞争分析方法

1. 界定相关市场

欧盟委员会对合营企业进行竞争分析的第一步是界定相关市场，包括确

---

① 王晓晔：《反垄断法》，法律出版社 2011 年版，第 201 页。

② Telia/Telenor/Schibsted, Case No IV/JV. 1 (27/05/1998).

③ 严明：《欧盟对合营企业的反垄断规制及其对我国的借鉴意义》，中国政法大学硕士论文，2011 年 3 月。

④ D. G. Goyder, EC Competition Law, Oxford University Press, 2003, p. 410.

定该合营企业所涉的相关产品市场和相关地域市场。1997 年欧盟委员会发布《关于为欧洲共同体竞争法界定相关市场的委员会通知》（以下简称《相关市场通知》），对界定相关市场的基本原则和考察证据作出介绍，并且采取了美国 1992 年《横向合并指南》中的 SSNIP 测试法。《相关市场通知》认为："企业间的竞争都要受制于三个因素：需求可替代性、供应可替代性和潜在竞争。" 对于欧盟委员会而言，更倾向于适用需求替代分析，但在分析后期市场时会采用供应替代分析和潜在竞争分析。

欧盟委员会在产品市场界定过程中通常采用 SSNIP 测试法进行需求替代分析，首先通过确定价格弹性以及进行临界损失分析以确定最大的市场范围。进行 SSNIP 测试时，委员会还可能评估申报方提交的证明其市场行为的一些证据，如订单和招标信息、产品特征、消费者偏好、转换成本、竞争者观点、价格相关性、贸易关系等。同时在一些案件中，欧盟委员会也可能进行供应替代分析，一般采用确定转换成本的方法，此外还需考虑转产面临的障碍。SSNIP 测试法同样适用于地域市场界定中，同时也采用其他一些界定方法，如运输成本比例、消费者偏好、贸易限制、定价信息等。

在合并控制中涉及的合营企业的市场界定中，依据《139/2004 号条例》第 2 条第 5 款之规定，欧盟委员会应当考虑（a）合营企业的市场；（b）合营企业市场的上游或下游市场；（c）合营方从事经济活动的与以上市场有密切联系的临近市场。同时这些市场需满足两个条件，其一是两个或两个以上的母公司同时在同一市场上活动，其二两个或两个以上的母公司在同一市场上的活动必须是重大的。

2. 衡量市场份额

欧盟委员会对合营企业的竞争分析通常基于企业现有的市场份额进行考虑，当然结合到企业在市场中存在退出、进入或扩张的情况，欧盟委员会也将对现有的市场份额进行适当的调整，使其能够更接近将来的某些变化。在这种假设之上，计算合并后总市场份额时只需将合并各方在合并之前的市场份额加总。当然，市场条件是时刻变化的，欧盟委员会对合并各方的市场份额会根据市场的变化做出调整，如面对变动的市场结构、面对一个高度创新的新兴技术市场等，过去的历史数据信息可以成为调整的有效参考，因为过去市场份额的变化情况可能反映将来的变化趋势。

欧盟委员会通常认为合并后市场份额较大更有可能存在竞争问题，依据欧盟司法实践，市场份额超过 50% 就通常被认为具有市场支配地位。当然欧盟委员会进行竞争评估时还将结合其他较小竞争者可能施加的竞争约束，充分考虑其他竞争者的实力、生产能力还有产品是否具有高度替代性等。低于50%并不意味着不存在竞争问题，50%的门槛值不是安全港。合并后市场份额小于50%甚至低于40%如果产生或加强市场支配地位，欧盟委员会对此合并也将予以关注。对于那些市场份额小（如低于25%）且不违反第101条关于限制竞争协议和第102条关于滥用市场支配地位之规定时，此合并通常将被认为与共同体市场相容。

3. 评估市场集中度

HHI是欧盟委员会评估竞争影响的重要分析工具，赫斯指数的绝对值能够初步反映合并后市场的竞争压力，而赫斯指数的增量值在一定程度上可以反映由合并引起的集中变化程度。

假如合并后市场的HHI指数小于1000，欧盟委员会通常不会对此合营企业进行进一步调查。如果合并后市场的HHI指数处于1000—2000范围之中，且其增量小于250，或合并后市场的HHI指数大于2000，但HHI增量低于150，欧盟委员会也不会认为此类合营企业将产生竞争问题。但存在下列一种或多种因素除外：（a）该合并存在一个市场份额较小的潜在市场进入者或新进入者；（b）合并中的一方或多方是重要的创新者，但这种创新没有反映于市场份额之中；（c）在市场参与者之间存在着重要的交叉持股现象；（d）其中一个合并企业起一种背离者角色，有可能损害协同行为；（e）过去或现在存在协作的迹象，或使协同更加方便的迹象；（f）其中一个合并方在合并前占有50%或更大的市场份额。

4. 分析协调效果和非协调效果

在集中度较高的市场中的合并可能产生或强化市场支配地位因而可能促成合并企业之间产生协同行为或协调提价行为，虽然有的合营企业并没有达成限制竞争协议或进行第101条规定的协同行为，但是合营企业可以成为企业达成协作行为的有效途径，并且合营企业可以使得企业之间的协调更容易、更稳定或更有效。欧盟委员会不仅判断合营企业产生协调的可能性，同时还将评估企业之间达成协调行为时间的持久性。如果进行协调的企业之间存在协调监督条款甚至违约惩罚机制，那么企业之间的这种协调行为存续时间更加持久。

欧盟委员会分析合营企业的非协调效果主要集中于相关市场产品价格的提高、产品质量维持不变甚至降低以及产品的创新度。欧盟委员会通常考察如下几个因素：首先是合并企业所占的市场份额，合并企业占有的市场份额越大，越有可能拥有市场势力。因为销售量大，提价变得更加有利可图。其次是合并企业之间的竞争关系，合并企业产品相互之间的替代性程度越高，合并企业越有可能提高其产品价格。再次，消费者转换供应商的可能性，如果可替代的供应商较少，或转换其他供应商的成本较大，消费者越有可能成为合并后企业提价的受害者。最后，合并后企业是否能够阻止其他竞争者进入市场或市场扩张，合并后企业可能借助其市场势力，包括原料议价能力，而对原料的供应或分销施加限制，严格控制其他竞争者的市场进入或市场扩张，尤其是在一些需要共用平台或共用基础设施的市场中，合并后的企业能够对其他竞争者的市场进入或扩张施加限制性影响，甚至阻止其进入或扩张。

5. 考虑市场进入

欧盟委员会对市场进入的考察通常以进入的可能性、及时性和充分性为三要素进行，只有当市场进入对于阻止或消除因合并而产生的反竞争效应满足可能的、及时的和充分的三要素时，市场进入才能成为一种有效的竞争限制。

分析市场进入的可能性主要考虑市场进入的成本及进入障碍，企业进入市场主要为了逐利，如果进入成本过高，进入市场的盈利可能性越小，那么这种市场进入的可能性就越小。同时潜在的市场进入者虽然没有进入成本方面的障碍，但是会面临其他一些障碍，如法律方面的限制（包括限制许可证、关税及非关税壁垒等），还有技术方面的限制（如优先适用关键设施、自然资源或知识产权等），甚至在一些特定行业领域中现有的企业在市场上已经形成的市场地位也可能成为市场进入的障碍。欧盟委员会在考察及时性方面，主要是对合理期限的认定，通常认为2年时间内能够进入市场可以认为是具备及时性要求的，当然在认定合理期限时必须综合考虑市场的结构特征、变动状态以及潜在进入者的实力等。对于市场进入的充分性方面，主要考察市场进入的规模和范围，小规模的进入或小范围的进入都不认为是充分的市场进入。

6. 进行效率抗辩

合营企业具有双重效应，一方面产生抑制竞争的效果，扭曲竞争动机，将给自由公平的市场秩序带来严重威胁；另一方面可以提高资源利用效率，实现规模效应，分散风险，降低成本，实现技术进步。[①] 《139/2004号条例》第2条（1）款（b）项提及欧盟委员会评估企业集中是否与共同体市场相容

① Joseph F. Brodley, Joint Ventures and Antitrust Policy, Harvard Law Review, Vol. 7, 1982, pp. 1521—1590.

将考虑的事项，包括技术进步和经济发展，且为了消费者福利且不会对竞争构成阻碍。这表明合营企业具有进行效率抗辩的可能性，如果欧盟委员会认为企业有充分证据表明合营企业带来的效率利于推动技术进步和经济发展，且利于实现消费者福利，并能抵消合营企业可能给竞争带来的反竞争效果，那么此合营企业与共同体市场是相容的。

欧盟委员会对企业的效率抗辩的考察主要基于三个方面：首先，利于实现消费者福利。消费者福利的实现可能是由于合营企业带来规模经济导致生产成本的降低，消费者能够以更低价格购买产品，或者由于技术进步，企业更具创新能力，消费者可以从新的或改进后的产品、服务中获益。其次，效率与合营企业直接相关且不存在替代性方法。这说明效率是合营企业所特有的，且不存在其他反竞争效果更小，更为可行的方案，否则欧盟委员会认为这种效率抗辩不够充分。最后，具有充足的证据予以证明。企业的效率抗辩必须是可以被证实的，企业进行效率抗辩时应该提供充足的必要信息表明效率实现是很有可能的，否则欧盟委员会将对效率实现持否定态度。

三　中国对合营企业的反垄断规制

（一）中国反垄断法对合营企业的规定

我国《反垄断法》并没有对合营企业进行明确规定，但其第二章关于"禁止垄断协议"和第四章对"经营者集中"的规定都涉及了合营企业问题。从上述对合营企业的定义中可以发现，合营企业都是以协议为基础的，可能涉及固定价格、限制产量、划分市场等问题。《反垄断法》第13条和第14条都以兜底条款的形式将"排除、限制竞争的协议、决定或者其他协同行为"、"国务院反垄断执法机构认定的其他垄断协议"纳入垄断协议规制范围之中。

同时，根据《反垄断法》第20条的规定，合营企业问题也可以成为经营者集中规制的对象。第20条对经营者集中的规制对象作如下规定：（a）经营者合并；（b）经营者通过取得股权或者资产的方式取得对其他经营者的控制权；（c）经营者通过合同等方式取得对其他经营者的控制权或者能够对其他经营者施加决定性影响。从第20条的规定中可知我国反垄断执法机构对企业进行经营者集中反垄断审查的前提和依据是控制权的变化，包括获得通过多种方式取得控制权和施加决定性影响的能力。在合营企业中，大多数情况下都涉及控制权转移的问题，如合营企业的母公司以合营合同的方式或根据合营企业章程之规定或合作合同的形式控制新设立的合营企业，此时，该合营企业即属于第 20 条规制的对象。

事实上，商务部反垄断局对符合经营者集中规制条件的合营企业问题一直都在进行经营者集中的反垄断审查，商务部网站公开的反垄断法实施以来的近五百件经营者集中审查案件中，涉及合营企业的经营者集中案件约占 20% 的比例。其中截至 2013 年 5 月在商务部反垄断局作出的 20 起附条件通过的经营者集中反垄断审查决定中，有 3 起涉及合营企业问题。[①]

（二）经营者集中反垄断审查面临的合营企业问题

1. 合营企业问题缺乏立法上的明确规定

我国《反垄断法》第四章关于经营者集中的反垄断审查制度没有对合营企业的反竞争行为的规制问题做出明文规定，虽然《反垄断法》第 20 条第 3 款可以被认为是对合营企业问题的笼统规定，但是这一条文无法为执法机构和企业提供明确的指引。法律上的不确定性一方面对企业的经营活动造成某种束缚，影响企业的创新行为和经营积极性；另一方面使得执法机构无法按照统一审查标准对案件进行反垄断分析，增加执法机构寻租的可能性，同时执法机构的执法行为容易受到公众的质疑。

2. 合营企业应进行经营者集中反垄断审查的边界模糊

我国《反垄断法》自今仅实施 5 年，公众对反垄断法的理解还不够深入，同时执法机构反垄断执法的经验比较缺乏，人们对反垄断法上的特定概念还比较生疏。对于反垄断法上的合营企业问题，多数人简单地将之理解为外商投资法上的"合营企业"，这种对合营企业理解上的偏差将导致企业经营者和执法人员无法准确认定哪些合营企业行为应该进行经营者集中反垄断审查，甚至一些企业认为合营企业行为完全不需要向商务部反垄断局申报。同时反垄断执法机构面临一些新出现的业合营形式，由于缺乏明确的界定标准，对于是否接受企业申报存在迟疑，无法实现有效执法。我国的经营者集中反垄断审查主要依靠企业的主动申报，合营企业应进行经营者集中反垄断审查的边界模糊直接影响企业主动向执法机构申报的积极性。事后监督对于中国现

---

① 根据商务部反垄断局官方网站发布的公告，三起涉及合营企业的附条件批准集中的案件分别是安谋公司、捷德公司和金雅拓公司组建合营企业案、汉高香港与天德化工组建合营企业案、通用电气（中国）有限公司与中国神华煤制油化工有限公司设立合营企业案。参见 http: // fldj. mofcom. gov. cn/article/ztxx/?，2014 年 3 月 9 日访问。

有的反垄断执法资源而言并不现实，此外，事后监督的处罚对企业的正常生产经营产生很大不利影响，对经济发展起负面作用。

3. 三家反垄断执法机构对合营企业问题面临执法困境

合营企业问题涉及合并和垄断协议，实践中难以将两者准确区分，对合营企业的竞争分析需要进行个案处理。但是，目前我国的反垄断执法机构三分天下，商务部负责经营者集中反垄断审查，国家发改委负责查处价格垄断行为，国家工商总局负责除价格垄断行为以外的垄断协议、滥用市场支配地位、滥用行政权力排除限制竞争的具体反垄断执法。由于反垄断执法机构的不统一，其中一家执法机构在执法活动中需要与其他执法机构相协调，一方面容易产生反垄断执法不力的后果，另一方面造成行政资源的浪费，同时可能增加企业的负担。

（三）完善中国合营企业反垄断规制的建议

1. 避免对合营企业问题简单地划分为经营者集中和垄断协议

笔者以为我国竞争执法机构对合营企业进行规制并不能完全照抄欧盟的做法即对合营企业问题进行明确划分为企业合并和垄断协议，主要基于两个方面的思考。其一，在欧盟司法辖区反垄断审查权集于一家竞争执法机构，不存在权力的划分，不管合营企业属于企业合并抑或是反垄断协议都不影响竞争执法机构对其调查，只是运用程序、审查时间上存在差异。而中国的现实情况是反垄断审查权实行三定原则，在这种执法权不统一的条件下将合营企业进行明确划分不但不能实现行政效率，反而有可能引起执法机构之间的矛盾，影响执法效果。其二，合营企业本身是一个公认的比较复杂的问题，对合营企业并不能完全明确划分为企业合并和垄断协议，如果强行进行规定并以此将合营企业进行划分，有可能产生执法偏差。即使在欧盟执法机构也并不是对合营企业进行一刀切，而是在审查过程中采用灵活的处理程序，灵活适用不同的法律规定。

2. 构建事先预防与事后规制相结合的规制制度

我国《反垄断法》第 20 条第（3）款规定："经营者通过合同等方式取得对其他经营者的控制权或者能够对其他经营者施加决定性影响。"这表明在一些合营企业中，如果具有共同控制，那么属于经营者集中，一旦达到申报标准，就应该向商务部反垄断局主动申报。商务部对合营企业进行的经营者集中的审查算是对合营企业规制的第一道防线，属于事先预防。同时合营企业还可能属于垄断协议或构成滥用市场支配地位的行为，这属于发改委和工商总局的执法范围，应由这两个执法机构进行事后调查和处罚。

需要注意的是商务部对合营企业进行的经营者集中反垄断审查的结果不影响发改委和国家工商总局对合营企业的事后救济，一些合营企业设立之后从事协调行为或滥用市场支配地位，即使该合营企业设立之初得到商务部反垄断局的审查批准，也依然应该受到发改委或工商总局的规制。因为事先预防与事后规制之间并不割裂，而是相互配套的机制，商务部反垄断局批准设立合营企业的审查决定不是合营企业的安全港或保护伞，只要设立后的合营企业存在其他违规行为同样受到反垄断法管制。

3. 建立联合办案的合作机制，引入案件移转制度

合营企业本身性质比较复杂，而且个案中的合营企业情况多样，单独由商务部进行经营者集中反垄断审查是不够的。一方面我国反垄断执法权力实行三定原则，三家执法机构在合营企业反垄断审查中都有重要角色，不能让任何一方的职权架空；另一方面合营企业问题主要是对其将来从事反竞争行为的进行可能性的判断，需要结合企业合并、反垄断协议和滥用市场支配地位的法律条文和专业知识进行竞争分析，三家执法机构的合作能够发挥各自优势。

因此，笔者认为商务部反垄断局对达到申报标准的合营企业进行立案后，可以建议成立联合办案小组，由三家执法机构的执法人员组成，对合营企业进行全面的竞争分析。案件审查完毕之后，如果合营企业得到商务部反垄断局的无条件审查批准，为了防止一些企业以合营企业设立为手段进行反竞争的协同行为和滥用市场支配地位行为，笔者建议发改委和工商总局可以对审查批准的合营企业案件建立专门监管数据库，对合营企业的行为进行适时监督，或者要求合营企业定期向发改委或工商总局报告，但是执法机构不能对合营企业的正常经营活动进行不合法的干预。

4. 增设合营企业反垄断规制的专门条款

合营企业的反垄断规制缺乏明确详细的法律规则，为合营企业的反垄断审查带来诸多不确定性，因此有必要进一步制定完善相关法律法规。根据域外执法经验，通过比照美国与欧盟对合营企业的规制模式可以发现美国主要以效果为导向，而欧盟是以功能为导向，欧盟对属于经营者集中的合营企业进行类型划分，且以集体豁免和逐个审查的方法进行分类规制，总体而言美国的规制方法相较于欧盟的而言更为模糊。[①] 对于中国而言，反垄断司法实践

---

① 江山、黄勇：《论中国企业联营的经营者集中控制》，《法学杂志》2012 年第 10 期。

经验过于缺乏，采用美国模式不太切合实际。但是可以像欧盟那样，为合营企业的反垄断规制制定明确的判断标准和考虑因素。

在完善立法过程中，可以出台相应的合营企业反垄断指南，对于合营企业的类型、合营企业的功能划分、合营企业的竞争效果评估方法、合营企业的效率抗辩以及合营企业的豁免作出详细规定，从而为合营企业的反垄断规制建构一整套具体规则。同时对于《反垄断法》第 20 条关于"控制权"的规定应该予以明确，"控制权的转移"认定标准存在模糊性，对合营企业是否应当认定为经营者集中造成不确定性，如何衔接"控制权"与合营企业的"全功能"是一个亟待解决的问题。

四　结语

反观中国相关立法，特别是中国《反垄断法》及相关部门规章并没有对合营企业问题做出相应规定。合营企业立法方面的空白给我国竞争执法机构的执法活动带来诸多问题，如执法依据的欠缺，2009 年世界两大矿业巨头必和必拓和力拓拟组建合营企业并签署约束性协议，协议涵盖合营企业的运营和治理等方面，这对我国铁矿石进口将产生严重的不利影响，面对矿业巨头"倒逼"中国钢铁业的严峻事实，我国却缺乏对其组建合营企业行为进行合法规制的相应法律依据。[①] 此外，缺乏合营企业的法律规定也不利于约束竞争执法机构的执法行为，总体而言我国竞争执法机构的执法行为具有较浓重的产业政策考量因素且对企业自主经营行为带有较明显的行政干预痕迹，合营企业法律规定的空白可能导致执法机构的执法过当。

笔者认为面对反垄断审查中的合营企业问题逐渐增多的趋势，而且在企业的并购交易形式被设计得越来越复杂的情况之下，执法机构填补关于合营企业法律上的漏洞显得尤为重要。而最为重要的无疑是设计适合中国的规制模式，笔者认为以目前中国竞争执法的现状来看，事前预防与事后规制并建立联合办案合作机制是较为可行的方案。

作者介绍：曾雄，中国社会科学院研究生院法学系 2014 届法律硕士，现就职于腾讯公司。

---

① 王晓晔：《反垄断法对两拓合并的影响》，《中国周刊》2009 年第 4 期。

中国信托登记制度研究

王　萌

摘要：信托是一种财产转移及管理的法律制度设计。信托财产是信托的核心要素，整个信托法律关系就是围绕信托财产的管理、运用和处分而展开的。2001 年《信托法》颁行以来，信托登记制度一直未能确立，不利于信托财产的有效运用和信托当事人的权益保护，因此研究信托登记制度，对深化信托法学研究、推动信托业可持续发展具有重要意义。

关键词：信托；信托法；信托财产；信托登记

一　中国语境下的信托登记制度

（一）建立我国信托登记制度的重要意义

信托业作为金融四大支柱产业[①]之一，是沟通货币市场、资本市场和产业市场的重要桥梁。改革开放以来持续的经济社会发展，提高了人们的财富水平，也增加了人们在资产管理方面的需求，特别是信托需求，促使信托产业不断发展壮大。但是在繁荣发展的同时，由于信托登记制度的缺失，信托资金被挪用，受益人的权益被侵害的事例时有发生，其中金新乳品信托兑付危机事件和金信信托双龙房地产投资项目挪用资金案是近年来的典型案件。从源头控制和隔离信托业务风险，尽快建立我国的信托登记制度已经迫在眉睫。

信托登记制度是支撑信托业不断创新发展的一项重要制度。关于信托登

---

① 　金融四大支柱产业是指银行业、证券业、保险业、信托业。

记制度的规定，主要集中在我国《信托法》第 10 条①，并且主要是原则性规定，没有后续具体的配套性法律法规。更为突出的是，我国的信托登记制度与我国财产权的登记制度缺少衔接。我国建立信托登记制度的理论意义主要有：第一，有助于我国信托原理成为一个统一的整体，并为实践中信托登记的操作提供法理依据；第二，有助于使信托财产真正独立于受托人的个人财产，明确各方当事人之间的法律关系；第三，有助于我国信托登记制度与现行财产权登记或注册制度的配套和衔接；第四，有助于杜绝信托目的不合法的信托的出现，促进信托业的发展；第五，有助于以信托登记制度为中心完善相关法律法规，更为规范的治理资产管理行业，从而解决信托产品创新的一系列问题。完善的信托法律制度和规范的信托市场环境是信托产业不断发展的前提。我国建立信托登记制度的实践价值主要表现在：首先，有利于建立完善的信托财产破产隔离制度，更加全面有效的保护信托财产的安全；其次，有利于完善对受托人的监管，从外部保障受托人为受益人的利益进行信托财产的管理和处分；再次，可以有效保护投资者的合法权益；最后，推动信托业的产品创新，完善信托业乃至整个金融业的制度规范，使金融行业与实体经济取得更加协调的发展。

（二）国内外研究现状

信托登记是信托制度体系中不可缺少的组成部分，国内外有众多关于信托登记的理论研究和实践经验，笔者从国外和国内两个方面进行简要介绍。

1. 国外有关信托登记的研究

现代信托制度发源于英国，梅特兰曾说："如果你问英国人在法理学方面最引以为傲的成就是什么，那就是英国人一代一代传承下来对信托观念的发展。"② 尽管英国信托业十分发达，但是由于英国衡平法和普通法的传统，英国反而没有法律上严格意义的信托登记制度，信托制度早在现代财产登记制度之前就已经发展起来，而且随后"衡平法发展了其他制度或规则来解决现代财产登记制度需要解决的问题"。美国曾经作为英国的殖民地，同属于英美法系，在法律的继受方面深受英国的影响，但是同时也有自己创新的成分。

---

① 《中华人民共和国信托法》第 10 条："设立信托，对于信托财产，有关法律、行政法规规定应当办理登记手续的，应当依法办理信托登记。未依照前款规定办理信托登记的，应当补办登记手续；不补办的，该信托不产生效力。"

② ［英］F. W. 梅兰特：《国家、信托与法人》，樊安译，北京大学出版社 2008 年版，第 67 页。

作为拥有判例法传统的英国和美国，其财产登记制度中包含信托登记的效力和精神，如英国关于不动产信托登记就主要规定在托伦斯登记制度中；美国关于动产信托的登记则是以信托标记制度来约束。而在大陆法系国家中，日本、韩国都有较为成熟的信托登记制度。日本就有较为全面的信托立法，而且规定了信托登记的对抗主义模式。"信托公示，基本上是对抗要件，而非成立要件。未经公示则不得产生对抗第三人的结果，信托关系人不得对善意的第三人主张已成立信托。主张信托财产之独立性，亦必须要有信托公示。"①信托对抗主义模式较好的平衡了当事人在信托制度中意思自治与交易安全的保护，因此被广泛采用。韩国《信托法》和我国台湾地区"信托法"也都采用了这种信托登记的模式。

　　2. 国内有关信托登记的研究

　　虽然我国对于信托登记的制度仅见于我国《信托法》第 10 条笼统的规定且没有配套的法律规范和具体操作模式的构建，但是国内学者对于信托登记理论的研究和信托公司对于实践的操作也都在探索中进行着。

　　中国政法大学终身教授、我国《信托法》起草小组组长江平（2006）认为："信托制度要想进行完善和发展，关键是三个方面的问题，一是信托法，二是信托公司管理办法，三是税收政策。有了这三个支撑，信托法律制度才能达到真正的完善。"②

　　清华大学中国经济研究中心副主任、《信托法》起草工作具体组织者王连洲（2010）认为："信托业作为金融四大支柱产业之一，在当代中国经济发展中应发挥更加积极的作用，不仅要有能力成为调整金融结构、改变经济增长方式的内在动力，而且要成为保障社会实现公平公正的积极推手，但首要问题是要完善制度建设，特别是信托登记制度。"③

　　中国人民大学信托与基金研究所所长周小明（2011）认为："要完善信托登记制度，必须要搞清楚三个问题：第一，关于信托登记机构的具体设立，是采取统一模式还是分散模式；第二，关于信托登记的手续，登记的手续与相对应的财产权转移登记的手续是分开的还是合一的；第三，关于信托登记

---

　　① ［日］日本三菱日立联信托银行编著：《日本信托法制与实务》，台湾金融研训院 2009 年版，第 62 页。

　　② 参见搜狐财经《江平表示信托制度完善取决于三个支柱》，http：//business. sohu. com/20060815/n244811343. shtml，2013 年 2 月 15 日访问。

　　③ 参见上海证券报《王连洲：信托登记是制度建设首要问题》，http：//www. cnstock. com/szb-dzb/jg/xt/201006/582987. htm，2013 年 2 月 15 日访问。

的效力，是应该采取登记生效主义还是登记对抗主义。"①

上海锦天城律师事务所高级律师李宪普（2012）认为："由于制度保护的缺位以及司法实践的混乱，委托代理制度存在一定的制度性风险隐患。因此，资产管理市场要想谋求更大的发展，首先要明确区分信托和委托法律关系，保证从法律制度上完善信托发展的市场环境。"

要保证信托业更好的发展，完善信托登记制度是首先要解决的问题。"信托登记制度的完善不仅可以引领相关法律法规的完善，而且可以促进整个资管市场的制度建设，开拓一个以信托制度为基础的资产行业的新领域，满足社会生活中的诸多需求。"②

二 信托登记制度基本问题

信托，顾名思义是指信任委托。信托的结构是由委托人、受托人、受益人三方当事人构成的，信托的行为就是三方当事人围绕信托财产进行特定目的的行为。信托可以称之为"是一种财产转移及管理的设计"③。信托财产处于整个信托基础法律关系的中心位置，围绕信托财产的管理、处分和收益实现了整个信托法律关系的动态运行。而为了使保护信托财产的运用机制更为有效和更好的保护信托基础法律关系的各方当事人，信托登记制度的构建则是信托发展中的不可缺少的一项重要制度。

（一）信托登记的概念

信托登记是指对应登记的财产已设立信托进行的一种公示形式，为了有效地保护信托的财产的独立性，顺利完成其从委托人到受托人之间的转移并为受益人的利益进行财产管理而采取的法律程序。信托登记的实质是对信托关系制度的核心——信托财产进行登记。明确一项财产是不是信托财产，不仅直接影响到取得该财产的第三人利益，而且对信托财产交易安全构成重大影响。"信托登记的作用在于，可以使信托法律关系之外的第三人了解这个是

---

① 参上海金融信息网《"信托登记"缺失阻碍行业健康发展》，http://www.shfinancialnews.com/xww/2009jrb/node5019/node5036/node5041/userobject1ai86930.html，2013 年 2 月 15 日访问。

② 参见中国金融新闻网《建立信托登记制度：受益的不仅是信托从信托困境说财富管理市场法律法规环境的完善》，http://www.financialnews.com.cn/xt/al/201203/t20120326_4592.html，2013 年 2 月 15 日访问。

③ 方嘉麟：《信托法之理论与实务》，中国政法大学出版社 2004 年版，第 2 页。

信托财产，同时保护善意第三人利益不受损害"①。

（二） 信托登记的主体

信托登记的主体所解决的是谁来进行登记的问题。在合同信托中，信托登记的主体是委托人和受托人。在合同信托中，信托基于委托人和受托人之间的约定产生，信托合同是一种要物合同，信托登记应当由委托人和受托人双方共同进行。

在遗嘱信托中，信托登记的主体是受托人。在遗嘱信托中，遗嘱人是委托人，在办理遗嘱信托登记时，由于遗嘱人已经死亡，即委托人已经死亡，一般是由遗嘱执行人和受托人一起启动登记的申请，但从信托当事人来看，只有受托人一方参与信托登记的启动。

在宣言信托中，信托登记的主体是委托人。宣言信托中，委托人与受托人的身份发生重合，在办理宣言信托财产的登记时，信托财产无须在两个主体之间进行转移，只需在其自有财产中将设立信托的财产部分进行登记，即可完成信托登记。

（三） 信托登记的内容

就登记的基本内容而言，信托登记可以分为三类，即信托产品登记、信托文件登记以及信托财产登记。

1. 信托产品登记

信托产品指信托经营机构为投资者提供的规避风险，保值增值的金融产品。信托产品登记就是对于此类金融产品的登记，所针对的是信托机构发行的信托产品，如重庆信托发布的"神州十一号集合资金信托计划"、五矿信托发布的"大连华藤信托贷款集合资金信托计划"、华信信托发布的"骏盈理财二年期（10期）集合资金信托"等。在信托市场中，每年发布的信托产品众多，质量参差不齐，易造成信托市场的不规范，对于信托产品的管理也是监管层的一项重要职能。银监会近期已经开始了信托产品登记系统的调研工作，并在征求信托产品登记系统建设的具体方案。信托产品登记系统的建立，能够更好地规范信托产品市场，促进信托产品收益权转让平台的建立。

---

① 参见中国法学网《席月民——信托基础系列二：信托设立的要素与条件》，http://www.iolaw.org.cn/showArticle.asp?id=2968，2013年2月15日访问。

2. 信托文件登记

信托文件即是记载委托人设立信托时的意思表示的文件。信托文件登记就是登记机构把信托文件中的内容记载于纸质或电子登记簿之上的行为。这种对于信托文件的登记类似于契约登记，便于社会公众的查询和了解，同时便于查阅，节省成本。信托文件的登记审查是以形式审查为准，从本质上来说，信托文件登记只是一种公示方法，但不具有公信力。

3. 信托财产登记

信托财产的动态运行要涉及信托基础法律关系的三方当事人，即委托人、受托人和受益人。在信托的设立过程中、在信托的管理过程中以及在信托终止之后都要进行信托财产的登记来明确相关当事人的权利义务关系。因此，信托的设立、管理、终止客观上都可能涉及财产登记事项。

我国《信托法》第 10 条对于信托财产的登记应理解为狭义的信托财产登记，且只要求应当办理登记的才进行登记的办理。广义的信托登记则认为，信托财产登记应当包括设立信托、信托管理、信托终止等整个过程涉及的所有信托财产的登记。

（四）信托登记的客体

信托登记的客体具有双重性。信托登记的客体既包括了信托财产，又包括了信托法律关系，二者缺一不可[①]。

在信托中，虽然委托人已经将财产权为受托人作出了转移或设定的登记，但还需要进行信托的登记，而在进行信托登记时，既需要对信托财产作出登记，也需要对信托法律关系作出登记。信托登记以信托财产为主、围绕信托财产展开，但必须同时载明财产之上的信托法律关系。虽然信托财产在设立信托时已经进行过了其他权利变动的登记，但在信托登记中仍然有其独立的意义，标示着信托法律关系存在的基础。

首先，信托登记不能脱离信托财产而进行，信托财产是信托制度的核心要素。信托登记的主要任务就是将信托财产的种类、范围等状况界定清晰并对外公示，因此信托登记必须对信托财产作出界定、进行记载[②]。即便是在该财产之上已经存在所有权或他项权利的登记，但先前的登记只是表明该财产是其他权利的标的物，并不能证明其就是信托财产。因此，对于已经登记的

---

① 孟强：《信托登记制度研究》，中国人民大学出版社 2012 年版，第 77 页。
② 董慧凝：《信托财产法律问题研究》，法律出版社 2011 年版，第 141 页。

财产，在进行信托登记时，也需要在统一登记机关进行单独的信托登记，将该财产的详细物理状况再进行记载，表明该财产属于信托法律关系的标的物。

其次，对财产的登记同时也是权利主体的登记，否则登记便无任何意义，因为财产权利表面上看是人与物之间的关系，但实质上都是人与人之间的关系。即便是所有权登记，也需要写明所有权人的信息，由于所有权的义务人是不特定第三人，是社会大众，而且所有权的内容是法律所明确规定的，无须在登记簿上写明，因而所有权登记在记名标的物和所有权人的信息之后，实际上已经做出了一个包含权利义务主体和标的物的所有权法律关系的登记。同样道理，对信托财产的登记也必须记载信托财产的权力主体，只不过信托法律关系较为复杂一些，涉及三方主体，而且大部分权利义务关系由当事人自行约定。因此，在对信托财产进行登记时需要写明委托人、受托人和受益人，以及受托人的权限等内容，甚至需要在登记文件之后附上信托文件的复印件，这样在进行信托财产的登记之后，信托法律关系也进行了登记，第三人可以通过查阅就能够得知信托财产之上的基础法律关系。

（五）信托登记的作用

1. 确保信托财产的独立性

信托财产处于整个信托基础法律关系的中心位置，信托财产所有权与收益权的分离设计理念是一种全新的资产管理模式，在这种模式下，进行信托财产的登记就是为了更好地确保信托财产的独立性。信托制度中，"最特别的地方就是将一笔'财产'（即信托财产）单独割裂出来，一方面把它的经营管理权分离出来，独自运作；另一方面又可以作为一项特有资产进行清偿债务"①。受托人接受委托对信托财产进行管理和处分，为了保证受托人的尽职尽责，可以通过信托合同来约定相关事项，但是仅有这些是不够的。由于信托财产所有权与收益权的分离设计模式，使得受托人有超越权限处分信托财产的可能，也有其混同信托财产和自有财产的可能，为了杜绝这种现象的出现，就要进行信托登记，不仅是为了更好地保证信托财产的有效运作，而且也是更好地保证信托财产独立性的要求。

2. 保护受益人的权利

信托行为产生的初衷就是为了使受益人享受权益，从而设定出的一种财产管理的形式。信托制度产生于英国，发达于英美等国家，大陆法系在移植

---

① 王文字：《信托公示机制与对世效力》，《月旦法学杂志》2002 年第 91 期。

信托制度过程中，也要贯彻信托制度中保护收益权益的理念。信托基础法律关系中受益人享有信托财产经营运作后的收益权，是信托财产的实质受益者。但是在信托模式下，信托财产的占有和管理运作是由受托人行使权利。受益人作为信托财产的名义所有人处于相对弱势一方，为了更好地保护受益人的权利，法律规定了收益人的撤销权。

关于受益人的撤销权，我国《信托法》第 22 条和第 49 条有详细的规定[①]。设立信托是为了受益人的权益而进行的行为，信托登记更是为了维护受益人以及信托关系人之外的第三人的利益，受益人撤销权的规定在法理上和程序上赋予受益人在受托人违反信托目处分信托财产或非因正常管理信托财产造成损失时申请法院撤销其处分行为的权利。

3. 保护交易安全

市场经济是法治经济，在市场经济的运行中，买卖双方交易成本的多少是影响交易成功的一项重要因素。市场经济的不断完善就是为了降低买卖双方的交易成本，为买卖双方提供一个良好的市场环境和法治环境。交易成本的降低表现为市场规则的明确性和可操作性，不仅保证交易的效力，而且提高交易的效率。同时，市场经济不断完善的另一方面表现在可以更好地维护交易之外第三人的权益。这一原则的实现有赖于市场交易规则的合理化和交易流程的透明化。

在信托基础法律关系中，信托财产处于中心位置，具有独立性。信托财产的独立性通过信托登记制度进行外化，具有对世效力，体现了市场经济中维护交易之外第三人的权益。"信托财产之设定，乃有追及力，唯该追及力之行使，将影响第三人之利益与交易安全，故其追及力或对抗效力需经公示。"[②]

三 国外信托登记制度的比较分析

国外对于信托登记有较为深入的理论研究和实践运用，笔者试图通过对

---

① 《中华人民共和国信托法》第 22 条规定"受托人违反信托目的处分信托财产或者因违背管理职责、处理信托事务不当致使信托财产受到损失的，委托人有权申请人民法院撤销该处分行为，并有权要求受托人恢复信托财产的原状或者予以赔偿；该信托财产的受让人明知是违反信托目的而接受该财产的，应当予以返还或者予以赔偿。前款规定的申请权，自委托人知道或者应当知道撤销原因之日起一年内不行使的，归于消灭"。第 49 条规定"受益人可以行使本法第二十条至第二十三条规定的委托人享有的权利。受益人行使上述权利，与委托人意见不一致时，可以申请人民法院作出裁定"。
② 陈春山：《信托法关系之设定——信托法草案之规定》，《万国法律》1995 年第 82 期。

英美法系国家的信托财产标记行为和大陆法系国家的信托登记对抗主义的对比分析，提出对于我国信托登记制度构建中需注意的问题。

（一）英美法系国家的信托登记制度分析

1. 英美法系国家的信托登记制度的内容

在大陆法系国家，公示是财产权取得对世效力所必需的条件，因而较为重视信托的登记，不少国家都建立了信托登记制度。但在英美法系国家的信托法上并没有独立的信托登记制度。"我们知道在英国模式的信托制度中并没有关于任何形式的登记的条款，不管是土地登记或其他登记（如股票登记）；相反，这是被明确禁止的。我们还知道，在非普通法国家的信托制度中，登记的形式则是必需的。"[①] 英美法系国家的信托法要求受托人对信托财产作出标记来区分信托财产与其自身财产，同时要求受托人在与第三人进行有关信托财产交易时必须履行说明告知义务（当然，在存在秘密新图的情况下，受托人并不主动说明信托关系的内容），并赋予第三人可以善意取得信托财产的权利。通过这些制度的建构，英美信托法实现了对信托财产独立性的维护以及交易安全的保护。

在英美法系国家中，信托制度早在现代财产登记制度之前就已经发展起来，而且随后"衡平法发展了其他制度或规则来解决现代财产登记制度需要解决的问题。例如，衡平法确立了善意购买人和衡平法知情原则，来解决购买信托财产的第三人与信托受益人之间可能产生的权益争议"[②]。在美国信托法中，受托人不得将信托财产与自有财产混同，因此受托人一般都负有在信托财产之上作出标记（earmark）以向外界告示其属于信托财产的义务，因为"如果信托财产没有作出标记，则受托人可能在事后声称营利的投资是来自其自有财产，而亏损的投资是来自信托财产的"[③]。那么对于法律设有相关登记制度的信托财产而言，对其作出标记就是要进行登记，例如不动产的信托。对于法律未设立登记制度的信托财产，在可能的情况下受托人应通过银行、经纪公司、过户代理机构等相对中立的第三方机构来作出记录。当然，"实践

---

① Maurizio Lupoi, Trusts: A Comparative Study, translated by Simon Dix, Cambridge University Press, 2000, p. 365.

② 何宝玉：《信托登记：现实困境与理想选择》，载《中国资本市场法治评论》，法律出版社2009年版，第152页。

③ Jesse Dukeminier & Stanley M. Johanson, Wills, Trusts, and Estates (Sixth Edition), CITIC Publishing House, 2003, p. 920.

中并不是所有的信托财产都适合进行标记，例如要想将私人有形财产和不记名债券的信托财产收益反映在第三方机构托管的记录上都是难以实现的。在这种情况下就不能对这些财产进行独立登记。值得一提的是，其中受托人的一项义务是必须履行的，那就是不得将信托财产与其自有财产相混同，这项义务是无条件的、绝对的"①。同时，英美信托法在一般的信托关系中，表明其处于受托人的地位而从事交易，这样第三人就能够知晓信托财产之上信托法律关系的存在。如果信托财产未进行标记，受托人在交易时又不履行说明告知义务，那么第三人在不知情时便可以对信托财产主张善意取得。

2. 英美法系国家信托登记制度借鉴的可行性

其实，从上述英美法系国家的相关法律规定来看，信托当事人也需要在设立信托的时候履行一些登记手续。但这些登记从本质上说不属于大陆法系国家所认为的信托登记制度。英美法系下的信托登记不具备公示的含义，而更多的可能是从其他方面如税收减免等来考量的。因此，当为了完善我国信托登记制度而需要借鉴英美法系国家信托制度时，我们仅需要学习该制度下蕴藏的保护受益人、第三人的精神即可，而应避免对其具体制度的生搬硬套，否则，极有可能"水土不服"。

（二）大陆法系国家或地区的信托登记制度分析

1. 日本信托登记的对抗主义

日本信托业务的经营活动可以追溯到 1902 年，第一家开办的机构是日本兴业银行。而东京信托公司是日本第一家专门的信托公司，1907 年之后，信托公司扩展到了日本各地。② 为了规范信托业务的秩序，日本参照美国加州民法典中有关信托法的规定以及印度 1882 年《信托法》的规定，于 1922 年 4 月同时颁布了《信托法》和《信托业法》，同时规定了信托财产登记制度，极大地促进了营业信托的发展，并成为亚洲国家继受信托制度的典范。随着时代的发展，80 余年前的立法逐渐显得滞后，因此日本于 2004 年对《信托业法》进行了修改，从诸多方面为日本信托业的进一步发展提供了法律制度的保障。2006 年 12 月 8 日，日本通过了对《信托法》的修改决议。此次修法是对《信托法》的全面修订，吸收了英美及欧洲大陆关于信托方面的最新立法

---

① National Conference of Commissioners on Uniform State Laws, Uniform Trusts Code (With Prefatory Note Comments) (Last Revised or Amended in 2005), comment of section 810.

② ［日］川崎诚一：《信托》，刘丽京、许泽友译，中国金融出版社 1989 年版，第 13 页。

成果，适应了日本社会经济的发展和民众的需求。总体而言，日本新修订的《信托法》力图放松管制而尽量赋予当事人更多的自由，在内容上"突破了以往较属僵化之规范内容，而赋予较切合信托制度本质之弹性新貌。除此之外，新法对于信托当事人意思自主之尊重，以及新形态信托种类之增加等修正内容，也都有助于未来信托商品之推展"①。

在日本信托登记制度中，信托登记对抗主义模式的运用，较好地平衡了当事人在信托制度中意思自治与交易安全的保护。即信托当事人设立信托之后不必对信托财产进行信托登记也能使信托关系产生法律上的效力，但此种效力仅限于当事人之间，尚不能对抗善意第三人；在经过信托登记之后信托财产之上的法律关系就取得了对抗不特定第三人的效力。在信托登记对抗主义的模式下，财产办理信托登记只是信托的公示方式，而非信托的生效要件，信托财产经登记之后才能取得对世效力，交易第三人可以通过信托财产登记状况的查询而知道受托人名下的该笔财产为信托财产而非其自有财产。

2. 我国台湾地区信托登记的对抗主义

我国台湾地区在20世纪50年代经济发展迅猛，企业界对于资金的需求甚巨，因此，一些银行逐渐开设信托业务，办理信托存款、投资、放款等业务。在20世纪70年代，台湾数家信托投资公司开始营业，随后，从事土地开发投资的信托公司也逐步成立起来。虽然信托制度在实践中已经得到了较为广泛的运用，但直到1996年1月26日，我国台湾地区才颁布了"信托法"，2000年7月19日颁布了"信托业法"。

我国台湾地区"信托法"第4条②同样明确规定了信托登记作为对抗要件，从而确定了信托登记的对抗效力，而且，为了更好地适用信托登记制度，台湾地区有关部门也制度了一系列的配套法规，更为清晰明确的确定信托登记的具体方式。对信托登记事项、信托登记形式、信托登记的类型和信托登记方式的效力都有明确的法律条款，便于信托登记制度的有效运行。

3. 大陆法系国家或地区的信托登记制度借鉴的可行性

我国信托登记采取的是登记生效主义，信托财产必须办理信托登记。我

---

① 李志仁：《日本信托法之修法重点——传统与现代思维之激荡》，《月旦财经法杂志》2008年第12期。

② 我国台湾地区"信托法"第4条："以应登记或注册之财产权为信托者，非经信托登记，不得对抗第三人。以有价证券为信托者，非依目的事业主管机关规定于证券上或其他表彰权利之文件上载明为信托财产，不得对抗第三人。以股票或公司债券为信托者，非经通知发行公司，不得对抗该公司。"

国《信托法》第 10 条对此作了原则性的规定。在信托登记的效力上，信托登记生效主义与信托登记对抗主义体现了不同的立法理念，因此对于各方当事人的利益具有不同的影响，它们的区别体现在以下几个方面。

（1）国家公权力介入的程度不同。在信托登记生效主义模式下，国家公权力对于信托法律关系的介入较早。对于应登记的财产权，当事人一旦决定成立信托，国家公权力便开始介入其中。在信托成立之后即面临着公权力的审核，不将信托财产进行登记的，则信托便不能成立。在信托登记对抗主义模式下，国家公权力对于信托法律关系的介入相对较迟。对于应登记的财产权，当事人决定设立信托时只要符合信托的成立要件便可以使信托法律关系生效，当事人之间便可以按照信托文件的约定行事，履行义务、享受权利，国家公权力对此并不介入和干涉。

（2）当事人意思自治的程度不同。在信托登记生效主义模式下，当事人意思自治的程度相对较低，当事人能够进行意思自治的范围仅限于成立信托法律行为，但是法律行为不生效在实际效果上等于行为根本未成立，因此当事人的意思自治范围较小、程度较低。在信托登记对抗主义模式下，当事人意思自治的程度相对较高一些。当事人可以自行决定设定信托法律关系，该法律关系在设定之后便生效，各方当事人都要受到信托文件中约定条款的约束，信托财产便开始由受托人经营管理，受益人便可以开始受益。

因此，在信托登记效力模式的选择上，要结合我国资管市场发展的阶段和信托业的现状，统筹考虑。党的十八届三中全会提出"使市场在资源配置中起决定性作用"[①]，不仅要求我们实事求是，从实践求真知，市场化的进程以市场无形的手为主，大幅度减少政府这只有形的手对资源的直接配置，而且要推动资源的市场化，在效益和效率两方面都得到提升。具体到信托登记效力模式上，应改采用信托登记对抗主义。这样可以回归信托制度的本旨，减轻国家公权力介入的程度，赋予当事人更大的意思自治空间，在信托登记制度不够完善的情况下，也有利于当事人权利的保护。

四　我国信托登记制度的主要问题及不利影响

信托是一项重要的财产管理制度。信托财产独立运作的属性使之成为信

---

① 参见新华网《中国共产党第十八届三中全会公报》，http://news.xinhuanet.com/house/sh/2013-11-12/c_118113936.htm，2013 年 2 月 18 日访问。

托制度的核心，即信托财产从信托三方当事人的自有财产中分离出来，独立运作。这不仅是为了信托的安全运行，而且是为了更好地保护受益人的利益。各国都是致力于更好地实现信托财产的独立运行，规范信托基本法律关系是首要任务，除此之外，信托登记制度的建立、专户管理也是相应的配套制度，从而构成信托原理的整体。所以说，信托登记等配套制度是信托原理不可缺少的重要部分。

中国信托业从新中国成立以来经历了五次行业清理和整顿，2001 年经过第五次的整顿和重新核准登记之后，形成了"一法三规"①的监管体系。同时相应监管部门也颁布了《信托公司受托境外理财业务管理暂行办法》等一些配套性的法律法规文件。但是这些法律文件中，关于信托登记的规定仍然只有《信托法》第 10 条的笼统规定，该条对于信托登记实践中如何运用没有具体规定体，除此之外其他法律法规以及信托相关的法律文件都没有作出具体的制度安排和程序建构。由此造成了理论上的不完备和实践中的不明确。如信托登记的具体机构是特殊登记机关还是依财产权进行划分的物权变动登记机关；信托登记的申请主体是依据单方申请主义还是双方申请主义；纸质信托登记簿与电子化信托登记簿的查询标准有何不同等。这些关于信托登记相关事项的不明确使得《信托法》第 10 条关于信托登记的要求无法落实，甚至可能成为我国信托实践发展的阻碍。

（一）我国财产权登记机构的现状

信托登记机构是对应登记的财产设立信托时的登记机构。设立信托时应登记的财产具有多样性，种类较多而且差异较大，目前我国依照法律、法规应登记的各类财产权的登记机关至少有 11 种，仅不动产权利便涵盖四个行政部门，主要有国土资源行政主管部门（国土资源局）、房地产行政主管部门（房管局）、林业行政主管部门（林业局）以及草原行政主管部门（草原局）。虽然当时设立这些部门的时候主要是考虑到分类管理和有效管理，但是随着我国改革开放的不断深入以及社会主义市场经济的高速发展，关于不动产登记的相关机构较为分散零乱。现实中各种财产权分散登记产生重复登记、查询不易的弊端，因而也给在这些财产权之上设立信托带来一定困境和麻烦。下面通过图标的形式直观地展现我国财产权登记机关的现状，具体情况请见

---

① "一法三规"主要是指：《信托法》《信托公司管理办法》《信托公司集合资金信托计划管理办法》以及《信托公司净资本管理办法》。

表1：

表 1　　　　　　　　　　　　**应登记财产权的登记机关**

序号	登记机构	登记事项	法律依据
1	国土资源行政主管部门（国土资源局）	农民集体土地所有权、国有土地建设用地使用权、农村集体土地建设用地使用权、国有土地建设用地使用权抵押权、国有土地使用权、农村四荒地承包经营权、探矿权、采矿权	《物权法》《土地管理法》《矿产资源法》
2	房地产行政主管部门（房管局）	房屋所有权、房地产抵押权、在建建筑抵押权	《物权法》《城市房地产管理法》
3	工商行政管理部门（工商局、商标局）	动产浮动抵押权、注册商标专用权、注册商标专用权质押	《物权法》《商标法实施条例》
4	中国证券登记结算公司	基金份额质权、股权质权	《物权法》
5	中国人民银行征信中心	应收账款质权	《物权法》
6	国务院专利行政部门（国家知识产权局）	专利申请权、专利权、著作权质权	《物权法》《专利法》
7	林业行政主管部门（林业局）	国家森林、林木和林地的使用权、集体森林、林木和林地的使用权、林木所有权	《森林法实施条例》
8	草原行政主管部门（草原局）	国有草原使用权、集体草原所有权	《草原法》
9	海事局	船舶所有权、船舶抵押权	《海商法》
10	国务院民用航空主管部门（民航总局）	民用航空器所有权、民用航空器抵押权、民用航空器优先权、民用航空器承租人的占用全	《民用航空法》
11	公安机关交通管理部门（公安交通管理局）	机动车所有权、机动车抵押权	《道路交通安全法》《道路交通安全法实施条例》

（二）上海信托登记中心存在的问题

上海信托登记中心是目前我国信托业除信托公司以外的唯一一个提供信托服务的机构，且是处于试点的阶段，是由浦东新区发起成立的事业单位，虽然是面向全国进行信托登记，但还是区域性的机构，没有扩展到全国的范围。上海信托登记中心的成立和业务开展有助于我国信托财产登记制度的具体实践的探索和为其提供了一些有益的尝试，一定程度上也填补了我国信托财产登记长期以来的制度空白。上海信托登记中心虽处于试点的阶段，但是中心所采取的会员制的模式和全方位、个性化的优质服务，也使得一批信托公司积极加入，现有会员数量为 39 家，虽然与全国 68 家信托公司的总数相比，仍然有一段距离，但是也取得了一定的成绩和效果。

从另一方面看，上海信托登记中心从法理依据和实践的运行看，存在登记效力不明确和与相关财产权登记机关不衔接等问题。首先，国家相应位阶的立法和配套法律规范不完善，地区性的试点机构没有由此建立起全国性的信托登记中心。其次，信托登记的效力一直不明确。上海信托登记中心作为一个上海地区性的事业单位，在法律上并不能完全实现信托登记法律效力的确认。再次，上海信托登记中心关于信托财产的登记与相关财产权登记机关没有做到有效衔接。

（三） 信托登记制度不完善的影响

1. 财产权登记制度不完善，导致在许多财产之上无法设立信托

我国有关财产权登记的制度向来不够完善，既缺乏较高层次的立法，又缺乏明确的登记机关，因此存在法律依据零散、登记机构零乱的现象。虽然2007 年《物权法》第 10 条第 2 款规定了国家对不动产实行统一登记制度。但至今有关不动产的统一登记立法仍未出台，所以财产权登记制度不完善的局面仍未得到根本性的改变。以不动产登记为例，目前我国法律法规有较为明确的登记制度的主要是建设用地使用权、房屋所有权、不动产抵押权等少数几方面，而针对"现实生活中广泛存在的土地租赁权、地役权、承包经营权、地上权、采矿权、空间利用权等诸多不动产权利却没有被列入登记范围，使有些物权不经法定登记方式也可获得……另一方面又使合法获得的物权无法登记而得不到保护"①。由于以合同方式设立信托要求财产权的转移才能设立信托，而大量的财产权属于应登记的范围却又没有明确的登记制度，因而难以完成财产权的转移，从而影响了在这些财产权之上设立信托。

2. 信托登记制度尚未建立，许多信托关系难以登记而无法生效

我国《信托法》第 10 条仅规定了信托登记的生效主义的原则，并没有对信托登记作出更为详细的规定。由于"有关中央主管部门既未获明确授权，对信托制度又缺乏深入了解，对信托业面临的信托登记困境也缺乏深刻理解，加上长期形成的权力意识，缺乏政府机关制度供给的义务观念，倾向于把制

---

① 汪其昌：《不动产信托登记问题研究》，《信托周刊》2009 年第 20 期，第 19 页。

定规则只当成一种权力而不是一项义务"①。因而在《信托法》通过之后立法机关和行政机构也一直未制定相应的配套法律法规，使信托登记无法落实，而已有的财产权登记制度又没有进行信托登记的空间，因此信托登记从登记机关到登记程序全都不明确，信托登记制度处于尚未建立的状况，极大地影响了我国信托制度的推广运用。在目前缺乏信托登记制度的情况下，"信托当事人签署信托合同之后，无法依据信托合同直接办理标的物过户手续，双方只能再签署一份买卖合同，依据买卖合同办理过户。这种做法无法区分普通的商业行为与信托行为"②。有的信托当事人因无法办理信托登记而不得不将信托文件进行公证，试图以此获得对抗效力，其境况窘迫不堪。

凡此种种实践操作中的问题，极大地影响了信托登记的进行，再加上《信托法》关于信托登记生效主义的规定，使得大量的信托在现实中无法生效，这对于信托制度的推广、信托业的发展甚至市场经济的发展都起着极大的负面作用，因此必须加以改变。

五　我国信托登记制度的完善建议

信托登记在信托制度中的重要性是不言而喻的。清华大学中国经济研究中心主任、《信托法》起草工作具体组织者王连洲认为："信托业作为金融四大支柱产业之一，在当代中国经济发展中应发挥更加积极的作用，不仅要有能力成为调整金融结构、改变经济增长方式的内在动力，而且要成为保障社会实现公平公正的积极推手，但首要问题是要完善制度建设，特别是信托登记制度。"③ 本文将从信托登记立法模式的选取，信托登记机构的具体设置，信托登记申请、查询、审查以及登记机构登记错误的赔偿等方面展开论述。

（一）信托登记立法模式的选择

1. 信托登记的统一立法模式 VS 分散立法模式

信托登记制度是信托公示制度的核心。我国《信托法》第 10 条赋予信托

---

① 何宝玉：《信托登记：现实困境与理想选择》，载《中国资本市场法治评论》，法律出版社2009年版，第167页。

② 罗杨：《信托登记制度启示录：设计思路与法律建议（下）》，《信托周刊》2009年第11期。

③ 王连洲：《信托登记是制度建设首要问题》，参建网站：http://www.cnstock.com/szbdzb/jg/xt/201006/582987.htm，2013年3月1日访问。

登记以生效主义的巨大影响力，但是未对信托登记作出更加详细的规定，而我国又面临着登记机构分散、登记规则模糊、登记系统电子化程度低、查询不易等诸多问题。《信托法》颁布至今已有十多年，《物权法》颁布至今也已七年，但无论是不动产统一登记制度还是信托登记制度都未能建立起来，给我国信托登记实践造成极大的负面影响。在信托实践中，"船舶，股权以及房地产等权利变更都要进行登记，同样在这些财产权利上设立信托时，也是要依法申请登记的，但是有关机构没有此项信托财产登记的具体授权和办理规则流程，最后就导致信托登记'有法可依，无法操作'"①。一方面，信托法要求信托必须办理信托登记才能生效；而另一方面，立法机关又未能提供有关登记的规则，导致信托登记的机构、登记的程序、登记的内容等全部处于不确定状态，在事实上不仅导致《信托法》第10条无法落实，甚至使《信托法》的这一规定成为信托实践发展的障碍。因此，我国迫切需要进行信托登记的立法，建立信托登记制度以完善我国的信托立法。

对于信托登记的立法模式可以分为统一立法模式和分散立法模式。统一立法模式是指在一部法律里面对所有应登记财产权的信托登记事项作出集中规定，根据该部法律确定信托的登记机构及登记程序、登记内容、登记的查询、登记机构的责任等事项，从而实现信托登记的可操作性。

统一立法模式可以通过两种途径实现：一种途径是修改《信托法》，在其中增加数条有关信托登记的规定，从而在信托基本法的层面上实现信托登记制度的完善。另一种途径是由立法机关指定一部单独的《信托登记法》，以专门立法的形式对信托登记相关事项作出集中规定，成为各类信托财产进行信托登记的统一法律依据。此种模式也有国家机关在进行尝试，例如，中国银行业监督管理委员会（以下简称银监会）在2008年曾起草了一部《信托登记管理办法（征求意见稿）》，试图完成信托登记制度的统一立法。

分散立法模式是指既不在修改《信托法》时增加规定信托登记的规则，也不进行信托登记的单独立法，而是由负责财产权登记的各个登记机构的主管行政部门通过制定部门规章或提请国务院制定相应财产权的信托登记制度，并最终使得各类应登记财产在作为信托财产设立信托时，都有进行信托登记的规范可供依循，由此实现信托登记制度的建立和完善。在我国信托登记制度缺失的严峻现实下，一些行政部门为了能够使其所主管的登记机构进行相

①　何宝玉：《信托登记：现实困境与理想选择》，载《中国资本市场法治评论》，法律出版社2009年版，第150页。

应财产权的信托登记而开始尝试分散立法的模式。例如，住房和城乡建设部起草的《房地产信托登记暂行办法》就是为了尝试解决房地产设立信托时登记制度的缺失问题。

2. 信托登记的统一立法模式选择的依据

信托登记无论是统一的立法模式还是分散的立法模式，都有一定的理论基础和实践意义，也都同时在实际操作中进行了有益的探索。两者相比较而言，选取信托登记统一的立法模式更能够从理论到制度上厘清信托登记上存在的问题，从而真正建立和完善我国的信托登记制度，为信托实践的发展起到巨大的促进作用。具体来说，信托登记统一的立法模式有以下优点：

（1）通过修改《信托法》增加信托登记的规定，或者进行信托登记的单独立法，其具有的优势首先在于立法的层级较高，可以对《信托法》中不完善的地方进行修改。《信托法》在效力级别上属于全国人民代表大会常务委员会制定的法律，因此如果自身进行修改或者由全国人民代表大会常务委员会制定单独的《信托登记法》，都可以对《信托法》中不完善的地方作出修改而不至于违反法律效力的位阶。

（2）进行信托登记的统一立法，还可以对目前财产权登记中存在的缺陷作出改进。例如，目前登记机构过于分散，有些财产权没有相应的登记机构，而有些登记机构的职责范围又发生重合，通过信托登记的统一立法，可以对信托财产的具体登记机构作出调整和规范，使登记机构的配置更加合理。

（3）通过信托登记的统一立法还有利于在全国范围内实现信托登记系统的电子化。例如，立法可以要求各类财产权登记机构都必须完成登记系统的电子化作业，并且相互之间必须实现资源的共享和链接，从而实现信托登记的电子化和网络化，可以提高登记的效率，便于人们进行登记和查询。

同时，我们还应清醒地认识到，信托登记统一立法模式要进行整合目前已有的财产权登记机构并进行统一立法，在实现的过程中存在着一定的阻碍和困难。因为信托登记不能脱离各类财产权自身的权利登记机构，而各类财产权的登记机构又分别隶属于不同的中央行政部门。要进行统一立法，则势必要求在各个行政部门之间进行协调和磋商，征得各个部门的同意和配合，才能真正在立法层面上实行信托登记的统一立法。而由于各个行政部门具有各自的部门利益，想通过一部让各方都满意的立法，其过程必定较为漫长，信托登记统一立法任重道远。

（二）信托登记机构的设立

1. 信托登记机构的统一模式 VS 分散模式

关于信托登记机构的设置，国内理论界和实务界有两种不同的思路：一种思路可以称之为统一模式，即设置统一的信托登记机构；另一种思路则为分散模式，即根据信托财产种类的不同而分别设置信托登记机构。设置信托登记机构的统一模式也成为理想模式，即主张我国应建立统一的信托登记机构，不再区分信托财产的不同而由一个登记机构进行登记。这种思路看到了我国目前各种财产权分散登记带来的重复登记、查询不易等弊端，认为建立一种统一的信托登记机构，可以克服目前登记状况的弊端，实现信托登记和查询的便利。分别设置信托登记机构的思路即为分散模式，也称为现实模式，即在我国现有的财产权登记机构的基础上，增加其对各种财产权作为信托登记财产的登记职能即可，不必再重新建立一个新的统一的登记机构。

信托登记机构的统一模式与分散模式各有利弊，结合我国信托业发展的实践，分散登记的模式更加符合当下的现实。因为目前信托登记制度的缺失给实践带来了极大的不便，如果等待统一登记模式的实现，则势必耗费许多时日，导致信托实践的发展停滞不前。在分散登记模式的设定上，可以分清主次，步步推进，主要是"信托行业一些急需的财产登记事项，比如土地登记和股权登记，有关主管部门可以先制定完善这些财产登记具体规则，以此解决信托业实践中的现实需要"。① 当然，为了避免目前财产权登记状况中的弊端，在各个登记机构增设信托登记业务时，应当从两个方面着手作出改进：一是将各类信托财产的登记机构进行明确的划分，不再导致出现目前土地权利和房屋权利登记重复和交叉的情况；二是应当同步推进信托登记系统的电子化，实现各个登记机构的登记系统之间的资源共享和链接，从而解决公众查询难的问题。

2. 信托登记机构的具体设置

目前我国对于应登记财产权设置的 11 个登记机构，如果根据财产权利的属性进行划分，则可以将之分为不动产财产权、应登记动产财产权和知识产权三大类，因此可以根据这三类财产来分别设置其信托登记机构。

---

① 何宝玉：《信托登记：现实困境与理想选择》，载《中国资本市场法治评论》，法律出版社 2009 年版，第 167 页。

（1）不动产财产权信托的登记机构

不动产财产权是最为重要的信托财产种类之一，因为不动产不易损耗，可以服务于较长期限的信托目的，而且不动产的利用方式多种多样，增值、升值的空间大，容易实现财富的增长，所以历来是人们设立信托的优先选择。目前依照我国的法律和行政法规，需要登记的不动产财产权主要有农民集体土地所有权，国有土地建设用地使用权，农村集体土地建设用地使用权，国有土地建设用地使用权抵押权，国有土地使用权，农村四荒土地承包经营权，房屋所有权，房地产抵押权，在建建筑物抵押权，还有自然资源中的探矿权、采矿权，国家森林、林木和林地的使用权，集体森林、林木和林地的使用权、林木所有权，国有草原使用权、集体草原所有权等，这些都是不动产之上的财产权。

我国《物权法》第 10 条第 2 款规定了不动产统一登记制度。但是一直以来不动产登记制度在运行的过程中还是存在这样或是那样的一些问题，而且不动产登记并未进行整合和统一登记。2013 年 11 月 20 日召开的国务院常务会议决定筹划建立不动产统一登记制度。不动产统一登记制度终于从法律条文走向了实践操作。国土资源部进行此项工作的全国范围的统筹指导，不动产统一登记整合内容的包括土地、房屋、草原、林地、海域等不动产，要达到的目标是做到"四统一①"。这是为了更好地落实《物权法》，而且也是更好地保护权利人的合法财产权；而且可以使得不动产财产权的信托登记能够直接依托新的统一登记机构即可实现。

（2）应登记动产财产权信托的登记机构

目前，我国应登记的动产财产权主要集中在船舶、航空器和机动车辆这些价值较大而且耐用的动产之上，例如船舶所有权、船舶抵押权、民用航空器所有权、民用航空器抵押权、民用航空器优先权、民用航空器承租人的占有权、机动车所有权、机动车抵押权等。船舶、机动车辆等交通工具不仅是人们生活中的重要财产、能够为人们的生活提供极大的便利，而且在一定情况下还涉及国家利益，例如船舶、航空器可以在世界范围内进行航行，涉及国家的领土主权、关税、卫生等国家利益，而且在紧急时期国家还可能对这些交通工具进行管制或征收、征用，因此需要对这些动产加强管理、以登记作为权利变动的公示方法。目前这些交通工具的登记机构主要是海事局、国务院民用航空主管部门和公安机关交通管理部门。那么在这些部门的登记机

---

① "四统一"是指登记机构、登记簿册、登记依据和信息平台的统一。

构里面增设交通工具的信托登记一项，如此则不影响国家对这些动产的管理秩序。

（3）知识产权信托的登记机构

知识产权既包括人身性的权利，如著作权中的署名权、修改权等，也包括了财产性的权利，如著作权中的邻接权、商标专用权等。人身性的知识产权并不能被转让，不具有流通性，因此其不能作为信托财产设立信托。但是财产性的知识产权则可以与知识产权人本人分开，可以授权他人实用，其具有流通性，并可以获取经济利益，因此完全可以作为信托财产设立信托。目前我国法律和行政法规规定应登记的知识产权包括专利申请权、专利权、著作权质权、注册商标专用权、注册商标专用权质权等，这些财产权利的登记机构分散在不同的主管部门之中，例如有关专利权的登记事项，由国务院专利行政部门即国家知识产权局负责登记。

依照现实主义的模式，对于著作权中的财产权、商标权之上设立信托的，应当仍由工商行政管理部门负责办理相关的信托登记，进行审核并颁发证书。对于以专利权利作为信托财产设立信托的，则仍应由国务院专利行政部门负责办理信托登记，如此则符合社会公众的已有认识，便于人们查询。

（三）信托登记的申请

1. 信托登记申请的单方申请主义与双方申请主义

我国《信托法》第10条只规定以应登记的财产设立信托是应当依法办理信托登记，并未规定信托登记申请应由何人提起。一般来说，权利变动的登记形式主要有申请人有单方申请主义（由当事人一方启动进行）和双方申请主义（必须由当事人双方共同启动进行）。

在合同信托中，信托登记应当由委托人和受托人双方共同启动进行，属于双方申请主义。日本的《不动产登记法》第97条规定，如果是以不动产所有权作为信托财产设立信托的，则"以受托人为登记权利人，以委托人为登记义务人，设定信托同时，应以相同的书面申请所有权转移登记予以受托人及信托之登记，不得只申请信托登记，而与所有权转移登记分开申请"。[①]

遗嘱信托是一种历史悠久的民事信托。在遗嘱信托中，委托人便是遗嘱

---

① 日本三菱日立联信托银行编著：《日本信托法制与实务》，台湾信托业商业同业公会审订，台湾金融研训院2009年版，第61页。

人，其以遗嘱的形式将自己的全部或部分财产设立信托，使受托人为了受益人的利益而管理和处分信托财产。在继承人是未成年人时，设立遗嘱信托可以确保遗产得到有效的管理和运用，不至于因继承人年幼无知而造成浪费或挥霍。委托人通过遗嘱的形式作出设立信托的意思表示，受托人应当对此作出接受与否的意思表示，如果其承诺出任受托人，则在委托人死亡后遗嘱便开始生效，信托正式成立，此即我国《信托法》第 8 条第 3 款所规定的"采取其他书面形式设立信托的，受托人承诺信托时，信托成立"。遗嘱信托成立之后，由于遗产尚未分割，所以无法立即完成财产的转移或设定，只有等遗产办理继承登记之后，才能办理遗产的信托登记，即"遗嘱若有制定遗嘱执行人时，应先办理遗嘱执行人与继承登记后，由遗嘱执行人会同受托人申请信托登记；若无遗嘱执行人时，则应由继承人办理继承登记后，会同受托人申请登记"[①]。因此，在办理遗嘱信托登记时，由于委托人已经死亡，一般是由遗嘱执行人和受托人一起启动登记的申请，此时如果从信托当事人来看，信托登记的启动只有受托人一方参与，因此可以将遗嘱信托的启动视为单方申请主义。

2. 信托登记申请应提供的材料

由于我国《信托法》并未规定具体的信托登记制度，立法机关也未进行此方面的立法，以至于我国信托登记制度迟迟未能建立起来，因而对于信托登记申请人应提供的材料也缺乏明确的规定。根据国土资源部 2007 年 12 月 30 日发布的《土地登记办法》、原建设部 2008 年 2 月 15 日发布的《房屋登记办法》所列举的申请登记的材料目录，可知我国目前不动产权利变动登记申请应提交的材料具体如下：

参照目前我国不动产权利登记所需提交的申请材料（见表 2），并结合信托制度自身的法律构造，当事人在申请信托登记时，一般应提交这些申请材料：委托人的身份信息、受托人的身份信息、受益人的身份信息或范围、信托监察人的身份信息（在公益信托中）、信托财产的权属证书、信托目的、委托人及受托人之间的信托合同或信托遗嘱及承诺、信托期间、信托关系消灭事由、信托财产的管理处分方式、信托关系消灭时信托财产的归属、信托成立的时间。

---

① 林炫秋：《论遗嘱信托之成立与生效》，《兴大法学》2007 年第 2 期。

表 2 不动产权利登记申请应提供的材料

	土地权利登记	房屋交易登记	房屋继承、遗赠登记
应提交的申请材料	土地登记申请书；申请人身份证明材料；土地权属来源证明；地籍调查表、宗地图及宗地界址坐标；地上附着物权属证明；法律、法规规定的完税或减税凭证；其他证明材料	登记申请书；当事人身份证明；原房屋所有权证（原件）；房屋买卖合同（原件）；契税完税或减免税凭证；原房屋所有权证所附房屋登记表、房产（分户）平面图两份；国有土地使用证（整宗房地产或已发土地证的房屋）；划拨土地转让批准文件（整宗划拨土地）；其他证明材料	登记申请书；当事人身份证明；原房屋所有权证（原件）；继承权公证书或接受遗赠公证书或法院判决书（原件）；房屋登记表、房产（分户）平面图（原件）各两份；契税完税或减免税凭证（遗赠）

（四）信托登记的查询

在信托登记做成之后，登记的内容便向社会大众进行公示，供不特定第三人查询，以彰显信托登记财产之上的法律关系，维护交易安全和信托受益人的权利。无论信托登记的效力是登记生效还是登记对抗，一旦进行登记，就完成了权利的公示，此种公示因登记机构的公权机构地位而具有公信力，登记的内容成为可以信赖的对象。

1. 纸质信托登记簿查询的标准：信托财产

在担保物权的查询上，存在着债务人和担保物两种查询的标准。就信托登记而言，虽然其登记的客体既包括信托财产又包括信托法律关系，但在查询时究竟是以信托财产为标准进行查询，还是以信托当事人为标准进行查询，则要结合信托登记簿的介质来判断。如果信托登记簿的介质是纸质，则只能通过信托财产来查询信托登记。纸质的登记簿决定了其只能围绕应登记财产来进行登记，因为应登记的财产一般是不动产权利或特殊的动产及知识产权，这些财产或者地理较为固定，或者容易进行编号检索，因此登记的成本较低。纸质登记簿难以承载过大的信息量，因此势必只能以信托财产为中心进行登记，所以在查询时，也只能以信托财产为标准来进行查询。

2. 电子化信托登记簿查询的标准：信托财产和信托当事人双重标准

电子化信托登记簿具有信息量大、登记方便、查询便捷、容易保管等优势，因此，我国各财产权登记机构无不致力于推进其登记系统的电子化。目前在财产权登记系统的电子化建设上，应收账款质押登记公示系统处于较为先进的地位。该系统实现了登记信托的电子化,因此根据其向社会提供登记信息的查询服务,社会公众均可以通过互联网对系统中的所有登记进行查询。应收账款质押登记公示系统不仅可以提供针对出质财产的按登记证明编号查询的服务,而且可以提供按出质人名称查询服务。

如果实现了信托登记系统的电子化,不仅可以针对信托财产做成检索程序,而且可以将信托当事人的信息也做成检索程序,如此人们不仅可以对信托登记情况进行远程异地查询,而且可以选择针对信托财产或信托当事人来进行查询。例如,受托人的债权人欲得知受托人的真实责任财产状况,但是其并不知道哪一部分财产是受托人所管理的信托财产,此时债权人便可以以受托人为标准进行查询,从而可以知悉其债务人承担哪些财产的受托人,从而在判断受托人责任财产范围时可以将信托财产排除,了解受托人的真实偿债能力。

(五) 信托登记的审查

1. 信托登记审查标准的分类

当事人在设立信托时,如果在信托登记机构办理登记,则信托登记机构应当对当事人的申请进行审查,因为一旦办理登记,该信托法律关系就取得对方第三人的效力,所以,信托登记机构在进行登记之前应当对当事人的申请进行审查。根据登记机构审查的范围不同,信托登记的审查可以分为形式审查和实质审查。

形式审查是指信托登记机构仅对当事人所提交的登记申请进行审查,而不审查当事人之间关于权利变动的基础法律行为。如果登记机关认为当事人所提交的申请文件在形式上真实、有效,就同意办理信托登记。例如,信托登记机构经过审查,认为当事人所提交的财产权属证明真实有效,信托合同的内容完整,信托目的合法等,便予办理信托登记。

实质审查是指登记机构不仅审查当事人的登记申请,而且要审查当事人之间权利变动的基础法律行为,例如设立信托的意思表示是否真实、信托财产是否准确存在、财产范围和性质的描述是否与事实相符、申请人主体身份是否适合等。实质审查往往需要登记机构实地勘查信托财产的客观状况,并要求当事人提交更多的证明材料以证明其基础法律关系真实存在、意思表示真实等。

2. 我国信托登记应采形式审查标准

从目前我国关于不动产权利变动的法律法规的内容上看,我国对于登记审查的标准采取了一种复杂的态度：主要审查申请材料，但也可能探究当事人的基础法律关系和真意。即采取了以形式审查为主、实质审查为辅的立法态度。

在赋予登记以公信力的模式下，登记机构不能直视消极地记载当事人的申请事项，而必须查验当事人所提交各种材料的真伪，以确保登记事项的真实性，否则难以维护登记机构的公信力。因此，我国目前关于不动产权利的变动需要审核的材料范围较广，而且审核较为严格，应当说是一种实质主义的作业态度。对于信托登记而言，其同样具有公信力，因此登记机构应当在可能的范围内保证登记事项的真实性。尤其是我国《信托法》对于信托采取了登记生效主义的模式，信托登记对于当事人的影响极大，所以必须慎重对待，严加审核。

对于信托登记的审核，登记机关除了应当审核当事人所提交的权属证书是否真实、各方当事人的信息是否属实、委托人对于信托财产是否享有处分权利、当事人是否具有与其所从事行为相应的行为能力之外，还必须审核信托设立的目的是否符合法律的规定。根据我国《信托法》第 11 条的规定，信托的目的不得违反法律、行政法规或者损害社会公共利益，也不得设立专以诉讼或者讨债为目的的信托。因此登记机构必须对设立信托的目的严加审核，对于目的不合法的信托则不允许其登记。

但是，从现实的角度来讲，要求登记机构真正做到对登记事项的实质审查其实是无法实现的。因为登记机构不可能保证信托财产的真实状况与登记的状况完全无异，也难以得知当事人设立信托的真实意图，甚至当事人可以对相关记载事项作出虚假的意思表示，登记机构则无法查实当事人的真实意思表示。"不动产物权登记制度采取实质审查对于行政机关来说，将是不堪重负的，是违背现代行政的专业化趋势和行政效率追求的。"[①] 所以在某种意义上讲，实质审查其实是不可能实现的。实质审查在信托登记上的意义就在于登记机构为了维护登记的公信力而积极审查当事人所提交的登记申请，并查看权属证书以及设立信托的基础法律关系等，尽量筛选排除不合法的信托。

（六）信托登记机构登记错误的赔偿责任

信托登记机构在进行登记时，属于行政权力的行使，对于当事人的利益影响甚大。因此，如果因为登记机构的登记错误而给当事人或第三人造成损

---

① 张步峰、熊文钊：《行政法视野下的不动产物权登记行为》，《行政大学研究》2009 年第 1 期。

害，则信托登记机构应当承担赔偿责任。

信托登记机构登记错误的赔偿责任在性质上属于国家赔偿责任，虽然信托关系中受托人和委托人申请信托登记的行为属于民事法律行为，但是由于登记机关要对登记事项进行审核并决定是否予以登记，登记机关的行为基于其行政机关的地位而作出，是国家机关公权力的行使，是一种行政行为。这种行政行为作用于信托法律关系之上并产生相应的法律后果，因此，在出现登记错误时就应当承担赔偿责任，此种赔偿属于国家赔偿的一种。在信托登记机构登记错误的国家赔偿中，赔偿金的来源为政府的财政收入。

虽然我国现在尚未建立起较为完善的信托登记制度，因此也缺乏信托登记机构登记错误的赔偿责任规定，但是可以参照我国《物权法》关于不动产登记机构登记错误的规定来构建信托登记机构登记错误赔偿责任的构成要件。结合权利公示制度的相关理论，信托登记机构承担登记错误赔偿责任应包括以下几方面构成要件：（一）信托登记机构作出了错误的登记行为；（二）信托登记机构的错误登记行为造成了他人的损害；（三）损害与错误登记行为之间存在因果关系；（四）损害不是因为受害人自身的原因而发生的。

六　结语

信托作为一项从欧美法系移植的一项财产管理制度，不仅融入了我国的经济社会发展进程中，而且信托业也不断地成熟壮大。建立信托财产登记制度，可以为信托行业的发展和产品创新提供良好法律环境氛围，而且更是为了满足大资管时代的理财需求。笔者在分析信托登记基本内容的基础上，对比分析了国内外的信托登记制度的异同，针对我国信托行业发展中存在的问题，提出建立我国信托登记制度的具体措施，为信托业的繁荣发展和信托产品的不断创新提供理论支撑和实践检验。希望通过笔者的研究可以加深对于信托登记制度的认识，使得国家有关部门认识到信托登记制度建立的紧迫性，积极采取措施鼓励信托业不断进行发展创新。

作者简介：王萌，中国社会科学院研究生院法学系 2014 届法律硕士，现就职于京东方科技集团股份有限公司。

会 议 综 述

第二届中国市场经济法治建设创新论坛在河南开封成功举行

为深入贯彻落实党的十八届四中全会通过的《中共中央关于全面推进依法治国若干重大问题的决定》精神，进一步推进我国市场经济法治建设的理论创新、制度创新和实践创新，进一步完善社会主义市场经济法律制度，由中国社会科学院法学研究所主办、河南大学法学院承办的"第二届中国市场经济法治建设创新论坛"，于 2014 年 12 月 6 日在河南大学金明校区图书馆三楼贵宾室成功举行。

本届论坛会期一天，参会代表约有 80 人。来自中国社会科学院、中国人民大学、中国政法大学、北京师范大学、西北政法大学、上海交通大学、武汉大学、河南省社会科学院、河南大学、郑州大学、河南财经政法大学、河南师范大学以及商丘师范学院等科研机构和高校的专家学者，与来自河南省高级人民法院、开封市中级人民法院、开封市人民检察院、许昌市中级人民法院、渑池县人民法院、新安县人民法院、通许县人民检察院、龙亭区人民检察院等司法机关的法官、检察官一起，共同围绕当前中国市场经济法治建设中所涉及的相关重点和热点问题展开了深入研讨。

会议开幕式由河南大学法学院副院长郑金玉主持。河南省开封市市委常委、政法委书记詹玉锋，河南大学副校长刘志军，中国社会科学院法学研究所经济法室主任、法学系副主任兼法硕办主任席月民以及河南大学法学院党委书记娄丙录分别致开幕词。詹玉锋书记代表开封市委市政府和市政法委致辞。他强调，只有拥有良好的制度规则，并让其得到充分实施，才能让市场发挥决定性作用。民为邦本，法乃公器。运行有效的现代市场经济离不开现代法治国家、法治政府、法治社会的支撑。刘志军副校长在致辞中，简要介绍了河南大学以及法学院的历史沿革和发展状况，同时希望能与主办方巩固合作关系，拓宽合作领域，丰富合作内容。席月民主任代表中国社会科学院法学研究所的李林所长和陈甦书记向与会代表表示问候，并期待所有人员在这场理论与实务的对话中敞开心扉，深入交流，共同为中国市场经济法治建设献计献策。娄丙录书记最后致辞，他重点感谢了主办方对河南大学法学院的信任和各位专家、领导的参与，并希望各位专家学者在河大法学院未来的发展道路上继续给予大力支持。

本次论坛共包括三个单元，各单元的研讨主题分别为"经济法治创新与中国特色社会主义法治体系""法治政府、经济体制改革与经济法"以及"经济法教学与法治人才培养机制的创新"。

第一单元由中国政法大学民商经济法学院刘少军教授主持，中国政法大学薛克鹏教授首先进行了发言。他认为，社会公共利益应放于第一位，法律在保护个人利益的同时，更要维护国家和集体的利益。中国政法大学民商经济法学院的徐晓松教授，河南财经政法大学的徐强胜教授，河南大学的杨颖讲师、郑书前副教授，郑州大学吕明瑜教授，中国社会科学院法学研究所肖京助理研究员，河南省社会科学院副院长丁同民研究员，河南省高级人民法院立案庭梁向阳庭长，许昌市中级人民法院韩玉芬院长，开封市中级人民法院谷昌豪院长，河南省高级人民法院民一庭张宗敏副庭长等，在随后发言中重点围绕消费合同、外资认定、假一赔十案件法律适用的选择、新型城镇化与农村土地产权保护、立案登记制度、民间金融及其监管、经济体制改革与经济法、经济与法律的关系等问题展开了分析和讨论。与会代表认为，在全面推进依法治国过程中，理论和法律规则的设计应理性回归市场的本性，充分尊重当事人的意愿，正确理解法律的精神，正确处理民商法与经济法的关系，坚持个人发展权、集体发展权与国家发展权、社会发展权的协调并重，积极倡导"有机法治"观念，只要对问题本身发问，经济法就有很大的创新空间。同时认为，司法的目的也应该如此，应该强调"有限司法"理念，建立滥诉惩戒机制，防止虚假诉讼。武汉大学法学院宁立志教授、中国社会科学院法学研究所《环球法律评论》副主编支振锋副研究员针对该单元专家学者的发言最后作了全面而深入的点评。

短暂的工作午餐和休息过后，下午继续进行了会议第二单元的讨论。该单元由中国人民大学法学院朱大旗教授担任主持人。中国社会科学院法学研究所知识产权法室主任管育鹰研究员、中国人民大学法学院张世明教授、河南大学法学院胡巍教授、西北政法大学经济法学院强力教授、武汉大学法学院宁立志教授、郑州大学法学院吕明瑜教授等分别从知识产权法、财税法、金融法、竞争法等方面对经济法的体系、经济法的价值目标、调整理念以及与其他部门法的关系等问题表达了不同见解，相关争论集中探讨了政府与市场的关系以及市场的作用，强调法治是起点，也是归宿，同时还是过程。他们提出，社会主义市场经济法治正处在一个"转型升级"的时代，市场经济政策的调整要随着社会发展而变化，相关法律也要随着经济转型而升级，要正确对待经济发展中的"新型机构"和"新兴业务"。政府要合理放权、依法行政，任何监管措施的出台都应经过科学论证，并坚持决策程序的法定化，充分发挥市场机制的作用。通过制定和实施法律去规范、引导、保护市场秩序，以营造良好的竞争环境。学者们精锐的言语和深刻的见解让与会代表获益匪浅。中国政法大学民商经济法学院徐晓松教授、上海交通大学法学院王先林教授作为点评人进行了精彩点评。

西北政法大学经济法学院强力教授主持了论坛第三单元的研讨，他结合司法考试通过率就法学职业教育与素质教育的区别以及中国法学教育的目标提出了自己的看法，强调高校在坚持学术自由和学术独立的前提下，应为国家培养优秀、合格的国民。河南大学法学院党委书记娄丙录教授结合一些高校法学院的实际情况，分析了经济法教学中所面临的内容碎片化、师资短缺两大问题，提出了对经济法教学内容与人才培养模式进行反思的必要性等问题，引发了与会代表的共鸣。中国政法大学民商经济法学院薛克鹏教授和河南大学法学院郑书前副教授进行了深刻总结和点评。他们指出，当前经济法学界应重新反思自身的学科，深化教学改革，教师应注意避免自身知识方面的狭隘，研究生培养则应重视专业翻译方面的训练。

本次论坛的闭幕式由河南大学法学院党委书记娄丙录主持，中国社会科学院法学研究所席月民主任最后做了总结发言。他首先高度评价了本次论坛的成果，对与会代表百忙之中参加会议并积极发言表示感谢，对每个单元主持人和点评人的尽职工作表示感谢，对论坛承办方河南大学法学院师生的辛勤付出表示感谢。然后，他从法治是一种经验和体验、法治与改革的关系两个方面阐明了自己的看法，强调在全面深化改革和全面推进依法治国过程中要坚持党的领导，正确处理改革、法治与党的领导的关系。他表示，本次论坛中司法实务部门和专家学者的交流系统而深入，研讨的内容不但丰富而且接地气。同时，他肯定了本届论坛所展现出来的特色和风格，希望下届论坛可以继续改进和创新，以使经济法学界、经济法学人在全面建设小康社会、全面深化改革、全面推进依法治国中做出自己更大的贡献。

第二届中国市场经济法治建设
创新论坛观点综述

2014 年 12 月 6 日，中国社会科学院法学研究所主办、河南大学法学院承办的第二届"中国市场经济法治建设创新论坛"在河南大学成功举办。本次论坛主旨是，为深入贯彻落实党的十八届四中全会通过的《中共中央关于全面推进依法治国若干重大问题的决定》精神，进一步推进我国市场经济法治建设的理论创新、完善社会主义市场经济法律制度。会上，来自高校、科研院所、司法机关和政府部门的 70 余位专家学者，紧紧围绕"经济法制创新与中国特色社会主义法治体系"、"法治政府、经济体制改革与经济法"、"经济法教学与法治人才培养机制的创新"等议题，展开了深入而热烈的研讨。现将与会专家学者的主要观点综述如下：

一　经济法治创新与中国特色社会主义法治体系

尽管我国官方已经宣布中国特色社会主义法律体系初步建成，但并不意味着法治中国已经建成，我们仍需从理论与实践两个维度对其进行考量、检讨、评估和完善。十八届四中全会专门就法治中国建设作出战略部署，但如何将国家战略落实到制度实践层面，尚需进一步的理论研究和实践探索。对此，与会专家学者作出了积极回应，就我国当前法治建设尤其是经济法治建设中的相关问题展开了全面而系统的讨论。

1. 法律理念的规范化及其适用

法律理念是蕴含在法律条文背后的价值追求，不仅指引和矫正着具体立法，更对执法和司法具有积极的指导和约束意义。当然，在法治中国的推进中，法律理念应该如何塑造和选择，逐渐成为国家法治生活，尤其是法律实施中不容回避的课题。因而，这一话题亦成为本次研讨会首要关注点。如何有效地利用法律保护好消费者利益，成为市场经济法治建设中的热点问题。中国政法大学薛克鹏教授率先发言指出，不同的法律体现不同的理念，已经制度化为不同具体的法律规范。私法更多的是个人的权利和利益，而劳动法、消法、反垄断法的利益着眼点是整体，是消费者，是大多数相关利益者，而不仅是当事人双方利益问题。政府管制，既体现个人本位，又包含国家意志和社会公共利益，这是法律人应该掌握的三种理念。在这三种理念中应驾轻就熟，处理案件时首先应尊重当事人意思自治，但任何个人利益不能违背或超越国家利益或社会公共利益。在适用强制性规范时，要依据法律条文背后所追求的价值理念来决定是把个人利益放在第一位还是以公共利益或社会利益的角度来适用法律。只有这样，司法裁判才能经得起法律推敲、历史推敲，体现正义。对此，中国政法大学徐晓松教授基本认同并指出，理解法律精神是最重要的，理解法律精神比理解法条更重要。消费者权益保护法的精神是在双方平等的基础上，对明显处于弱势的群体——消费者作特殊保护。民事合同是平等的，但在消费合同中，需要消费者权益保护法作些许调整。这是在后工业时代双方利益失衡的情况下给予的矫正，是经济法的本意。

2. 经济法治创新的关键与进路

经济是基础，法治是保障，二者结合究竟该何去何从，是法治中国建设语境中值得关注的热点话题。河南大学法学院郑书前副教授指出，经济法的核心是研究市场和政府的关系。西方谚语：恺撒的归恺撒，上帝的归上帝。市场能够解决的，政府不要管。但很多领域的问题市场解决不了，政府也解决不好，这是一个很复杂的问题。寻找规则也好，创新机制也好，实际是为了谁的利益问题。投资、知识产权、市场竞争、消费者权益保护等要解决的都是利益问题。就经济法来说，制度也好、创新也好，最终是为了解决保护谁的利益。当然，不能以损害经济的发展为代价，同时还应关注经济发展带来的如环境污染、人力资源被严重低估等负面问题。这是经济法创新需要关注的问题。基于此，中国社会科学院法学研究所支振锋副研究员指出，近代西方以来法学理论的保护基点是个人。个人是本位，财产是核心。在个人、社会和国家的关系中，国家处于强势地位，所以要对国家有防范。随着时代的发展，不同的时代，哪怕是同一个国家也会遇到不同的问题，他们所面临的任务和问题是不一样的。当今全球性的风险社会之中，以个人为核心的法律理论受到了挑战，因而需要创新。这表现为社会国家的兴起，即从法治到规制的转变。对经济法来讲，从传统经济到知识经济、信息经济的发展过程中，法律对经济的调整肯定会有很多变化，遇到很多挑战。我们不要问西方有没有经济法，经济法和民商法怎么一个分工，这是学科的划分，是近代为了学习方便才划分出来的。问题就是问题，我们以问题为导向，对时代发问，对问题本身发问，以这个为导向，去解决它。

3. 消费者权益保护中约定与法定问题

针对日常经济生活中"假一赔十"的问题，与会专家展开了激烈的讨论。郑州大学法学院吕明瑜教授就假一赔十问题分析认为，若按合同法理念，那是当事人自治。当当事人的约定和法律的规定不一致时，最大限度地尊重当事人约定，这是民法的理念。当双方地位不平等、消费者利益受损的情况下，启动消费者权益保护法则是经济法理念。河南省高级人民法院梁向阳法官则指出，市场经济的基础就是市场主体的意思自治。司法实务应该回归当事人自治，尊重他们约定，约定优先。如果没有约定或者有争议，才需要法官进行裁决。合同体现游戏规则，给当事人一个指引的作用；没有约定，那就依法定。这就是尊重当事人的意思自由。经济法无论从理论的创新还是从规则创新的设计，都应回归市场经济的本质，尊重市场主体的选择。但许昌市中级人民法院韩玉芬法官则基于我国《合同法》相关规定指出，假一赔十是司法实践中经常遇到的问题，实际是对违约的约定。按照消法是三倍，但合同法规定当事人约定违约金过分高，一方请求降低违约金时，法官可以自由裁量。这样，既尊重法律规定，又尊重当事人意思自治。

4. 经济法与民商法的关系

自经济法诞生以来，这便是个经久不衰的讨论话题，在这次研讨会上也同样引起了热烈讨论。郑州大学法学院吕明瑜教授从法律调整功能角度分析认为，民商法是第一调整，经济法是第二调整。民商法能解决的问题，就不需要经济法去解决；出现民商法解决不了的问题时，才需要经济法来矫正这种失灵，解决民商法不能解决的问题。开封市中级人民法院谷昌豪法官则基于自身工作经验指出，经济法是法治中的"人治"，民商法是第一次调整，经济法是第二次调整，经济法的作用会越来越重要。现在，政府部门一直在简政放权，建设有限政府。法院更是一个有限的法院，它的资源、手段等都是非常有限的。从经济法的角度，法院如何建立一套有效的运行机制，以避免问题发生、酿成大的事件。

5. 经济法治建设中"中国元素"的关注

尽管法治舶来于西方，但对中国经济社会发展产生积极效应则需要植根于中国社会、考虑中国元素。对此，从经济法角度来说，河南财经政法大学徐强胜教授指出，竞争法如何认定垄断或不正当竞争，不能单纯套用西方模式，关键是这种协议是不是自愿，而这种自愿协议对消费者或是其他人来讲是不是有损的，如果有其他选择就不能轻易否定协议的效力问题。中国和西方发展的最大不同就是中国给市场经济主体极大的自由，在此可以看到最高人民法院及地方法院的众多判决不轻易否定合同的效力。我们应该看到中国的特殊性，鼓励按照自己意思最大限度地发挥创造力，但在发展的同时应看到对消费者所造成的伤害。对此，中国政法大学刘少军教授亦予以认同并指出，国内立法与国外立法不同，这是很重要的。我国先期立法的时候是抄外国得多一些，现在也学会了开始自己立法，很多东西开始与国外不完全一样了，更多地体现了中国自身的特色。

6. 经济与法律的关系问题

经济与法律是天然的孪生兄弟，尤其是在现代经济生活中经济与法律更是难以分离。从学科角度来说，经济学为法律的制定和实施甚至包括研究提供了积极有效的分析工具，使得法治建设更趋理性。对此，武汉大学法学院宁立志教授强调，应该用一个经济学的眼光去看待法律问题——法律制度在经济上是不是划算、划不划得来，应利用经济学模型和经济学原理去分析判定。一个制度在制定之前，都要经过充分的论证，用经济学方法去分析这个制度划不划算，中国还有很大空间去做，经济法学者应该倡导用经济学方法去分析法律问题是不是合理的、是不是划算的。中国社会科学院法学研究所肖京博士则依据十八届四中全会报告的精神指出，经济法学经常被经济学压得喘不过气来，十八届三中全会和四中全会的内容可能在一定程度上能够改变这个现状的。因为可以看得出，十八届四中全会是一个非常大的奇迹，通过依法治国这个决定之后的新常态就是我们法学体系怎样去看待经济法在未来法治体系里面的地位。这对于经济法而言是一个非常好的契机。有鉴于此，中国政法大学刘少军教授指出，是经济在法里面，还是法在经济里面，是很值得思考的一个问题。也就是，是经济决定法律，还是法律决定经济呢？

7. 产权保护的问题

产权是市场经济运行的基础，唯有通过法治保障产权方能有效激励市场经济活力。十八届四中全会提出，要加强重点领域立法，建立以公平为核心原则的产权保护制度。河南省社会科学院丁同民研究员根据当前农村集体土地被征收过程中"公平原则"体现不够充分的客观现象指出，农地征收集体建设用地应直接入市，并强调，要构建以公平为核心原则的产权保护制度，应做到以下几个并重：第一个是要保护国家的土地所有权和农村集体所有权要并重；第二个是我们国家保护耕地的红线和保护老百姓的土地权要并重；第三个是关于农地资源价值和农地资产价值要并重；第四个是保障农村集体土地的承包经营权和保护农地的发展权要并重；第五个是在土地问题上维护国家土地利益与维护其他主体利益要并重；第六个是我们农民公平分享农地非农化收益与实现农地资源的可持续发展并重；第七个是加快工业化和城镇化进程与农地的适度非农化要并重。中国政法大学刘少军教授赞同加强对土地产权保护的法治意义，但也指出土地问题确实是法学研究中的大问题，或者说是财产法的大问题，也是民商法、经济法的理念、权利相互交叉的一个问题。从实践来看，这涉及公权、私权、规划权、所有权等诸多因素的复杂问题。

二　法治政府、经济体制改革与经济法

十八届四中全会提出要建设法治政府，厘清政府与市场之间的关系，充分发挥政府在经济发展中的积极作用。这一命题与经济法治使命不谋而合，法治政府与经济建设亦成为研讨会热议话题，并从多个角度展开讨论。

1. 法治政府的内涵与建设

法治政府，作为法治中国的重要组成部分，引发与会专家广泛讨论。中国人民大学法学院朱大旗教授首先指出，思考法治政府的建设，应该与建设法治国家、法治社会一体考虑。研究经济体制改革，必然要与政治体制改革、社会体制建设以及其他方面的建设相结合来把握。如果仅从非常狭隘的方面来考虑法治政府本身或者从经济体制改革这样一个狭小的范围去考虑如何建设经济法治，恐有不妥。河南大学法学院娄丙录教授认为，将法治政府理解成限权也好，理解成减轻政府的责任也好，都是正确的。从限权上讲，政府部门法无授权不可为。要真正实现法治政府的目标，首先要有责任政府，也就是政府在行政过程中要有责任意识。责任意识很强，即便没有法律规定，也能够做得很好。有了完善的立法约束它，会做得更好。有了责任意识、责任约束机制后，很多事情是能够做得更好。因此，建立法治政府首先要建立责任政府，责任政府建设比法治政府成本要低得多。西北政法大学强力教授认为，法治是市场经济治理现代化的起点，对法治的定位，既是起点也是归宿，当然也是过程。法治的到来其实是国家治理过程的中心，因为国家就是要建设成以市场经济为基础的法治经济国家。中国社会科学院法学研究所席月民副研究员则指出，法治是一种经验，是一种体验，不是一种宣传，不是一种自我标榜。是不是真正法治，要听老百姓的。未来的法治更多的是要深入到乡间，深入到社会大众生活当中去，去分析去判断法治的问题到底在哪儿、到底应该从哪里入手来解决问题，因而应更多地推进政府部门的思维方

式和工作方式的法治化。

2. 经济法治的核心问题

经济法治是法治中国建设的重要组成部分，经济是社会发展的基础。唯有实现法治经济，法治中国方大有可为。对此，中国社会科学院法学研究所席月民副研究员基于法治与改革的关系层面指出，法治是改革的依据，法治是改革的保障。对党的领导来说，依法治国就是要领导立法、带头守法、支持司法、保证司法，但各级党政部门在宪法和法律面前到底该怎么去做，是经济法学界、经济法学人的可贡献之处。但具体到经济制度构建和实施层面来说，经济法治的核心何在，则引起了与会专家的争鸣。西北政法大学强力教授认为，金融法治是现代法治经济的基础和核心。现代市场经济的核心主要集中在金融上面，金融不仅仅是资金融通的渠道和媒介，更有一种引领作用和控制作用，是资源配置最基本的手段和基础。现代市场经济体制下主要的资源配置手段是金融手段，这一点是毋庸置疑的。对此，中国人民大学法学院朱大旗教授则持不同意见。他认为，金融法治并不是法治的核心，现代法治中更突出、更重要的是财政法治。因为财政法治不仅涉及创造公平竞争的市场环境、优化资源配置的问题，同时对怎么规范政府行为，如统筹预算去规范政府的收支行为进而规范政府的施政行为，保证其施政行为不越位、不缺位、不触位。财政的公开透明，对防范腐败、保障整个国家的长治久安具有重要意义。

然而，两位教授的观点并没有获得其他学者的认同。比如，武汉大学法学院宁立志教授就认为，不管是金融法还是财税法，都不能够称之为经济法的龙头或核心，竞争法才是经济法的核心和龙头。因为竞争法既调节虚拟经济领域，也调节实体经济领域，并推进公平有序和有效的竞争。无论是总供给还是总需求都要引入市场机制，运用良好的竞争理念去疏导、去配置。郑州大学法学院吕明瑜教授更是从竞争是市场经济的核心机制角度论证了竞争法是核心的、关键的、龙头的，竞争法是促进和保护竞争之法。财政法也好，金融法也好，都属于在竞争机制不能很好发挥作用时国家伸出的第二只手，来解决竞争机制不能解决的问题。竞争涉及所有领域，竞争能够发挥作用的地方，政府是不管的；无论是财税法也好，金融法也好，都是政府在起作用。

面对激烈的争论，中国社会科学院法学研究所席月民副研究员认为，究竟哪部法重要，最终还是要放在中国语境中来看，要看中国的问题。中国市场经济建设仅 20 多年的时间，非常短，在此过程当中竞争法的作用应该是非常重要的，初级阶段必须要强调经济规律，要关注和解决很多竞争法的问题；

但从近年情况来看，金融法的问题更加突出，财税法的重要性也愈发重要，这具有阶段性的特征，这个问题继续争论下去，没有什么实质意义。

3. 民间资本监管问题

随着金融产业的发展，民间资本日趋活跃，在激发经济活力的同时也给经济运行带来诸多风险，因而对其予以监管显得不仅必要而且更加紧迫。河南省高级人民法院张宗闵法官首先指出，民间资本运作和金融监管体制有很大关系。民间资本谁来调控、谁来管，仍不明确。涉案时，由政府牵头来处理，用行政的办法来处理。前期监管不力，监管不到位。好管的已经管了，不好管的没人管。出了问题以后，没法管。在这种情况下，如何来管，对司法提出了挑战。对此，中国政法大学刘少军教授指出，十八届四中全会改革提出要降低准入门槛就是强调行为的监管。这就涉及中央监管机构和地方监管机构之间关系问题。过去的金融都是国家的，有中央监管机构就够了，地方都是中央的分支机构。那么，民间金融谁来管，主要靠中央监管肯定是不行的，地方又怎样管，监管到底干啥？目前，具体职能尚不明确，这是经济法值得思考的问题。河南大学法学院胡巍教授则进一步指出，金融监管，不仅要求政府是法治政府，更是有限政府。但有限政府是不是不管事的政府，政府要退出经营领域，政府应该在源头和过程中强调规范管理，既要做好源头管控，又要对其过程和风险进行管控。中国人民大学法学院朱大旗教授同样指出，民间金融监管，一方面应该尊重市场主体的契约自由，另一方面也需要政府进行适度监管。民间金融远远不只是民法上的民间借贷和投资担保。

4. 知识产权与竞争的关系

知识产权是现代经济竞争力的体现和保证，但知识产权的背后是经济创新，创新的动力源自于竞争。竞争与知识产权之间的关系如何协调，方能确保国家经济的实力和竞争力，成为研讨会的焦点之一。中国社会科学院法学研究所管育鹰研究员首先指出，当前日新月异的互联网产业通常会涉及不正当竞争或垄断问题，这表面上看是知识产权的争议，但实质上是竞争关系之战。新商业模式背后的争议往往都涉及知识产权问题，也涉及与著作权相关的网络竞争问题。反垄断法中知识产权滥用规制的条款，主要涉及许可协议是否符合公平、合理、非歧视原则的问题。加强知识产权保护，一方面要加强产权保护，另一方面要规范市场秩序，这两个方面时常会发生价值冲突，会影响到个体纠纷解决的最终结果。这就需要将知识产权保护在国家治理现代化的制度框架下予以考虑和完善。武汉大学法学院宁立志教授从三个层面剖析了知识产权和竞争之间的关系：（1）知识产权是一种基本的民事权利；

（2）知识产权同时也是市场竞争的一个基本工具；（3）知识产权是社会信息资源配置和管理的一种机制，因为知识产权制度是信息资源分配的一种机制。在此基础上，宁立志教授和上海交通大学法学院王先林教授认为：从形式上来看，知识产权似乎是对竞争的一种否定、排除、限制；但从动态上、宏观上来看，它恰恰是对竞争的一种促进。从反不正当竞争法角度来看，它主要是对知识产权保护的一种补充，不如说是一种附加保护、兜底保护，也存在对一些滥用行为的规制问题，但这不是最主要的方面；从反垄断法角度来说，当知识产权体现为一种垄断行为的时候，依法受到反垄断法的规制。所以，总体来看知识产权跟竞争并没有冲突，而且相互之间是和谐的。

5. 金融法治建设问题

金融作为现代经济生活的重要组成部分，是国家经济现代化的重要工具。如何通过法治予以规范和引导，是经济法治建设中不可回避的话题。西北政法大学强力教授认为，金融法治创新，是经济体制改革中金融法应对金融现状作出相关回应的问题。互联网金融，面临着一个创新与变革的问题。这要求法律对新现象、新类型予以回应，为信息网络平台制定特别法。对此，中国人民大学法学院朱大旗教授亦颇为赞同并指出，通过制定金融控股公司法来防范系统性金融风险，通过制定金融消费者保护法来保护消费者金融消费的权益，对发展普惠金融进行相应的立法，这是我国金融法治建设当中非常重要的内容。

6. 经济法治的使命与任务

作为法治中国建设的重要组成部分，经济法治在国家经济社会中应发挥怎样的作用，同样是十八届四中全会后学界关心的话题。与会专家亦从不同的角度进行了诠释和理解。武汉大学法学院宁立志教授认为，中国虽然建立的是社会主义市场经济，但中国的市场经济是一种"半吊子"的市场经济，不是真正的市场经济。因为上游的要素市场和下游的产品市场是不平衡的，下游的产品市场确实已经放开、自由流通、自由交易，市场化程度比较高；但上游的要素市场自由开放度比较低，对生产产品的人、财、物，包括金融、土地和人力资源等要素的控制比较紧。这样的市场经济不是最终的目标，市场经济建设仍任重而道远。所以，对于土地、金融也好，还是人力资源，对于要素市场，要进一步推动要素市场的开放性和法治化。上海交通大学法学院王先林教授指出，法治经济的建设过程中，需要将经济活动纳入法治轨道即法治调整的范畴。国家或者政府发挥调节作用面临着繁重的任务：一是要完善立法，另一则是要使得现有的法律制度能够得以有效实施。就竞争法来说，当务之急便是修订《反不正当竞争法》。当然，更繁重的则是法律实施。法律的生命力在于实施，其权威也在于实施。就经济法实施来说，可能比其他法律实施所面临的问题更多。它既有公权力的实施，将涉及诸如行政执法能否有效、是否严格以及是否公平公正等问题，还将涉及诸如如何利用民事诉讼来弥补行政执法的不足而且在一定程度上予以监督等问题。中国社会科学院法学研究所席月民副研究员认为，研究市场经济发展过程中的法治道路、法治模式、法治体系、法律体系、法律理论、法治精神、法治文化、法治意识等一系列问题，是当前法学界的共同使命。在全面建设小康社会、全面深化改革、全面推进依法治国的过程中，经济法学界、经济法学人需牢牢抓住政府与市场、政府与企业的关系去做文章，其认为依法调控经济，加强宏观调控领域的立法是当前加强市场经济法治的重点之一。

三　经济法教学与法治人才培养机制的创新

人才是法治建设的关键。十八届四中全会提出，创新法治人才培养机制，重点打造一支政治立场坚定、理论功底深厚、熟悉中国国情的高水平法学家和专家团队，建设高素质学术带头人、骨干教师、专兼职教师队伍。作为新兴学科，经济法学的人才，无论从理论研究还是实务操作层面都存有较大缺口，有待加大培养力度、健全培养机制。基于此，与会专家结合各自实际情况展开了全面讨论。

1. 经济法学的定位问题

经济法是否是独立部门法，一直是法学界多年来争论不休的问题。其根本在于这一新型的法特别之处何在，与既有的民商法、行政法区别何在，能否构成一个独立的法律部门。对此，中国政法大学刘少军教授从经济法的应然内涵和实际规范两个层面对经济法的地位进行了勾勒和描绘。他指出，经济法的产生是国家的机构发生变化，比如说经济管制法出台后设立了管制机构，当然管制机构是越来越少了但还是有的。通过总结各国的机构得出，经济法不是以政府为核心的，而是以经济监管机构为核心的，经济监管机构有的独立于政府，有的是正在独立于政府，从未来发展的角度来看，它肯定是要独立于政府的。因为经济法的产生，使国家结构发生了变化。过去的经济法包括立法权、司法权，现在应该加上经济监管权。从机构职能来讲，政府或者说行政应该是经济监管的监管对象，因为监管机构是要控制行政对经济的干预，如果经济法跟行政穿一条裤子，最后的结果就是国家的经济彻底地变成了行政经济。另一个问题，从法的内容上讲，经济法核心是实体法，是有具体的权利义务关系的规定，行政法核心是程序法，授予了行政权力后依此去做就行了，它不可能将权利义务规定得很清楚。而经济法是将权利义务规定得很清楚，由监管机构来实施，经济监管机构的行为方式其实就与经济检察院一样，它是监督法律的实施。政府是法律关系的当事人，它是要参与到法律关系中的，而经济监管机构是不参与到这个法律关系当中的。可见，经济监管和行政不是一回事。

基于此，对经济法学的定位认识，中国人民大学法学院张世明教授则进一步对经济法学的制度类型进行了塑造并予以界定。他认为，经济从类型学上来说只有两种：自由经济和命令经济，在每一种经济类型中都有例外情况。如果自由经济中干预的比例占的大一点，它可能就会走向另一极端，也就是命令经济。命令经济中也会出现这样的情况，像命令经济里面也有自由经济。其实，这两种经济类型和比例多少是没有关系的，不可能在这两种经济类型之外再拓展出一个"混合经济"，因而从这一类型划分出发，就只有两种经济法。

2. 经济法学研究的问题

研究是教学的基础，进行高质量的知识传播有待于良好的理论研究。经济法学人才的培养依赖于优质的教学，但其前提是经济法学研究的系统而全面的推进。对此，中国人民大学法学院张世明教授深有体会地指出，做学问不能太偏颇，应该从根本点上去解决问题，去反思经济法中最基本的问题。学术还是有其自身意义和规律性蕴含其中，现在很多研究都是策论性的，应该更多地上升到理论性研究，理论和策论还是不一样的。市场经济是有多种情况的，看问题要多元化。学者做研究不要纠结于谁是经济法的龙头、核心的问题。总之，创新要从根上去解决问题，学者要具有多元化思维。同样，河南大学法学院郑书前副教授追问到该如何去理解经济法学呢？英美法系国家像美国没有部门法的划分，只是去解决问题；大陆法系国家尤其德国逻辑性强、注重部门法的划分，现在有所变化，淡化了部门法划分的色彩。什么是经济法？在德国，经济法就是涉及经济的法律，上可以涉及经济宪法，下到经济行政法、经济竞争法、经济调控法、经济管制法等，只要是和经济法相关的都可以包括在内。我们大陆把经济法限定在公权力这方面，人为地缩小了很多，从而使得教学出现了一些问题，如教学和科研的碎片化。西北政法大学强力教授也赞同，应从根上去讨论问题，不要老去关注一些细枝末节上的事。

3. 经济法学人才培养机制

在我国既有的法律人才培养中，存在一个普遍的问题就是法科学生知识的碎片化问题，导致这个问题的原因很大程度上在于经济法学教师或者说法学教师讲课或知识传播的碎片化、学科化，而使得学生走出自己所学专业或学科便是法盲的问题。对此，与会专家们展开热烈讨论并呼吁要以问题为导向引导学生健全自身知识体系。西北政法大学强力教授认为，经济法在我国法学教育体系中是一个新兴学科，新兴学科在人才培养的目标以及课程体系的设置、教学方法的使用等方面都有不同于传统的教学方法的问题。十八届四中全会决定专门提出培养新型的法治人才队伍、创新法治人才培养机制，在创新法治人才的培养机制当中有很多创新之处，也有很多创新的提法，我觉得经济法在整个社会经济中的地位、作用和它的人才培养有很多暗合之处。

在此讨论基础上，中国政法大学薛克鹏教授更是直指问题的深层——经济法教师自己如何提高？经济法教学与部门法的划分，与太过于强调部门法的划分有关系，怎么样去做到跨学科，在人才培养上应该有一种宽容的态度，与其他学科的关系，比如和知识产权的交叉问题，值不值得去研究，如果做研究的话算不算经济法的研究，还是要有一个宽容的态度，经济法学科不能封闭起来，越做范围越窄，本身的划分就比较小，而且出现独立化、碎片化的趋向，因而经济法学科自己不要去封闭起来，范围不能越来越小。

4. 经济法学教学的完善

教学是当前法律人才培养的基础性途径，在法治建设中发挥着传导作用。但目前法学教育中也存在着诸多问题，河南大学法学院娄丙录教授结合自身工作经历总结指出，当前经济法教学方面，各高校主要面临的问题有三个方面：（1）宏观调控法在整个经济法教学中被弱化，是相对普遍的现象；（2）经济法的人才欠缺，很多高校经济法师资缺口大，甚至有些高校法学院没有专门的经济法方面的老师，由民法或商法的老师代而为之；（3）经济法的研究生培养遇到很大危机，报考人数没有传统学科如民商法、刑法、诉讼法等报考的多。

针对上述问题，中国政法大学薛克鹏教授作了积极回应并强调，老师们应站在高处、全方位地看待法学知识，不要本位主义地认为自己研究的领域是龙头是核心，如果带着这样的视角进入教学管理中，会使学生轻视很多其他的学科，带到工作中也就实际上带来了一种偏见。如果带着这种"山头式"的观点进行教学，那么当下的经济法教学就必然会出现种种问题：学科之间的交流不够、学科间的联系不够。一个具有完整意义上的研究生或者博士应该是对例如宪法、行政法、民法都有所深刻了解和认知的这样一种状态，而当下我们的学生却不是这样的。这就使我们很多优秀的人才进入了死胡同，他们的视角是非常狭隘的。因此，经济法的教学已经到了一个必须反思和变革的时候了，重点改革的就应该是大纲和教材。当前的教材还停留在 20 世纪 90 年代的理论观点，虽然老学者们的理论给我们带来了很多教育和营养，但在很多方面也束缚了我们的思维和创新精神。如果我们这些经济法学者不去正视这一问题，那么我们只能自取灭亡。

西北政法大学强力教授亦更有针对性地指出，当前经济法教学中老师出了问题，不管是普通大众对法治的认识，还是教学科研队伍的研究，都不能将自身置于又小又专的偏窄之地，还是要有广阔而雄厚的知识背景并在此基础之上再去研究问题。所谓博大精深，恐怕是先博大再精深。十八届四中全会提出来依法治国，依法治国首先是人才的法治化。法学教育的宗旨首先应该是培养一个优秀的公民。日本早稻田大学的宗旨是：第一学术自由，第二学术独立，第三培养优秀公民。在这个基础之上来探讨我们的法学教育，尤其是经济法教育，我觉得更有价值和意义。

以上是本届研讨会上与会人员的主要观点，在此对所有与会人员的积极发言和智力成果表示衷心感谢！虽经认真整理、整合，但仍可能挂一漏万，还望与会专家学者和司法实务界朋友多多海涵！走中国特色社会主义法治道路需要付出长期艰苦努力，对全面深化改革和全面推进依法治国的思考和创新是无止境的，中国市场经济法治建设创新论坛旨在为法治政府、法治中国、法治社会建设提供一个常态化、制度化的学术交流平台，我们通过首届论坛实现了不同部门法学者之间的跨学科交流，通过本届论坛实现了理论界与实务界之间的跨界交流，论坛的成功举办得益于每个人的积极参与，大家在制度创新、学科完善、教学改革等方面擦出了思想火花，深化了理论认识，加深了彼此友谊，产生了丰硕成果，论坛取得了圆满成功！